JN271746

# 戦争と平和の国際関係学

地球宇宙と平和学入門

岩木秀樹
IWAKI Hideki

論創社

はしがき

　本書は、主として、戦争の要因と平和の条件、国際関係学のイデオロギーを論じたものである。
　戦争や悲惨が世界中で絶えない現在、なぜ戦争が起こり、どうすれば平和が訪れ、多くの人々が共存して幸福に暮らせるのか。このことを考察することは、非常に重要であろう。このような問題関心が本書の基礎になっている。

　本書の概略は次の通りである。
　第Ⅰ部では、研究史を踏まえた上で、筆者の目指す平和学や国際関係学の志向性を述べる。
　第Ⅱ部では、国際関係学の主題とも言える戦争原因と非戦の方途を論じる。
　第Ⅲ部では、現在議論になっている国際関係学のイデオロギー性を指摘し、「しいたげられた弱者」の観点から国際関係学を再考していく。
　第Ⅳ部では、地域・事例研究としてアジアとイスラームを取りあげ、現実に生起する私たちの問題として当事者意識を喚起する。
　第Ⅴ部では、これまでの国際関係学とは異なった生命の起源や宇宙までも視野に入れ、今までそれほど論じられなかった宗教問題に踏み込み、新たな地球宇宙平和学の可能性に触れる。

　各部のあらましは次の通りである。
　第Ⅰ部「History　研究史――歩みと論争」では、主に研究史と論争を述べ、今後の課題を考察する。ここでは、国際関係学と平和学の研究史を概説し、西洋国際関係思想史を見た上で、最近の脱実証主義を中心とする論争を分析し、国際関係学の課題と将来を展望する。
　第Ⅱ部「Issue　問題――戦争と非戦」では、戦争の原因と非戦の歴史に

焦点を当てる。ここでは、戦争原因を本能・集団・国民国家等の段階に分類して考察し、非戦の歴史や9条の卓越性と自衛権及び主権概念の限界を指摘する。

第Ⅲ部「Perspective　視座——イデオロギーと国際関係」では、国際関係学研究における視座のあり方を分析する。ここでは、まずナショナリズムの研究史をまとめ、ジェンダー、オリエンタリズム、グローバリゼーションの観点から、旧来の国際関係学が有していたイデオロギーの可視化を試みる。

第Ⅳ部「Area　地域——アジアとイスラーム」では、アジアとイスラームを事例にして、これらの地域の歴史、問題、将来を展望する。ここでは、日本問題として沖縄と朝鮮を取りあげ、その歴史や現状を考察し、今後の共存の可能性を模索する。また現在、国際的に大きな影響力を与えているイスラームも取りあげ、紛争要因と米国の対応の問題点、平和の行方を分析する。

第Ⅴ部「Future　展望——地球宇宙と思想」では、長く広いスパンで、哲学・宗教も視野に入れながら、地球と宇宙の平和と共存について展望する。ここでは、宇宙誕生以来の歴史と20世紀の特徴を見た上で、国際関係学において哲学や宗教の占める位置が今後重要になることを鑑み、その役割、課題、可能性を論じる。

　本書の特徴は、次の五点である。

　第一は、宇宙の誕生や宇宙の一員意識など、長く広い枠組みを設定することである。

　第二は、非戦や非武装を重視した強い平和志向である。

　第三は、平和と共存をより根源的・原理的に考察するために、思想や宗教の成果も取り入れることである。

　第四は、視座やイデオロギーを明確に表明し、国際関係学の権力と知の問題を論じることである。

　第五は、外在的なものに絶対的価値を置かず、内在性・関係性・多様性・動態性を重視することである。

本書が以上のような問題を考える契機になり、平和と共存に少しでも貢献できれば、望外の幸せである。

岩木　秀樹

戦争と平和の国際関係学——地球宇宙平和学入門　目 次

はしがき　i

## 第Ⅰ部　History　研究史——歩みと論争

### 第1章　国際関係学研究史　2
はじめに　2
1．国際関係学の研究と動向　2
2．米国、英国、日本の国際関係学の特徴　11
おわりに　14

### 第2章　平和学研究史　24
はじめに　24
1．平和学の研究史と時期区分　25
2．最近の平和学の動向　29
3．平和学の特徴と方法　31
4．平和主義のイデオロギー分類　34
5．平和学の課題　37
おわりに　39

### 第3章　国際関係思想史——グロティウスからモーゲンソーまで　44
はじめに　44
1．グロティウス、サン・ピエール、ルソーの国際関係思想　45
2．カントの国際関係思想　48
3．カー、シューマン、モーゲンソーの国際関係学　54
おわりに　58

### 第4章　国際関係学の論争——名称・方法と脱実証主義論争　64
はじめに　64
1．名称と方法の問題　65

2．脱実証主義論争　69
　おわりに　75

第5章　国際関係学の課題と将来――脱領域・関係性・多様性　81
　はじめに　81
　1．国際関係学の現状と問題点　81
　2．国際関係学の将来　86
　おわりに　90

# 第Ⅱ部　Issue　問題――戦争と非戦

第6章　暴力の起源――本能と集団　96
　はじめに　96
　1．戦争の定義　97
　2．暴力の起源　98
　3．本能としての戦争　103
　4．集団的暴力としての戦争　106
　おわりに　111

第7章　国民国家の暴力と戦争原因論　117
　はじめに　117
　1．国家とは何か　117
　2．国民国家と戦争　120
　3．国際政治学からの戦争原因論　125
　おわりに　129

第8章　非戦の歴史――憲法9条と自衛権・主権概念の再検討　133
　はじめに　133
　1．非戦の歴史　134
　2．日本国憲法9条の意義　138
　3．9条と自衛権　140
　4．主権概念の再検討　144

おわりに　148

## 第Ⅲ部　Perspective　視座——イデオロギーと国際関係

### 第9章　ナショナリズムの動向と課題　156
はじめに　156
1．なぜいまナショナリズムなのか　157
2．ナショナリズムの定義　158
3．ナショナリズムの方法論　159
4．ナショナリズム研究の歩み　161
5．アイデンティティ論　163
6．ナショナリズムを超えて　165
おわりに　166

### 第10章　ジェンダーから見た国際関係学　171
はじめに　171
1．国際関係学とジェンダー　172
2．家父長制とウェストファリア体制　174
3．女性兵士問題と軍事化　176
4．従軍「慰安婦」問題と女性国際戦犯法廷の意義　180
5．戦争とジェンダー　185
おわりに　188

### 第11章　オリエンタリズム論議と自他認識　194
はじめに　194
1．サイードの『オリエンタリズム』論議　194
2．他者認識と自己認識　200
おわりに　204

### 第12章　グローバリゼーションの問題と新しいコモン（共同）の可能性　209
はじめに　209
1．グローバリゼーションの定義　210

2．グローバリゼーションは近代の現象か　211
　3．グローバリゼーションと貧困・格差　213
　4．日本の貧困・格差問題　215
　5．もう一つの道を目指して——共同（コモン）の可能性　218
　おわりに　226

## 第Ⅳ部　Area　地域——アジアとイスラーム

　第13章　日本問題としての「沖縄問題」——沖縄の歴史・基地・現在　232
　はじめに　232
　　1．沖縄の歴史　233
　　2．沖縄戦　235
　　3．基地問題　241
　　4．沖縄の現在と可能性　249
　　おわりに　254

　第14章　日本と朝鮮の課題と将来　261
　はじめに　261
　　1．日本の有事体制の問題　262
　　2．靖国神社の問題と解決　264
　　3．東アジアの地域枠組みと南北朝鮮の歴史　267
　　4．朝鮮の現状と日朝関係の課題　269
　　5．朝鮮半島の平和への課題　272
　　おわりに　275

　第15章　現在の国際情勢における中東イスラーム世界と米国　279
　はじめに　279
　　1．イスラエル・パレスチナ問題と西欧キリスト教世界　280
　　2．21世紀の紛争における中東イスラームと米国　283
　　3．米国等による報復戦争の問題　285
　　4．テロの克服と近代主権国家システムからの脱却　288
　　おわりに　291

第Ⅴ部　Future　展望——地球宇宙と思想

第16章　私たちはどこから来てどこへ行くのか
　　　　　　　　　　　　　　——宇宙地球史と20世紀の特徴　298
　　はじめに　298
　　1．宇宙地球史の中の私たち　299
　　2．20世紀の特徴と時期区分　304
　　おわりに　314

第17章　文明の衝突から文明の対話へ
　　　　　　　　　　　　　——宗教の現在と宗教間対話の意義　318
　　はじめに　318
　　1．宗教の現在と課題　318
　　2．宗教間対話の可能性　328
　　おわりに　334

第18章　地球宇宙平和学を求めて——公共哲学と仏教の役割と課題　339
　　はじめに　339
　　1．公共性と市民社会の概念　340
　　2．公共哲学の試み　343
　　3．仏教の可能性　347
　　おわりに　353

終　章　357


初出一覧　369
あとがき　372
索　引　375

第Ⅰ部　History　研究史──歩みと論争

# 第1章　国際関係学研究史

**はじめに**

　9・11事件以後、世界中で「テロ」や様々な紛争が続いている。悲惨や戦争から幸福や平和への転換が望まれている中で、戦争と平和の研究が主要テーマである国際関係学の役割が重要になってきている。

　毎年世界中で、10万人を超える学生が国際関係学を学び、1万以上の国際関係学の学術論文や書籍が発行されていると言われている[1]。このような膨大な業績全てを考察する時間も能力もないので、本章では主に最近の英語と日本語による主要な国際関係学の成果を題材に、その動向と特徴を分析していく。

　第1節では、国際関係学の研究と動向を、1990年代まで、1990年代の日本の動向、21世紀の日本の動向、最近の英米の動向の四つに分け説明していく。第2節では、国際関係学の特徴を米国、英国、日本に分けて、それぞれ分析する。

## 1．国際関係学の研究と動向

**(1)　1990年代までの動向**　　まず1990年代までの英米及び日本の動向を概観する。

　広義の国際関係学の研究としてヘロドトスや司馬遷の歴史書をあげたり、また近代西欧国際政治体制が確立した1648年のウェストファリア会議から研究史の説明を始めることもできる。しかしここでは、国際関係学が大学において制度として確立した1920年代からの動向を簡単に見ていくこととする。その際、国際関係学における論争を基準にして三つの時期に区分する。第一はおよそ1920年代から50年代までの理想主義対現実主

義の時代である。第二はおよそ50年代から70年代までの伝統主義対行動科学の時代である。第三はおよそ80年代から現在に至る実証主義対脱実証主義の時代である。この区分は画然と分けられず、重なる時期も多く、またそれぞれの論争はその時期だけ行われていたのではなく、現在に至るまで論争が続いている場合もある。また時代を画する第二次大戦のような大きな事件で区分するやり方もあるが、ここでは国際関係学に内在する論争点から研究史を考察していく。

　国際関係学がアカデミックなディシプリンとして大学で講座が開かれたのは、第一次大戦の後の英国のウェールズ大学においてであった。このことからもわかるように、国際関係学は戦争の惨禍により平和志向性の強い学問として誕生したのであった。

　このような契機で誕生した国際関係学は、第一の時期区分である理想主義対現実主義の時代を迎える。第一次大戦後、しばらくの間ヴェルサイユ体制は比較的安定しており、20年代はこのような雰囲気の中で国際法や国際機構などが研究され、理想主義が時代の潮流であった。しかし30年代にはいると大恐慌の影響が世界に波及し、また国際連盟の限界も露呈し始めた。このような中で、理想主義の楽観性と脆弱性を指摘するいわば現実主義の研究が出始めることとなる。

　フレデリック・シューマンは、『国際政治』で、近代西欧国際政治体制は、国家主権の概念、国際法の原則、勢力均衡の政治の三つであると位置づけ、国際関係学の確立に大きく貢献した。エドワード・カーの『危機の20年』では、過度の理想主義を批判し、国際関係学が理想主義と現実主義を兼ね備える必要性と、権力と道義の重要性を指摘した。クインシー・ライトは、『戦争の研究』で戦争の歴史を紹介し、戦争の原因や平和の条件等を論じ、今日の平和研究の先駆けとなっている。ハンス・モーゲンソーは冷戦が本格化し始めた1948年に『国際政治』を著し、国際政治を他のあらゆる政治と同様に権力闘争であると規定し、パワー・ポリティクスを重視した。なおシューマン、カー、モーゲンソーの3人については、詳しくは第3章で論じる。

　彼らはいわゆる現実主義者と捉えられているが、比較的バランスのとれ

第1章　国際関係学研究史　3

た現実主義者であり、パワーや軍事力のみを強調するいわば軍事的現実主義者とは一線を画す必要がある。また現実の政治をただ単に追認したのではないことは、モーゲンソーらが後のベトナム戦争に反対したことなどからもわかるであろう。

　第一の時期は楽観的な理想主義を批判する中で現実主義者が台頭してくる時代であると共に、現在の国際関係学の古典が書かれた時代でもあった。日本においてもやや時代は下るが、川田侃によって『国際関係概論』が著され、日本における国際関係学のパイオニア的役割を果たした。[8]

　次に50年代から70年代までの伝統主義と行動科学との論争の時期である。第二次大戦後米国を中心に、自然科学の方法を積極的に取り入れ、数量化によって人間の行動パターンの法則を引き出すことが社会科学や国際関係学の分野において行われるようになった。イデオロギーなどを廃して事実の客観性を追求する行動科学は、国際関係学においても多くの分析方法を誕生させた。国際システム論、対外政策決定過程論、国際統合理論、ゲームの理論などがそれである。

　このような行動科学に対して、シューマンやモーゲンソーなどのようないわゆる伝統主義者たちは強く批判をし、大きな論争となった。行動科学は過度の単純化をしがちであり、自然科学の理論をそのまま取り入れていることなどが批判点としてあげられる。70年代にはいると行動科学的手法を用いての研究は次第に減少していくようになった。

　第3の時期の説明をする前に、70年代後半からの新しい潮流を簡単に紹介する。70年代以降の潮流を現実主義、多元主義、グローバリズムの三つに分けて説明する論者もいる。[9]

　現実主義では、国際システムの構造の成立とその機能を重視するケネス・ウォルツ[10]や、覇権安定論を説くロバート・ギルピン[11]がいる。

　多元主義の中には、国際レジーム論の概念を用いて相互依存を説くロバート・コヘインとジョセフ・ナイ[12]や、国内政治と国際政治のリンケージを説くジェームズ・ロウズィナウ[13]がいる。

　グローバリズムでは、史的唯物論の観点から批判理論を重視するロバート・コックスやスティーヴン・ギル[14]、また現実主義を批判するリチャー

ド・アシュレー(15)がいる。

　さてこのような新しい潮流の中で、現在まで続いている第三の時期の実証主義対脱実証主義の論争がある。このことについては第4章で詳しく述べるが、実証主義とは現実主義と行動科学が合わさった流れであり(16)、脱実証主義とは文字通り、実証主義にあらざるもの、それを乗り越えようとしているものといった雑多なものの集まりである。

　(2)　1990年代の日本の動向　　ここでは、まず90年代の国際関係学の研究状況の一端を概括していく。細かな方法論等の論議は次章以降でするとして、まずは日本の状況を紹介する。

　まず90年代の中で特に注目される著作は次の四点であろう(17)。初瀬龍平は、ホッブズ的視座をパワー論、グロティウス的視座を秩序論、マルクス的視座をシステム論と抵抗論、カント的視座をアイデンティティ論と見なし、国際政治理論の潮流を明らかにした。このような論は以前にもあったが(18)、精緻化をし、古典または古典を生み出した先人と現在の理論を橋渡しする上で重要な理論であろう。百瀬宏は、オーソドックスな教科書として、国際関係学の名称や総合性をめぐるいわば方法論の論議をしている。山影進も国際関係学のディシプリンや方法論に関する問題を主に扱い、関係性を視野に入れた地域認識を目指すなど示唆に富む内容となっている。岩田一政他編は、東京大学駒場の研究者を中心にして編まれたテキストである。駒場では『知の技法』などの一連のテキストに象徴されるように、新しいインターディシプリンな学問を志向した動きが盛んであり、この本もこの動向の流れにあり、文献案内としても有用である。

　次に、テキスト的著作、理論的研究業績、国際社会学及びナショナリズム問題を扱った研究、国際関係思想史、最後に国際関係学の講座出版物といった順序で、研究成果を見ていく。

　まず90年代のテキスト的著作であるが、中西治(19)は平和志向性の強い業績を著した。この著作では、近代史や西洋史のみからではなく、人類史さらには地球史的視座から国際関係学を捉え直し、現在の世界と時代の位置を明らかにしている。中嶋嶺雄の著作は、新書ながらもまとまった内

容で、特に国際関係学のディシプリンについて詳しい説明を加えている。立命館大学の教員によって編まれた関下稔他編は、異文化理解、ジェンダー、環境問題などにも論究した新しい体系的な国際関係学の提示をしている。また上智大学の教員によって編まれた廣瀬和子他編も「国際学」という新しい国際関係学の枠組みを模索する内容となっている。川田侃の著作は、およそ50年前に出されたものだが、未だに当該分野の重要なテキストとなっている。入手が困難になっていたが、1996年出版の書籍の中に再録され、再び多くの人々に読まれることとなった。

次に理論的研究であるが、鴨武彦の著作は、欧米の動向を踏まえながら、現実主義の限界を提示している[20]。星野昭吉の一連の業績は、社会学などの文献や欧米における多くの業績も取り入れながら国際関係学の理論構築を試みた、日本においては希有の著作である。石井貫太郎の著作では、現実主義、制度主義、構造主義などのパラダイムにミクロとマクロの理論を融合させた国際政治理論の構築を試みている。石井の論文ではさらに覇権の変化に合わせた動態的見方もその理論に加えている[21]。小林誠は、これまでの国際関係学は特殊米国的なものであるとし、ポスト・モダン的国際関係学には一定の留保はした上で、関係主義的ともいえる新しい国際関係学への強い方向性を与えている[22]。遠藤誠治は、国際政治学が冷戦のさなかに「米国の社会科学」として発展したことを批判し、批判理論としての世界政治経済学を提示する[23]。田口富久治は一連の論考の中で、グローバルな国際政治秩序を視野に入れ、政治学と国際政治学の橋渡しを試みている[24]。

冷戦の終結後にいわゆる「民族・宗教」紛争が台頭してきたと言われているが、そのような状況の中で国際関係学研究においてもナショナリズムを扱ったものや、移民・難民・外国人労働者の動向などを視野に入れた国際社会学の業績が目に付くようになってきた。ここではいくつかの単行本に絞り紹介しておく。まず最も目立つものはやはり梶田孝道らを中心とする国際社会学者の一連の業績であろう[25]。梶田は主な関心がヨーロッパに限定されているとはいえ、国民国家を横断する動きに焦点を合わせて多文化主義を考察している。山内昌之は一連の著作の中で、ナショナリズムの客観主義的アプローチに疑問を呈し、イスラーム史を引用しながら、民族関

係論の構築を試みている[26]。その他のナショナリズムに関する業績もかなり多くある[27]。

　国際関係思想史の日本における研究は、また緒についたばかりと言ってよいだろう[28]。もちろん政治思想史にはすでに相当の蓄積があり、世界的にも決してひけを取らないだろうが、こと国際関係思想史に関してはまだ少ない。フランク・パーキンソンの著作では、国際関係思想を今日の理論状況と関連させて論じられている。日本においてこれほど広範囲にまた体系的に国際関係思想を扱ったものがなかったことを考えれば、この訳出の労は大きなものとなろう。松本博一の業績は、当該分野の日本における最初の単行本である。彼は政治思想史よりも包括的な概念として国際関係思想史を規定し、戦争と平和の問題を中心に論じている。

　最後に国際関係学に関連する共同研究ともいうべき講座やシリーズものを見ていくこととする[29]。有賀貞他編は、基本的かつ広範囲にわたるテキストであり、まさに80年代をしめくくる当該分野の成果となっている。坂本義和編は、国家間の国際政治ではなく、世界政治という認識枠組みを重視する。また国家を世界の構造の文脈において捉え、国際関係を国内構造と不可分のものとして捉えている。一つひとつの論文も重厚なものが多く、多くの示唆がえられるだろう。鴨編『講座世紀間の世界政治』も世界政治という枠組みを用い、冷戦の終焉に学問的関心を集めている。ここでは世界政治の変動の特色を明らかにし、国際秩序の展望を試みている。鴨他編『リーディングス　国際政治経済システム』は、法学、政治学、経済学など幅広い立場から論じられている。

　次に21世紀における日本で刊行された最近の国際関係学の動向を概観することにする。

**(3) 21世紀の日本の動向**　21世紀に入り、まとまったシリーズものがいくつか刊行された[30]。特に日本国際政治学会編『日本の国際政治学』は、理論、地域、歴史、非国家主体の観点から、日本における国際関係学の現段階が示されている。

　次に国際関係学のテキストであるが、多くの書籍が刊行されており、非

常に多様性に満ちている。特にユニークなものとして、日本発の平和学と国際関係学で、日本の問題や日本がもたらした影響などがわかりやすく書かれていて、後者は漢字にルビをふり、日本で学ぶ留学生にも配慮した試みをしている。他に、内外の著名な研究者の論文を集めたリーディングズや歴史学と政治学の架橋を試みたもの、ガイドブックとして有用なもの、などがある。

今まで日本において、国際関係理論はあまり重視されなかったが、最近になって理論関係の業績が多く出版されるようになってきた。国際関係学の権力と知について考察したもの、帝国の観点から国際システムと米国を見たもの、国際関係学の様々な理論を分析したもの、権力や暴力を扱った清水の一連の業績、などがある。また9・11事件以後、正義や戦争に関する思想的問題を絡めた国際関係学の書籍も出てきている。イデオロギーの可視化が国際関係学にも影響を与えており、ジェンダー的観点からの国際関係学も多くなっている。さらに近代日本と国際関係学のあり方や秩序・認識を論じたものも刊行されている。

星野昭吉は現状変革志向の強い平和を重視する国際関係学を目指し、21世紀に入ってからも多数の著書を著している。土佐弘之は批判的国際関係学の視点から安全保障や暴力の問題を扱った一連の業績を発表している。最近、欧米、特に英国学派の書籍の翻訳がかなり見受けられる。弱肉強食の新自由主義や現実主義への批判、主権国家の枠組みの流動化、米国の攻撃的単独主義への懐疑などにより、英国学派が注目されているのだろう。

(4) **最近の英米の動向** まずここでは90年代の英米の動向を簡単に紹介する。近年は第三の論争が盛んであり、そのため脱実証主義的で、方法論や研究者の視点や立場そのものを問うような作品が目に付く。ケン・ブース、スティーブ・スミス編『国際関係理論の今日』とスティーブ・スミス、ケン・ブース、マリーシア・ザレフスキー編『国際理論：実証主義とそれを越えて』は、どちらもほぼ同じような編者によって編まれたテキストであり、気鋭の研究者らによって書かれた大変示唆に富む本である。前者は、どちらかというと冷戦終結後の国際政治学や国際経済学な

ど社会科学に関する論述が多いのに対して、後者は、題名の通り実証主義やそれに関する論争などパラダイム論が中心になっている。クリス・ブラウンの『国際関係理論　新しい規範的アプローチ』[48]は、国際関係学の中でも規範的、価値的問題に焦点を絞り、コスモポリタニズムとコミュニタリアニズムの関係を国際関係学の中で問い直すユニークな書である。また規範的問題を通して政治思想と国際関係学を橋渡ししようとする試みでもある。ジェームズ・デル・デリアン、マイケル・シャピロ編『国家間／テキスト間関係論　世界政治のポスト・モダン・リーディングス』[49]とジム・ジョージ『グローバル政治の言説：国際関係学への批判的（再）序説』[50]は、どちらもポスト・モダン状況を非常に意識したものであり、近代的及び実証的学問への批判が感じられる。前者は、具体的な問題をもとにし、今後の世界政治の動向を見据えたものであり、後者は理論的な問題に絞り、現実主義を批判している。また直接は国際関係学の業績ではないが、N. J. レンジャーの『政治理論、近代性とポスト・モダニティ　啓蒙と批評を越えて』[51]も近代性の議論を通して政治理論の構築を目指している。

　次にオーソドックスな基本的テキストともいえる著作を紹介する。A. グルーム、マーゴット・ライト編『現代国際関係学：理論へのガイド』[52]は、バランスのとれたテキストであり、座右に置いて事典代わりにも利用でき、さらに欧米以外の動向にもある程度は目配りをしている有用な基本文献である。ポール・ヴィオッティ、マーク・カピ『国際関係学　現実主義・多元主義・グローバリズム』[53]は、副題の通り現在の国際関係学のパラダイム状況を三つに分け、その各々について先駆者や重要概念について論述していて、この書もテキストとして有用である。

　このような学派ごともしくはパラダイムごとに分類して説明する本が多い中で、アイバー・ニューマン、オーレ・ウェーバー編『国際関係学の未来』[54]は、研究者一人ひとりを分析しているユニークな書である。ここでは12人の大家から若手の気鋭の学者を取り上げ、研究者の研究をしている。今までは同じ学派に分類されていた研究者でも、かなり異なる側面があるということに気づかせてくれる。シーオム・ブラウン『変化するグローバルシステムの国際関係学　世界政治理論に向けて』[55]は、冷戦以後のグロー

バル時代にいかに規範的な世界政治理論を構築するかを論じたテキストである。

次に、現実主義には懐疑的な立場である批判理論やグローバル学派を含めた広い意味での脱実証主義の著作の一部を見ていく。ロバート・コックスはアントニオ・グラムシの政治思想を国際関係学に適用し、ある理論や権力を所与のものとは考えず、形成した起源や文脈そのものを問う批判理論を目指している。さらに国家間の相互関係のみを研究する既存の国際関係学を批判し、国家と市民社会との複合体を国際関係の主体とすることを提案している。(56)コックスに示唆を受けたスティーヴン・ギルもグラムシの思想を取り入れ、歴史的唯物論の立場から国際政治経済に関する理論を構築している。現在の現実主義学派とマルクス主義学派に対して国家中心主義的、経済還元主義的であるとして共に批判を加えている。(57)アンドリュー・リンクレイター『リアリズムとマルクス主義を越えて　批判理論と国際関係学』(58)も、現実主義に批判を加えながら、マルクス主義の概念を用いて国際関係学の中に批判理論を適用させている。マーチン・ショー『グローバル社会と国際関係学』(59)は、国際関係学と社会学の総合を提唱し、アンソニー・ギデンズの構造化の理論を用いながら、既存の国際関係学には「社会」という概念は存在していないと述べ、個人にも国家にも還元されない「社会」の概念を提示している。スーザン・ストレンジ『国家と市場　政治経済学入門』(60)は、現在の国際関係研究は米国の学界中心であると批判し、今後は政治学と経済学の統合が重要であると述べる。以上述べた著作は、今後のグローバル化する国際社会を読み解く上で、また現実主義とマルクス主義などのパラダイム併存状況から新しい国際関係学を作りだす上で、どれも重要な道筋を指し示すものとなるだろう。

最後に、国際関係学に直接関係はしないが、今後の世界の動向や学問の行く末を見る上で重要な業績のいくつかを紹介する。デヴィッド・ヘルド『民主主義とグローバル秩序　近代国家からコスモポリタン・ガバナンスへ』(61)は、一国内に限定されがちな民主主義をいかにトランスナショナルな民主主義秩序に作り替えていくかを論じている。その中で、民主主義モデルをグローバルな権威の多元的構造まで拡大したものがコスモポリタンデ

モクラシーであると言う。ブルース・ラセット『民主的平和を理解する』[62]も民主主義について論じた作品であり、冷戦後の今日、民主制による平和を新しい理念とするべきであると述べている。この著作の中では、ツキディデスやイマヌエル・カントなどを引き合いに出しながら、民主制と平和との関係を理論化している。イマヌエル・ウォーラステインの最近の一連の著作では、現在の社会科学は国家中心性を帯びた19世紀パラダイムであると説く。彼は19世紀に分裂した法則定立的科学としての社会科学と個性記述的科学としての歴史学を再び合わせた史的社会科学の構築を目指している[63]。このことは国際関係学の研究者ばかりではなく、広く学問に携わる者に大きな示唆を与えるであろう。ヘイワード・アルカー『再発見と再定式化』[64]は、国際学の方法論を論じたものである。ここでは、実証主義的研究の中に人間主義的な要素を取り入れることを試みている。

次に簡単に21世紀の英米における国際関係学の成果を瞥見しておく。まず、テキストとして有用であり、様々な学派、ディシプリン、イッシューを扱ったものが数多く出版されている[65]。日本においてはそれほど多くはないが、英米において国際関係思想や理論に関する業績は相当出されている[66]。また脱実証主義や構築主義関連のものも出版され、理論やディシプリンに関する議論が相当進んでいる[67]。なおこの点について、詳しくは第4章で論ずる。

## 2．米国、英国、日本の国際関係学の特徴

国際関係学の研究者は、地域という存在拘束性を帯びている[68]。地域により、歴史、社会、言語、文化、世界的影響力などが異なるので、当然のことながら国際関係学の特徴もかなり違ってきている。

まず米国の国際関係学の特徴について概説する。米国において、国際関係学は社会科学の一分野、特に政治学の一分野とされ、地域研究は比較政治学の枠組みにおかれ、実証主義が現実主義と政策科学に結合している[69]。米国以外の研究者の間では、主要な国際関係学のアプローチとして現実主義をとる傾向はそれほど高くはないが、米国では現実主義、実証主義の流

れが強い<sup>(70)</sup>。さらに帝国主義、国民国家、従属論、あるいは資本主義世界体制を研究しているマルクス主義者を抱えた大学は少ないというのも特徴である<sup>(71)</sup>。

このような米国の特徴の要因として、科学的手法の問題解決能力に対する米国社会の信頼やヨーロッパからの知識人の流入などの社会科学の隆盛、知的羅針盤である大国としての地位、学術研究と現実政治の近接性、財団からの積極的助成などの研究環境などがあげられよう<sup>(72)</sup>。

米国が世界の国際関係学研究を牽引してきたのは事実であり、これからも主導的役割を果たすであろうが、それを相対化することが必要であろう。米国の国際関係学における政治との密接な関係、現実主義志向、自らの視座を根本的に批判する機会の少なさ、建国の理念と例外国家としての過度な自信、そして現実の国際関係における覇権的地位が、自己省察の少ない研究に結び付いている可能性がある。

次に英国の国際関係学の特徴について簡単に説明する。米国では政治学の一部として教授されていたが、英国ではそれとは一線を画すものとして扱われている<sup>(73)</sup>。また英国では歴史、法、哲学などを重視した古典的手法が多く見られる<sup>(74)</sup>。

猪口孝によれば、英国の国際関係学は米国の国際関係学と違うことを主張し、米国の国際関係学の過度な単純主義・実証主義・分析主義などを批判することで存在価値を示している。英国の国際関係学は伝統を強く引きずりながらも、多様性を包容している。歴史と哲学を重視し、記述の正確さと抑制のきいた判断などがその長所として広く認められていると言えよう<sup>(75)</sup>。

英国で活躍する国際関係学の研究者の緩やかな一団は英国学派と総称され、C. A. W. マニング、マーティン・ワイト、ヘドリー・ブル、アラン・ジェームズ、R. J. ヴィンセントらが中心人物である<sup>(76)</sup>。

英国の国際関係学は、主権国家内は秩序が保たれているが国際社会は弱肉強食の無秩序な世界であるとの議論に批判の目を向け、一定の規範や制度により国際社会も存立しうることを主張した点で、評価されよう。

このような英国の国際社会論が米国でも改めて見直される一方、規範や

アイデンティティ、理念といった主観的・文脈的要素の重視を提唱するいわゆる構築主義が一大潮流となり、古典的な国際関係学の再検討も進められることになった。[77]

　最後に、日本における国際関係学の動向を見ておくことにする。国際関係学は米国では政治学の一分野であるのに対して、日本においては伝統的に理論研究、歴史研究、地域研究が三位一体の形で進められてきた。[78]

　猪口によれば、政治学が極めて重要な専門分野的枠組みを提供する米国の国際関係学とは違い、日本の国際関係学は、外交史、国際法、国際経済、地域研究、政治理論といった多様な専門分野の伝統を受け入れる。また西洋によって植民地化された経験がないため、言語も含めて西洋的国際関係学がそれほど浸透しなかった。特に米国の国際関係学の影響は、インド、パキスタン、マレーシア、フィリピンなどは言うまでもなく、韓国、台湾、中国と比べてみても、日本は小さい。日本の研究者が米国の国際関係学の概念や手法に従うことはもちろん、それに触れる度合いもこれらのアジア地域に比べはるかに低い。学生の教育、教員の採用、研究成果の評価に関する日本の制度は、アジア地域の中でも最も米国のシステムと折り合いが悪いのである。[79]このような日本の閉鎖的環境は改善し、正しい意味のグローバル・スタンダードに近づける努力は必要であろうが、なにも米国の下請け的国際関係学を目指す必要もない。むしろ日本独自な米国的でない国際関係学構築を目指すべきであろう。

　日本において、行動科学論争、ネオリアリズム対ネオリベラリズムの論争、さらに構築主義を中心とする論争は、米国に比べそれほど起こらなかったと言われている。ただこの三番目の構築主義について、日本には元来フランス現代思想の影響が強く、すでに構築主義的意識は存在しており、とりわけ新鮮であるようには思われなかった背景がある。[80]確かに、論文数などを調査してみても、日本においては米国と対照的に、合理主義的研究より構築主義的研究の方が優勢であり、米国で構築主義が台頭する以前から、構築主義と親和性のある研究が存在した。構築主義は自然科学のような一般化はそれほど求めず、時や場所の特定の状況、立場、視座を強く考慮に入れるという点で、日本で盛んな歴史研究や地域研究と共通点を

有する。この構築主義や脱実証主義の議論については第4章で詳しく扱うことにする。なお平和主義との関連での日本の独自性については次章で述べることとする。

**おわりに**

1990年代から21世紀初頭にかけて、世界の国際動向を反映する国際関係学の業績が非常に増えている。私たちは過去の研究遺産をきちんと分析した上で、新しい国際関係学を打ち立てねばならないだろう。なお筆者自身の国際関係学観は第5章で述べることとする。

米国が国際関係学を今まで牽引してきたが、政治と学問の癒着、非自省的現実主義、非主流的学問の疎外、覇権的地位による権威主義的研究などが見受けられ、転換を迫られている。英国の国際関係学は、伝統的に哲学や歴史を重視し、一定の規範や制度により国際社会存立の可能性を志向している。日本における国際関係学は理論・歴史・地域の三位一体で行われ、良くも悪くも米国の影響をそれほど受けることなく発展してきた。米国流の現実主義ではなく、脱実証主義を受け入れる土壌が出来ており、日本における独自の国際関係学の構築が期待されよう。

**注**

(1) Paul Joseph, "International Relations," Nigel J. Young eds., *The Oxford International Encyclopedia of Peace*, Vol. 2, Oxford University Press, 2010, p. 459.

(2) 星野昭吉『世界政治の変動と権力』同文館、1994年、10-17頁。

(3) A.J.R. Groom, "The World Beyond: the European Dimension," A.J.R. Groom & Margot Light eds., *Contemporary International Relations: A Guide to Theory*, Pinter Publishers, 1994, p. 219.

(4) Frederick Schuman, *International Politics: Anarchy and Order in the World Society*, 7th ed., McGraw-Hill, 1969, フレデリック・シューマン、長井信一訳『国際政治』上・下、東京大学出版会、1973年。

(5) Edward Carr, *The Twenty Years' Crisis 1919-1939: An Introduction to*

*the Study of International Relations*, Macmillan, 1939, エドワード . H. カー、井上茂訳『危機の二十年 1919-1939』岩波書店、1996 年。なお 2011 年に新訳が公刊された。原彬久訳『危機の 20 年　理想と現実』岩波書店、2011 年。
(6)　Quincy Wright, *A Study of War*, Chicago University Press, 1942.
(7)　Hans Morgenthau, *Politics among Nations: The Struggle for Power and Peace*, Alfred A. Knopf 1948, ハンス・モーゲンソー、現代平和研究会訳『国際政治　権力と平和』福村書店、1986 年。
(8)　川田侃『国際関係概論』東京大学出版会、1958 年。川田侃『国際関係研究』東京書籍、1996 年に所収。
(9)　この分け方は論者によって多少異なる。石井貫太郎は、現実主義、制度主義もしくは理想主義、構造主義もしくはマルクス主義というように分けている。石井貫太郎『現代国際政治理論』ミネルヴァ書房、1993 年、30-34 頁。
(10)　Kenneth Waltz, *Theory of International Politics*, Addison Wesley, 1979.
(11)　Robert Gilpin, *War and Change in World Politics*, Cambridge University Press, 1981.
(12)　Robert Keohane and Joseph Nye, *Power and Interdependence*, Little Brown, 1977.
(13)　James Rosenau ed., *Linkage Politics: Essays on the Convergence of National and International System*, The Free Press, 1969.
(14)　Stephen Gill ed., *Gramsci, Historical Materialism and International relations*, Cambridge University Press, 1992.
(15)　Richard Ashley, "The Poverty of Neorealism," Robert Keohane ed., *Neorealism and Its Critics*, Columbia University Press, 1986.
(16)　岩田一政他編『国際関係研究入門』東京大学出版会、1996 年、71 頁。なお、国際関係学の論争や文献については同上書及び星野、前掲書も参照。
(17)　初瀬龍平『国際政治学―理論の射程―』同文館、1993 年。百瀬宏『国際関係学』東京大学出版会、1993 年。山影進『対立と共存の国際理論　国民国家体系のゆくえ』東京大学出版会、1994 年。岩田、前掲書。

(18) 馬場伸也編『講座政治学Ⅴ 国際関係』三嶺書房、1988年、序章。猪口孝『現代国際政治と日本』筑摩書房、1991年、第16章。
(19) 中西治『国際関係論―地球・宇宙平和学入門―』南窓社、1990年。中嶋嶺雄『国際関係論 同時代史への羅針盤』中央公論社、1992年。関下稔他編『プロブレマティーク国際関係』東信堂、1996年。廣瀬和子他編『新国際学 変容と秩序』東京大学出版会、1995年。川田、前掲『国際関係概論』、川田、前掲『国際関係研究』。
(20) 鴨武彦『国際安全保障の構想』岩波書店、1990年。星野昭吉『世界政治の変動と権力 アナーキー・国家・システム・秩序・安全保障・戦争・平和』同文館、1994年。星野昭吉『国際関係の理論と現実―世界政治社会システムにおける第三世界―』アジア書房、1995年。石井、前掲書。石井貫太郎『国際政治分析の基礎』晃洋書房、1993年。
(21) 石井貫太郎「ポスト冷戦時代の到来とマクロ国際政治理論の体系化―"新現実主義的総合"としての統一パラダイム構築への道―」日本国際政治学会編『国際政治』第106号、1994年。
(22) 小林誠「国際関係学の葬送のために」上・下、『立命館国際研究』8-3、4、1995年、1996年。
(23) 遠藤誠治「構造変動の時代の国際政治―新しいパラダイムを求めて―」『成蹊法学』36号、成蹊大学法学会、1993年。遠藤誠治「国際政治から世界政治へ―移行期をとらえるひとつのパースペクティヴ」鴨武彦編『講座世紀間の世界政治5巻 パワーポリティスクの変容』、日本評論社、1994年。
(24) 田口富久治「ポスト・モダニティかハイ・モダニティか―最近の国際政治学の諸潮流の検討を通じて―」『名古屋大学法政論集』157号、1994年。田口富久治「D・ヘルドのコスモポリタン民主主義論」『立命館法学』245号、1996年。田口富久治他著『グローバリゼーションと国民国家』青木書店、1997年。
(25) 梶田孝道編『国際社会学』名古屋大学出版会、1992年。梶田孝道『統合と分裂のヨーロッパ』岩波書店、1993年。梶田孝道編『ヨーロッパとイスラム』有信堂、1993年。梶田孝道『国際社会学』放送大学教育振興会、1995年。梶田孝道『国際社会学のパースペクティブ』東京大学出版会、

1996 年。21 世紀の業績であるが、梶田孝道編『新・国際社会学』名古屋大学出版会、2005 年。三橋利光『国際社会学の挑戦―個人と地球社会をつなぐために』春風社、2008 年。樽本英樹『よくわかる国際社会学』ミネルヴァ書房、2009 年。

(26) 山内昌之『新・ナショナリズムの世紀』PHP 研究所、1992 年。山内昌之『民族と国家―イスラム史の視角から―』岩波書店、1993 年。山内昌之編『21 世紀の民族と国家』日本経済新聞社、1993 年。山内昌之他編『いま、なぜ民族か』東京大学出版会、1994 年。

(27) なお、ナショナリズムに関する業績は、第 9 章を参照。

(28) F. Parkinson, *The Philosophy of International Relations, A study in the History of Thought*, Sage Publications, 1977. フランク・パーキンソン、初瀬龍平他訳『国際関係の思想』岩波書店、1991 年。松本博一『国際関係思想史研究』三省堂、1992 年。Michael Joseph Smith, *Realist Thought, From Weber to Kissinger*, Louisiana University Press, 1986. M. J. スミス、押村高他訳『現実主義の国際政治思想』垣内出版、1997 年。

(29) 有賀貞他編『講座国際政治』全 5 巻、東京大学出版会、1989 年。坂本義和編『世界政治の構造変動』全 4 巻、岩波書店、1994 年。鴨武彦編『講座世紀間の世界政治』全 6 巻、日本評論社、1993-1994 年。鴨武彦他編『リーディングス 国際政治経済システム』全 4 巻、有斐閣、1997 年。

(30) 藤原帰一他編『国際政治講座』全 4 巻、東京大学出版会、2004 年。猪口孝編『シリーズ国際関係論』全 5 巻、東京大学出版会、2007 年。日本国際政治学会編『日本の国際政治学』全 4 巻、有斐閣、2009 年。

(31) その中でも主要なものをここでは取りあげる。小林誠他編『グローバル・ポリティクス』有信堂、2000 年。関下稔他編『クリティーク 国際関係学』東信堂、2001 年。羽場久美子他編『21 世紀国際社会への招待』有斐閣、2003 年。百瀬宏『国際関係学原論』岩波書店、2003 年。山田高敬他編『グローバル時代の国際関係論』有斐閣、2006 年。高田和夫『新時代の国際関係論』法律文化社、2007 年。藤原帰一『国際政治』放送大学教育振興会、2007 年。大芝亮編『国際政治学入門』ミネルヴァ書房、2008 年。村田晃嗣他著『国際政治学をつかむ』有斐閣、2009 年。初瀬龍平『国際関係論 日

常性で考える』法律文化社、2011 年。

(32) 安斎育郎他編『日本から発信する平和学』法律文化社、2007 年。初瀬龍平他編『日本で学ぶ国際関係論』法律文化社、2007 年。

(33) 猪口孝編『国際関係リーディングズ』東洋書林、2004 年。

(34) Colin Elman and Miriam Fendius eds., *Bridges and Boundaries : Historians, Political Scientists, and the Study of International Relations*, The MIT Press, 2001, コリン・エルマン他編、渡辺昭夫監訳『国際関係研究へのアプローチ 歴史学と政治学の対話』東京大学出版会、2003 年。

(35) 岩田一政他編『国際関係研究入門 増補版』東京大学出版会、2003 年。

(36) 南山淳『国際安全保障の系譜学 現代国際関係理論の権力／知』国際書院、2004 年。

(37) 山本吉宣『「帝国」の国際政治―冷戦後の国際システムとアメリカ』東信堂、2006 年。

(38) 信夫隆司『国際政治理論の系譜―ウォルツ、コヘイン、ウェントを中心として』信山社、2004 年。吉川直人他編『国際関係理論』勁草書房、2006 年。

(39) 清水耕介『市民派のための国際政治経済学 多様性と緑の社会の可能性』社会評論社、2002 年。清水耕介『暴力と文化の国際政治経済学 グローバル権力とホモソーシャリティ』御茶の水書房、2006 年。

(40) 太田義器『グロティウスの国際政治思想―主権国家秩序の形成―』ミネルヴァ書房、2003 年。イアン・クラーク他編、押村高他訳『国際関係思想史 論争の座標軸』新評論、2003 年。佐藤幸男他編『世界政治を思想する』全 2 巻、国際書院、2010 年。押村高『国際政治思想』勁草書房、2010 年。小田川大典他編『国際政治哲学』ナカニシヤ出版、2011 年。

(41) なおジェンダーに関する業績は、第 10 章を参照。

(42) 酒井哲哉『近代日本の国際秩序論』岩波書店、2007 年。芝崎厚士『近代日本の国際関係認識 朝永三十郎と『カントの平和論』』創文社、2009 年。

(43) 星野昭吉『世界政治の原理と変動―地球的規模の問題群と平和―』同文舘出版、2002 年。星野昭吉『グローバル社会の平和学「現状維持志向平和学」から「現状変革志向平和学」へ』同文舘出版、2005 年。星野昭吉『世

界政治の理論と現実―グローバル政治における理論と現実の相互構成性―』亜細亜大学購買部、2006 年。星野昭吉『世界政治と地球公共財―地球的規模の問題群と現状変革志向地球公共財―』同文舘出版、2008 年。星野昭吉『世界政治の弁証法―現状維持志向勢力と現状変革志向勢力の弁証法的ダイナミクス―』亜細亜大学購買部、2009 年。星野昭吉『世界秩序の構造と弁証法―「コミュニタリアニズム中心的秩序勢力」と「コスモポリタニズム中心的秩序勢力」の相克―』テイハン、2010 年。

(44)　土佐弘之『安全保障という逆説』青土社、2003 年。土佐弘之『アナーキカル・ガヴァナンス―批判的国際関係論の新展開』御茶の水書房、2006 年。

(45)　Hedley Bull, *The Anarchical Society: A Study of Order in World Politics*, 2nd ed., Macmillan Press Ltd., 1995, ヘドリー・ブル、臼杵英一訳『国際社会論　アナーキカル・ソサイエティ』岩波書店、2000 年。Martin Wight, *International Theory: The Three Traditions*, Leicester University Press, 1991, マーティン・ワイト、佐藤誠他訳『国際理論　三つの伝統』日本経済評論社、2007 年。Ian Clark, *Globalization and International Relations Theory*, Oxford University Press, 1999, イアン・クラーク、滝田賢治訳『グローバリゼーションと国際関係理論　グレート・ディヴァイドを超えて』中央大学出版部、2010 年。Kenneth Waltz, *Theory of International Politics*, McGraw-Hill, 1979, ケネス・ウォルツ、河野勝他訳『国際政治の理論』勁草書房、2010 年。

(46)　Ken Booth and Steve Smith eds., *International Relations Theory Today*, Polity Press, 1995.

(47)　Steve Smith, Ken Booth & Marysia Zalewski eds., *International Theory: Positivism & Beyond*, Cambridge University Press, 1996.

(48)　Chris Brown, *International Relations Theory New Normative Approaches*, Harvester Wheatsheaf, 1992.

(49)　James Der Derian, Michael J. Shapiro eds., *International/Intertextual Relations Postmodern Readings of World Politics*, Lexington Books, 1989.

(50)　Jim George, *Discourses of Global Politics: A Critical (Re) Introduction to International Relations*, Lynne Rienner Publishers, 1994.

(51) N. J. Rengger, *Political Theory, Modernity and Postmodernity*, Blackwell Publishers, 1995.

(52) A.J.R. Groom & Margot Light eds., *Contemporary International Relations: A Guide to Theory*, Pinter Publishers, 1994.

(53) Paul R. Viotti and Mark V. Kauppi, *International Relations: Realism, Pluralism, Globalism*, 2nd ed., Macmillan, 1993, ポール・ヴィオッティ他著、デヴィッド・ウェッセルズ他訳『国際関係論　現実主義・多元主義・グローバリズム』第二版、彩流社、1993年。

(54) Iver B. Neumann and Ole Waever eds., *The Future of International Relations Masters in the Making ?*, Routledge, 1997.

(55) Seyom Brown, *International Relations in a Changing Global System Toward a Theory of the World Polity*, 2nd ed., Westview Press, 1992.

(56) Robert Cox, "Social Forces, States, and World Orders: Beyond International Relations Theory", *Millennium*, Vol. 10, 1981, pp. 126-155. ロバート・コックス、遠藤誠治訳「社会勢力・国家・世界秩序―国際関係論を越えて―」坂本義和編『世界政治の構造変動2　国家』岩波書店、1995年。Robert Cox ed., *The New Realism: Perspective on Multilateralism and World order*, Macmillan, 1996.

(57) Stephen Gill, *American Hegemony and the Trilateral Commission*, Cambridge University Press, 1990, スティーヴン・ギル、遠藤誠治訳『地球政治の再構築　日米欧関係と世界秩序』朝日選書、1996年。Stephen Gill ed., *Gramsci, Historical Materialism and International Relations*, Cambridge University Press, 1993.

(58) Andrew Linklater, *Beyond Realism and Marxism: Critical Theory and International Relations*, Macmillan, 1990.

(59) Martin Shaw, *Global Society and International Relations: Sociological Concepts and Political Perspectives*, Polity Press, 1994, マーチン・ショー、高屋定國他訳『グローバル社会と国際政治』ミネルヴァ書房、1997年。

(60) Suzan Strange, *States and Markets: An Introduction to Political Economy*, 2nd ed., Pinter Publishers, 1994, スーザン・ストレンジ、西川潤

他訳『国際政治経済学入門 国家と市場』東洋経済新報社、1994年。
(61) David Held, *Democracy and the Global Order: From the Modern State to Cosmopolitan Governance*, Stanford University Press, 1995.
(62) Bruce Russett, *Grasping the Democratic Peace: Principles for a Post-Cold War World*, Princeton University Press, 1993, ブルース・ラセット、鴨武彦訳、『パクス・デモクラティア 冷戦後世界への原理』東京大学出版会、1996年。
(63) Immanuel Wallerstein, *Unthinking Social Science: The Limits of Nineteenth-Century Paradigms*, Polity Press, 1991, イマヌエル・ウォーラステイン、本多健吉他監訳『脱＝社会科学 19世紀パラダイムの限界』藤原書店、1993年。Immanuel Wallerstein, *Open the Social Science: Report of the Gulbenkian Commission on the Restructuring of the Social Sciences*, Stanford University Press, 1996, イマヌエル・ウォーラステイン、山田鋭夫訳『社会科学をひらく』藤原書店、1996年。
(64) Hayward R. Alker, *Rediscoveries and Reformulations Humanistic Methodologies for International Studies*, Cambridge University Press, 1996.
(65) その中でも主要なものをここでは取りあげる。Walter Carlsnaes eds., *Handbook of International Relations*, SAGE Publications, 2002. John Baylis, Steve Smith and Patricia Owens, *The Globalization of World Politics: An Introduction to International Relations*, 4th ed., Oxford University Press, 2008. Mario Telo, *International Relations: A European Perspective*, Ashgate Publishing Limited, 2009. Robert Jackson and George Sorensen, *Introduction to International Relations: Theories and Approaches*, 4th ed., Oxford University Press, 2010. Cynthia Weber, *International Relations Theory : A Critical Introduction*, 3rd ed., Routledge, 2010. Tim Dunne eds., *International Relations Theories: Discipline and Diversity*, 2nd ed., Oxford University Press, 2010.
(66) Kenneth W. Thompson, *Schools of Thought in International Relations: Interpreters, Issues, and Morality*, Louisiana State University Press, 1996. Torbjorn L. Knutsen, *A History of International Relations Theory*, 2nd

ed., Manchester University Press, 1997. Brian C. Schmidt, *The Political Discourse of Anarchy: A Disciplinary History of International Relations*, State University of New York Press, 1998. Barry Buzan and Richard Little, *International Systems in World History*, Oxford University Press, 2000. Robert M. A. Crawford, *International Relations -Still an American Social Science ?: Toward Diversity in International Thought*, State University of New York Press, 2001. Cynthia Weber, *International Relations Theory: A Critical Introduction*, Routledge, 2001. Mathias Albert eds., *Identities, Borders, Orders: Rethinking International Relations Theory*, University of Minnesota Press, 2001.

(67) Alexander Wendt, *Social Theory of International Politics*, Cambridge University Press, 1999. D. S. L. Jarvis, *International Relations and the Challenge of Postmodernism: Defending the Discipline*, University of South Carolina Press, 2000. Chris Brown, *Practical Judgment in International Political Theory: Selected Essays*, Routledge, 2010.

(68) Crawford, *op. cit.*, p. 2.

(69) 猪口孝『国際関係論の系譜』東京大学出版会、2007年、7-8、213頁。

(70) Vendulka Kubalkova, "A 'Turn to Religion' in International Relations," *Perspectives*, Vol. 17, No. 2, 2009, p. 18. Crawford, *op. cit.*, p. 373. ただ米国における国際関係学の多様性にも注目しなければならない。強い平和主義も米国には存在し、ノーム・チョムスキー、エドワード・サイード、アンドレ・グンター・フランク、イマヌエル・ウォーラステインなどは全て米国人である。猪口、前掲『国際関係論の系譜』8-9頁。

(71) H. R. アルカー Jr.、トマス・ビアステイカー「世界秩序の弁証法―国際問題を研究する未来の発掘学者たちへの覚え書き―」猪口、前掲『国際関係リーディングズ』64頁。

(72) 石田淳「国際関係論はいかなる意味においてアメリカの社会科学か―S・ホフマンの問い（1977年）再考―」日本国際政治学会編『国際政治国際政治研究の先端7』160号、2010年、152頁。Stanley Hoffmann, "An American Social Science: International Relations," *Daedalus: American*

*Academy of Arts and Sciences*, Vol. 106, No. 3, 1977, pp. 41-60.
(73) Brown, *op. cit.*, p. 6.
(74) Nicholas Remgger and Ben Thirkell- White, "Still Critical after All These Years ? The Past, Present and Future of Critical Theory in International Relations," *Review of International Studies*, 33, British International Studies Associations, 2007, p. 3.
(75) 猪口、前掲『国際関係論の系譜』10 頁。
(76) H・スガナミ「英国学派とヘドリー・ブル」日本国際政治学会編『国際政治　冷戦の終焉と 60 年代性』126 号、2001 年、200 頁。
(77) 中西寛「国際政治理論―近代以後の歴史的展開」日本国際政治学会編『日本の国際政治学 1　学としての国際政治』有斐閣、2009 年、37 頁。
(78) 大芝、前掲書、5 頁。
(79) 猪口、前掲『国際関係論の系譜』182-183、210 頁。
(80) 田中明彦「日本の国際政治学―『棲み分け』を超えて」前掲『日本の国際政治学 1　学としての国際政治』10-12 頁。
(81) 宮岡勲「コンストラクティビズム―実証研究の方法論的課題」同上書、82-82、92 頁。

# 第2章　平和学研究史

**はじめに**

　地球上で戦禍に喘いでいる人々が数多く存在する。なぜ戦争が起こり、どうすれば平和が訪れるのか。このことを研究する平和学の存在意義はいや増して大きくなっている。

　だが、9・11事件以後、対話より対立が、共存より紛争が前面に出てきており、平和学よりも軍事・戦略研究の方が重視されるようになってきている。このような時代だからこそ、平和と共存を志向する平和学が重要となるであろう。

　国際関係学も強い平和志向から生まれた学問であったが、最近は技術的・戦略的傾向が強くなり、平和志向性が薄れている。今後、国際関係学は平和学の動向をきちんとおさえた上で、新しい学を構築しなければならず、平和学の研究動向を考察することは重要であろう。

　本章では、最近の平和学の動向を明らかにし、様々の課題について論究する。

　第1節では、欧米及び日本の主要研究者の研究史、特に平和学研究の時期区分を中心に論じていく。第2節では、主に21世紀の欧米と日本における平和学の業績を紹介し、その研究史上の特徴に触れる。第3節では、平和学の特徴及び方法についてまとめた上で筆者の考えを述べる。第4節では、平和主義のイデオロギー分類を試み、非暴力行動の意義を論じる。第5節では、平和学の課題を考察し、最後に新しいグランドセオリーの可能性を展望する。

## 1. 平和学の研究史と時期区分

　平和学が戦争の原因と平和の条件を考察し、できる限り戦争を無くし、平和を目指すものだとすると、人類の歴史とともにかなり古くから平和学が存在していたと言っても過言ではないだろう。また近代西欧におけるデジデリウス・エラスムス、トマス・モア、サン・ピエール、ジャン・ジャック・ルソー、イマヌエル・カントなどは、平和学の原型を作った人物とも言えるであろう。[1]

　戦争と平和についての学問としての研究に関心が持たれるようになったのは、19世紀に入ってからであった。当時のリベラルな論者は、戦争をより良い平和な社会に対する中断と捉えていた。ただ勝者のための軍事学、世界制覇のための戦争学、植民地経営のための学問が中心であり、平和それ自体の実現のための専門研究ではなく、あくまで戦争研究に対して副次的なものであった。[2]

　第一次大戦以降、平和に関する研究が本格化するが、ここで何人かの平和学研究史の時期区分と特徴を見ておくことにする。

　ジョアン・ピムによれば、[3]平和学研究は次の七つに時期区分される。

　第一は 1914〜1945 年の先行者の時期であり、ピティリン・ソローキン、クインシー・ライト、ハロルド・ラスウェル[4]を中心にして行われた。

　第二は 1945〜1959 年の未組織なイニシアティブの時期であり、ミシガン大学で 1957 年に『紛争解決ジャーナル』が発刊され、1959 年には同大学で紛争解決研究センターが開設された。このミシガン・グループには、ケネス・ボールディングやアナトール・ラパポートなども参画し、システム理論や産業経済学、構造機能主義などの影響のもと紛争理論を発展させた。

　第三は 1959〜1969 年の行動主義革命の時期であり、この時期には様々な制度化も行われ、1964 年には国際平和研究学会（IPRA）、1966 年にはストックホルム国際平和研究所などが創設された。

　第四は、1969〜1979 年の急進化／急増化の時期であり、行動主義が疑

問視されるようになり、積極的平和と消極的平和の概念が提示された。

　第五は、1979〜1989年の制度化／断種の時期であり、相対主義などが関与した根源的な思想的制度化が行われた。

　第六は、1989〜2001年の冷戦後／ポスト・モダニズムの時期であり、冷戦の終焉は楽観主義をもたらし、理論面においては、ポスト・モダニズムやポスト・実証主義の影響が批判的再考を促した。批判的社会理論、構造主義、ジェンダー論、カルチュラルスタディーズなどの批判理論が平和構築への新しい概念を導いた。

　第七は、2001年以降の新しい挑戦の時期であり、9・11事件は文明の衝突論を再認識させながらも、文化間宗教間の対話の可能性を模索する業績も増大させた。これまで見てきたような様々なアプローチにもかかわらず、ピムは、平和学は学問の世界において未だマイナーな存在であるとしている。

　平和学ではなく、紛争解決学の枠組みではあるが、オリバー・ラムズボサムらによれば(5)、1918〜1945年は第一世代としての先駆者の時代であり、様々な平和運動が結果的に第一次大戦を防止することに失敗し、これにより多くの人が平和の「科学」を発展させる動機となった。平和学が学問分野として確立されるのは1945年以降であり、平和学に先立つ国際関係学が学問分野として設立されたのは、1919年ウェールズ大学アベリストウィス校での国際関係学の最初の講座が開設されたときであった。

　1945〜1965年は第二世代としての創設者の時代であり、平和学に学的成長が起こるのは、核兵器の脅威が差し迫ったものになる1945年以降である。中心となったのは、ケネス・ボールディング、ヨハン・ガルトゥング、バートンらであった。

　1965〜1985年は第三世代としての統合者の時代であり、主として三つの重要事項を成し遂げた。第一は、文化的・構造的平和構築の明確な概念化によって、平和創造の比較研究、平和維持の課題に携わり、これまでの研究の空白部分を埋めたことである。第二は、政策決定者と対話を始めたことにより、デタントを強化し、対立を和らげることに貢献できるようになったことである。第三は、紛争解決センターなどの組織を世界中に拡大

したことである。

1985～2005年は第四世代としての再建者の時代であり、1985年にソ連邦においてミハイル・ゴルバチョフが出現したことにより、冷戦後の時期が始まった。紛争解決学がさらに知られ、より広く活動家、政府、国際機関、ジャーナリストによって求められるようになり、期待は高まり、同時に鋭い批判にさらされるようになってきた。

2005年以降は第五世代としての普及者の時代であり、文化の問題がコスモポリタンな紛争解決事業の核心にあり、このことは今後の重要な課題になるであろう。

第一、第二世代の人々は紛争解決に向けた国家中心的アプローチであり、第三世代は市民社会に目を向けた非国家中心的アプローチを行い、第四世代は市民社会から国家さらにはそれを超えた地域的・国際的レベルをつなぐ補完的構造の組み立てをし、第五世代はさらにコスモポリタンな視野にまで広げた。

岡本三夫によれば、平和についての研究と教育が登場したのは欧米諸国であり、19世紀から1930年代までは一般に「平和の科学」と呼ばれていた。第二次大戦中と戦後の混乱期を経て「平和の科学」がもう一度脚光を浴びるようになったのは、1950年代になってからであり、米ソの核戦争による世界の破局をいかに回避するかという切実な問いに答えようとする試みであった。この草創期における平和学の特徴は、第一に核戦争や在来型の戦争・紛争を研究対象とする安全保障問題が中心であり、第二に先進工業国の研究者の問題意識に沿ったものであり、第三に高度にアカデミックな研究中心の知的・抽象的営為に留まっていたことである。

1960年代になると欧米を中心に平和学の制度化が見られるようになり、相当数の平和研究所、紛争研究所が創設された。1960年代末以来の十数年間、平和研究の主たる関心は核戦争や武力紛争一般の問題ではなく、経済的貧困、政治的抑圧、社会的不平等など構造的暴力の問題に移ってきた。これを主導してきたのがガルトゥングであり、戦争がないという意味での平和を「消極的平和（negative peace）」と呼び、幸福や福祉、繁栄が保障されているという意味での平和を「積極的平和（positive peace）」

とした。また暴力概念も拡大させ、人間の潜在的可能性を阻むものとした。だがガルトゥングへの批判も当然存在し、全ての矛盾を暴力概念に入れてしまうことにより概念の拡散が生じ、平和学が混乱をきたした。戦争の研究を軽視することにより、最も明らかな暴力である戦争の研究が相対的に弱くなり、本来の平和学のあり方をゆがめているなどとするものがあった。

　これらのいわば第二世代の特徴は、第一に戦争を包摂する暴力一般、特に構造的暴力を研究対象とした。第二に、途上国や社会主義諸国の政治・経済的状況を踏まえた世界システム論的な研究がかなりなされた。第三に、大学の学部学生にも理解可能な教育をしたことであった。

　その後、1970年代には、特に欧米において平和学の制度化が進み、多くの書籍、専門誌が出版され、学会、研究所などが創設され、大学においても平和学部、平和学コースなどが開設され、大学での平和学専攻が可能になった。1960年代後半から70年代中葉にかけて、日本においても制度化が進み、1966年の日本平和研究懇談会の発足、1973年の日本平和学会の設立が見られ、現在においても発展し続けている。

　星野昭吉によれば、第一次大戦後、戦争と平和の研究は平和学としてではなく、国際政治学や国際関係学として誕生した。第二次大戦後、実証的平和研究の蓄積と、核戦争の危機の高まりの中で、平和学が誕生した。

　1950年代と60年代前半では、核戦争不在状態としての平和概念が支配的であり、とりわけ核抑止戦略批判へ多くの研究が向いていた。60年代に入り、デタントが進む中で、南北問題に関心が向けられ、平和学の対象自体にも変容が見られた。ガルトゥングの構造的暴力の概念、ダスグプタの平和ならざる状態の概念に代表される批判的平和学は、戦争不在状態としての平和、つまり現状維持志向性の強い平和の枠組みに対する批判であり、現状変革志向性の強い平和の提示にほかならない。

　しかし構造的暴力の提起により、平和価値が多元化し、対象範囲が拡大した平和学は、平和研究ではなく正義研究だと批判されるようになった。現在、戦争などの直接的暴力と構造的暴力を二者択一的に選択するのではなく、両者の有機的関連性を解明し、多元的価値を統一的に抽出する理論

化が要求される。

今まで4人の論を見てきた。戦争と平和の問題は古代より様々な論者により論じられてきたが、本格的な学問としての平和学は、第一次大戦と第二次大戦の甚大な惨禍により成立した。大戦後の草創期はライトやソローキンなどが実証的平和学を目指し、米ソの核戦争回避のための平和学が中心であり、次に行動主義の時代には数量的、統計的な研究が流行した。60年代末から70年代にかけてガルトゥングらを中心にして構造的暴力の概念が提起され、平和学の視野が拡大した。80年代から90年代は脱実証主義の潮流が平和学にも入り、自己の立場や政治性を問い、イデオロギーの暴露がなされた。21世紀に入り、大きく世界が変容し、新たな状況が台頭しつつある。平和学も新しい時代に相応しい特徴、役割、方法を目指そうとしているようである。

## 2．最近の平和学の動向

まず平和学の最近の英語による業績を簡単に紹介していきたい。1991年出版のデヴィド・バラシュのテキスト『平和学入門』[10]が当該分野での包括的な概観を初めて行い、画期となった。さらにホ・ウォン・ジョンの『平和学・紛争学入門』やバラシュとチャールズ・ウェベルの『平和学・紛争学』[11]は、90年代や冷戦後の状況を踏まえた平和学の不可欠のテキストとなっている。[12]

ウェベルとヨハン・ガルトゥング編『平和学・紛争学ハンドブック』は様々な問題やトピックがまとめられており、バラシュの『平和へのアプローチ：平和学読本』は、戦争と平和に関する過去からの様々な論者の論文が載っているリーディングス形式になっている。オリバー・ラムズボサム他の『現代紛争解決学　破壊的紛争の予防、管理、変容』は紛争解決学の理論や課題、実践について書かれており、日本語にも翻訳されている。ラムズボサムは最近『変容する暴力的紛争　根源的相違、対話、生存』も出版している。[13]

さらに2010年になって、全4巻の『オックスフォード国際平和事典』

が刊行され、平和学の歴史、理論、課題、実践などが網羅的に載っており、平和学の研究段階が示された画期的な業績となっている。[14]

　平和学ではないが、戦争研究も盛んになっており、アザー・ガットの『人類文明における戦争』は800ページもの大著であり、人間の本能や人類の発祥から説き起こし、戦争の原因を解明した優れた著書であり、その他にスコット・ベネットらの業績もある。[15]

　日本における平和学の優れた業績は1990年代にもあったが、特に21世紀に入り急速に増加している。全4巻の『グローバル時代の平和学』は日本平和学会から出されたもので、日本における平和学の現段階を示すものである。[16] 池尾靖志編『平和学をはじめる』は人間の安全保障の観点から書かれた平易かつ若い感性に満ちた入門書である。池尾は他にも『日本から発信する平和学』『平和学をつくる』など精力的に平和学の著作を刊行している。小泊葉子他編『アクター発の平和学』は誰が平和を作るのかという観点からアクターに焦点を絞って論じている。児玉克哉他著『はじめて出会う　平和学』、岡本三夫他編『平和学のアジェンダ』、岡本三夫『平和学は訴える』はともに平和学の入門書として有用である。星野昭吉『グローバル社会の平和学』はグローバル化の観点から平和を見ており、現状変革志向の平和学を目指している。大芝亮他編『平和政策』は現実的な平和政策を中心に書かれている。他にも吉田康彦『21世紀の平和学』、高畠通敏『平和研究講義』、木村朗『危機の時代の平和学』、鈴木基史『平和と安全保障』、加藤朗『入門・リアリズム平和学』などがある。また2009年に刊行された君島東彦編『平和学を学ぶ人のために』は広範な内容を掘り下げ、平和学の現状や課題を知れる好著である。また冷戦崩壊後に多発した紛争の後にどのようにして平和を作り出すのかといった観点から平和構築関連の書籍も最近増えてきている。[17]

　次に日本における平和学周辺の業績についても紹介する。

　戸崎純は、『環境を平和学する』と『環境平和学』を出し、単に環境の観点から平和の問題を論じたのではなく、暴力・開発・生殖・ジェンダー・世界経済などから平和学にアプローチしたテキストである。[18]「個」だけでなく「類」や「累（世代を重ねること）」として、共同性と生命連

鎖の中に捉える視点を提示する。「快」増加志向から「苦」減少志向への方向転換や、役立つ・役立たない、売れる・売れないといった価値観からの克服を主張している。

近年、公共性や公共哲学が盛んになってきており、その観点から平和の問題に踏み込んだ書籍が多数出版されている[19]。そこでは脱国家志向で新しい社会運動の担い手である NGO や NPO などの中間集団を重視し、非戦の公共哲学を主張している。戦争こそが最悪の公共悪との立場から、非暴力的、脱物質的志向性を重視している。公共哲学は社会内公共性としての公開性、対社会的公共性としての実践性、学問内公共性としての包括性をその特徴とする。

また憲法と平和問題を関連づけて論じられたものもある[20]。憲法9条や国際法を扱ったもので、現在、議事日程にのぼっている9条改定問題を考える際に有益である。9条は単に米国によって押しつけられたものではなく、人類の平和思想と非戦の哲学の伝統から生まれたもので、また戦争の惨禍やアジア侵略への反省から生じたものである。9条はいわゆる普通の国家を目指したものではなく、旧来の主権や自衛権の概念を乗り越える非戦と非暴力の国家をデザインしたものである。なお9条と非戦の歴史については、第8章で論じる。

平和学も現実からの要請により、多様化してきており、諸問題の解決を模索しているようである。規範性と現実的な政策も踏まえ、その両立を目指しており、特に9・11事件以後は切迫した状況への対応を学問的にも政策的にも問われている。

## 3．平和学の特徴と方法

ここではまず、各論者の平和学の特徴及び方法について概観しておく。

星野昭吉は平和学の特徴として、次のように4点を挙げている[21]。第一は、平和価値の実現を明示的に志向していることである。平和学は、常に実現すべき価値、目標を設定しており、現実をそれに向かって変革するため、現状変革志向性や未来志向性が強いのが特徴である。第二は、科学志

向性である。これは第一の価値志向性と矛盾するものではない。戦争と平和に関する様々の具体的な問題の因果関係を実証的に探る客観的分析を基本的態度としている。研究態度が客観的・科学的であることは、研究目的の道徳的中立性を要請するのではないのであり、研究方法の科学性と研究目的の規範性とは両立可能なのである。第三は、世界（全体）志向性である。主権国家を中心に捉える古典的発想ではなく、戦争と平和の問題を世界全体、人類全体の問題として把握することである。これまでは国際関係の中心国からなる中心部からシステム全体を捉えていたが、これを逆転する必要がある。最も平和から遠い、最も平和ならざる状態に近い国々、地域、人々が多くの価値や利益を得ることができるように、平和像を再構成する必要がある。第四は、学際的志向である。これは研究対象領域の課題に応えるものにほかならない。戦争が多元化、複雑化し不確実的なものになり、複眼的、総合的考察が必要なのである。例えば、水俣病の実態を研究する場合、病気そのものの専門である医学、水質を研究する化学、会社と患者との関係を研究する社会学、法律上の責任を研究する法学、患者や患者の家族の心理を研究する心理学、生態系への影響を研究する環境学など、様々な専門分野の研究が必要なのと同様である[22]。

　岡本三夫は、平和学の特徴として次の三つを指摘している[23]。第一は学際的アプローチである。その理由として、平和学は学としての体系的構築よりも問題解決に焦点を合わせていること、研究対象が複雑多岐にわたっていて既存の研究方法では理論の有効性に期待がもてないこと、科学者個人の知的欲求の充足のためよりも解決を必要とする状況に直面して専門を異にする科学者たちの協力が要請されていることなどが挙げられる。第二はシステム論的アプローチである。戦争と平和の問題は極めて広範な領域にまたがっているので、諸現象をばらばらな個々の研究対象として見るのではなく、相互連関性を持った総体的なシステムとして見なければならないからである。第三はエクスポージャーである。平和学では「足で考える」こと、つまり現場主義を重視する。エクスポージャーの基本は、ある状況の中へ身をさらし、相手の世界観の中へ自分をさらけ出すことによって、状況から学び、相手から教えられることである。

ジョセフ・フェイーは平和学の特徴として、学問として学際性を備え、市民社会に焦点を当て、価値志向性と改革志向性を有していると指摘している。[24]

　これまで何人かの平和学の特徴をみてきたが、それを参照しながら筆者は以下の4点を平和学の特徴及び意義と考えている。それは平和価値志向、地球宇宙的視点、学際性、現実的政策の実践である。

　第一の平和価値志向について、平和学は戦争の惨禍の中、誕生した学問である。近年、戦略研究や国際政治学とあまり変わらない平和学が見受けられる。しかし平和学はこれらと本質的に異なっている。[25]学問的深化、研究技術の進歩は当然必要であるが、もう一度原点に返り、何のための学問であるのかを問い、戦争を無くし平和をもたらすための平和学であるということを確認せねばならないであろう。

　第二の地球宇宙的視点であるが、冷戦崩壊以後、個人の幸福概念が平和思想の中核を占めるようになってしまった。[26]もちろん個人の幸福無くして平和は考えられないが、それだけではなく地域や社会、世界、宇宙に目を向け、グローバルな視点が必要であろう。国家を超え、さらには世界を超え、地球という惑星意識やさらには宇宙的観点から平和の問題を考えねばならない時期に来ている。宇宙空間に人類が進出し、そこで様々な争い、競争が生じつつある。さらには宇宙空間において紛争が発生することも考えられよう。また将来、地球外生命との共存も視野に入れなくてはならないかもしれない。そのような意味からも地球宇宙的視点は重要である。広い宇宙から見れば、地球上の人間、生物そして無機物も含めて、全て宇宙のチリやガスから創られたのであり、この宇宙に存在するものは全て同類であり兄弟であろう。

　第三の学際性について、平和学はこのように広範な問題を扱い、人類史に根本的な変革を試みるもので、当然、諸学の協力が必要である。さらには学問ばかりでなく、文学や芸術などの他の文化との協同も行われるであろう。

　第四の現実的政策的実践について、平和学は平和をもたらさなかったとも言われている。[27]平和学は学問であるので、研究上の手続きとして科学

性・客観性・論理性は当然要請されるが、平和価値を尊ぶという規範性が根幹にある。先ほど述べたように、平和学は学問体系の構築よりも問題解決に焦点を合わせている。(28)このような観点からヨハン・ガルトゥングは平和学と医学をアナロジーとして捉え、平和学での戦争と平和を、医学での病気と健康の問題として論じ、医学の診断、予診、治療を戦争と平和の問題にも応用している。(29)現実の戦争の問題をどう予防し対処し解決して平和をもたらすのかが平和学において問われている。したがって平和学は現実的で政策的で実践的にならざるをえない。このことは第一の平和価値志向とも関係する問題である。これについて、岡本によれば、(30)価値の問題は平和学にとって二重の意味で重要である。第一は平和学それ自体が価値指向的な学問だからであり、第二は平和学の仮説、検証、反証において、その中心課題としなければならないのは、様々な社会的条件下における価値意識の問題だからである。そもそも価値的にニュートラルで中立的な立場はありえなく、自然科学ですらそうであろう。近代科学の古典時代においては科学の没価値性という主張には一定の根拠はあったかもしれないが、20世紀のマンハッタン計画のようなビッグサイエンスに参加した科学者たちは、近代科学の古典時代が終わり、「科学が罪を知った」ことを明瞭に感じないわけにはいかなかった。このような観点からも平和を創り出すための現実的政策的実践は重要であろう。

## 4．平和主義のイデオロギー分類

ここでは、立場や視点、価値観による平和主義のイデオロギー的分類を試みたい。藤原修は、戦争をどの程度肯定するのか、軍事力をどの程度認めるかにより、軍国主義、防衛主義、相対平和主義、絶対平和主義の四つに分類している。(31)軍国主義とは戦争それ自体を価値あるものと捉え、侵略戦争を含めて、戦争を積極的に肯定する立場である。防衛主義とは、軍国主義とは異なり、侵略戦争は否定するが、防衛戦争の必要は認め、強力な軍事的防衛態勢こそ平和と安全の基本条件であると考える。相対平和主義は、絶対平和主義のように直ちに戦争を廃絶できるとは考えず、国際協

調、軍縮、戦争廃絶に向けた様々な改良的ステップを踏んでいく必要を強調する。絶対平和主義とはあらゆる戦争を否定する立場である。

この絶対平和主義はさらに三つに分けられ、第一は楽観的絶対平和主義であり、戦争の廃絶は直ちに可能であり、現実的政策として採用しうると考え、軍事力に依存しない非暴力防衛や紛争解決のための非暴力介入を主張する。第二は協力的絶対平和主義であり、実現可能性のある相対平和主義の政策に協力するというもので、これが絶対平和主義の主流となっている。第三は悲観的絶対平和主義であり、絶対平和主義は現実政治に適用可能なものではなく、遠い将来人類が回心した段階で初めて広く適用可能となり、それまでは政治社会との関わりを断念して自己の信条をひとり守り続けるというものである。

加藤朗は、暴力や戦争に対する個人の容認度の組み合わせにより、絶対現実主義、平和主義的現実主義、現実主義的平和主義、絶対平和主義に分類している。(32) 絶対現実主義とは、全ては力によって決定されるとの考えから、あらゆる戦争や暴力を肯定する。平和主義的現実主義とは、自衛戦争や集団安全保障にも賛成する合法的正戦主義や民族解放戦争やイデオロギー戦争に賛成するイデオロギー的正戦主義の立場である。暴力による抵抗運動や法による強制力も是認し、人間の本性としての私的暴力も時には容認する立場である。現実主義的平和主義とは、自衛戦争にも集団安全保障にも反対する非戦平和主義であるが、心理的暴力による非暴力抵抗運動や法による強制力は是認する。この立場はいわゆるガンディー主義すなわち非暴力抵抗主義で、現実政治との関わりを持つことを意図する人々である。絶対平和主義とは、徹底した非暴力を説く宗教あるいは個人の倫理に従い、非暴力・非戦はもちろん、心理的暴力の行使である抵抗運動や法による合法的物理的暴力行使にも反対する立場である。現実主義的平和主義は抵抗主義であるのに対して、絶対平和主義は無抵抗主義である。

加藤によれば、冷戦終焉以後、特に9・11事件以後、現実主義的平和主義と平和主義的現実主義の差があまり見られなくなった。特に日本では、冷戦時代に非暴力抵抗主義のガンディー主義を主張していた現実主義的平和主義者は、平和主義的現実主義者同様に、人道的介入や平和構築で

の軍事・警察力の必要性を認め、現実的になってきた。また児玉克哉は非攻撃的防衛を提起し、ハイレベル・テクノロジーなどの駆使によるハード面の発展や民間防衛システムの整備などによるソフト面の充実によって、防衛力を飛躍的に高める一方で、相手を挑発しうる攻撃力のある兵器や軍事システムは徹底的に排除していこうとする試みを主張している。この児玉の提起は、藤原の防衛主義と相対平和主義、加藤の平和主義的現実主義と現実主義的平和主義を架橋する試みでもあろう。

　加藤は絶対平和主義を現実に目をふさぐダチョウ派としており、非常に評価が低い。ただこの絶対平和主義において、藤原と加藤の理解は少し違うようであり、加藤は全くの無抵抗主義であるのに対して、藤原は非暴力抵抗を認めているようである。絶対平和主義の定義についてここでは議論しないが、軍事力を使用しない非暴力抵抗の有効性を全く否定することは出来ないであろう。特に日本においては非武装非戦の憲法9条が存在し、ヒロシマ・ナガサキの原爆体験があり、非暴力抵抗を視野に入れたユニークな平和学構築の可能性がある。さらに日本の平和学の独自性として、歴史性、批判性、構想性という観点が顕著であるとされており、また大国のパワーから逃れ、大国中心の国際関係から抜け出すことによって独自性を模索しているとも言われている。

　このような観点から、非暴力抵抗の可能性も考えなくてはならないだろう。本当に軍事力には軍事力でしか対抗できないのか。歴史的にも第一次大戦頃から、侵略軍に対して軍事力で反撃するのではなく、非協力非暴力で臨んだ方が、犠牲者が少なくてすむという発想が抱かれるようになってきた。さらに非協力非暴力で抵抗した方が、決して加害者になりえないという点で、道徳的に勝っており、より人間的な戦いなのである。従来、防衛の主体は軍隊にあるとされてきたが、非暴力防衛ではそれを一般市民にシフトさせている。また軍事的防衛では防衛の客体は、国民と領土であったが、非暴力防衛では市民社会や民主体制を守るということに転換している。

　例えば、非暴力手段として以下のようなものが考えられる。①行進、ピケ、沈黙の抗議行動、官吏に対する「つきまとい」、公的な集会、プロテ

ストのための文書の配布、栄典の放棄、プロテストのための移住などの非暴力プロテスト。②ストライキやボイコットなどの非暴力非協力。③座り込み、ハンスト、断食、第二政府の樹立などの非暴力的介入。④内外に占領の実態と抵抗を知らせることにより民衆の志気高揚と国際世論の喚起を促す情報伝達などである[35]。

現在、様々なNGOが非暴力的介入の実践を行っている。それは殺戮を傍観するのでもなく、武力行使するのでもない第三の方法である。例えば、国際平和旅団は現地の活動家に付き添い、紛争当事者に「国際社会が見ている」とのメッセージを送ることにより、外国人のプレゼンスという国際社会の目があることで暴力を抑止している。国際平和旅団は、特定の政治的立場はとらず、独立性の原則に立ち、不干渉、非暴力を原則として成果をあげている。

世界の様々な紛争にこのような非暴力抵抗、非暴力的介入をすることは有効であろう。特に憲法9条の平和主義は、公正な世界秩序を創るために、日本の市民と政府に非暴力的行動を求めている[36]。このような非暴力行動は、筆者が平和学の特徴として提示した四番目の現実的政策的実践とも深く関係するであろう。

## 5．平和学の課題

平和学は新しい時代に新たな対応を迫られている。メアリー・カルドーによれば[37]、9・11事件以後、時代が変わったとされる。グローバル化の中で新しい戦争が起こり、その特徴は次のようなものである。戦争と組織的犯罪や大規模な人権侵害の区別が不明瞭化する。組織的暴力の独占が崩れ、暴力が拡散する。ある特定のアイデンティティに基づく権力を追求することが目標となる。戦争行為の様式が変化し、従来の正規戦ではなく、新しい戦闘が行われる。このような新しい事態に対して、どのように暴力をコントロールするかが今後、大きな課題になってきている。

以上のような新しい事態に対して、平和構築論、人道的介入論、人間の安全保障論などが出てきている。平和学の観点から今後さらなる検証が必

要であろう。人間の安全保障論は旧来の国家や軍事中心の安全保障観とは異なり、一人ひとりの人間や生活を中心に見た安全保障観であり重要な意義はあるが、国家安全保障を単に補完するものになる恐れもある。平和構築論や人道的介入論も問題がないわけではない。平和構築や人道的介入は常に、先進国から発展途上国へのベクトルにおいてなされるものであり、「ソフトな侵略」の側面もある。

2001年12月にコフィー・アナン国連事務総長に提出された報告書では、軍事介入にあたって次の六つの要件を満たすべきであるとされた。①大量殺戮を止める正当な理由、②人間の苦しみを止める正当な動機、③非軍事的な手段を尽くした上での最後の手段、④軍事介入が住民保護の目的にとって必要最小限であるという手段の均衡性、比例性、⑤不介入よりも介入の方が良いとされる成功の見込み、⑥国連安保理の承認のような正当な権威の6要件である。最低でもこのような要件を満たした必要最小限の軍事施設に向けた国際社会の承認のもとの軍事介入である必要があろう。そもそも軍事力や暴力によっては、根本的な問題解決にはならず、一時的な応急処置であるということを介入の際に確認しておくことが重要である。

これらの戦争と平和に関する具体的対応とともに、さらに平和の思想性を高める必要があろう。平和の重要性については古くから様々な思想家が述べているが、それを哲学的に展開したものはさほど多くはない。多くの平和思想は、生命の重要性と戦争の悲惨さという自明に見える素朴な事実に依拠しており、それ以上に思想的根拠を探求することは少なかった。今後、戦争の論拠を上回るような哲学的論理を提出する必要がある。また平和運動においても現在、総体的理想のヴィジョンが欠けていると言われているが、そのような状況を変革する必要があろう。

現在、いわゆるポスト・モダンの流れにあって、19世紀以降の学問を支配していた「大きな物語」を求める方向性は著しく後退し、歴史と社会の中に潜む小さな差異にこだわり、そこにローカルな真理を捜し求めることで満足しようとする傾向が、学問一般を覆うようになっている。しかし、戦争と平和の問題が喫緊の課題であることからして、平和学の新たな

グランドセオリーを創らなければならない時期に来ていることも事実である。ある意味で「大きな物語」の復権であるが、安易な復権は危険なものになろう。千葉眞によれば、グランドセオリー構築に際して、次の七つが重要な命題である。①あらゆる単一因果論的かつ包括的な説明様式としてのグランドセオリーの拒否、②人間の本性と社会の性質をあたかも知悉したかのような前提を備えた総合的かつ体系的な一般理論としてのグランドセオリーの拒否、③あらゆる類型のいわゆる「大きな物語」への懐疑の視点、④知ないし理論の批判性、創造性、豊穣性の自覚、⑤知ないし理論の権力性とイデオロギー性についての認識、⑥知ないし理論の不完全性と過謬性についての自覚、⑦世界の危機的状況に応答する危機の哲学としてのグランドセオリーの可能性の擁護である。

このような新たなグランドセオリーを構築し、平和を地球社会にもたらすことは、人類史上での革命となるであろう。まさに平和の実現こそが世界革命なのである。平和学には先ほど述べたように哲学的論理が必要であり、さらには宗教的基盤も重要となるであろう。東洋思想においては霊的生活と社会正義のための実践が密接に結びついており、平和と宗教が関わることはそれほど違和感はないであろう。スピリチュアリティの訳語としての霊性を宇宙の中の生命の自覚として捉えながら、平和をはじめ政治的問題についても精神的、霊的観点が必要となってくる。このように平和学は高い思想性を有し、さらに霊的観点も視野に入れながら新たなグランドセオリーを目指すべきであろう。このことに関しては第Ⅴ部でもさらに詳しく扱うことにする。

## おわりに

人類の戦争と平和に関する考察は太古より存在するが、学問としての平和学は第一次大戦と第二次大戦の惨禍により誕生した。その誕生の経緯からもわかるように、平和学は平和を重視する価値志向の学問である。したがって常に科学性と価値志向性の間で、様々な議論がされてきた。研究手続き上の客観性、論理性は当然必要であるが、研究者の立場やイデオロギーにおいてニュートラルな中立はありえない。最近では様々のイデオロ

ギー性の暴露が学的潮流となっている。このことからしても、冷徹な学問性と熱い規範性は両立可能であろう。

21世紀に入り、平和学も新しい状況を迎えてきた。筆者は、平和学の特徴として、平和価値志向、地球宇宙的観点、学際性、現実的政策的実践をあげた。また平和主義の分類の中で、藤原修の言う相対平和主義や絶対平和主義、加藤朗の言う現実的平和主義や絶対平和主義を筆者は重視している。日本はヒロシマ・ナガサキの経験を有し、憲法9条が存在する。これらを生かし、非戦非武装非暴力のユニークな平和学の可能性がある。今すぐの非武装は現実的ではないが、少なくとも核兵器を削減し、攻撃力を低下させ、防衛力も必要最小限にし、問題は外交や対話によって解決するシステムを創設する努力が必要だろう。NGOなども様々の非暴力行動の実践を行っており、実際に紛争の低減化に寄与している。

ヒロシマ・ナガサキ、憲法9条、大国でない日本の独自性、非戦非武装非暴力、宇宙の中の生命といった霊性の観点などを包含したグランドセオリーとしての新しい平和学が待たれている。

注

(1) Joam Evans Pim, "Peace Research," Nigel J. Young eds., *The Oxford International Encyclopedia of Peace*, Vol. 3, Oxford University Press, 2010, p. 449.

(2) David P. Barash and Charles P. Webel, *Peace and Conflict Studies*, Sage Publications, 2002, p. 22. 星野昭吉「平和学のパラダイムと課題」臼井久和他編『平和学』三嶺書房、1999年、9-10頁。

(3) Pim, *op. cit.*, pp. 449-453.

(4) Pitirim Sorokin, *Social and Cultural Dynamics*, Vol. 4, Bedminster, 1941. Quincy Wright, *A Study of War*, University of Chicago Press, 1942. Harold Laswell, *Psychopathology and Politics*, 1930.

(5) Oliver Ramsbotham, Tom Woodhouse, Hugh Miall, *Contemporary Conflict Resolution: The Prevention, Management and Transformation of Deadly Conflicts*, 2nd ed., Polity Press, 2005, オリバー・ラムズボサム他著、

宮本貴世訳『現代世界の紛争解決学　予防・介入・平和構築の理論と実践』明石書店、2009年、56-80、371-373頁。

(6)　岡本三夫『平和学　その軌跡と展開』法律文化社、1999年、39、227-230頁。

(7)　Johan Galtung, "Violence, Peace and Peace Research," *Journal of Peace Research*, Vol. 6, No. 3, 1969, p. 168. Johan Galtung, *Peace by Peace Means, Peace and Conflict, Development and Civilization*, Sage Publications, 1996, p. 197.

(8)　星野昭吉『グローバル社会の平和学　「現状維持志向平和学」から「現状変革志向平和学」へ』同文館出版、2005年、21頁。岡本三夫「平和学へのアプローチ—平和・暴力概念を手がかりに」藤原修他編『グローバル時代の平和学Ⅰ　いま平和とは何か』法律文化社、2004年、100頁。

(9)　星野、前掲論文、10-14頁。星野、前掲書、20頁。

(10)　David P. Barash, *Introduction to Peace Studies*, Wadsworth Publishing, 1991.

(11)　Ho Won Jeong, *Peace and Conflict Studies: An Introduction*, Ashgate Publishing, 2000. Barash and Webel, *op. cit.*

(12)　Charles P. Webel, "Peace Studies Textbooks," Young, *op. cit.*, p. 493.

(13)　Charles P. Webel and Johan Galtung eds., *Handbook of Peace and Conflict Studies*, Routledge, 2007. David P. Barash, *Approaches to Peace: A Reader in Peace Studies,* 2nd ed., Oxford University Press, 2009. Ramsbotham, *op. cit.* Oliver Ramsbotham, *Transforming Violent Conflict: Radical Disagreement, Dialogue and Survival*, Routledge, 2010.

(14)　Young, *op. cit.*

(15)　Azar Gat, *War in Human Civilization*, Oxford University Press, 2006. D. Scott Bennett and Allan C. Stam, *The Behavioral Origins of War*, The University of Michigan Press, 2004.

(16)　臼井、前掲書。岡本、前掲書。岡本三夫編『平和学の現在』法律文化社、1999年。創価大学平和問題研究所編『地球市民をめざす平和学』第三文明社、1999年。

(17) 『グローバル時代の平和学』全 4 巻、法律文化社、2004 年。池尾靖志編『平和学をはじめる』晃洋書房、2002 年。安斎育郎他編『日本から発信する平和学』法律文化社、2007 年。池尾靖志編『平和学をつくる』晃洋書房、2009 年。小泊葉子他編『アクター発の平和学』法律文化社、2004 年。児玉克哉他著『はじめて出会う　平和学』有斐閣アルマ、2004 年。岡本三夫他編『平和学のアジェンダ』法律文化社、2005 年。岡本三夫『平和学は訴える』法律文化社、2005 年。星野、前掲書。大芝亮他編『平和政策』有斐閣、2006 年。吉田康彦編『21 世紀の平和学　人文・社会・自然科学・文学からのアプローチ』明石書店、2004 年。高畠通敏『平和研究講義』岩波書店、2005 年。木村朗『危機の時代の平和学』法律文化社、2006 年。鈴木基史『平和と安全保障』東京大学出版会、2007 年。加藤朗『入門・リアリズム平和学』勁草書房、2009 年。君島東彦編『平和学を学ぶ人のために』世界思想社、2009 年。藤原帰一他編『平和構築・入門』有斐閣、2011 年。

(18) 戸崎純他編『環境を平和学する』法律文化社、2002 年。戸崎純他編『環境平和学』法律文化社、2005 年。

(19) 小林正弥『非戦の哲学』筑摩書房、2003 年。小林正弥編『戦争批判の公共哲学』勁草書房、2003 年。公共哲学ネットワーク編『地球的平和の公共哲学』東京大学出版会、2003 年。山脇直司『グローカル公共哲学　「活私開公」のヴィジョンのために』東京大学出版会、2008 年。

(20) 筒井若水『違法の戦争、合法の戦争』朝日新聞社、2005 年。山室信一『憲法 9 条の思想水脈』朝日新聞社、2007 年。千葉眞他編『平和憲法と公共哲学』晃洋書房、2007 年。麻生多聞『平和主義の倫理性』日本評論社、2007 年。千葉眞編『平和運動と平和主義の現在』風行社、2008 年。

(21) 星野、前掲論文、15-23 頁。

(22) 岡本三夫『平和学を創る―構想・歴史・課題―』広島平和文化センター、1993 年、23 頁。

(23) 岡本、前掲『平和学　その軌跡と展開』68-81 頁。

(24) Joseph J. Fahey, "Peace Studies," Young, *op. cit.*, p. 491.

(25) 星野、前掲書、22-23 頁。

(26) 藤原修「平和思想についての覚書」『現代法学』第 13 号、東京経済大

学、2007年、167-168頁。
(27) Gerald M. Steinberg, "Postcolonial Theory and the Ideology of Peace Studies," *Israel Affairs*, Vol. 13, No. 4, 2007, p. 795.
(28) 岡本、前掲『平和学　その軌跡と展開』68頁。
(29) Galtung, *Peace by Peace Means, Peace and Conflict, Development and Civilization*, p. 1.
(30) 岡本、前掲『平和学　その軌跡と展開』59-60頁。
(31) 藤原修「平和主義とは何か」藤原修、前掲書、225-241頁。
(32) 加藤、前掲書、4-7、111、223頁。
(33) 児玉、前掲書、201-202頁。
(34) 吉田、前掲書、18頁。臼井久和「日本における平和研究」臼井、前掲書、57頁。池尾靖志「日本から発信する平和学」安斎、前掲書、8頁。
(35) 寺島俊穂「攻められたらどうするか」君島、前掲書、189-200頁。
(36) 君島東彦「非暴力の人道的介入、非武装のPKO」君島、前掲書、211-214、221頁。
(37) Mary Kaldor, *New and Old Wars: Organized Violence in a Global Era*, Stanford University Press, 2001, メアリー・カルドー、山本武彦他訳『新戦争論』岩波書店、2003年。
(38) 君島、前掲論文、209頁。
(39) 小林正弥「ディープ・ピースと友愛世界主義―南原平和公共哲学の再構成―」千葉、前掲『平和憲法と公共哲学』、179,191頁。
(40) 村上陽一郎「まえがき」村上陽一郎他編『平和と和解のグランドデザイン―東アジアにおける共生を求めて』風行社、2009年、3頁。
(41) 千葉眞「現代にグランドセオリーは可能なのか」同上書、43頁。
(42) Galtung, *Peace by Peace Means, Peace and Conflict, Development and Civilization*, p. 266. 柄谷行人「平和の実現こそが世界革命」『世界』No. 809、岩波書店、2010年、10月、114頁。
(43) Ho Won Jeong, *op. cit.*, p. 7.
(44) 小林正弥「巻頭言」『公共研究』第3巻第1号、千葉大学、2006年、4、7頁。

# 第3章　国際関係思想史——グロティウスからモーゲンソーまで

## はじめに

　国際関係思想の一つの源流はヨーロッパである。そのヨーロッパ人は、悲惨な戦争、破壊、殺戮を幾度となく体験している。また非西洋地域への征服と入植から、異端者の弾圧と宗教戦争、そしてナチスのホロコーストに至るまで、「文明ヨーロッパ」は残虐行為の首謀者であり、ヨーロッパ人は地域内においても他地域に対しても自決権や人権の蹂躙者として振る舞った。しかもこれらの蛮行は、正義、保護、文明化など様々な名目によって正当化された。しかしながら、世界の各地域を見渡して、ヨーロッパ人ほど戦争状態を脱し、戦争を根絶するために格闘し続けた人々がいないことも事実である。今日、ヨーロッパは他地域に先駆けて不戦共同体、すなわちEUに代表される「永遠平和の計画」を成就させようとしている。さらにヨーロッパは、外交、条約、国際法、マルチ・ナショナルなガヴァナンスなど、国際関係を改良するための新機軸が実験に移された土地であり、またデジデリウス・エラスムス、フーゴー・グロティウス、イマヌエル・カントなど、戦争のない世界を展望する思想の多くが湧き出る源泉でもあった。[1]

　このように国際関係学の礎は近代西洋で生まれた。戦争の惨禍の中から不戦の誓いが生まれ、平和を目指す国際関係学が誕生した。本章では国際関係学の中の西洋国際関係思想に焦点を当て、先人たちの歩みを概観する。新しい国際関係学構築のために、西洋国際関係思想史を振り返り、摂取すべきは摂取していくことは重要であろう。東洋やイスラームの国際関係思想については次の機会にゆずりたい。

　まず第1節では、グロティウス、サン・ピエール、ジャン・ジャック・ルソーの国際関係思想を取りあげ、第2節では現在の国際情勢を反映し、

かなり注目されているカントの研究状況を見て、現代的意義を考察する。第3節ではエドワード・カー、フレデリック・シューマン、ハンス・モーゲンソーの国際関係学を分析し、彼らが多様な側面を持っていたことを述べる。

## 1．グロティウス、サン・ピエール、ルソーの国際関係思想

**(1) グロティウスの国際関係思想**　まず、フーゴー・グロティウス（1583～1645）の国際関係思想について見てみるが、この時代、宗教的な自然法から世俗的な自然法への展開が見られた。キリスト教共同体という普遍的なものが失われた後にも、国と国との間に秩序がありうるとして、これを現実に対置しようとした。

彼の生きた時代は、近代ヨーロッパ史上多くの血が流れ、偏狭な時代の一つであった。またある判断を示す場合、それはカトリック、プロテスタントいずれかの側に依拠せざるをえなかった。それでは目の前に進行している宗教戦争に公正な判断を下すことができなかった。そこで神学から切り離された自然法に依拠することによって、公正な立場をとることができるようになった。[2]

このような時代背景の中、自然法を神からではなく、人間の持つ社会に対する欲求とそれを示す理性から導き出し、自然法論においても主権論においても、神の意志は表面に表れなくなった。神は世界の創造者たるにとどまり、統治者ではなくなった。宗教対立と政治対立による戦争の絶えない時代において、また非ヨーロッパ世界への進出が始まり、深まりつつある時代において、あらゆる立場の相違を超えて妥当する法として、自然法を提示しようとした。[3]

元来、自然法とは、場所的、時間的制約をこえて妥当する普遍、永遠の正義の原理として、自然に基づき理性から導き出される法をいう。様々な相違にもかかわらず、概していえば、西欧の歴史を通じて、自然法は、正邪の究極的規範、自然の摂理にかなう生活の理念型、理性によって認識される法であって、国家や教会が制定した実定法とは区別される法であると

考えられてきた。<sup>(4)</sup>

　自然の概念それ自体が激しく変わっていく中にあって、グロティウスはそういう宇宙論との連関を切って自然法をどこまでも人間の法にした。仮に神が存在しなくても人間が存在する限り、自然法は普遍的に妥当すると言い切っている。<sup>(5)</sup>

　人間が作った実定法に対して神・自然・理性の法として永遠不変の自然法が存在するという思想は、古代や中世にもあったが、中世の自然法が神の法と考えられ、神学の支配下にあったのに対し、グロティウスの自然法は「正しい理性の命令」であり、それは「理性的で社会的な人間の本性に一致する」。しかもこのように人間の本性（＝人間性＝人間的自然）を基礎とする自然法は、「神もこれを変えることができないほど普遍のもの」とされ、神や神学の支配から解放され、人間化された。<sup>(6)</sup>

　グロティウスは、自然法によって戦争を正当化し、そうすることによって、同時に全ての戦争を認めるのではなく、他人の権利を侵害しない限りという条件によって戦争に一定の制約を与えてもいる。<sup>(7)</sup>

　国際関係の側面でのグロティウスの結論は、正戦論であった。そこには、戦争は正しいものと不正なものを区別することが可能なのであり、また法に従って遂行されなければならないという主張が含まれていた。正戦の基準としては以下の二つが存在する。戦争が正当化されるのはどのような場合であるのかといった「戦争への法（ius ad bellum）」と戦争遂行過程においてどのような行為が正当なものであるのかといった「戦争における法（ius in bello）」である。<sup>(8)</sup>

　グロティウスは長らく国際法の父などと呼ばれていたが、最近の研究では、脱神話化がなされ、もはや「近代自然法の創始者」や「国際法の創始者」であることを思想研究史上の出発点とすることは出来ないようである。また彼への関心は法学上の作品のみに向けられているのではなく、多様化している。<sup>(9)</sup>

　グロティウスの著作の意義として、ヨーロッパの国際平和を維持するための国際会議の開催や仲裁など機構の問題、そうした平和維持機構を支える精神的要素としてのキリスト教君主たちの使命感など、のちのヨーロッ

パにおける国際平和思想のさきぶれとおぼしい要素がうかがわれる。彼の思想ははじめから戦争を否定する絶対平和主義ではなくて、戦争を肯定しつつ、それを徹頭徹尾なくそうとする"戦争封じ込め"の現実主義的平和論ということができよう。グロティウスは戦争という反価値的なるものを規制することによって、消極的に平和価値の実現をはかろうとしているのである(10)。

(2) サン・ピエールとルソーの国際関係思想　次に、サン・ピエール（1658～1743）の国際関係思想について考察する。サン・ピエールを含めて、18世紀初めの国際関係思想に共通した特徴は、平和の維持を基本的な目的とする国際組織の樹立を提唱したことである。言いかえれば、それまでの国際平和論は、オスマン帝国の脅威を排除するとか、特定の大国によるヨーロッパ統合とか政治的な課題が別に存在し、そのための国際組織の創出、そして結果として平和が樹立されるという類の構想が少なくなかった。サン・ピエールの平和構想は、ヨーロッパ大同盟を建設することによって国際平和を保障して、戦争を絶滅しようとするものである。しかしサン・ピエールの『永久平和論』には問題点も少なくなかった。連盟の加盟国をヨーロッパのキリスト教君主国に限定したこと、そして連盟内外の対外関係においても、各国人民に対する内政関係においても、サン・ピエールの主張は現状維持による平和の確立にあった(11)。

サン・ピエールの永久平和の思想は修正を加えてジャン・ジャック・ルソーに継承され、ルソーの平和思想はイマヌエル・カントに影響を与えたとよく言われている。もちろんその側面はあるが、三者の関係は良く吟味しなければならないであろう。君主主権を容認し、君主を市民に優先して擁護することを唱えたサン・ピエールに対し、ルソーは厳しい批判を向けざるをえなかった。サン・ピエールにより展開された国家連合構想が、カントにおいて君主擁護型とは異質の共和的性格へと転換され、徹底的に再構成された。サン・ピエールによる平和思想は、ルソーを通じてカントに影響を及ぼしたということができるが、しかしそれは枠組提示としての影響力行使に留まるものと言わざるをえない(12)。

第3章　国際関係思想史　47

ジャン・ジャック・ルソー（1712〜1778）は、自然状態は平和状態であり、戦争状態は社会状態から生まれるとして次のように説く。彼らは自然のままでは決して敵ではない。戦争が起こるのは物と物との関係からであって、人と人との関係からではない。戦争は人と人との関係ではなく、国家と国家の関係なのであって、この関係において個々の人間は、人間としてではなく市民としてでさえもなく、ただ兵士として偶然に敵となる。つまり祖国の構成員としてではなく、その防衛者として敵となるにすぎない。各国家は他の国家を敵とすることができるだけであって、人間を敵とすることはできない。ルソーによれば、人は元来平和志向であるが、私有財産や国家の関係から敵となり、対立が生じる。つまり平和を構築する上で、私有の概念や国家そのものの考察が重要となる。
　このようなルソーではあるが、国内政策と対外政策の関係については、漠然と認識しているだけであった。これに対し、カントは、国内政策と対外政策の相互作用のあり方そのものが、絶対主義国際システムの欠陥を明らかにする主要な手掛かりになると主張した。

## 2．カントの国際関係思想

**(1) カント研究史と評価**　イマヌエル・カント（1724〜1804）の国際関係思想は最近まで、日本においてさほど取り上げられなかった。その要因として次のような意識がカントに対して存在していた。第一は、国際法思想研究の対象がより過去の古い思想に限られる傾向である。第二は第一の裏返しだが、カントの思想がもう済んだ過去の思想ではなく、生々しい政治思想であり、枯れた法思想ではないことである。第三は思想ではなく、夢想だとの認識である。このようにカントの著作はアカデミックな国際関係学において周辺的なものと考えられてきた。
　しかし、現在、世界的にカントが注目されてきている。カントが思い描いていた永遠平和、市民性のグローバル化、コスモポリタンな形態のガヴァナンスの発展などが、まさしく実現する可能性が出てきたということであろう。世界市民的な意識やアイデンティティは、グローバルにネット

ワーク化するNGOなどの市民社会組織の活動や、反戦・平和主義や環境保護運動など新しい社会運動あるいは市民運動によって実体化している。それゆえ、カント的な国際社会観がもはや単なる理想ではなくなりはじめているように思われる。[17]

ロバート・ファインとロビン・コーエンも次のようにカントを高く評価している。カントは、戦争のコストやリスクが国民国家にとって重荷になることを、現実的な分析に基づいて提示した。貿易や商業精神が平和の促進剤になるというカントの見解は、グローバル経済の到来を予言したものであった。カントは共和的価値を君主的価値より上位においたことにより、政府の形態の変化を正確に見通していた。[18]

またカントは国際関係学的観点の重要性をも視野に入れているように思われる。カントは、善き生活の追求は、国家の境界をこえて普遍的であるべきであると主張するのみならず、そうした普遍的なプロジェクトが完遂されない限り、国家の境界の内部における善き生活の追求が成功裏に行われることはありえないとまで主張する。したがって、カントにおいては、伝統的な政治学の理論よりも国際関係の理論の方が、究極的にはより大きな哲学的、実践的な重要性を持つのである。[19]

(2) **カントへの批判** カントにおける国際関係思想が凝縮した作品はいうまでもなく1795年に刊行された『永遠平和のために』であろう。その概要は次の通りである。[20]

予備条項
・第一予備条項：将来の戦争の種をひそかに保留して締結された平和条約は、決して平和条約とみなされてはならない。
・第二予備条項：独立しているいかなる国家も、継承、交換、買収、または贈与によって、他の国がこれを取得できるということがあってはならない。
・第三予備条項：常備軍は時とともに全廃されなくてはならない。
・第四予備条項：国家の対外的紛争に関しては、いかなる国債も発行され

第3章 国際関係思想史 49

てはならない。
・第五予備条項：いかなる国家も、他の国家の体制や統治に、暴力をもって干渉してはならない。
・第六予備条項：いかなる国家も、他国との戦争において、将来の平和時における相互間の信頼を不可能にしてしまうような行為をしてはならない。例えば、暗殺者や毒殺者を雇ったり、降伏条約を破ったり、敵国内での裏切りをそそのかしたりすることが、これに当たる。
確定条項
・第一確定条項：各国家間における市民的体制は、共和的でなければならない。
・第二確定条項：国際法は、自由な諸国家の連合制度に基礎をおくべきである。
・第三確定条項：世界市民法は、普遍的な友好をもたらす諸条件に制限されなければならない。

　このようなことを提起したカントに対して、今日様々な角度から批判が加えられている。特に大きな批判は、共和制は真に平和的かというものと、共和制下で資本主義が発展し、その結果、経済格差が増大するという問題である。
　前者について、共和制の平和的性向は楽観的な推定であるとされる。ナショナリズムの勃興によりもたらされた国民国家は、専制国家と比較しても決して平和的ではない。
　それに関連したデモクラティック・ピース論に対しても批判が加えられている。「民主主義」的先進資本主義諸国と「非民主主義的」発展途上国との間の南北対立というシステム・レベルの問題を除外しているという問題提起がある。また北側先進国という世界システム中心部の利益を、資本主義的なイデオロギーのもとに守る平和であるという側面も有する。
　しかし、現在のデモクラティック・ピース論とカントの国際関係思想の関係もさらなる検討が必要であるし、カントが含意していた思想は、外圧による「外からの民主化」を志向するものではなく、「内からの民主化」

という方向だったとの指摘もある。[21]

　後者についても、カントは世界交易による共同体形成力に言及しているが、間接的な正当性しか持ちえない。カントは、資本主義的な経済発展が社会階級の対立を惹起したことについて知りえなかったし、また加速する資本主義的産業化の経過において強められた社会対立が、内政面においては階級間の闘争をもたらし、外政面においては好戦的な帝国主義の道へと導くものであることを予見しえなかった。[22]

　これらの点も含めて、中川雅博は以下の6点にわたって、カントに対して批判をしている。第一に、リベラルな国家間の国家連合は、どのように非リベラルな国家を取り込むことができるか。グローバル化が過度に促進されると、文化的・民族的対立が助長されることが多い。それゆえ、世界大の国家連合が形成されることはなく、むしろ世界は複数の極を中心に、いくつかの多極的な国家連合のせめぎあいとして把握され、国家連合が漸次拡大するとは考えがたい。第二に、国家連合を目指す諸国家間の経済格差を無視することができるか。第三に、相互通商は国家間に経済的及び政治的格差を生じさせ、国家連合樹立にマイナスではないのか。相互通商によって、強大化する国家と弱小化する国家が生じ、対等な関係として国家連合は成り立たない可能性が大きい。世界経済が各国に与える影響に関する考察は、カントには皆無と言ってよい。第四に、カントの立論が想定する国際関係観は、現状の国際関係を説明できるのか。カントが想定する国際関係は、基本的にホッブズ的弱肉強食の国際関係観である。これに対して現在の国際関係では、不完全かつ地域的であるが、集団安全保障体制が確立している。第五に、「リベラルな諸国家の連合が平和を実現する」という立論の論拠は、何に求められるのか。カントは理性のみを頼りに世界市民の立場から概念構築し、自然の意図がリベラルな諸国家の連合による平和の実現を保証するという信念から、普遍史としての歴史哲学的アプローチを物語っている。第六に、国際関係の権利主体は国家だけなのか。カントは国際関係を国家間の関係においてのみ考えている。[23]

　このような批判をする中川であるが、カントの歴史哲学的アプローチの政治経済的側面には、今日的意義は少ないものの、その根底にある倫理的

アプローチは重要であると指摘する。国際関係や国際平和に対して、単なる歴史物語としての歴史哲学的アプローチに留まらず、「自由」あるいは「唯一・根源的な、その人間性のゆえに万人誰しもに帰属するところの権利」を論拠に、国際関係に対して倫理的アプローチを試みた点こそ、カントの現代的意義を認めるべきである。また『永遠平和論』において常備軍は時とともに全廃されるべきであり、一挙に廃止されるべきではないと主張する点からも、カントの立論からは、永遠平和に至っていない現状におけるある種の戦争を肯定せざるをえない。しかし、カントの立論が全面的に平和ないしは人権あるいは人道を理由にした戦争を肯定していると考えるべきではないだろう[24]。

　(3)　**カントの人間観・国家観・戦争観**　カントは、人間の「利己的傾向性」を前提としている点で多分にリアリスティックである。人間の自然状態を平和な状態と見て、戦争は国家間でのみ発生すると考えたルソーとは異なり、人間の自然状態を「万人の万人に対する闘争」と見なしたホッブズの考え方に近い。人間の利己的傾向性を前提としている点でリアリスティックだが、永遠平和を目指しているという点ではアイデアリスティックなオプティミストだった。彼の二面性は時代状況が多分に影響を与えていたのかもしれない。カントの内面における、愛国的なプロイセン人たるフリードリヒ・ヴィルヘルム二世の臣下としての忠実な公民的立場と、アメリカ独立革命ならびにフランス革命に熱狂した、共和主義的思想家の立場のせめぎ合いがあった。また彼にとって利己心は重要な要素であり、自然が人間の利己心に働きかけて世界市民体制を促すものとしてカントがあげたのは、「商業精神」であった[25]。

　カントの国家観は、国家を否定したのでもなく、世界共和国を直接志向していたのでもなかった。技術的問題として永遠平和のための方策を論じており、いわば国家中心的な平和論を提起している。国家の主権と自律を尊重する立場から、具体的な形態として諸共和国の自由な連合（連盟）を提唱し、諸共和国からなる世界共和国（世界国家）を否定した。さらには国家というものを、良く機能する平和な世界社会を創設するというもっと

広いプロセスの中の必要な発展段階と見なしていた。[26]

　カントの戦争観は、「戦争そのものは何ら特殊な動因を必要としない。戦争は、むしろ人間の本性に接枝されているように見え[27]」と述べているように、戦争を不可避なものと見ていた。カントの国際関係思想とホッブズの国際関係思想はしばしば対立するが、ホッブズ同様カントも、自然状態を戦争状態と見なしていた。[28]しかし彼以前の正戦論とは一線を画すものでもあった。カントは正戦論を排除していないが、それ以前の正戦論の伝統に従っていたわけでもないのである。[29]

　しかし当然のことながら、カントは絶対平和主義者でもなかった。カントは常備軍の全廃を唱えているが、次のようにも述べている。国民が自発的に一定期間にわたって武器使用を訓練し、自分の祖国を外からの攻撃に対して防衛することは、これとは全く別の事柄である。[30]時代の違いはあろうが、カントは、クエーカーやレフ・トルストイ、マハトマ・ガンディー、マーティン・ルーサー・キングといった絶対平和主義者ではなかった。[31]ただカントの倫理的な意味での戦争反対の姿勢は、現在においても重要な意義があろう。カントによれば、戦争は倫理的に正しくない。なぜなら、戦争は人間の尊厳をこわし、自由をそこなうからである。カントが戦争行為を難じた理由は、戦争において個人が国家という目的の単なる手段として取り扱われるからである。[32]

　(4)　**カントの現代的意義**　　19世紀以来の世界史は、国民国家の植民地をめぐる争奪戦、二度の大きな戦争などに象徴されるように、このカントが提案した条項を大きく裏切る形で展開した。カントの論文出版から200年後、多くの地域が、「民族・宗教」紛争の犠牲になっている。カントが弁護した、平等、人格、人権だけでなく啓蒙そのものまで、西洋帝国主義の単なる自民族中心主義的な残滓として、一部で愚弄されているのが現実である。そのような中、現在の「民族・宗教」紛争や核兵器の時代がカントの平和理念を再評価させつつある。[33]

　現在、米国、カナダ、EU、日本、オーストラリアは、「平和愛好」的な連合ともいうべき協調体制を樹立し、その体制内で相互に武力を行使する

可能性をゼロに近づけている。これらの国々は、相手が戦争に訴えてこないという保障を手にして、アレクサンダー・ウェントのいう疑似「カント的安全保障共同体」を構築した。[34]

カントが示した世界市民の観念の現代的意義を認めるマーサ・ヌスバウムは、人類を一つに同化させるような世界国家を樹立しなくても、理念としての人類共同体（道徳的共同体）にアイデンティティの拠り所をおく人は、世界市民精神を獲得することが可能であると指摘している。[35]

### 3．カー、シューマン、モーゲンソーの国際関係学

(1) **カーの国際関係学**　エドワード・カー（1892～1982）の『危機の20年』初版刊行は1939年であり、現実主義と理想主義がせめぎ合っていた時期であった。そのような中で、当時の国際政治学者のユートピア主義的未熟さは、あらゆる思考システムが発展する際に、必ずたどる一段階なのだとカーは断言する。「国際道義」を説く理想主義者や国際世論に対して、カーは彼らが普遍的だと主張するものの背後に、個人的利益や国益があることを指摘する。理想主義者は、権力を過小評価し、道義について間違った主張をしており、そのため国際関係の現実を誤って提示している。[36]

しかしカーは、単純に理想主義を批判していたのではないのであり、理想主義とともに現実主義も批判の俎上にあげていた。現実認識を欠いたユートピアニズムと理想を欠く現実主義の双方を批判するカーに、両者の中庸、バランスあるいは折衷を見いだし、そのバランス感覚を高く評価する者も数多くいる。[37] カー自身も理想主義と現実主義の組み合わせが重要として、「政治学は理論と実際とが相互依存の関係にあることの認識のうえに築かれなければならないのであり、このことはユートピアとリアリティとを組み合わせることではじめて達成される[38]」と述べている。

彼が批判の中心に据えていたのは、国内的には自由放任を唱え、対外的には自由貿易を唱える19世紀的な自由主義者であった。むしろ彼にはユートピア主義的主張も見受けられる。『危機の20年』の結論部分では、

国際秩序再建のためには、道義の再建が必要であり、さらにそのためには従来の弱小な国家相互間の混乱した国際関係に代わり、相対的に自律的な広域圏の形成に基づく国際秩序の再編とともに、失業対策や貧富・格差の是正策をはじめとする社会的弱者への配慮と社会正義の実現を基軸とした国内政治経済制度の根本的改革が必要であるとの極めてユートピア主義的主張が展開されている(39)。

今まで、カーは現実主義者として理解されてきていたが、それとは違った側面が重視されるようになり、カーの再評価である「カー・リバイバル」が見られている。

カーの生涯と思想形成について、山中仁美は次のように述べている。英国の外交官として対ロシア関係を扱う部署に配属され、1917年の革命を目の当たりにするが、西欧諸国の革命への対応を「偏狭で盲目的で無分別」と感じるなど、この頃から彼の世界観は独自の異彩を放っている。1930年代以降、カーは対ドイツ融和政策を支持し、英国の対外政策に一定の影響力を持っていた。19世紀的自由主義の超克という主要な問題関心は、それに挑んだソビエト体制の世界史的意義を検討する作業を行わせた。最近の国際関係学研究においては、カーを無条件に「現実主義的国際政治理論家」と見なす言説が影を潜め、歴史主義、機能主義、平和主義、ケインズ主義、批判理論、マルクス主義などとの共鳴を見いだす論考が相次いでいる(40)。

カーは経歴と著作においてもいくつもの側面を持つ人間であった。彼の魅力として、山内昌之は次のように指摘している。一つ目は歴史家として普遍史的、理論的な思考を持っているのと当時に、『ソヴィエト・ロシア史』のような個別的な専門研究にも優れている点である。二つ目は職業としての純粋な歴史家で終わったのではなく、外交官やジャーナリストとしても活躍した点である。三つ目はリアリズム的なものの見方とユートピア的観点を兼ね備えていた点である(41)。

カーの独自性としては次の点が指摘できよう。ハンス・モーゲンソーや第二次大戦後の米国の多くの現実主義者のように歴史を超越した科学を目指す姿勢はカーにはなく、むしろ、政治的言説のイデオロギー性批判を基

第3章 国際関係思想史 55

礎に、知識と権力の問題を社会構造の歴史的変動の中で分析しようとしている。総力戦化した第一次大戦に民衆が巻き込まれるようになり、そこで展開された秘密外交が広く知られるようになったことで、もはや従来のように国際関係を外交官や職業軍人らの専門家に任せておくことができないという外交の民主化ないしは民衆化の運動が大きな力を持つようになった。国際関係学の誕生をもたらしたのは、そのような外交を民衆の手に取り戻そうとする熱望であった。つまり、カーにとって、国際関係学は、政治指導者や外交専門家の知の体系としてではなく、民衆による国際関係学への関与の要求として始まった。[42]

当然、カーにも限界はあり、彼は「北」の理論家であり、「南」は無視をしていたとの批判がある。カーの平和構想は「南」を対象外に置いていた。[43] しかし、小国に対する思いがあったことも事実である。ウッドロウ・ウィルソンの原則や国際連盟の理想に燃えて、民族自決を支持し、独立小国家を応援する若き青年外交官としてのカーは、「自由貿易は経済強国の教義に過ぎない」との一小国による連盟総会での弾劾演説に心打たれ、自らのブルジョア・リベラリズムを突き動かされたと、後に述懐した。[44]

このように現在、多面的なカー研究が進んでおり、危機の時代における研究者・ジャーナリスト・外交官としてのカー、ソヴィエト・ロシア研究者、歴史研究者、国際関係学研究者としてのカーを見ていく必要があろう。

(2) シューマンとモーゲンソーの国際関係学　　フレデリック・シューマン（1904～83）の『国際政治』の刊行は1933年で、29歳の時であった。彼が影響を受けたのは、オスヴァルト・シュペングラーやアーノルド・トインビーの文明史観、1920、30年代に全盛を誇ったシカゴ学派、国内政治学の分野でチャールズ・メリアムやハロルド・ラスウェル、国際関係学でクインシー・ライトのような人物であると言われている。[45]

この頃の米国の国際関係学の出来事として、世界平和財団やカーネギー国際平和財団に具体化された20世紀初頭の平和運動や国際的交流・理解の促進と国際紛争の平和的処理のための国際連盟が誕生したことがあった。

また1920年代の米国の国際関係学の特徴として、国際連盟重視に見られる法律的機構的アプローチが盛んであり、そのため問題の取り上げ方が断片的、百科全書的で、有効な手段についての批判的な分析はほとんど見られず、ユートピア的であったと言われている。

　1930年代になると米国の国際関係学では、国際関係現象を国内的要因に関連づける傾向が強く、「国際社会」の全体的構造を把握するアプローチが試みられており、国際関係研究におけるパワーの意味と機能の探求が行われていた。この時期は国際関係学が理想主義から現実主義の段階へと移行していた時であった。(46)

　1930年代の現実主義アプローチへの転換を主導したのがシューマンであった。現代の世界社会を十分に理解するための最上の方法は、その文化的系譜と歴史的発展を探ることから始めるという見地に立って、シューマンは近代西欧国際政治体制という「国際社会」の歴史的体系概念を設定した。(47)

　ハンス・モーゲンソー（1904～80）の『国際政治』刊行は1948年であった。モーゲンソーは、利己性と権力への渇望を彼の人間本性観の中心に置く。彼は人間の権力への渇望という仮定から、国際関係の本質を「国家間の権力闘争」にみた。また彼は「国際政治とは他のあらゆる政治と同様に権力闘争である」と規定し、その権力闘争のパターンとして力を維持するか、力を増大するか、力を誇示するかという三つのタイプがあると言う。国際政治の場ではこれらは現状維持政策、帝国主義政策、威信政策として現れる。これらの政策の遂行を保証するのが力である。(48)

　モーゲンソーは現実主義者であったが、現実や国益に合わない戦争には強く反対した。この意味では米国の政策の現状追認ではなかったのであり、あくまでも冷徹な現実主義者であったと言うことができよう。モーゲンソーとジョージ・ケナンは、米国のベトナム介入に、ごく早い時期から反対した。彼らにしてみれば、ベトナムは米国にとってせいぜい周縁的な国益でしかなかった。(49)もともと現実主義自体は戦争とは中立的な関係にある。歴史の中で、理想主義、進歩主義の側がむしろ聖戦、正戦、「平和のための戦争」を指向し、好戦的態度を取ったという事例もこと欠かない。(50)

第3章　国際関係思想史　57

この意味ではベトナム戦争を遂行した者は現実を踏まえていない「理想主義者」であったと言うこともできよう。

**おわりに**

人間の営みの昇華である思想、そして国際関係学の分野の国際関係思想は、当該分野において当然のことながら重要なものであろう。しかしながら日本において従来あまり研究されてこなかった。今後、世界の平和を目指していくためには、全世界の国際関係思想の考察が重要であろうが、大きな基盤を築いた西洋の国際関係思想をここではまず俎上に取りあげた。

フーゴー・グロティウスは、絶対平和主義ではなく、戦争を肯定しつつも、戦争を封じ込めようとする現実主義的平和主義であった。サン・ピエールは平和の維持を目的とする国際組織の樹立を目指し、ヨーロッパ連合の先駆け的存在であった。ジャン・ジャック・ルソーは、戦争が社会状態から起こり、戦争が人と人との関係ではなく、国家対国家の関係から生まれるとした。

国際関係学的観点のカント研究は現在注目されており、カントが述べた永遠の平和、市民のグローバル化、コスモポリタンなガヴァナンスが実現可能なものとされてきている。カントの説く共和制の平和指向性、デモクラティック・ピースは批判をされる面もあるが、戦争は倫理的に正しくなく、戦争において個人が国家という目的の単なる手段として扱われることを主張した点は高く評価されて良いであろう。

現在の国際関係学の基盤を作ったエドワード・カーやフレデリック・シューマンは単なる現実主義者ではないことが最近注目され始めている。またハンス・モーゲンソーも現実主義者と言われているが、ベトナム戦争など国益や現実に合わない戦争には反対するなど、現実を見据えた現実主義者であり、最近の米国のネオコンとは明らかに異なる学派である。

近現代の西洋国際関係思想を概観して、戦争を低減化する方途を学ぶことが出来よう。最も戦争に明け暮れた人々が最も平和を希求することは当然とも言える。そこから学ぶものは非常に大きい。今後は非西洋世界の国際関係思想をも包含した、地球的規模の国際関係思想を見据える必要があ

ろう。

## 注

(1) 押村高「カント・モーメント―ヨーロッパの平和実践における人間意思と理念の役割」大芝亮他編著『衝突と和解のヨーロッパ　ユーロ・グローバリズムの挑戦』ミネルヴァ書房、2007 年、75-76 頁。
(2) 小笠原弘親「グロティウス―『戦争と平和の法』における平和論の構図―」日本政治学会編『年報政治学』岩波書店、1992 年、1 頁。松本博一『国際関係思想史研究』三省堂、1992 年、43 頁。
(3) 太田義器『グロティウスの国際政治思想―主権国家秩序の形成―』ミネルヴァ書房、2003 年、118、204、121 頁。F. Parkinson, *The Philosophy of International Relations, A study in the History of Thought*, Sage Publications, 1977, パーキンソン、初瀬龍平他訳『国際関係の思想』岩波書店、1991 年、31 頁。
(4) 久保正幡、淵倫彦「自然法」『ブリタニカ国際大百科事典』8 巻、ティビーエス・ブリタニカ、1988 年、692 頁。
(5) 福田歓一『政治学史』東京大学出版会、1985 年、294 頁。
(6) 田村秀夫『社会思想の展開』中央大学出版部、1984 年、92 頁。
(7) 太田、前掲書、208、146 頁。
(8) 同上書、207-208、134 頁。
(9) 同上書、6-9 頁。
(10) 松本、前掲書、52-53 頁。小笠原、前掲論文、14 頁。
(11) 松本、前掲書、63-70 頁。
(12) 麻生多聞『平和主義の倫理性　憲法 9 条解釈における倫理的契機の復権』日本評論社、2007 年、16-19 頁。
(13) Rousseau, *Le Contrat Social*, 1762, ジャン・ジャック・ルソー、桑原武夫他訳『社会契約論』岩波書店、1954 年、23-24 頁。
(14) パーキンソン、前掲書、63-64 頁。
(15) 最上敏樹「思想の言葉」『思想』984 号、岩波書店、2006 年、1 頁。Ian Clark and Iver B Neumann eds., *Classical Theories of International*

*Relations*, Macmillan Press, 1996, イアン・クラーク他編、押村高他訳『国際関係思想史 論争の座標軸』新評論、2003 年、93 頁。
(16) Mary Kaldor, *New and Old Wars: Organized Violence in a Global Era*, Stanford University Press, 2001, メアリー・カルドー、山本武彦他訳『新戦争論 グローバル時代の組織的暴力』岩波書店、2003 年、251 頁。
(17) 北村治「カントの永遠平和論と現代―『新しい戦争』時代の世界市民―」萩原能久編『ポスト・ウォーシティズンシップの構想力』慶應義塾大学出版会、2005 年、108-109 頁。
(18) 押村、前掲論文、77 頁。Robert Fine and Robin Cohen, "Four Cosmopolitan Moments," Steven Vertovec and Robin Cohen eds., *Conceiving Cosmopolitanism*, Oxford University Press, 2002, p. 142.
(19) クラーク、前掲書、99 頁。
(20) イマヌエル・カント、宇都宮芳明訳『永遠平和のために』岩波書店、1985 年。
(21) 麻生、前掲書、152-162 頁。
(22) 同上書、28-29 頁。
(23) 中川雅博「カントと現代の国際関係」日本カント協会編『日本カント研究 1』2000 年、理想社、161-164 頁。
(24) 同上論文、164-169 頁。
(25) 山脇直司「永遠平和・人倫・宗教間対話―ドイツ観念論の公共哲学的ポテンシャル」宮本久雄他編『公共哲学の古典と将来』東京大学出版会、2005 年、212、233 頁。松本、前掲書、121 頁。麻生、前掲書、38 頁。
(26) 福谷茂「批判哲学としての永遠平和論 カント永遠平和論研究序説」『現代思想 3 月臨時増刊 カント』青土社、1994 年、201 頁。寺田俊郎「書評」『思想』984 号、岩波書店、2006 年、69 頁。クラーク、前掲書、101 頁。
(27) カント、前掲書、63 頁。
(28) 北村治「カントと反戦・平和主義―9・11 後の国際政治思想―」千葉眞編『平和運動と平和主義の現在』風行社、2008 年、126 頁。
(29) 谷田信一「『戦争と平和の倫理』とカント平和論」日本カント協会編『日本カント研究 1』理想社、2000 年、152-153 頁。

(30) カント、前掲書、17頁。
(31) 北村、前掲「カントと反戦・平和主義—9・11後の国際政治思想—」125頁。
(32) 北村、前掲「カントの永遠平和論と現代—『新しい戦争』時代の世界市民—」110頁。押村、前掲論文、81頁。
(33) 山脇、前掲論文、209頁。James Bohman and Matthias Lutz-Bachmanneds., *Perpetual Peace, Essays on Kant's Cosmopolitan Ideal*, 1997, ジェームズ・ボーマン他編、紺野茂樹他訳『カントと永遠平和　世界市民という理念について』未来社、2006年、71頁。
(34) 押村高「介入はいかなる正義にもとづきうるか—誤用と濫用を排して」『思想』993号、岩波書店、2007年、8頁。
(35) マーサ・C・ヌスバウム「愛国主義とコスモポリタニズム」マーサ・C・ヌスバウム他、辰巳伸知他訳『国を愛するということ—愛国主義の限界をめぐる論争』人文書院、2000年、19-44頁。北村、前掲「カントの永遠平和論と現代—『新しい戦争』時代の世界市民—」112-118頁。
(36) Michael Joseph Smith, *Realist Thought, From Weber to Kissinger*, Louisiana University Press, 1986, M. J. スミス、押村高他訳『現実主義の国際政治思想』垣内出版、1997年、94、121頁。
(37) 遠藤誠治「現代国際政治学と20世紀」日本政治学会編『年報政治学20世紀の政治学』岩波書店、1999年、59頁。なお2011年に『危機の20年』の新訳版として、原彬久訳『危機の20年　理想と現実』岩波書店、2011年が出版された。原も訳者解説で、「国家権力から切り離された思想・理念がいかに無力であるかを強調してやまないカーは、完全にリアリストである。しかし、人間性に宿る『道義への親和性』を認めつつ、ユートピアニズムがもつ現状変革の力を肯定的に評価するという点で、カーはユートピアンである」と述べている。原、前掲訳書、530頁。
(38) Edward Carr, *The Twenty Years' Crisis 1919 to 1939: An Introduction to the Study of International Relations,* Macmillan, 1939, エドワード・H・カー、井上茂訳『危機の20年　1919-1939』岩波書店、1996年、42頁。
(39) 遠藤誠治「『危機の20年』の現実主義論—その構造と読解の変容」『外

交フォーラム』No.247、都市出版、2009 年、23 頁。カー、前掲書、406-431 頁。

(40) 山中仁美「知的巨人、カーの実像に迫る」前掲『外交フォーラム』39-40 頁。原によれば、カーは自由放任主義・利益調和説を基本原則とする資本主義に強い疑問を持ち、マルクスに関心を寄せた。原、前掲訳書、532-533 頁。

(41) 山内昌之「私の E. H. カーとの出会い」前掲『外交フォーラム』14-15 頁。

(42) 遠藤、前掲「現代国際政治学と 20 世紀」62、59 頁。スミス、前掲書、115 頁。

(43) 中村研一「ポスト軍事主権の平和構想—E. H. カー安全保障論の再検討」磯村早苗他編『グローバル時代の平和学 2　いま戦争を問う』法律文化社、2004 年、290 頁。

(44) Jonathan Haslam, *Vices of Integrity: E. H. Carr, 1892-1982*, Verso Books, 2000, ジョナサン・ハスラム、角田史幸他訳『誠実という悪徳　E. H. カー 1892-1982』現代思潮新社、2007 年、480-481 頁、訳者あとがきを参照。

(45) 長井信一『国際関係論の軌跡　文明接触の座標から』世界思想社、1997 年、32 頁。Frederick Schuman, *International Politics Anarchy and Order in the World Society*, 7th ed., Mcgraw-Hill, 1969, フレデリック・シューマン、長井信一訳『国際政治』上下、東京大学出版会、1973 年、ii 頁。なおクインシー・ライト『戦争の研究』発行は 1942 年であり、宇宙の創生、人類の誕生から説き起こし、戦争の原因を分析している。ライトの『戦争の研究』は実証主義と体系化の意欲を体現しているという意味で古典的な作品であった。Quincy Wright, *A Study of War*, 2nd ed., University of Chicago Press, 1965. 猪口孝『国際関係論の系譜』東京大学出版会、2007 年、7 頁。

(46) 長井、前掲書、23-30 頁。

(47) 同上書、32 頁。

(48) Hans Morgenthau, *Politics among Nations: The Struggle for Power and Peace*, Alfred A. Knopf 1948, ハンス・モーゲンソー、現代平和研究会

訳『国際政治　権力と平和』福村書店、1986 年、30、43-44 頁。スミス、前掲書、176 頁。吉川直人他編『国際関係理論』勁草書房、2006 年、140 頁。中西治『新国際関係論』南窓社、1999 年、23 頁。

(49)　スミス、前掲書、294 頁。

(50)　押村高「訳者あとがき」同上書、311 頁。

## 第4章　国際関係学の論争——名称・方法と脱実証主義論争

### はじめに

　いわゆる脱実証主義が多くの学問分野において大きな潮流になっている。脱実証主義は、非本質主義、ジェンダー理論、オリエンタリズム、ポスト・モダン理論、構築主義などと親近性をもって語られている。これまで民族や宗教、ジェンダーなどは「時代を超えて不変で」、「当たり前で」、「自然で」、「他との明確な境界線を引ける」、と考えられてきた。しかし脱実証主義によって、実はそうではないということが指摘された。文化を構成する民族などの様々な要素は歴史的、社会的に作られたものであり、普遍的な本質などないと主張されている。ある特定の文化も可変的で複合的であり、時には人々によって創出されるものである。

　さらに近年、学問それ自体も脱実証主義の波に洗われている。従来、学的研究は「客観的」で「中立的」であると考えられてきた。しかしその「客観・中立」もある特定の立場と視座からのそれであった。多くの学問はオリエンタリズムや植民地主義、男性中心主義などの歴史の刻印を受けていた。国際関係学もこのような論争の渦中にあり、今までの研究のイデオロギー性が暴露されつつある。男性の視点からの米国の政策科学としてのウェストファリア体制や領域国家を前提とした国際関係学から脱却する必要があろう。

　脱実証主義の中にはラディカルなものもある。物事を全て相対主義の中に流し込み、ある事象は個々人により全く異なって認識され、人々が共有しうる知識などは存在しないと主張する。語られたことは即座に相対化され、一般的なことは何ら言えなくなってしまう。このような共通認識や合理性そのものを相対化する脱実証主義と、本質主義を批判し自己の立場の自覚を促す脱実証主義とは区別しなければならないであろう。

現在私たちに求められているのは、全てを相対化してニヒリズムの泥沼に入り込むことではなく、既存の文化や学問の本質主義的な「客観・中立性」をもう一度検証し直すことである。ここで重要なのは、誰がどの立場と視座から語っているのかということを再確認することである。
　本章では、このような問題関心をもとに、国際関係学における名称及び方法に関する議論と実証主義と脱実証主義の論争を考察する。第1節では名称と方法に関する議論をまとめ、今後を展望する。第2節では、実証主義と脱実証主義をめぐる第三の論争について触れ、脱実証主義の意義を考察していく。

## 1．名称と方法の問題

**(1) 国際関係学の名称問題**　ここでは名称や対象をめぐる論議をもとに、国際関係学の方法を考察する。
　まず名称の論議において焦点となっているのが、国際政治学と国際関係学との違いである。岡部達味は国際政治学も学際的見地から研究をしているので、国際政治学と国際関係学を分ける議論に組みしないと述べる[1]。山影進も「国際関係論と国際政治学との違いは、本質的な問題ではない。国際関係論という言葉は、それが流布した米国では政治学の一分野であり、国際政治と対外政策とが大きな位置を占めるのに対し、日本における用法では政治学的方法を包含する学際的な学問を意味することが多い」[2]と主張する。確かに国際政治学というタイトルの著作に政治学のみではなく国際関係学的な内容を加味したものもあり、また国際関係学と名乗っていても内容は国際政治学の域を出ていないものもあることは事実である。だが内容とタイトルが一致しないということは不自然であるし、問題があろう。また国際関係学の研究は国家を前提とする政治学の有する限界を超えねばならないし、政治学的観点のみでは現実の国際社会の複雑な問題を見ることは不可能である。さらに国際関係学という枠組みでさえその限界を指摘する声が最近では出始めている。
　政治学の持つ問題と限界について、星野昭吉は以下のように二つの点を

指摘する。まず第一に国際関係への政治学的アプローチの限界の理由は、政治学の対象が単一の権力機構によって組織化され、同質的な価値体系を有する共同体を前提とする国家という政治体系であるからである。さらに政治学の対象が国家政治体系にあることのみならず、その国家政治体系を前提とする政治学は国家中心主義的志向性を強化することとなり、既存の国家政治体系を正当化する危険性があるからである。斉藤孝は「国際関係論は単に政治学の延長としての国際政治学としてではなく、まさに社会科学部門の総合として扱わなければならないであろう」と述べる。

　このような観点からも国際政治学と国際関係学は区別する必要があろう。現在のところ重なる部分が多いとはいえ、国際関係学は今後、国際政治学の限界を越える方向性を持つべきである。また国際関係学と平和学の関係も今後検証が必要だろう。どちらも戦争の惨禍から生まれた学問であるが、次第に国際関係学は平和志向性が薄れ、技術的・戦略的研究の傾向が強くなってきている。平和学の展開については第２章で述べたが、国際関係学よりさらに大きな枠組みで、学問の領域を越えて研究する志向性を有している。国際関係学も初心にかえり、平和志向を強くする必要があろう。

　今まで述べてきたこととも関連するが、国際政治学から国際関係学へ、さらにそれを越えようとする試みもかなり前から見られるようになってきている。「国際」という二文字はすでに「関係」を外延として持っているので「国際関係」は同義反復であるとして上智大学の教員を中心として国際学という名称が使われた。また国際という言葉には国家と国家の関係というニュアンスが強いため、世界政治のような名称も誕生した。東京大学の駒場キャンパスでは国際関係学と相関社会科学が合体し、国際社会科学専攻が大学院に存在している。しかしいずれにしても問題は残る。国際という用語はやはり国家と国家の関係が前面に出てくるし、世界政治も政治学のみに視点が限定されてしまいがちである。このような中で小林誠は新しい方向性として Global Studies もしくは World Studies という呼び名を提唱しているが、日本語にはややなじまないようである。

　最近は国際から世界へ、さらに地球概念へと広がる傾向にある。環境問

題などが地球全体に拡大する中で、当初、人間中心であった議論が動物へ生物へ、そして最終的には山や川、海なども含めた全生態系や地球そのものへと広がっていった。今や私たちが自分の社会を地球社会と呼ぶ必要性が高まってきている。地球社会の概念は、国際社会はもとより世界社会の概念も超え出ていく。地球社会は、国民国家や国際関係ばかりでなく、多様化した社会システム間の差異や様々な「南北問題」を内包する。それとともに、それらの内側にある、あるいはそれらを貫通して存在する人種・民族問題や宗教・習俗・言語などの文化的差異をも内包しながら、地球社会は存在している。

今後の国際関係学は対象においても国家と国家を越え、学問分野においても既存の政治学等のディシプリンを越える二重の意味でのグローバル化が必要であろう。また地球概念のみならず、宇宙をも視野に入れたディシプリン作りが必要となろう。だが現在は過渡期であり、名称についてもしばらくは混乱があり、多様化が進むであろう。

**(2) 国際関係学の方法問題**　次に名称の議論を踏まえた上で、方法論の論議を見ていく。中嶋嶺雄は「国際関係論は、従来の人文・社会科学の個別領域を超えた広領域的な学問であり、いわば総合的な社会科学だとみなすことができよう」また「国際関係論は国際政治学と地域研究を総合した学問だといえなくもない」という。百瀬宏は「国際関係学が既存の専門諸科学とはカテゴリーの異なる『広領域学』である」と述べる。この議論において最も重要な問題は国際関係学の総合性と独自の方法論であろう。百瀬によれば、従来の専門分化した各分野の場合と同じ意味での独自の方法とか、独自性といったものは、国際関係学には存在しない。これは国際関係学が専門分化を目指すのとは逆に、専門分化した既存の諸学の領域を相互対話を通じて広げる役割を担うからである。確かに既存の学問が互いの領域を侵さないようたこつぼ化する現状や、世界で起こっている環境問題や「民族・宗教」紛争などは一つの学問のみでは分析が不可能になっていることを考えると、総合性もしくは脱領域性は重要な観点であろう。

そこで次に問題となってくることは、総合とは単なる寄せ集めかそれとも新しいディシプリンを目指すものなのかという点であろう。百瀬は国際関係学とは単なる諸学の算術的寄せ集めではなく、諸学の組織化によって対象に対する認識のあり方や、対象に立ち向かう諸学のあり方そのものに何らかの新しい変化を生じさせるものであると述べる[14]。さらに百瀬は、国際関係学の特徴として、一国的思考枠を脱し、かつ学際性を帯びることと研究主体が関係性という文脈で対象と関わり合うこととしている。これが広領域学としての独自の方法になりうると述べる[15]。現在のところ国際関係学は一つのディシプリンを形成しているとは言い難いが、単なる寄せ集めではなく、独自の方法の構築を目指すべきであろう。だがその際には従来の諸学が陥ったたこつぼ化、過度の細分化を超克する新しいディシプリン作りが必要であろう。

　学問領域を細分化すると、個々の理論体系はその領域においては整合的であり、無矛盾であるが故に、教えやすく学びやすくなり、他の領域とは独立に固有の進歩が可能になる。しかしこれが他分野に関わりない自己増殖性の基盤であると同時に、閉鎖性の源泉ともなる。またいわゆる「学問のための学問」になりがちで、本来の実用的な目的や世界の統一的な理解から学問や学者がますます遠ざかるようになる傾向が出てくる[16]。

　このように今後の国際関係学の方向性として、対象としては国家中心志向ではなく、グローバルなものを目指すとともに、同時にローカルなものを見据え、ディシプリンとしては脱領域化が進むであろう。しかし専門化は一概に悪と見なさずに、むしろ当該分野を深めることになることも考慮しなければならないであろう。したがって重要なことは専門化と総合の絶えざる往復作業である。さらに現実を踏まえ、理論倒れに終わらせないためには、地域・歴史・事例研究が国際関係学において求められよう。このように専門化と総合、理論と現実の相互作業、架橋的営みがより重要であろう。

## 2．脱実証主義論争

**(1) 第3の論争**　これまでの国際関係学をめぐる論争は、第一の論争として1920年代から1950年代までの理想主義と現実主義の論争、第二の論争として1950年代から1970年代までの伝統主義と行動科学の論争、第三の論争として1980年代から現在に至る実証主義と脱実証主義の論争が存在した。[17]

国際関係学における第三の論争は、言うまでもなく言語論的転回によって導入された認識論的枠組みの変革をその背景としている。つまり第三の論争とは、国際関係学へポスト・モダン理論などの概念を挿入することから発生した実証主義国際関係学への対抗であった。[18]

言語論的転回の意味は国際関係学のみならず学問全体に大きな影響を与えた。20世紀の思想的な発見の一つはこの言語の発見であった。言語は自然的なものではなく、人為的で恣意的な差異の体系であった。言語は言語外的な指示対象物を意味したり伝達する道具ではなく、言語の産出を通じて現実を構成する当の実践そのものであった。言語は心理的・内在的なものではなく、社会的・外在的なものであった。科学一般において、言語論的転回以降、素朴実証主義や生物学的決定主義を解体しようとしてきた構築主義などの脱実証主義の考え方は、すでに学問的常識となっている。その考え方は本質主義や素朴な客観主義と対峙するものである。[19]

国際関係学研究においても、遅ればせながら脱実証主義の潮流が1980年代より押し寄せてきた。特に米国における主要な学派であった新現実主義や新自由主義制度学派に対する批判として台頭してきた。[20]

なお本書では、constructivismの訳語として構成主義ではなく構築主義[21]を使用し、さらに非本質主義、構築主義、ポスト・モダン理論、批判理論、ジェンダー理論、オリエンタリズムなどを含んだ包括的概念として脱実証主義という用語を使用することにする。ここではとりあえず脱実証主義の定義として、あらゆる学問はイデオロギーを帯び、政治的中立は不可能であり、多くの文化、学問は歴史的・社会的に構築され、普遍的な本質

などないということを示すアプローチと捉えることにする。このようにかなり広く概念規定することにより、議論がやや散漫になるが、既存の国際関係学を様々な観点で批判でき、脱実証主義の一定の有効性を確認できるであろう。

(2) **実証主義の特徴**　まず実証主義とはどのようなものか見ておくことにする。マーティン・ホリスによれば、実証主義は客観主義、合理主義、科学主義、経験主義を重視する。客観主義とは、世界についての客観的知識は可能であり、それが主観的経験に基づいていなくてもよいということである。自然主義とは、人間や社会は単一の自然秩序に属しており、自然の神秘も単一の科学的方法に従うと考えることである。経験主義とは、世界についての知識を獲得することが、最終的には経験によってのみ検証されるということである。行動主義とは、社会科学の目的のためには「生命すらも単なる手足の動きにすぎない」と考えることである。[22]

星野昭吉によれば、社会科学における実証主義は自然科学で支配されている法則をそのまま社会科学に適用したものであり、人間社会で展開される行動が自然世界の運動と同一次元で理解できるとの原則を持っている。それに対して脱実証主義とは、方法論的に客観性、真理、合理性を攻撃するため本質的に多元性を有している。また真理の最終的決定者の存在を認めないため、意味は諸テキストや社会的文脈の相互作用から抽出される。

国際関係学における実証主義的立場は最も象徴的に行動科学理論にあらわれているが、現実主義理論や新現実主義理論も同様である。[23] スティーブ・スミスによれば、過去40年間国際関係学の学問的ディシプリンは実証主義によって支配されてきた。実証主義とは、科学の単一的視点への傾向や、社会的世界を説明するため自然科学の方法を採用することなどを意味していた。[24]

(3) **脱実証主義の意義**　このような実証主義は一定の有効性を有し、特に米国において行動科学的手法を用いて国際関係の事象に対して客観的研究が進んだ。しかし過度に実証主義が進んだことにより、変化する

国際情勢の動態を把握できなくなり、国家や権力を所与のものと見て、理念、規範やアイデンティティの側面を捉えることができなくなった。さらに客観・中立・科学・合理の名の下に、自己を省察することが少なくなり、権力と知の共犯関係を生み出した。国際関係学が「米国・男性・白人・豊かな人間・先進国・人間中心の」学問であったことが脱実証主義により暴露されてきた。

ポスト・モダン理論をはじめとする脱実証主義の思想家たちの国際関係学への影響として以下のようなことがあげられよう。近代が普遍ではないことの証明、「理性的選択の結果としての歴史」という考え方への懐疑、現実が社会的構築物であることの暴露、言葉が現実の反映ではなく現実が言葉によって作られているという考え方の採用、権力とアイデンティティ形成との関係の解明があげられる。(25) このような背景により、国際関係学において脱実証主義の影響が強まった。

スティーブ・スミスによれば、脱実証主義的国際関係学には、四つの流れがある。第一は、フランクフルト学派の影響を受け、世界を利害の文脈で見る批判理論である。第二は戦争によって作られた国家は、国内の暴力と外的背景の間の相互行為による所産と見る歴史社会学。第三はフェミニズム。第四は現実、真理などの概念に攻撃を仕掛けている脱構造主義である。(26) フレッド・ハリディは、脱実証主義的国際関係学の中で歴史社会学とフェミニズムが今後実りの多い分野となると述べている。歴史社会学はマックス・ウェーバーやカール・マルクスの業績を包含し、国内と国外との関係といった国際関係学において最も複雑な問題を扱う。またフェミニズムは、ジェンダー的中立と習慣的に見なされていた安全、国益、人権、戦争、ナショナリズムなどの問題の射程が、実はある一つのジェンダー（男性）の性質を帯びていたということを示した。(27)

脱実証主義の国際関係学における意義として、星野は以下の四点をあげている。第一に、研究対象領域の拡大である。実証主義理論は自然科学の科学性が通用すると思われる領域のみをその対象とする傾向があった。第二に、実証主義理論の基本的特徴である二元論の克服である。第三に、理論の偏狭性の打破である。科学的理論体系を志向する実証主義は米国的価

値体系を宿し、国際関係学は米国の社会科学と言われてきた。それへの強い批判が込められている。第四に、理論やパラダイムの研究対象のセクショナリズムを克服し、より総合的理論の構築可能性を高めることである(28)。

(4) 脱実証主義の議論　次に脱実証主義をめぐる二つの議論を見ていく。第一は弱者・非抑圧者の側からのいわば戦略的本質主義の有効性についての議論と、第二はアレクサンダー・ウェントの構築主義の保守性をめぐる議論である。

まず、第一の議論について論述する。国民国家の枠組みの中で周縁に押しやられた先住民や、世界システムの辺境に位置し新興国としてのアイデンティティを模索する旧植民地に住む被抑圧者のアイデンティティの表出としての文化を、構築あるいは創造、捏造の所産と見なす脱実証主義的言説が存在する。その言説は抑圧する側の世界に属する知識人から発せられたものだけに、植民地主義的介入に他ならないと受けとめられた。また女性解放運動を行ってきた人々からも、このような脱実証主義的アプローチに違和感がもたれている。これまで家父長制による男性支配からの解放を目指す女による女のための運動として出発したフェミニズムにとっては、男が抵抗の対象たる他者であった。しかし脱実証主義者らにより、女である自己が一枚岩の均質的なカテゴリーではないと指摘された。さらに女性の多様性や女性というカテゴリー内部の権力関係を明るみにする役割も脱実証主義は果たした(29)。

しかし実際には、被抑圧者の側からの本質主義的な言説も存在し、いわば被抑圧者らは本質主義により戦略的に運動の凝集を図っている側面もある。そのような運動に冷や水をかけたのが脱実証主義であり、マイノリティの本質主義的運動を阻害する役割を結果として果たした。マイノリティとして抵抗するために、先住民や女性を一定の凝集力を持った実体的集団として理解することは無意味ではない。マイノリティの側の運動としての戦略的本質主義は一定の有効性があり、それを全く認めないことは、脱実証主義が批判してきた「教導する上からの視線」にもなりかねないの

で、このような脱実証主義には一定の抑制と自省が必要であろう。
　続いて第二の問題である脱実証主義の主要な構成要素である構築主義をめぐって議論がなされている。構築主義の立場であるウェントは構築主義の研究者をモダン派とポスト・モダン派に分けて、自らを前者に位置づけた。その後に構築主義の用語が国際関係学で普及したのは、ウェントによる構築主義の穏健化、急進的な構築主義と言えるポスト・モダン理論からの理論的差別化によるところが大きい。この背景には、ポスト・モダン理論のように「反科学的」と見なされれば、主流派からなかなか相手にされない米国学界の事情があったのである[30]。
　このようなモダン派に分けられるウェントの構築主義に関して厳しい見方も存在する。遠藤誠治は、構築主義をいち早く取り入れたウェントの業績は新現実主義の理論に構築主義の観点から方法論的基礎を与えたとしている[31]。南山淳は、構築主義を導入する国際関係理論の多くはむしろ実証主義に潜在する「権力の戦略」をより巧妙に隠蔽／強化する方向に機能していると主張し、さらに、ウェントらの主流派の構築主義者には批判的な視座が欠如している、と述べている[32]。
　確かにウェントの理論には現実主義的要素が強い。ウェントによれば、非国家主体は次第に重要になってきているかもしれないが、諸国家システムの理論がもはや必要ないというわけではないとしている。また国家が存在論的に諸国家間システムに先立っているとも主張している[33]。前田幸男によれば、ウェントは国家を実在する人格と見なし、国内社会／国際社会の二分法を維持していると主張している[34]。
　このようにウェントは構築主義者の中でもモダン派に属し、現実主義的傾向が強いが、全ての構築主義がウェントの考えに還元できるわけではない。構築主義一つをとってもかなり多様性を有している。構築主義のいわゆるポスト・モダン派は権力と知の関係に焦点を当て、国際関係学に潜むイデオロギー性を暴露している。またこのような構築主義は批判理論とも強い親近性を有している[35]。いずれにしても、構築主義は「構築主義的転回」と言われるほど国際関係学に大きな影響を与えている[36]。

(5) 既存の国際関係学への批判　既存の国際関係学は基本的に実証主義の流れに位置するものであり、脱実証主義とはそれへの対抗として生まれたものであり、きちんとした学派ではなく、いわば雑多なものの集合である。しかし旧来の国際関係学への強い批判ともなっており、新しい時代の新しい国際関係学への胎動にもつながっている。冷戦崩壊後、旧来の国際関係学への批判が強まり、実証主義と脱実証主義の論争が強まった。[37] 批判理論は主権国家の安全保障追求から全てを見るような見方へ疑問を投げかけ、構築主義は歴史的に形成・継承されている記憶・価値・規範などを重視し、ジェンダー理論は男性だけで作られてきたかのような国際関係学に対する根源的な疑問を強く提示した。[38]

　これらの批判理論、構築主義、ジェンダー理論、ポスト・モダン理論、オリエンタリズムなどはいずれも既存の理論への批判、イデオロギー性の暴露、権力と知の関係の解明などの点で、親近性を有しており、脱実証主義という言葉である程度くくることが出来るであろう。[39] 脱実証主義は、理論が常に特定の誰かのために、特別なある目的のために存在していると見ている。[40] また現在の覇権体制の中で知識、特に国際関係学が果たしてきた機能がどのようなものか、換言すれば国際関係学それ自身と覇権との共犯関係に、脱実証主義は焦点を合わせる。[41] このように脱実証主義は伝統的学問の正統性に対して根本的に変容を迫るものである。[42]

　既存の実証主義的国際関係学が注目したのは物理的な「力」であり、変容する現実を認識できなかったり、軽視・無視する傾向であった。[43] 今後の脱実証主義的国際関係学は伝統的学問の正統性の打破、学問上の境界の脱構築、今まで異端として扱われてきた事柄の容認を進めるであろう。[44]

　このように脱実証主義は、素朴な客観主義の否定であり、事実は行為者とは独立に存在しないことを指摘した。また客観的事実が存在するかのように感じられるのは、知識が人々の相互作用によって構築されたからである。あらゆる知識は権力や利害とは無縁ではなく、唯一の正史や決定版の歴史などはありえず、歴史は時代の変化や歴史家の立つ位置によって変化する。[45] このようなことを脱実証主義は私たちに示したのである。

**おわりに**

今後、国際関係学は研究対象としても、国家を所与のものとするのではなく、世界・地球・宇宙などのより大きな枠組みを志向するようになるであろう。それに伴い国際関係学の名称も、国際ではなく地球や宇宙という用語が使われていく可能性がある。現在、確固とした国際関係学のディシプリンは出来ていないのが現状である。現実の地域・歴史・事例研究を踏まえた上で、平和志向性を有したディシプリン作りが望まれる。

また、現在も脱実証主義論争が行われている。脱実証主義者の問題の立て方は、ディシプリンの中での認識とは何か、理論とは何なのか、理論と現実との関係とは何か、などといった認識論的、解釈主義的問いをたてることである。[46] このことは重要なことだが、極端な場合には、我々は何も認識し得ない、認識はその人の立場によってそれぞれ異なる、ということになる。さらに進めば、理論は現実を表すものではなく、理論とは全くの知的遊戯であり、そもそもの国際関係学というディシプリンが成り立たなくなるということにもなりかねない。

ある意味で危険な面を持つ脱実証主義であるが、この潮流は何も国際関係学特有のものではなく、また一過性の流行ではないことは確かである。果たして人間はあるがままに事実を把握できるのか。事実や真実とはそもそも何か。理論は無色透明でニュートラルなものなのか。このような疑問は最近多くの学問分野で問題とされている。ジェンダー理論やオリエンタリズム、カルチュラルスタディーズは研究者自身の立場、ものの見方そのものを問うている。さらに量子力学や相対性理論は、自然科学の分野でさえ事実をあるがままに把握することが困難であることを証明している。現在あらゆる学問において、主体の問題、研究者の立場、主体が客体に及ぼす影響、自分の有するイデオロギーなどが問題にされている。このような影響を国際関係学も受けているのは当然であろう。

本章では構築主義、ポスト・モダン理論、批判理論、ジェンダー理論、オリエンタリズムなどを含んだ緩やかな包括的概念として脱実証主義という用語を使用した。脱実証主義は本質主義や素朴な客観主義と対峙するものとして、国際関係学の外部から入ってきたものであった。

特に米国における行動科学主義、現実主義は権力や国家を所与のものと認識し、変化や動態を重視しなかった。さらに客観・中立・科学の名の下に自己省察をせず、権力と知の共犯関係を促した。それに対して脱実証主義は、国際関係学が「米国・男性・白人・豊かな人間・先進国・人間中心の」学問であったことを暴露した。脱実証主義は雑多なものの集合にすぎないが、既存の理論への批判、イデオロギーの可視化、権力と知の関係の解明に一定の貢献が出来よう。新しい国際関係学の一端を脱実証主義が担っているのである。

**注**

(1)　岡部達味『国際政治の分析枠組』東京大学出版会、1992 年、3 頁。
(2)　山影進『対立と共存の国際理論　国民国家体系のゆくえ』東京大学出版会、1994 年、24 頁。
(3)　星野昭吉『国際関係の理論と現実―世界政治社会システムにおける第三世界―』アジア書房、1995 年、6-7 頁。
(4)　斉藤孝編『国際関係論入門（新版）』有斐閣、1981 年、6 頁。
(5)　「国際関係論」『日本大百科全書』第 9 巻、小学館、1986 年。
(6)　廣瀬和子他編『新国際学　変容と秩序』東京大学出版会、1995 年。
(7)　鴨武彦編『講座世紀間の世界政治』全 6 巻、日本評論社、1993-1994 年。坂本義和編『世界政治の構造変動』全 4 巻、岩波書店、1994 年。
(8)　岩田一政他編『国際関係研究入門』東京大学出版会、1996 年、iv 頁。
(9)　小林誠「国際関係学の葬送のために」下、『立命館国際研究』8-4、1996 年、337 頁。
(10)　池田丈佑「国際関係論における倫理―その系譜、理論的視角、問題群」『国際公共政策』第 10 巻第 2 号、大阪大学大学院、2006 年、73 頁。
(11)　庄司興吉「現代社会論としての地球社会論―その必要性・輪郭・課題―」『社会学評論』第 59 巻、1 号、日本社会学会、2008 年、42 頁。
(12)　中嶋嶺雄『国際関係論　同時代史への羅針盤』中央公論社、1992 年、22、64 頁。
(13)　百瀬宏『国際関係学』東京大学出版会、1993 年、8 頁。

(14) 同上書、144頁。
(15) 百瀬宏『国際関係学原論』岩波書店、2003年、7頁。
(16) 芝崎厚士「〈新しい〉国際関係研究が生まれない理由」『創文』創文社、2003年5月、14-15頁。
(17) なお第二の論争と第三の論争の間に、新現実主義／新自由主義と新マルクス主義の論争を入れて四つの論争とすることもあるが、ここでは三つの論争とする。Robert Jackson and George Sorensen, *Introduction to International Relations: Theories and Approaches*, 4th ed., Oxford University Press, 2010, p. 30. また国際関係学研究において、初めて「第三の論争」という言葉が使われたのは、1989年のヨセフ・ラピッドの論文においてである。Yosef Lapid, "The Third Debate: On the Prospects of International Theory in a Post Positivist Era," *International Studies Quarterly*, 33 (3), 1989.
(18) 大賀哲「国際関係論と歴史社会学―ポスト国際関係史を求めて―」『社会科学研究』第57巻3／4号、東京大学社会科学研究所、2006年、42頁。
(19) 上野千鶴子編『構築主義とは何か』勁草書房、2001年、i-iii頁。樫村愛子「現代社会における構築主義の困難―精神分析理論からの再構築可能性―」『社会学評論』第55巻、3号、日本社会学会、2004年、190頁。高田和夫『新時代の国際関係論』法律文化社、2007年、37頁。
(20) John Baylis, Steve Smith and Patricia Owens, *The Globalization of World Politics: An Introduction to International Relations*, 4th ed., Oxford University Press, 2008, p. 161.
(21) なお最初に国際関係学で構築主義という用語を使用したのはニコラス・オヌフである。Nicholas G. Onuf, *World of Our Making: Rules and Rule in Social Theory and International Relations*, University of South Carolina Press, 1989. 宮岡勲「コンストラクティビズム―実証研究の方法論的課題」日本国際政治学会編『日本の国際政治学1　学としての国際政治』有斐閣、2009年、77頁。
(22) Martin Hollis, "The Last Post？" Steve Smith, Ken Booth & Marysia Zalewski eds., *International Theory: Positivism & Beyond*, Cambridge University Press, 1996, p. 304.

(23) 星野、前掲書、57-69頁。

(24) Steve Smith, "Positivism and Beyond," Steve Smith, Ken Booth & Marysia Zalewski eds., *op. cit.*, p. 11.

(25) 押村高『国際政治思想』勁草書房、2010年、14頁。John A. Vasquez, *The Power of Power Politics: From Classical Realism to Neotraditionalism*, Cambridge University Press, 1998, pp. 214-220.

(26) Steve Smith, "The Self-Images of a Discipline: A Genealogy of International Relations Theory," Ken Booth and Steve Smith eds., *International Relations Theory Today*, Polity Press, 1995, p. 24.

(27) Fred Halliday, "The Future of International Relations: Fears and Hopes," Steve Smith, Ken Booth & Marysia Zalewski eds., *op. cit.*, pp. 322-323.

(28) 星野、前掲書、76-80頁。

(29) 上野千鶴子編『構築主義とは何か』勁草書房、2001年、115-117頁。上野らは構築主義という用語を用いているが、ここでは構築主義を脱実証主義の一部として理解し、特に断りがない限り、脱実証主義という用語に統一する。

(30) Alexander Wendt, " Anarchy Is What State Make of It: The Social Construction of Power Politics," *International Organization*, 46（2）(Spring), 1992, p. 394. Alexander Wendt, *Social Theory of International Politics*, Cambridge University Press, 1999, p. 1. 宮岡、前掲論文、80-81、85頁。

(31) 遠藤誠治「国際政治における規範の機能と構造変動　自由主義の隘路」藤原帰一他編『講座国際政治4　国際秩序の変動』東京大学出版会、2004年、94頁。

(32) 南山淳『国際安全保障の系譜学　現代国際関係理論の権力／知』国際書院、2004年、100、103頁。

(33) Wendt, *Social Theory of International Politics*, pp. 18, 198.

(34) 前田幸男「国際関係論におけるコンストラクティビズムの再構築に向けて―アレクサンダー・ウェントの批判的検討を中心として―」『社会科学

ジャーナル』57 COE 特別号、国際基督教大学、2006年、157頁。
(35) リチャード・プライス、クリスチャン・ルース=スミット「批判的国際関係論と構成主義は危険な関係か」猪口孝編『国際関係リーディングズ』東洋書林、2004年、201、204、209頁。
(36) Nicholas Rengger and Ben Thirkell- White, "Still Critical after All These Years ? The Past, Present and Future of Critical Theory in International Relations," *Review of International Studies*, 33, British International Studies Associations, 2007, p. 4.
(37) Robert Jackson and George Sorensen, *op. cit.*, p. 279.
(38) 猪口孝「編者あとがき」猪口、前掲書、464頁。
(39) スティーブ・スミスは脱実証主義の中に、批判理論、ジェンダー理論、ポスト・モダン理論などを含めている。ロバート・ジャクソンらも批判理論、ポスト・モダン理論、規範理論を同じく含めている。ダリル・ジャービスも第三の論争において、ジェンダー的観点を国際関係学に注入したとしている。さらに重政は省察主義と脱実証主義の親近性も指摘している。Steve Smith, "Positivism and Beyond," p. 25. "Methodological Debates," Robert Jackson and George Sorensen, *op. cit.*, p. 286. D. S. L. Jarvis, *International Relations and the Challenge of Postmodernism: Defending the Discipline*, University of South Carolina Press, 2000, p. 23. 重政公一「批判的国際理論」吉川直人他編『国際関係理論』勁草書房、2006年、312頁。
(40) 星野、前掲『世界政治の弁証法』7頁。
(41) 清水耕介『暴力と文化の国際政治経済学』御茶の水書房、2006年、65頁。
(42) アンドルー・リンクレイター「国際関係論の次段階の問題―批判理論からの見方」猪口、前掲書、87頁。
(43) 清水、前掲書、viii頁。星野昭吉『世界政治の弁証法―現状維持志向勢力と現状変革志向勢力の弁証法的ダイナミクス―』亜細亜大学購買部、2009年、55頁。
(44) リンクレイター、前掲論文、88頁。
(45) 上野、前掲書、141頁。

(46) Barry Buzan, "The Level of Analysis Problem in International Relations Reconsidered," Ken Booth and Steve Smith eds., *op. cit.*, p. 214. Marysia Zalewski, "'All These Theories Yet the Bodies Keep Piling Up' : Theory, Theorist, Theorizing," Steve Smith, Ken Booth & Marysia Zalewski eds., *op. cit.*, p. 341.

## 第5章　国際関係学の課題と将来——脱領域・関係性・多様性

### はじめに

　本章では、国際関係学研究における問題点を指摘し、その上で新しい時代にふさわしい国際関係学の志向性を展望し、その可能性を指摘していく。

　第1節では、国際関係学の現状と問題点を2点にわたって整理して考察していく。第一に、ウェストファリア体制を前提にした国際関係学の限界を述べる。第二に、米国の政策的社会科学として機能した国際関係学の権力性を見ていく。なおジェンダー及びオリエンタリズムと国際関係学との関係については、第Ⅲ部で詳述する。本章第2節では、これらの議論をふまえ、今後の国際関係学のあるべき将来像を、関係性、脱領域性、脱国家、多様性、動態性の観点から展望していく。

### 1．国際関係学の現状と問題点

**(1)　国際関係学におけるウェストファリア**　30年戦争後の1648年のウェストファリア条約による主権国家体制の成立は、国際関係学の研究において、重要な画期とされている。主権国家が国際関係を構成するということは、国家よりも上位に主権を持つ主体がないということである。これ以後、主権国家によって構成されるいわゆる近代西欧国際政治体制が成立する。

　1618年から始まった30年戦争には三つの側面があった。第一は戦乱のきっかけとなった新教と旧教の対立であり、特にプロテスタントに不寛容な姿勢を崩そうとしない神聖ローマ皇帝フェルディナント二世と、新教を奉じる国王・領主・都市や農民との間の戦いである。第二は宗教対立の外

観のもとで、政治権力を蓄えていたフランスやスウェーデンなどが権勢の拡大を図ったという、世俗国家の権力闘争という側面である。第三に、30年戦争は、かつてスペイン、オランダからオーストリアまで及ぶ強大な権力を誇ってきたハプスブルク帝国の弱体化をきっかけとして、そのハプスブルクの影響下に置かれてきた地域を各国が奪い合うという戦争でもあった。[1]

このような30年戦争後にもたらされたウェストファリア体制の第一の原則は、国家政府に優越する権威は国内外には存在しないということである。ここにはウェストファリア体制の中心原則である領域性と主権性が組み込まれている。国家は政治的権限の範囲が限定された領域的境界を持っている。さらにこれらの固定された領域において、国家は排他的支配権を有し、それゆえ境界内の人民に対して法的、政治的権限の究極的源泉を代表している。第二に、国家間関係は基本的に無政府状態であると想定されることである。主権国家は、共通の政府である世界政府に従っておらず、そのような政府は存在しない。その意味で国際的アナーキーが生じる。第三に、明確に規定された領域内における軍、警察などの暴力装置の独占は主権国家の重要な特徴であり、近代西欧国際政治体制において、諸国家がこのような状態で対峙することとなった。[2]

このようにウェストファリア体制の特徴の第一は、宗教のような究極的な正義や真実に関わる問題をあえて国際関係から切り離し、第二は、国際関係上の主たる行為主体を主権国家とし、第三は、国家が牽制し合い、あるいは協力して、国際関係を安定させたことである。これ以降、ウェストファリア体制によってもたらされた近代西欧国際政治体制は、国家主権の概念、国際法の原則、勢力均衡を基本理念としていくのであった。[3]

ウェストファリア体制によって生み出された近代西欧国際政治体制の基本的枠組みは、今日では大きく変容してきているのも事実であり、この体制の矛盾が露呈し、さらにはその虚構性も指摘されよう。しかしながら、ウェストファリア体制の歴史的意義も指摘せねばならないであろう。

リチャード・フォークによれば、主権国家に取って代わることが可能であったものとして封建領主、多民族帝国、文化的宗教的な普遍主義、都市

国家連合などがあげられるが、西欧においてはそれらの政治単位よりも領域国家の方が、人間の集団的な活動を組織化する構想力の点で優れていた。封建制は経済、政治、文化の発展のための枠組みを形成できず、封建支配層は小規模の領土にこだわり、無駄な戦争をくり返し、そこに資源とエネルギーを注ぎ込んでいた。そのため台頭しつつあった広域的な貿易や通商を取り込むことはできなかった。その帰結として領域国家が、数世紀にわたって停滞と衰弱を続けてきたと考えられた封建制に取って代わる進歩的な継承者となった。

またウェストファリア体制は、宗教戦争を終焉もしくは止揚させる役割を果たしたことも事実であろう。ウェストファリアの平和とは、宗教的多元性と政治的多元性をお互いに認めること、つまり正しい宗教の追求と正しい帝国の追求をやめよう、世界が国家という権力集団に分割された状態を事実として認めよう、という意味を持つものであった。

(2) **ウェストファリア体制への批判**　このような歴史的意義を有するウェストファリア体制ではあるが、現在、多くの批判がなされている。それには大きく分けて、その体制の存在そのものへの批判と、現在のグローバル化状況の中での体制の有効性を問うものである。

まず第一の批判であるが、主権国家概念の登場は「ポスト・キリスト教共同体」としてのヨーロッパの歴史的・政治的文脈を看過しては理解できない。一般に主権論の始祖と見なされるのはジャン・ボダンだが、彼の主権論がキリスト教共同体の論理の中で生み出されたことは、主権論がその起源において極めて西欧的であることを示している。このようにウェストファリア体制の根幹である主権国家の概念は、西欧やキリスト教の存在拘束性を帯びた歴史的概念であった。

また1648年のウェストファリア条約によって、主権国家体制が完全に確立されたわけでもなかった。主権の単位とされた君主はウェストファリア条約においては、30年戦争末期からは大幅に減ったとはいえ神聖ローマ帝国地域内だけで355あったのであり、この事情は基本的にナショナリズムの高揚によって国民国家が整理される19世紀になるまで継続した。

さらに19世紀においてすらも、主権国家体制の形態が確立されたとは言い難い。主権の称号を与えられたのは当初西欧だけであり、世界各地に主権の帰属が明確でない地域が見られた。この意味では、主権国家体制とはキリスト教によって結ばれたひとつの文明圏のことでしかなかった。

篠田英朗によれば、ウェストファリア体制の原則として理解されるようになった主権概念は、主権平等原則が少なくともイデオロギーとして確立された20世紀後半の国際政治の反映であり、学説史的には同時期に国家主権が一般理論構築のための概念的道具として用いられたことに対応したものだった(7)。

このように、ウェストファリア体制による主権国家体制の確立については、多くの批判が向けられている。キリスト教文化という歴史的存在拘束性や、西欧においても体制がなかなか確立せず、いわんや他地域には適応は不可能なものであった。さらに主権国家の概念は、20世紀後半において、主権や国際的アナーキー、国家の暴力装置の必然性を強調する現実主義的国際関係学者の投影として作られた虚構性をも有したものであった。

次に現在のグローバル化状況での主権国家体制の限界についての第二の批判を見ていく。グローバル化は、個人や集団の行動様式や社会組織のあり方に、良くも悪くも全面的な変動をもたらした。人、もの、金、情報が国境をやすやすと飛び越え移動する。グローバル化は国家の領域性に真正面から挑戦し、領域性の持っていた意味を低めている。例えば、地球環境破壊に関しては水や大気という存在自体、国境による領域区分に意味がなく、また汚染や破壊が深刻化した場合に想定される被害のスケールが国境を越えている。そのため領土内のコントロールという領域性に縛られた国家のあり方に衝撃を与えている(8)。

グローバル化は権力や富の産出・配分過程を、領域国家を基礎に編成していくというウェストファリア的世界秩序の原理を揺るがしている。政治の公的な制度は領域国家を基礎にして構成されているのに対して、富の生産、資本蓄積の過程は領域性との関連を相対化させている。このようにグローバル化は国内政治と国際政治、政治と経済、公的国家と私的市場という基本的な分析カテゴリーの再検討を迫っている。その意味でウェスト

ファリア体制は現在大きな困難に直面している[9]。

さらに大芝亮は、このグローバル化の他に、主権国家体制に挑戦しているものを二つ挙げている。第一はEUであり、地域統合体の発展が主権国家システムを変容させることを示唆している。第二は支配的な国家の登場である。伝統的な近代西欧国際政治体制では勢力均衡により支配的国家の出現を妨げてきたが、冷戦後、単独的な米国が登場し、主権国家体制に代わる「帝国体制」に変容しつつあることが議論されている[10]。

ウェストファリア体制による主権国家体制は、国際関係の実体を表す概念というよりは、規範概念なのである[11]。この体制は内なる敵を排除・抹殺し、また外敵を措定しつつ境界を引き、その境界内に同質的政治集団を形成するといった深刻な問題をはらんだものであった[12]。この体制は、固定したものでも非歴史的なものでもなく、西欧の価値観を帯びた概念であり、さらには20世紀の現実主義的国際関係学を投影したイデオロギーでもあった。その体制を前提として措定しても、現在のグローバル化状況の中ではもはやその限界を指摘せざるをえないのである。

(3) 米国の社会科学としての国際関係学　ここでは欧米、特に米国中心の学問としての国際関係学の問題を考察していく。

国際関係学が育つ環境は現在までのところ大国が中心である。また国際関係学は主に英語で書かれ話される学問であると言えよう[13]。スタンリー・ホフマンも国際関係学を、米国の社会科学であると指摘している[14]。

まず、国際関係学が米国で育った背景を何点か見ていく。第一に、行動科学革命であり、行動主義は測定困難な人間の意思よりは測定可能でデータ化しやすい外的行動を研究対象とし、データ操作にこだわる些末実証主義へと結びついた。第二は普遍的な進歩史観である。第三は、アーノルド・トインビーや平和学、マルクス主義などに代表される非正統的ディシプリンと見なされた学問はあまり重視しなかったことである。第四は政策決定への制度的関与であり、米国の政策決定者に、まさに必要な理論を提供したのであり、ジョージ・ケナン、ヘンリー・キッシンジャー、ズビグネフ・ブレジンスキー、ジョセフ・ナイ、サミュエル・ハンチントンなど

がその代表である。第五は英語以外の言語は国際関係学研究では比較的価値が少ない点である[15]。以上の点が米国で現実主義的国際関係学の発展を促進したのである。

このような背景を持つ米国の国際関係学は、政治学の一部だと考えられており、人文科学というよりも社会科学として見られている[16]。さらに、国際関係学は経済学理論の抽象性や現状維持の非歴史性と親和的であることも指摘されている[17]。

また米国の国際関係学の特徴は、問題解決理論のアプローチがとられることが多かったことが指摘されている。つまり、世界秩序の根本的な原理が変化しないことを前提として、厳密に科学的で蓄積的な国際関係の理論を打ち立てることができるという前提で、米国の国際関係研究は展開してきた。国際関係学が米国の社会科学としての特徴を備えていることはよく言われているが、ここでの問題点はこの学問がまさに冷戦のさなかで、一方の当事者である国で発達してきたという点にある[18]。冷戦下において、米国の政策に必要とされる政策科学として、米国の国際関係学、特に現実主義者のそれは機能した。

国際関係学の国際とは名ばかりであり、多くは北大西洋さらにはアングロ・アメリカのものであると指摘する論者もいる[19]。確かに、国際関係学の有力学術雑誌の執筆者に占める米国人の割合は相当なものであり、米国人とカナダ人を合わせて1995年では、80％以上を占める雑誌もかなり存在する[20]。使用言語や研究者の数の問題もあり、また現在ではその割合は変化しているかもしれないが、やはり不自然で不均等な数字であることは確かである。世界のあらゆる国からの発信を可能にした多様な国際関係学の構築が望まれる。欧米の白人男性中心の政策科学からの脱却がなされるためにも、私たちの努力がよりいっそう望まれよう。

## 2．国際関係学の将来

(1) **関係性の国際関係学**　ここでは、国際関係学の可能性を四つの観点から見ていき、その将来を展望していきたい。

百瀬宏は関係概念をめぐって、以下のように述べる。百瀬の先学者が国際関係学の基本的な枠組みについて報告したところ、比較哲学を専攻する教授が、「関係という考え方は興味深い。ＡがＡであるという認識は、Ｂ（他者）との関係において成り立つ」という趣旨のことを発言したことがある[21]。最近盛んに議論されているアイデンティティ、ジェンダー、民族などを考察する際にも、このような関係的思考は重要であり、Ａというものが実体的かつ不変的に存在するのではなく、他との関係により現前化するのである。

　哲学者の廣松渉も、「伝統的なヨーロッパの存在観においては、独立自存する〈実体〉なるものがまずあって、実体どうしの間に、第二次的に〈関係〉が成立するものと考えられてきた。これに対して、〈関係〉こそが第一次的な存在であり、いわゆる実体は〈関係の結節〉ともいうべきものにすぎないと考える立場が、仏教の縁起観など古くから存在したが、現代においてはこの〈関係主義〉的存在観が優勢になりつつある」[22]と述べ、実体概念（もの）から関係概念（こと）へということが、最近の潮流であることを指摘する。

　様々のアイデンティティは自分だけで決められる問題ではなく、他者との関わり合いの中でしか意味を持たず、多元的なアイデンティティの中から、状況に応じて、何のアイデンティティがその人にとって重要になるのかが変わることが大事なのである。また世界を分かるために、世界を分けて地域を知り、それをまた分けて、「基層的な単位」を知ろうとするのは虚しい営みである。むしろ、われわれの視点を個人とか地域とかではなく、関係のあり方におくべきであろう[23]。

　また上野千鶴子はフェミニズムの観点ではあるが、以下のように述べる。

　フェミニズムの目的は女性という本質主義的な共同性をうちたてることでもない。わたしが女性に還元されないように、わたしは国民にも還元されない。カテゴリーの相対化をこそ意図している。国民を超えるための普遍的な世界市民という概念もまた危険な誘惑に満ちている。それはあらゆる帰属から自由な個人の幻想を抱かせ、あたかも歴史の負荷が存在しない

かのように人をふるまわせる。国民でもなくあるいは個人でもなく。わたしを作り上げているのは、ジェンダーや、国籍、職業、地位、人種、文化、エスニシティなど様々な関係性の集合である。わたしはそのどれからも逃れられないが、そのどれかひとつに還元されることもない。[24]

　最近の諸問題の分析のためには、多元的で動態的な関係概念の適用は必要不可欠であろう。今後この関係性の国際関係学の重要性がますます注目されよう。

　(2)　**脱領域性の国際関係学**　　前節で見てきたように、1648年のウェストファリア条約により、主権国家体制、近代西欧国際政治体制が形成された。これによって作られたとされる主権国家が都市連合など他の政治共同体と根本的に異なっていたのはその領域性であった。その主権国家の特徴は以下の3点である。第一に領土という広大で一体となった空間に、国家の統一的な法的、政治的統制を及ぼした。第二にその領土内において国家以上の権威を認めなかった。第三に他の主権国家との間で国境を決定し、その地理的境界をもって外からの法的、政治的影響の浸透を遮断する明確な限界線とした。[25]

　ウェストファリア的な世界秩序以前には、富や暴力装置を基軸とする権力が未分化なままで、領域的な原理とは異なる重層的な関係を形成していた。ウェストファリア的世界秩序においては、権力機構、経済的基盤、政治共同体、市民社会などの社会の多様な側面が、いずれも国家という領域的単位に凝集して構造化された。[26]

　このように領域性に大きな特徴を有するウェストファリア体制であるが、最近では多くの局面で脱領域性への傾向が見られる。例えば多様な空間的広がりと異質な組織原理を持つ社会勢力が重層的な関係を取り結ぶという意味で、ヨーロッパの中世に似た状況が現出する可能性も指摘されている。[27]また主権国家体制以外の政治体制の研究が注目されている。帝国や朝貢体系、海洋史観、非西欧の地域体系に対する見直しがなされ、また情報化社会、ネットワーク型社会なども喧伝されている。領域的な属地主義ではなく属人主義的支配を続けてきた前近代のイスラーム共存体制につい

ても注目されている。主権国家体制は、経済においては狭すぎ、文化においては広すぎ、それにもかかわらず政治においては主権国家の枠で行われていることに問題があるのである。[28]

(3) 脱国家の国際関係学　小林誠は今後の国際関係学の代替プロジェクトとして以下の点を指摘している。それは実体主義的国家の措定から離床し関係主義的国家の措定をすることである。国家というのがそれ自体国家間関係の中で出来あがっているのであり、また国家を統一されたアクターとは見ず、少なくとも国家と中央政府を概念的に区別する必要がある。さらに国家中心的諸仮説から離床し、一国単位主義からグローバリズムへの移行が重要である。そのためには政府間関係主義からトランスナショナリズムへの移行と政治領域の自律性と優位性の相対化が重要である。[29]このような小林の指摘は、関係性の国際関係学や脱領域の国際関係学とも通底する見方であろう。国家を中心的研究対象にしない生命・人間・地球関係学がより志向されねばならないであろう。

　今まで国家を中心として、戦争の歴史を主に研究してきた国際政治学に対して、殺される側に立つ国際政治学を提起する竹中千春は、「『戦争』という一般的な言葉で語り、国家を『主体』として議論すれば、一人一人の人間の具体的な死の様子を考える必要はなくなり、何万人という数字だけが辛うじて考慮に値するものとされる。殺す側に立つ国際政治学ではなく、殺される側に立った国際政治学はどのように可能なのか」[30]と問題提起をする。

　また島本慈子は、戦争は人の死さえ見なければおもしろい、と述べる。非日常の冒険にあこがれる気持ちは誰にでもあるから、戦争のおもしろさに簡単にはまってしまう。

　薬害による死、公害による死、安全の手抜きによる事故死など人が不当に生命を奪われる悲劇が今も後を絶たない。しかし、それらの悲劇においては、「殺してよかった」と殺人が正当化されることはない。戦争で死ぬということは、正当化される大量殺人であるという点において、あらゆる死と一線を画している。[31]

未だ脱国家の国際関係学は試論の域を出ておらず、理論化は始まったばかりであるが、生命、人間、殺される側、地球を中心にした脱国家の国際関係学の構築が急がれている。

**（4）　多様性と動態性の国際関係学**　　今までも議論してきたが、今後の国際関係学研究さらには人文・社会科学研究一般においても、物事や認識の固定化、類型化、実体化からの脱却がますます望まれており、全ての事象を多様性と変化の中で捉える必要があろう。

　国家も歴史の中で大きく変化してきた。変化こそが国家の常態である。国家の超歴史的な本質があるという実体主義的な見方は避けられなければならない(32)。

　概念化、類型化、分類化には常に危険が伴う。確かに人間は「ものやこと」そのものを認識することができず、名前を付け、ある程度他から分離・限定してこそ認識できる。しかし男・女、日本人・外人、キリスト教徒・ムスリム等々のように分類されて認識されたものは、一人ひとりの目の前にいるかけがえのない個人ではない。言葉によって固定化された実在のような確たるものは存在しない。したがって言葉による概念的認識、抽象的認識に絶対的価値をおくことは危険であり、これらのことを少なくとも自覚して類型化は慎重に行い、多様性と変化の中で物事を見ていく必要があろう。

**おわりに**

　従来、国家を前提と捉えることが本質主義的に信じられてきた。既存の現実主義的国際関係学では、国家が実体化され、現実認識を保守的な形で再生産する役割を果たしてきた。安全保障においても、国家の安全を保障することが第一義的に優先されてきた。

　もちろん国際関係学において、主権国家体制を作ったウェストファリア体制の歴史的意義は重要なものである。当時の文脈においては、宗教戦争を抑止し、一定の共存をもたらすものでもあった。

　しかし、ウェストファリア体制はキリスト教文化という歴史的存在拘束

性を有した相対的なものであり、時代画期性についても疑問視されている。またグローバル化、EU などの地域連合、単独主義的米国による帝国化などにより、主権国家体制は侵食されている。

このような時代状況の中で、国際関係学の将来を見据えるために、4点にわたって国際関係学の可能性を考察した。

その第一は関係性である。あるものが存在するのは他者との関係においてであり、実体化され時間を超越して本質主義的に存在するのではない。物事は単独で生じるのではなく、関係性の中で生じる東洋の縁起観とも親近性がある。

第二は脱領域性である。これは国際関係学的観点から言えば、ノン・ウェストファリア体制といってもよいであろう。線引きをして、その中では中央政府が主権を有し、暴力装置を独占している国家の現状には多くのひずみが出ている。このような主権国家体制は、経済においては狭すぎ、文化においては広すぎ、にもかかわらず政治においては主権国家の枠で行われていることに多くの問題点がある。

第三は脱国家である。既存の国際関係学の特に現実主義者は、国家をあまりにも中心に捉え、所与のものとしてきたので、冷戦終結を見誤ったと言われている。国家や権力、殺す側ではない視点に立った見方が重要である。また国家の肥大化でもなく、極端な個人主義でもない、いわゆる公と個人の間に存在する中間集団の公共性を重視することもこの脱国家には含まれている。

第四は多様性と動態性である。これは第一とも関連するが、あらゆるものを単純に類型化したり、非歴史的に捉えたりすることへの警鐘となろう。多様性や変化の中で様々な事象を見ていく必要がある。

このように国際関係学の問題点を総括した上で、新しい時代にふさわしい新しい国際関係学の構築を急がねばならない。ここでは、関係性、脱領域性、脱国家、多様性と動態性を志向した国際関係学の可能性を指摘した。生命、人間を中心にすえ、殺される側に立った地球と宇宙の平和を目指す国際関係学が、新しい時代にふさわしい新しい学となるであろう。

注

(1) 藤原帰一『国際政治』放送大学教育振興会、2007年、15頁。
(2) 関下稔他編『クリティーク　国際関係学』東信堂、2001年、11-12頁。
(3) 山田高敬他編『グローバル社会の国際関係論』有斐閣、2006年、250頁。
(4) リチャード・フォーク「西欧国家システムの再検討」坂本義和編『世界政治の構造変動1　世界秩序』岩波書店、1994年、71、75頁。
(5) 藤原帰一「主権国家と国民国家」『岩波講座　社会科学の方法11　グローバル・ネットワーク』岩波書店、1994年、48頁。
(6) 篠田英朗「国家主権概念をめぐる近代性の問題―政治概念の『エピステーメー』の探求―」『社会文化研究』25号、広島大学総合科学部、1999年、15、23頁。
(7) 篠田英朗「国際政治学における主権、現実主義そしてウェストファリア―カー、モーゲンソー、ブル、ウォルツに焦点をあてて―」『社会文化研究』26号、広島大学総合科学部、2000年、95-97、121頁。高山巌も、ウェストファリアは大きな画期ではなく、新しい秩序を生み出したと言うよりも、むしろ古くから継承されてきた制度・慣行を成文化してさらに存続させたにすぎないと述べている。高山巌「ウエストファリア考―『象徴的標識』の視点からの一試論―」日本国際政治学会編『国際政治　国際政治研究の先端　7』第160号、2010年、53頁。
(8) 中村研一「領域国家の終焉―グローバル化とポスト主権状況」小川浩三編『複数の近代』北海道大学図書刊行会、2000年、287頁。
(9) 遠藤誠治「ポスト・ウェストファリアの世界秩序へのアプローチ」小林誠他編『グローバル・ポリティクス　世界の再構造化と新しい政治学』有信堂、2000年、43-44頁。
(10) 大芝亮「民主主義と国際秩序」藤原帰一他編『国際政治講座4　国際秩序の変動』東京大学出版会、2004年、266頁。
(11) 藤原、前掲論文、48頁。
(12) 土佐弘之「『『人間の安全保障』という逆説」『現代思想』29巻7号、青土社、2001年、173頁。
(13) 鈴木陽一「国際関係論における三つの伝統―英米の国際政治理論の現

在―」『外交時報』1351号、外交時報社、1998年、89頁。
(14) Stanley Hoffmann, "An American Social Science: International Relations," *Daedalus: American Academy of Arts and Sciences*, 106 (3), 1977.
(15) 小林誠「国際関係学の葬送のために」上、『立命館国際研究』8-3、1996年、19-21頁。
(16) Takashi Inoguchi, "The Study of International Relations in Japan: Towards a More International Discipline," *International Relations of the Asia-Pacific*, Vol. 1, No. 1, Oxford University Press, 2001, p. 15.
(17) Robert M. A. Crawford eds., *International Relations- Still an American Social Science ?*, State University of New York Press, 2001, p. 15.
(18) 遠藤誠治「構造変動の時代の国際政治」『成蹊法学』36号、1993年、155-156頁。
(19) Crawford eds., *op. cit.*, p. 1.
(20) *International Organization, International Studies Quarterly, International Security, World Politics* は、米国とカナダ人で80％以上を占めている。また *Review of International Studies, European Journal of International Relations, Millennium, Journal of Peace Research* は、欧米の研究者で80％以上の執筆の占有率を占めている。Crawford eds., *op. cit.*, p. 377.
(21) 百瀬宏『国際関係学』東京大学出版会、1993年、20頁。
(22) 廣松渉「関係」『平凡社大百科事典』三巻、平凡社、1988年、937-938頁。
(23) 山影進「関係」小林康夫他編『知の技法』東京大学出版会、1994年、204-208頁。
(24) 上野千鶴子『ナショナリズムとジェンダー』青土社、1998年、197頁。
(25) 中村、前掲論文、286頁。
(26) 遠藤、前掲「ポスト・ウェストファリアの世界秩序へのアプローチ」35、38頁。
(27) 同上論文、45頁。田中明彦『新しい「中世」―21世紀の世界システム』

日本経済新聞社、1996 年。
(28) 加藤周一「夕日妄語」『朝日新聞』夕刊、1992 年 7 月 21 日。
(29) 小林誠「国際関係学の葬送のために」下、『立命館国際研究』8-4、1996 年、332-333 頁。
(30) 竹中千春「世界政治をジェンダー化する」小林他編、前掲書、224 頁。
(31) 島本慈子『戦争で死ぬ、ということ』岩波書店、2006 年、202、19、131-132 頁。
(32) 小林誠「グローバル／ナショナルの問題構成 危機としてのグローバリゼーション」小林他編、前掲書、55 頁

第Ⅱ部　Issue　問題——戦争と非戦

## 第6章　暴力の起源——本能と集団

### はじめに

　人類は今日まで数多くの戦争を行ってきた。戦争の惨禍により平和を希求するようになり、先人たちは戦争と平和について考えてきた。
　今日、科学技術の進歩により武器や軍事技術が発達し、戦争が大規模化し、被害が多数の人間、環境、宇宙空間にまで及んでいる。したがって、戦争と平和の考察、戦争原因の究明が、現代においてはより緊急の課題となってきている。
　平和は万人の切なる願いである。にもかかわらず、現実の政治の中では、この願いはしばしば裏切られてきた[1]。多くの人が平和を望んでいるのになぜ戦争が起きるのか。考えられることは、平和への希求と戦争の間に何らかの媒介が存在するからである。つまりその媒介とは、多くの人々が望んでもいない戦争へ駆り立てる何かであり、それが戦争の原因となっている。
　本章では、第1節で戦争の定義を瞥見した上で、第2節で暴力の起源の問題を霊長類と人間に着目して論じる。つぎに第3節で本能としての戦争を批判的に考察した上で、第4節で集団的暴力の問題を、人類の集団化に伴う諸条件に着目して考察し、それにより戦争の原因を分析する。もちろん個々の戦争は様々な原因より生じ、それらが結びつき、さらに他の要因の絡んでくる複雑な現象である。また戦争と平和の研究において重要なことは、特定の地域・時代の個別の戦争や歴史的事件を詳細にかつ実証的に扱うことである。そこから戦争の原因や、戦争と平和に関する一般論を引き出す方が説得的である。だがそのような個別的、実証的研究の前段階として、人類史を俯瞰し、戦争の原因をいくつかのレベルに分けて考察することも必要であろう。

## 1. 戦争の定義

　戦争の原因を究明するためには、まず戦争を定義しなくてはならない。しかし戦争という現象は複雑であり、そのため戦争を単純に定義することは困難であるために、様々の定義が存在する。戦争を定義するということは、その原因にも論及しなければならず、原因をある程度特定しなくてはならない。つまり戦争の原因をどこに見いだすかにより、論者によって戦争の定義も異なってくる。したがって戦争の原因を検討する以前に、戦争を定義することは困難ではあるが、論を進めるため、便宜的に大まかな戦争の定義を試みておく。

　クインシー・ライトによれば、「最も広い意味での戦争の定義は、星の衝突や動物どうしの争い、原始部族間の闘いなどの暴力的接触」である[2]。しかしライトも一般的な戦争の定義としては、国家のような政治集団間の争いで、長期的かつ大規模な敵対行為を伴うものとしている[3]。もし戦争を国家間の武力行使を伴う闘争のみであるとするならば[4]、今日多発している国内の集団や国家を越えた集団、またいわゆる「テロリスト」など国家以外の集団や社会の闘争は含まれないことになり、概念としては狭く、現実に適応できないようである。

　一般的には、戦争は国家及び政治集団間の武器を用いた組織的暴力というのが妥当な定義であろう。

　戦争をより広く構造的暴力と見て、貧困、飢餓、抑圧、疎外、差別のある状態として戦争を捉えるヨハン・ガルトゥングらの論もあるが、ここではこのような定義はひとまず留保して、上記のように戦争を定義しておく[5]。

　このように様々に定義される中で、一人対一人の争いは少なくとも戦争の範疇には入らないようである。闘争を個人的な闘争と、組織化された闘争とに区別するならば、前者は殺人などに通じるが戦争ではなく、後者もさらに政治的意味の有無によって区別できる。戦争は政治と結びついているので、政治的意味を持つ集団的闘争だけを戦争に含めることが考えられ

る。つまり戦争の根底には何らかの集団性と政治性が存在し、それが戦争の原因の一つになっていることが予見できる。

## 2．暴力の起源

(1) **攻撃と暴力**　ここでは戦争の原因を考察する前提として、動物と人間、特に霊長類と人間の攻撃性や暴力の問題を見ていく。

まず攻撃と暴力は区別しなくてはならないであろう。攻撃とは多くの種に見られる動物に普遍的な行動である。また攻撃は多くの動物とともに人間が生来的に持つ資質であるが、生物の生存競争の一環に留まる限りにおいては暴力ではない。自らの生命や、なわばりを守ったり、獲物を捕えたりすることは、自然の生命活動であって、暴力とは言わない。

このように人間の攻撃性は他の生物にも共通したものであり、動物と人間には連続性がある。生命維持の自然活動である限り、それには悪というレッテルを貼ることはできないであろう[7]。

これに対して、暴力という言葉は、人間から動物への使用も多少はあるが、基本的には人間同士の用語であり、してはいけないこと、悪であるという意味が含まれている。攻撃は文化ではなく、動物一般に見られる行動であるのに対して、暴力は人間に典型的に見られる文化的行動なのである[8]。

(2) **異種と同種間の争い**　現代の生態学や行動学では、異なる種と種の間の争いと同じ種内の争いとは、違う性質を持つとされていることは常識である。肉食獣のライオンやオオカミが獲物を狙うのは、食欲から発する行動である。同種の仲間を攻撃するのは、テリトリーをめぐる争いだったり、交尾相手をめぐる葛藤が原因だったりする。しかし獲物を狙うのと同じ方法で同種の仲間を攻撃することはない。獲物は効率よく仕留めることが重要だが、同種の仲間を殺すまで攻撃する必要はない。争いが起こった原因を取り除くか、自己主張を相手に認めさせることが目的だからである。そのため同種の仲間に対する攻撃には、相手が納得すれば攻撃が

抑えられるようなルールがある(9)。

　同種の動物同士の争いは、相手を抹殺することではなく、限りある資源をめぐっていかに相手と共存するかを模索することにある。その限りある資源とは食物と交尾をする相手である。自らの生命を維持し、子孫を残すために、動物は争いを起こす。山極寿一は、人間社会に見られる争いごとも、もともとそういった食と性をめぐる葛藤から生じたのではないかと示唆している(10)。

　多くの動物において、種内の攻撃行動は、敵に傷害を与えないように儀礼化されている。同一種内の殺害を禁じることは先天的要素であり、殺害を命じることは文化という後天的要素に由来すると考えられる(11)。アンソニー・ストーによれば、自分自身の種のメンバーを殺す習性をもった脊椎動物は他にいない。同じ種の仲間に残虐行為をして積極的な喜びを感ずる動物は人間だけである。私たちはかつて地上を歩いたものの中で、最も残忍で無慈悲な種なのである(12)。

　しかし同種内での殺害の例は動物の中でも、若干存在する。それは霊長類やライオンのオスによる子殺しである。オスによる子殺しは、オスが自分の子孫をたくさん残そうとした結果である。他のオスの子どもを排除し、子を殺されたことによりメスの発情を早め、自分の子どもを確実に残そうという繁殖戦略として理解できる(13)。子殺しは確かに同種内の殺し合いではあるが、性と生殖に関わる個体の繁殖を目的とするものであり、広い意味での動物の攻撃行動であり、人間の戦争とは異なるものであろう。しかし高等な霊長類がこのような行動を起こしていることを考えると、人間の争いや戦争原因を考察する上で、何らかの示唆を与えてくれる可能性はあろうが、ここでは論究しない。次に人間と類人猿の類似点と相違点を見ていくことにする。

(3)　**人間と類人猿の類似点**　　類似点と相違点の問題は、学問分野によりかなり強調点が違っている。一方では、人間は自己意識や自由意志等の精神的な態度によって定義され、特徴づけられてきた。他方では、近年の実証的な自然科学は、生物としてのヒトの仕組みやメカニズムの細部を

第6章　暴力の起源　99

解明しつつある。前者が主として人文・社会科学の人間観であり、後者は自然科学のヒトへの見方に対応している。前者は、人間と他の動物や事物との間には質的な断絶があるということを強調する傾向がある。後者は逆に、ヒトと他の動物・生物との間の、あるいはヒトと機械との間の連続性に着眼している。前者は、人間には動物や単なる機械にはない「何か」があると主張し、後者は、ヒトが他の動物や機械と、本質的には異ならないメカニズムによって行動していると述べる傾向にある。[14]

まず、人間とゴリラやオランウータン、チンパンジーなどの類人猿との類似点についてであるが、中務真人は以下の六つをあげている。尻尾を持たないこと、懸垂運動ができる特徴、大臼歯が類似している、大型の体、ゆっくりした成長、認知能力の高さである。[15]生化学者たちはDNAの塩基配列を比較する方法を次々に開発し、類人猿とヒトとの遺伝的距離が、類人猿とサルとの違いよりも小さいことを明らかにした。中でもチンパンジーとボノボが最もヒトに近縁で、ヒトはチンパンジーと全塩基配列の約1％、ゴリラと約2％しか違わない。最近ではアフリカの類人猿とヒトを同じ科に入れ、ヒト科に分類しようとする意見が強くなっている。このようにヒトが生物学的に類人猿とわずかしか違わないという事実が次第に明らかになってきた。[16]

また人間家族の成立条件は、インセスト・タブー、外婚制、分業、コミュニティの四つであるが、このうち分業を除く三つの条件がすでに人間以外の霊長類にも見られていると考えられている。今まではインセスト・タブーは人間社会のみに見られる独特な規範と考えられてきたが、現在は人間と動物の社会を区別する特徴ではなくなっている。[17]

このように類人猿と人間の連続性を研究することにより、人間の行動や暴力の問題を原初に立ち返って考察でき、さらには戦争の原因の一端を類人猿の生活、生殖、集団性の中に見いだすことも可能となろう。だが現実的には連続性と戦争原因との関係はうすく、類人猿が行う限りある資源をめぐる争いは、直接戦争につながるものではないのである。

(4) **人間と類人猿の相違点** 今まで見てきた類似性と共に相違点も

見なくてはならないであろう。むしろ戦争の原因という観点では、類人猿は戦争をしないが人間はするので、その相違点に戦争の原因が隠されている可能性が高いのである。

まず生活史の観点で現代人と類人猿を比べてみると、大きな違いが三つ存在する。それは子ども期があること、青年期があること、閉経後何年も生きることである。子ども期はすでに離乳しているのに一人前の食事ができない時期である。青年期は繁殖力があるのに繁殖できない時期を指す。人間の特徴である閉経という現象は、子ども期を支えるように進化したという説がある。人間の女性は閉経を前倒しして、自分で子どもを出産するよりも、すでに生まれた子どもの成長や、娘や息子たちの出産と育児に手を貸すことで子孫の生存率を高めようとしたのかもしれない[18]。これらの相違点は、人間が社会性、協同性を持った動物であることを示すものである。

現生の類人猿が熱帯雨林から出られなかったのは、肉食動物が多い地上で生活できなかったからである。初期人類がなぜ地上の生活に適した特徴を身につけるようになり、やがて樹木のないサバンナへ進出するようになったかは謎である。しかし山極によれば、その理由は直立二足歩行という移動様式と家族という社会性にあると考えられる。生態的な理由で発達したこれらの特徴が、後に言語を生み出し、さらに人間に独特な暴力を生み出す基礎となったのであろう[19]。

二足歩行により、前足である手が自由に使えるようになり、道具を生み出し、その影響で脳が発達する。臨機応変な採食行動を獲得し、他の動物が手を出せない食物を手に入れるために、大きな脳が役に立つようになった。肉食動物を出し抜いて獲物をさらったり、石器で骨を割って骨髄を取り出したり、棒で固い地面を掘って根茎類やシロアリなどを掘り起こしたり、多くの技術を身につけ、役立てるためには記憶力、洞察力、応用力が必要になったのである[20]。

人間が直立二足歩行と大きな脳を進化させるために背負った負債を、親以外の仲間の手を借りて軽減しようとした。それが人間のユニークな社会性、協同性を作った。この社会性は大きな分岐点となり、戦争の原因とも

なったであろう。このことは、チンパンジーの戦いと人間の集団間の戦いに明らかな違いがあることからもわかる。チンパンジーのオスたちは自分たちの利益と欲望に駆られて戦いを起こしているのに対し、人間の戦いは常に群れに奉仕することが前提となっている。人間の戦う意味は、家族を生かすため、共同体の誇りを守るために、傷つき死ぬことである。チンパンジーは死を賭して戦うことはないのである[21]。

　言語の使用も人間の大きな特徴である。言語により物事を抽象化するようになり、様々なイデオロギーが後に生まれた。また言語は超越的なコミュニケーションを可能にし、そこにない出来事や空想上の話を伝える機能がある。実際には見ていないこと、聞いていないことを体験させ、それを仲間で共有することも可能である。この機能によって、言語はヴァーチャルな共同体を作りだした。さきほどの社会性が融合され、国家や民族などの幻想の共同体が人々の心に宿るようになり、しばしば戦争への道を進むこともあった[22]。

　このように社会性、言語の使用は人間の人間たるゆえんであり、高い文化を生み出す原動力であったが、反面、戦争の原因ともなったのであろう。

　しかし人間の作り出したものが戦争の原因となるばかりでなく、山極は現代の暴力や戦争を止めるためには、人間の持つ能力をもっと積極的に活用するべきであるとして、以下のように主張している[23]。人間の社会性を支えている根元的特徴とは、育児の共同、食の公開と共食、インセストの禁止、対面コミュニケーション、第三者の仲介、言語を用いた会話、音楽を通した感情の共有、などである。霊長類から受け継ぎ、それを独自の形に発展させたこれらの能力を用いて、人間は分かち合う社会を作った。それは権力者を作らない共同体であり、もう一度この共同体から出発し、上からではなく、下から組み上げる社会を作っていかねばならない。人間は多産性を獲得して以来、共同で育児することを社会の中心に据えてきた。食の共同も、インセスト・タブーも共同の育児に深い関係を持っている。共同の育児という教育によって、人間の子どもたちは多様性と可塑性を身につけることができるようになった。このことをうまく活用すれば戦争の低

減化にも寄与できるであろう。

## 3．本能としての戦争

前節で見た類人猿との比較の上での攻撃性を別にすれば、戦争の原因を大別するとほぼ三つに分けられるようである。第一は人間の個人心理、特に人間の生得的な攻撃本能、好戦本能などに戦争の原因を帰する生物学的な本能心理学の立場。第二は集団心理や組織化、集団化の過程及びその結果に戦争原因を求める立場。第三は単なる集団化ではなく、国家や国民国家形成に伴う諸問題をも考慮に入れた立場である[24]。ここでは本能について比較検討して、戦争の原因が主にどこにあるのかを論じていきたい。

**(1) 心理の外在性と拘束性**　　まず第一のレベル、戦争原因を生得的な攻撃本能など個人心理に帰するアプローチを検討する。ユネスコ憲章の前文には、「戦争は人の心の中で生まれるものであるから、人の心の中に平和のとりでを築かなければならない」とある。このユネスコ憲章や世界人権宣言、そして日本国憲法も、第二次大戦の言語に絶する惨禍と反省に基づく、世界の永久平和を希求する人類の高き英知の結晶である。相手への憎悪が人の心理で発生し、戦争に人間の心理が何らかの関与をし、戦争を増幅させていることは確かであろう。極端に言えば、心理が全く関与しない戦争は考えられない。戦争は人間が作り出すものであり、人間が存在する以上、人間の心理は密接な関連を持つ。

だが、戦争の原因を心理のみに求めるのは性急であり、社会性、時代性、地域性など多元的に原因を検討しなければならない。私たちは、人間の心理や欲望、動機が社会に何らかの影響をもたらす社会の創造者であるのと同時に、環境や社会がある特定の心理を形成する社会の被造物なのでもある。個人意識は集合意識の外在性と拘束性により形成される側面もある[25]。また戦争を欲していない人も戦わざるをえない状況や社会構造、社会制度も考慮しなくてはならないであろう。

(2) **本能としての戦争**　戦争原因を個人心理の中の特に攻撃本能に求める者としてジークムント・フロイトがいる。彼は攻撃性を破壊し去ることのできない人間本性の特色であると述べ、セックスと共に攻撃性を人間の本能であるとした。(26) 彼は20世紀初頭、初めて性本能の重要性を発見し、当初はそのことのみしか注目しなかったが、1915年以降、第一次大戦の影響を受けたこともあって、攻撃本能についても語るようになった。しかし彼はその破壊的側面しか見ることができずに、1920年代に入ると、死の本能という仮説を作り出した。(27)

フロイトとは異なり攻撃本能の建設的側面を見る心理学者にポール・トゥルニエがいる。彼によれば、攻撃性はフロイトのリビドーと同じく生命力の一つの現われであって、その意味では誰の中にもあるものであり、それ自体良くも悪くもない。したがって、それから出てくる暴力も直ちにその善悪、当不当を断じ難い。しかし、ひとたび攻撃性が私利私欲と結ばれ、己れのために力と権力を獲得する手段として用いられるようになると、攻撃性は諸悪の根源となり、悪質な暴力が発生する。(28)

このように心理学者であるトゥルニエにしても、攻撃性そのものが戦争を引き起こすのではなく、私利私欲や権力が媒介となって起きることを指摘している。本能や心理的なものが直接、戦争を生み出すのではなく、ある媒介や契機があって戦争は起きる。

フロイトにもトゥルニエにも言えることは、本能という言葉のあいまいな使用である。そもそも本能とは、一般には動物のそれぞれの種に固有で、合目的性のある経験を必要としない生得的な行動を生む内的な傾向ないし力であり、今日では厳密な学問用語としてはほとんど用いられなくなっている。本能概念は実のところ説明すべき事象を単に本能という言葉に置き換えた一種のトートロジーにすぎない上、現象の数だけ本能を数えあげることができるので、科学的用語としては、無意味である。(29)

(3) **本能論への批判**　1986年にスペインのセビリアで開かれた「脳と攻撃」に関する第6回シンポジウムで発表された「セビリア声明」は、1989年のユネスコ総会で普及促進が決定された。この声明を要約すれば、

次のようになる。①動物が他の動物を襲うのは肉体的要求を満たすためであり、本能的に他の動物を「攻撃」するのではない。②暴力は遺伝ではなく、人間の性格は遺伝と環境によって決まる。③生物進化の過程で人間がより攻撃的になったという証拠はない。④「暴力的な脳」というのは存在しない。⑤人間は本能によって戦争をするのではない。[30]

　戦争の原因を本能のみに求める研究者は、本能を重視する生物学者、心理学者、社会心理学者のうちでも少数である。もし本能のみにより戦争が起こるのなら、生物的存在でもあり、何らかの本能的なものを有しているであろう人間は、いついかなる場合でも必ず戦争を行うことになる。また戦争は人類にとって宿命であることになり、平和への努力が全くの無駄になってしまうことになる。石津朋之によれば、戦争本能論は、人類は人類であるがゆえに戦争が生起するということになり、なぜ戦争が別の場所ではなくここに生起したのか、なぜ彼らではなく、我々が戦争に関与したのかといった問題に対して、何ら有効な回答を見出しえない。またある戦争の決定が人類の意志、例えば政府によって自発的かつ意識的に下されているという事実を説明できない。[31] このように、人間が必ずしも常に戦争を行うのではない。人間は本能的に戦争を行うのではないということを証明するのに、次のように人類学は多くの示唆を与えている。

**（4）　人類学の観点**　　人類学的研究によると、葛藤や闘争は至るところで起こっており、人はしばしばそれを不可避なものと見るが、それが表出される仕方や引き起こす反応について不可避なものは何もない。例えば、インドのムルス族は意見の相違が起こった時、祈禱師を呼び全ての決定を彼に任せる。コロンビアのサンタ・マルタでは二人の間の苦情は当事者が棒を持って岩や樹に行き、侮辱的な言葉をはきながら、岩や樹を叩き、先に棒を折った方が勝利者となる。ブリティシュ・コロンビア及び合衆国西北部のネイティブ・アメリカンの間では、論争はポトラッチとして知られている制度によって通常解決される。この制度では論争の勝負は、可能な限り多くの財産を破棄または破壊することによってつけられる。

　このように対立、葛藤が生じた場合、個々の文化集団において解決法は

異なる。つまり対立、葛藤が必ずしも物理的暴力を伴うものではなく、個人が第三者に委託するか、あるルールを伴った儀式を行うか、財産の放棄で戦うかは、その属する集団の伝統や慣習により異なる。[32]

　本能説をとる精神分析学や動物行動学では、攻撃性を動物にも人間にも共通する根源的衝動と見なすようである。人間も動物の一種である限り、他の動物と共通の部分を持っているのかもしれない。しかし前節でも見てきた通り、攻撃行動においては、人間と動物はかなり異なるようである。人間以外の動物にあって、攻撃行動は、食物連鎖内での生命維持のための捕食、なわばりの主張などのコミュニケーションの手段、ニワトリのつつき合いや猿のマウンティングなどのランク決めに見られる社会組織の維持、犬のかみ合いなどの連帯の絆の確認などである。それに対し、人間の攻撃行動は、相手に打撃を与え、傷つけ、殺すことを目的とする。[33]このように動物と人間の攻撃行動が異なることにより、動物と人間の攻撃行動を同類とみて戦争の原因を本能の中の攻撃行動に求める本能説は、さらに説得性が薄れてくる。また攻撃と暴力をきちんと分けず議論していることも前に見てきたとおりである。

　以上見てきたように、攻撃行動が文化により多様な違いを見せ、原始社会や未開社会には戦争が存在しなかったとすると、戦争原因を攻撃本能にのみ求めることはできなくなる。では何が戦争をもたらす主要因となっているのか。文化人類学者のマーガレット・ミードは、戦争は発明にすぎず、生物学的必然ではなく、社会的な創造物、しかも悪しき創造物であり、そうであれば、これに代替する新たな制度を作ることは可能だと考えている。戦争は学習されるものであり、社会及び社会的条件によって教え込まれるものである。つまり彼女は戦争を人為的所産として把握し、その原因を社会、政治制度に求めている。[34]次節以降では、このような観点から、戦争の原因を集団化に伴う問題に見いだし論及していく。

## 4．集団的暴力としての戦争

　前節で見たように、心理学者ですらその多数は、戦争が人間の生得的な

性質によるものではないということに同意しているようである。攻撃行動の能力は戦争の必要前提条件であるかもしれないが、明らかにそれは唯一の原因でもなければ有効な原因でもない。本節では戦争原因を人間の組織化、集団化の過程及び結果に求める論を検討していく。

（1）**集団的暴力**　ロジェ・カイヨウは、戦争を集団的意図的かつ組織的な一つの闘争であると定義し、戦争が単なる武力闘争ではなく、破壊のための組織的企てであるということを強調した。また戦争は影のように文明に付きまとい、文明と共に成長すると述べ、戦争と文明が密接なものであると主張する。今村仁司は、「力と暴力、闘争と戦争といった文化現象は社会科学と社会哲学にとって避けて通ることのできない根源的諸問題だと言わなければならない。なぜなら、それらの現象は社会形成と社会体の運動や歴史の基礎にあるものであり、単なる逸脱的病理現象ではないからである」と述べ、戦争が社会形成の基礎にあり、社会形成が進む中で、戦争が起こったことを示唆している。久野収は、「自衛であれ、掠奪であれ、明確な目的の下に、戦略、戦術をもっておこなわれる組織された集団の組織的、無制限的暴力行使が戦争なのであって、集団と暴力と組織とは、離れがたく結びついた戦争概念の内容である」と述べ、戦争と集団、暴力、組織の緊密さを指摘している。

　3人の説を見ても、戦争が集団と濃密な関係を持つことが見て取れる。それではなぜ、集団と戦争が密接な関係を持つのか。次に狩猟社会から農耕定住社会へ移る人類の集団化の歴史を概観しながら、その理由を考えていきたい。

（2）**農耕牧畜の開始と戦争の原因**　農耕牧畜が確認されるのは、約1万年前の旧石器時代の末期である。紀元前6000年頃、乾燥農業がメソポタミアの丘陵地帯で発展した。一定の土地を領有し農作物の収穫を確実にする技術の発見と習得がやがて人口を増大させ、町の発展を促し、文明を発達させた。家族を形成すると共に、共同して食物を獲得するために分業を行うという行為が、人間社会の第一歩であり、この社会構造が農耕生

活を可能にするための必須の条件であった。この農耕牧畜は人類が最初に経験した産業社会で、食料生産革命と呼ばれ、自然に制約される不安定な生活から、穀物の貯蔵や家畜の飼育に支えられた定住生活を可能にした。ここから私有財産の観念が生まれ、貧富の差が生じ、やがて政治権力を司る支配階級が発生する。[40]農耕生活は社会的剰余を生み出した最初の生活様式であった。その農耕生活が、人間社会をして他の動物社会とは決定的に異なる発展の道に進ませたのは、生産された社会的剰余の管理、所有と分配のための社会構造を作り上げたからである。それは政治権力の出現も促した。貧富の格差により社会的ストレスが高まり、それが戦争に結びつき、さらに政治権力を強めるために戦争に訴え、政治権力がより強化される。

　このように農耕社会に内在する諸要素が戦争の原因の一つとなっているということを強調する論者は多い。松木武彦によれば、耕地は血と汗の結晶であり、命をつないでくれる食糧の源だから、それを守る意識は、狩りや採集の社会のテリトリーを守る気持ちよりも何倍も真剣で強烈なものになるはずである。つまり、耕地のような明確な不動産が現れたことが、人々の排他的な防衛意識を強め、争いを激しくさせた大きな原因となったにちがいない。[41]また福井勝義によれば、農耕牧畜社会では、特定の土地にしばられるようになり、狩猟採集社会より定着性が増していくと同時に、なわばり意識が固定化し、土地が特定の集団の間で排他的に継承されていくようになる。それと並行して系譜意識が発達し、血縁原理などをもとに強固な集団が形成されるようになる。なわばり意識が顕在化し、土地が排他的に継承される社会になると、異なる集団間で組織的な戦争が行われやすくなる。[42]

　**(3)　定住化と戦争の原因**　　さらに農耕と密接に関係する定住化にも戦争の原因が隠されているようである。人類は出現してから数百万年は定住することなく暮らしてきた。大きな社会を作ることもなく、稀薄な人口を維持し、したがって環境が荒廃することも汚物にまみれることもなく生き続けてきた。しかしおよそ1万年前から「定住革命」が進み、人類の社

会は、逃げる社会から逃げない社会へ、あるいは逃げられる社会から逃げられない社会へと、生き方の基本戦略を変えた[43]。

　定住生活が出現する背景には、氷河期から後氷期にかけて起こった気候変動とそれに伴う動植物環境の大きな変化があった。このことは、定住生活がこの時期の中緯度地域に、ほぼ時を合わせたかのように出現していることからも明らかである。中緯度地域に温帯森林環境が拡大し、氷河期の大型獣が姿を消し、シカやイノシシなどの小型獣しかいなくなり、しかも障害物の多い森の中では見つけにくくなる。森の拡大によって狩猟が不調になれば、植物性食料か魚類への依存を深める以外に生きる道が無くなり、次第に定住化が進んだようである。地球的規模の環境変動によって始まったこの一連の出来事は、人類社会における技術や社会組織、あるいは自然や時間に対する認識、観念的世界までも巻き込む大きな変化を引き起こした。まさに人類史の流れを変える革命的な出来事であった[44]。

　このような人類史における大きな革命であった定住化は戦争の発生にも影響している。定住化によってなわばり意識が芽生え、テリトリーを排他的に系譜する必要が出てくる。様々なものから逃げることができなくなり、ストレスや葛藤、紛争が生じることとなった。移住する採集民の集団は、他の集団との関係が危うくなると敵からすばやく離れることによって「戦争に近い」緊張状態を解消できたが、この平和な選択を定住は取り去ってしまった[45]。このように農耕や定住によりテリトリー意識や排他的系譜意識が高揚し、他集団との摩擦が生じて、戦争の原因となった。

**(4)　戦いの証拠**　考古学の研究において、農耕・定住の時期と戦争の発生とがかなり密接に関連していることが示されている。すでにこの時期に戦いの考古学的証拠となるものが出土している。それは以下の六つである。第一は武器で、人をあやめるために専用に作られた道具とそれから身を守る防具である。第二は守りの施設で、堀、土塁、バリケードなどをめぐらした集落や都市である。第三は、武器によって殺されたり、傷つけられたりした人の遺骸である。第四は武器をそなえた墓で、戦士の身分や階層があった証で、その社会で戦いが日常化していたことの反映である。

第五は武器崇拝で、戦う社会ならではの現象である。第六は戦いをあらわした芸術作品である。[46]

　この中で、人骨以外は、ただ単に戦っていたことのしるしではなく、戦いが組織化され、それに対する備えがなされ、その社会で戦争が認知された政治的行為にまで発展していたことを示すものである。これらの戦争の証拠は、世界のどの地域でも、農耕社会が成立した後に現れる。日本列島においては、弥生時代に入ってから、こうした戦争の証拠が現れる。この点から、戦争の発生についてまず指摘できるのは、農耕に基づく生産システムや生活スタイルが成立することが、社会の中で認知された組織的な闘争としての戦争が現れるための経済的な条件となる可能性であろう。[47]

　(5)　所有の観念、社会的剰余、政治権力の誕生　　社会的剰余の増大する社会で、初めて所有の観念の発生があり、不平等な社会が形成され、社会的剰余の管理、所有、分配をめぐって、この不平等を秩序づける政治権力が誕生した。紛争の原因となる食物、財貨、エネルギーなどのモノやカネは、社会的剰余が増大したとはいえ、すべての人々の欲求を満足できるほど潤沢ではない。モノとカネは、ある人が手に入れると、他の人がそれを失わねばならないというゼロ・サム的なものである。私有が許されれば、それらはいっそう偏在する。このような社会的価値の配分をめぐる紛争を、権力を媒介として解決していく過程が政治なのである。[48]

　このように政治権力は、社会的剰余、所有という関係の上に発生したものであった。人間社会の発展によって、この所有を物的なものに限定できなくなり、宗教やイデオロギーの対立さえもが戦争となるに至るようになる。政治的秩序維持のために、自己の社会内部に対しても、社会外部に対しても権力や物理的暴力、戦争を行使するようになった。このように政治権力と戦争とは、発動するか否かにかかわらず、一体のものとして出現した。[49]

　戦争について考察してきて、やはり戦争は本能によるというよりも、集団や組織などとの関係が深いようだということが明らかとなった。そもそも戦争は集団や国家間の闘争であるので、集団としての戦争を重視するア

プローチは説得的であろう。戦争は集団の成員が個々ばらばらに行う格闘ではなく、その戦闘行動は、政治権力による明確な指揮命令系統のもとに組織的な役割を分担しあって遂行される闘争である。つまり戦争は闘争本能のみではなく、政治的諸関係や政治権力から生じる。また政治のみではなく、宗教、組織、経済的必要性を意識した支配者が自らを外部の圧力から守り、もしくは自らの力を伸長させるために戦争は行われてきた。さらに集団の利害が、自らの地位、富、栄光を維持し、もしくは高めようとする支配者の利害と一致した時、戦争はより大規模に、より激烈になる[50]。人間は戦争と結びつくような攻撃性を本性もしくは本能として持っているのではなく、集団関係、社会関係の中で発生するのが戦争なのである[51]。その集団がより緊密になり、より強制力を増したのが国家である。したがって国家と戦争の関係は、集団と戦争の関係よりも、さらに深くなると考えられる。国家と戦争の関係については次章で説明する。

**おわりに**

本章では戦争原因の一端を解明するために、攻撃性、本能、集団などいくつかの次元にわたって論じてきた。筆者が戦争の原因の一つとして重視するのは、集団の内部に存在するもの、もしくはそれらが形成する過程で生じたものである。確かに戦争は人の心の中で生じるのではあるが、さらに戦争と密接な関係を持つのは、集団化に伴う政治権力の発生や貧富の格差、テリトリー意識である。

戦争の定義は原因をどこに見るのかにより、異なってくる。しかし大まかな定義として、国家及び政治集団間の武器を用いた組織的暴力としておくことに大きな問題はないであろう。

暴力の起源として、類人猿などの動物の行動を見てきたが、攻撃は動物一般に見られる行動であるのに対して、同一種間の暴力は人間に典型的に見られる文化的行動であった。人間と類人猿は類似点があり、戦争の原因は類人猿の攻撃行動にまで遡れることになる。しかし大規模な暴力行動は人間のみが行っていることから、類似点ではなく、相違点にこそ人間が引き起こす戦争の原因がより明確に見られるだろう。脳の進化や高度な社会

性・協同性が戦争の原因の媒介をしている可能性がある。また言語の使用により抽象的思考が培われ、それに社会性が融合され、幻想の共同体を作るようになり、自己の生物的サバイバルのみでなく、集団的要請で戦うようになった。

そもそも戦争とは集団的な争いのことであり、個人間の争いは戦争とはいえない。さらに個人間の争いにおいても本能のみで争うのではない。原始人や現在のいわゆる未開民族の中には戦争を経験していない者もあるのは、そのことを示唆している。

人はただ争いたいというだけで争うことはほとんどない。普通、殺人などというものも他の何らかの目的を遂げるためになされている。多くの場合、食物や女性、土地など他に争う目的があった。したがって攻撃性や本能、好戦性といわれているものは、単一の性向というより様々な性向の複合体である。[52]

戦争原因を人間の本能に求めることは、セビリア声明でも否定された。もし本能により戦争が起こるのならば、戦争は人間の宿命であり、平和への努力は無意味になってしまう。

このように戦争の原因は本能ではなく、人間の集団化の歴史の中に潜んでいるようである。人間は狩猟、採集社会から農耕社会に進み、定住生活をしはじめるようになる。やがて剰余物が生じ、貧富の差が生まれ、権力関係が成立する。その結果、人は集団の要請により戦うようになる。

農耕や定住の開始により、私有の観念や政治権力が発生し、排他的なテリトリー意識が生まれた。考古学の研究によれば、農耕・定住化の歴史と戦争は密接な関係があり、この時期より戦いの考古学的証拠が出土している。

今まで見てきたように、戦争の原因はいくつかの段階に分けてみる必要がある。まず類人猿との相違であり、脳の進化や高度な社会性であり、集団化の過程、特に農耕定住による私有や権力の発生、テリトリー意識などが戦争の発生に大きく関与していることが指摘できよう。

注

(1) 石田雄『平和の政治学』岩波書店、1968年、2頁。
(2) Quincy Wright, *A Study of War*, 2nd ed., University of Chicago Press, 1983, p.5.
(3) クインシー・ライト「戦争」『ブリタニカ国際大百科事典』11巻、ティビーエス・ブリタニカ、1974年、537頁。
(4) 関野秀夫「戦争」『大日本百科事典』11巻、小学館、1969年、29頁。
(5) Johan Galtung, "Violence, Peace and Peace Research," 1969, ヨハン・ガルトゥング、高柳先男他訳『構造的暴力と平和』中央大学出版部、1991年。
(6) 鈴木二郎「戦争に関する二、三の人類学的考察」『人文科学研究』10巻、早稲田大学人文科学研究所、1951年、19、40頁。
(7) 伊藤武彦「攻撃と暴力と平和心理学」心理科学研究会編『平和を創る心理学—暴力の文化を克服する—』ナカニシヤ出版、2001年、9-10頁。小林直樹「暴力考（Ⅰ）—人間学的視点から」『国家学会雑誌』121巻3・4号、2008年、20-21頁。
(8) 伊藤、前掲論文、10-12頁。
(9) 山極寿一『暴力はどこから来たか　人間性の起源を探る』日本放送出版協会、2007年、34-35頁。
(10) 同上書、36頁。
(11) Irenaus Eibl-Eibesfeldt, *Krieg und Frieden*, R. Piper & Co, 1975, アイブル＝アイベスフェルト、三島憲一他訳『戦争と平和　下』思索社、1978年、429-430頁。油井大三郎「世界史認識と平和」藤原修他編『グローバル時代の平和学1　いま平和とは何か　平和学の理論と実践』法律文化社、2004年、72頁。
(12) Anthony Storr, *Human Aggression*, Allen Lane The Penguin Press Ltd., 1968, アンソニー・ストー、高橋哲郎訳『人間の攻撃心』晶文社、1973年、11頁。小林、前掲論文、22頁。
(13) 山極、前掲書、173頁。
(14) 山極寿一編『シリーズ　ヒトの科学　1　ヒトはどのようにしてつく

られたか』岩波書店、2007年、v-vi頁。
(15) 中務真人「類人猿との分岐点」同上書、53頁。
(16) 山極寿一「ヒトの社会性とは何か」同上書、184頁。
(17) 山極寿一「原初的人間とは何か」同上書、20-21頁。
(18) 山極、前掲「ヒトの社会性とは何か」194-195頁。
(19) 山極、前掲『暴力はどこから来たか　人間性の起源を探る』198頁。
(20) 同上書、195頁。なお脳の大型化の理由は人類学者の間でも様々な説がある。脳はカロリーを消費する器官であり、そのために肉食が必要となったとする肉食説や二足歩行、労働、道具使用、気候変動、狩猟法、言語など関連する諸要件のどれに重きを置くかによって、意見は分かれている。小林、前掲論文、32頁。
(21) 山極、前掲『シリーズ　ヒトの科学　1　ヒトはどのようにしてつくられたか』xii頁。山極、前掲『暴力はどこから来たか　人間性の起源を探る』221頁。
(22) 同上書、222-223頁。
(23) 同上書、227-228頁。
(24) Charles Osgood, *An Alternative to War or Surrender*, University of Illinois Press, 1962, チャールズ・オスグッド、南博訳『戦争と平和の心理学』岩波書店、1968年、327、328頁の南の解説を参照。
(25) Emile Durkheim, *Les Regles de la Methode Sociologique*, 1895, エミール・デュルケーム、佐々木交賢訳『社会学的方法の規準』学文社、1973年。Anthony Giddens, *Sociology*, Polity Press, 1989, アンソニー・ギデンズ、松尾精文訳『社会学』而立書房、1992年、670頁。
(26) Sigmund Freud, "Why War ?" L.Bramson and G.W.Goethals eds., *War*, 1968, pp. 62-80.
(27) Paul Tournier, *Violence et Puissance*, 1977, ポール・トゥルニエ、山口実訳『暴力と人間』ヨルダン社、1980年、19頁。
(28) トゥルニエ、前掲書、訳者あとがき、333頁。
(29) 奥井一満「本能」『平凡社大百科事典』平凡社、1984年、1249、1250頁。
(30) 油井、前掲論文、112頁。David Adams, *Disseminated by Decision of*

*the General Conference of UNESCO at Its Twenty-fifth Session Paris*, 16 November 1989, 杉田明宏他編集、中川作一訳『暴力についてのセビリア声明―戦争は人間の本能か―』平和文化、1996年。なお、セビリア声明に対する批判として、以下のようなものがある。楽観主義的な平和主義のイデオロギーが、科学的な裏付けを二の次にしてしまうほどに全面に出ている。人間の極度の暴力性は、人間の本性に何ら由来するものではないと言い切ってしまってよいのか。中島常安「攻撃と暴力の生物学的根拠と戦争神話―『暴力についてのセビリア声明』をめぐって―」心理科学研究会編、前掲書、139-141頁。

(31) 石津朋之「戦争の起源と本質をめぐる試論」石津朋之編『戦争の本質と軍事力の諸相』彩流社、2004年、31頁。Bernard Brodie, *War & Politics*, Macmillan, 1973, p. 339.

(32) Otto Klineberg, *The Human Dimension in International Relations*, Holt, Rinehart and Winston, 1964, オットー・クラインバーグ、田中良久訳『国際関係の心理』東京大学出版会、1967年、12-14頁。

(33) 森祐二「戦争と平和に関する二、三の考察」日本平和学会編集委員会編『平和の思想』早稲田大学出版部、1984年、10頁。

(34) 石津、前掲論文、32頁。森利一『戦争の原因を考える 国際関係史的アプローチ』北大路書房、1989年、21頁。Margaret Mead, "Warfare is Only an Invention: Not a Biological Necessity," Bramson and Goethals eds., *War: Studies from Psychology, Sociology, Anthropology*, Basic Books, 1968, pp. 269-274.

(35) クラインバーグ、前掲書、17頁。

(36) Roger Caillois, *Bellone ou la pente de la guerre*, Renaissance du livre, 1963, ロジェ・カイヨウ、秋枝茂夫訳『戦争論』法政大学出版局、1974年、7、8頁。

(37) 今村仁司『暴力のオントロギー』勁草書房、1982年、1頁。

(38) 久野収『平和の論理と戦争の論理』岩波書店、1972年、4、5頁。

(39) 森利一、前掲書、14頁。Philip Smith, *Food Production and Its Consequences*, 1976, E. L. スミス、戸沢充則監訳『農耕の起源と人類の歴史』有斐閣、1986

年も参照。
(40) 同上書。
(41) 松木武彦『人はなぜ戦うのか　考古学から見た戦争』講談社、2001年、16頁。
(42) 福井勝義「戦いの進化と民族の生存戦略」国立歴史民俗博物館監修『人類にとって戦いとは1　戦いの進化と国家の生成』東洋書林、1999年、166-167頁。
(43) 西田正規『人類史のなかの定住革命』講談社、2007年、13頁。
(44) 同上書、44-53頁。
(45) 佐原真『佐原真の仕事4　戦争の考古学』岩波書店、2005年、152頁。
(46) 同上書、8-9頁。松木、前掲書、10-11頁。
(47) 同上書、12-13頁。
(48) 初瀬龍平「闘争」広島平和文化センター編『新訂平和事典』勁草書房、1991年。
(49) 森祐二「戦争の起源について」山田浩他編『平和学講義』勁草書房、1980年、42-48頁。森祐二「歴史意識における暴力」『広島平和科学』12、1989年。
(50) 森利一、前掲書、18、60頁。
(51) 森祐二、前掲「戦争と平和に関する二、三の考察」9、10頁。
(52) スタニスラフ・アンドレスキ、中尾秀博訳「いたるところの戦い　戦争の社会理論」『現代思想』13-13、青土社、1985年12月、175頁。

# 第7章　国民国家の暴力と戦争原因論

**はじめに**

21世紀になっても戦禍は止んでいない。戦争の原因解明と平和構築は喫緊の課題であろう。

前章で動物学、考古学、歴史学の観点から、戦争の原因をいくつかの段階に分けて考察した。類人猿との相違である脳の進化や高度な社会性、集団化の過程、特に農耕定住による私有や権力の発生、テリトリー意識などが戦争の発生に大きく関与していることを指摘した。

本章では第1節で国家の定義や暴力との関係を瞥見した上で、第2節で国家、特に国民国家の特徴の中に戦争の原因が内包していることを考察する。さらに第3節では国際政治学や経済学の観点からいくつかの戦争原因論を紹介する。戦争の原因の一般化をはかることで、戦争の低減化に少しでも寄与していきたいと考えている。

## 1．国家とは何か

**(1) 国家の定義と役割**　国家と社会はしばしば混同されるが、明らかに異なるものである。社会も多義的な概念ではあるが、抽象的には人間結合ないし生活の共同一般を、具体的には様々な集団生活や包括的な全体社会を、理念的には国家と対立し人類大の広がりを持つ市民社会を意味する[1]。したがって国家と社会は重なり合う部分もあるが、対立し合う要素も含んでいる。

国家は機能集団（アソシエーション）の一つであるが、他の機能集団とは異なる部分もある。まず、他の機能集団が加入／脱退が自由であるのに対して、国家はそこに生まれた人々を自動的にその成員たらしめる強制団

体であり、任意加入の集団ではないことである。第二に、物理的強制手段を独占しており、個々の機能集団がそれを行使することは許されていない。第三に、国民の諸利害を調整する権限を持ち、その最終決定を下す権利と法政上の最高主権を持っている点である。第四は、特に近代国家の特色ではあるが、基礎集団（コミュニティ）的な民族を基盤として形成された、もしくは形成していると思われている国民国家であることである。(2)国家は機能集団ではあるが、非常に独特のものであり、基礎集団的要素も近代において付与されるようになった。

　国家の役割は、秩序の維持、安全の確保、生産の奨励、通商の促進の四つであるとすれば、これら四つを円滑にかつ有効に行うために二つの装置を持っている。それは軍隊、警察、情報組織、裁判所などの暴力を背景にした強制装置と、官僚制、内閣、議会などの公共政策を実行するための施策装置である。(3)国家の装置の観点から戦争、暴力の防止を考えると、強制装置から施策装置へ重点の移行が肝要であろう。さらに戦争や暴力の防止から考えれば、国家的思考の変容こそが必要なのである。

　国家の機能は様々あるが、大きく二つに分けられる。対内的には紛争の解決と社会秩序の維持であり、対外的には外敵からの防衛である。このような機能を強行するために、権力特に軍事力や警察力などの物理的強制力が与えられている。(4)

　したがって物理的強制力や暴力装置を有する国家が、暴力や戦争を行う主体となり、国家と戦争の関係が親密になることは当然であろう。つまり国家の存在そのものが、ある意味で戦争の一つの原因になっている。太田一男は、国家を以下のように規定している。

　国家は法律を制定し、官僚組織を形成し、裁判所を設け、警察や軍隊を組織し、各種行政組織を通して国民を管理し、支配し、秩序を維持する。そうした秩序維持の中枢に在って機能しているのが、他ならない最高の物理的強制装置たる軍隊である。国家が国家たるゆえんは、国家が武器を独占し、最高の物理的強制手段たる軍隊を占有しているところに、国家権力の権力性の担保があるとされる。(5)

**(2) 国家と暴力の関係**　　この国家と暴力の関係については、多くの論者が指摘している。古典的なマックス・ウェーバーの国家の定義によれば、国家とは、ある一定の領域の内部で正当な物理的暴力行使の独占を（実効的に）要求する人間共同体である(6)、としている。

「正当な暴力」という表現について、この表現はその言葉自体が一つの矛盾であり、論理的には不可能な表現であると、ダグラス・ラミスは指摘する(7)。『広辞苑』によれば、「暴力」は「乱暴な力、無法な力」と定義されている。これらの表現は、力の不当な使用を明瞭に意味している。したがってウェーバーの定義は「正当な不当性」と語っている。このことはむしろ、ウェーバーの定義の問題というより、国家そのものに内包する矛盾、暴力を求心力にして構築された国家の存在そのものの問題を指摘しなくてはならないだろう。

国家の正当な暴力には、警察権、刑罰権、他国との交戦権の三つが存在する。交戦権は戦時中、兵士たちが人々を殺し、傷つけ、捕え、所有物を破壊する権利である。交戦権を権利と呼ぶことは奇妙に聞こえるが、兵士から見れば極めて重要な権利である。つまり交戦権は戦争を可能にするものである。兵士が外国に行って人々を殺すことを自分の政府に命じられた後、殺人のために逮捕されてしまうのなら、誰がそのような労働条件の下で、戦場に行くであろうか(8)。

このような様々の強権を国家に付与し、国家の暴力が正当であると信じるようになった。この暴力が世界を安全に住める場所にしたと言われている。国家による安全保障がなくなればどうなるかわからないという恐怖心を植えつけた。このことはトマス・ホッブズ以来の現実主義的政治観の中で言われ続けてきたことであり、国家がなければ、人類は万人の万人に対する闘争という自然状態の中に陥ってしまうと考えられてきた。私たちが国家に排他的な暴力行使権を許すならば、国家は私たちを守るためにこれを使用する。国家は私たちを外国から守るために交戦権を行使し、私たちをお互いから守るために警察権力と司法権力を行使する。これこそが近代国家を生み出した社会契約であろう。

しかし本当に国家は自国民を守ることに成功したのであろうか。20世

紀の歴史を見れば、成功したとは言えないであろう。20世紀において、人類史上最もたくさんの人々が暴力による非業の死を遂げた。また国家こそが大量殺人犯であり、殺した大半は自国の市民であった。<sup>(9)</sup>

(3) **所与としての国家の問題**　現代の私たちは、国家が今日の私たちの生活の多くの側面に影響を及ぼしているので、所与のものであるかのように考えてしまう。しかし人間の歴史では、ほとんどの期間を通して国家は存在しなかった。狩猟、採集社会や小規模の農耕社会には、単独の政治的権威は存在しなかった。だが、そうした国家なき社会は無秩序状態に陥ったわけではなかった。それらの社会には、共同体を左右する意志決定を方向づけたり、紛争を処理するためのインフォーマルな統治機構が働いていたりしていた。意志決定は普通、家族集団内で行われており、仮に同一バンドに居住する親族集団同士が根本的に意見の食い違いを見せた場合、そうした親族集団は別々の単位へと分裂し、その後、他の親族集団と再結合していった。<sup>(10)</sup>

人類は国家なしで長い期間生きてきたが、国家の出現は人類史の中で、大きな転換を画するものであった。現代ではその国家が多くの面で機能不全に陥っている。加藤周一は、国家という政治的、経済的、文化的単位が、時代遅れになりつつあると主張している。国家は、経済的単位としては小さすぎ、文化的単位としては大きすぎる。それにもかかわらず政治だけが国家単位で行われているということに、今日の最大の問題があるに違いないとされる。<sup>(11)</sup>

## 2．国民国家と戦争

(1) **暴力の集中と国民国家**　暴力の集中による権力機構の整備が、近代の国民国家において初めて完成した。つまり政治権力は国民国家の成立と共に最も明確な姿を現した。古代社会や中世社会において、暴力は武士や騎士、封建諸侯の間に分散し、そもそも封建社会が確立する前は、農民たちも武器を持って自衛していた。しかし近代に入り、刀狩り、廃刀令

を契機とする中央集権権力への暴力の集中が、世界のどの国家においても起こった。傭兵、やがては徴兵制による中央政府の軍隊が創設され、政治権力の物理的基盤となる。鉄砲を中心とする兵器の近代化が、この過程に拍車をかけた[12]。

近代における主権国家体制が成立する前は、あらゆる暴力集団が戦争の主体になりえた。近代以後は、主権を持つものとして承認された暴力組織のみが戦争遂行のアクターになることができるようになった。近代の政治システムの中では、戦争は、二つ以上の主権国家が国境を越えて行う武力紛争として定義された[13]。

近代において国民国家が形成されたことにより、さらに戦争との関係は深いものとなった。クインシー・ライトは戦争が問題となってきた理由として、世界の縮小、科学の進歩や発明による歴史の加速化、軍事的発明の進展、民主主義の台頭の四つをあげている[14]。これらはどれも近代の産物であり、国民国家のもとで進行したものである。したがって、戦争が問題となった主要因を国民国家との関係の中に見出すことができるのである。

(2) 国民国家の特徴　国民国家は特定の領土において主権を主張し、厳密な法典を有し、軍隊による統制に支えられた統治装置を伴っている。しかしながら、国民国家の主要な特徴の中には、伝統的国家の特徴とはむしろ際立った対照をなすものがある。以下、伝統的国家と国民国家の相違点を3点にわたって述べてみる。

第一に、伝統的国家が支配した領土の境界は、多くの場合明確に定められていないため、中央政府の及ぼす統制の度合いは極めて弱かった。しかし国民国家では、政府が明確な境界によって区画される地域に対して支配権を有し、その境界内で最高権力となる主権の観念が誕生した。これが伝統的国家と国民国家との違いの第一点目である[15]。

この国民国家の領域性について、上野成利によれば、一定の境界線で囲まれた均質な領域性という想定は、近代政治を根底で支える要石の一つである。そうした均質な領域性を確立・維持すべく、内部と外部とを区別する包括・排除の暴力が近代世界において繰り返し行使されてきた。境界線

が引かれるところに常に近代性の暴力は発動してきたのであり、その意味で領域性はそうした暴力を可能にする不可欠の条件として機能してきた[16]。

　第二に、伝統的国家では国王や皇帝が支配する住民のほとんどは、自分たちを統治する人々についてあまり気にもとめず、あるいは関心を持たなかった。普通は支配階級やかなり裕福な集団だけが、国王や皇帝の支配を受ける人たちが形作る共同体に対し、共属感情を抱いていたにすぎなかった。対照的に国民国家では、その政治システムの領土内に住む人たちのほとんどが、共通の権利と義務を有する市民であり、また自分が国民の一人であることを認識している、もしくは認識させられている。

　第三に、第二点目とも関連するが、国民国家がナショナリズムの勃興と関係していることである。人はおそらく、家族やクラン（氏族）、宗教集団などいろいろな種類の社会集団に、常になんらかのアイデンティティを抱いてきた。しかしながら、ナショナリズムは近代国家の発達によって出現した。ナショナリズムは、明らかに他と異なる共同体に対するアイデンティティの感情の表出なのである[17]。

　伝統的国家と国民国家の相違点は、明確な境界による主権、共属感情及びナショナリズムに求めることができるであろう。これらは戦争と深く結びつき、戦争を引き起こすもととなり、場合により戦争の激烈さを増大させる要因にもなっている。

　(3)　**主権とナショナリズムによる国民国家**　それでは主権の概念とナショナリズムを有する国民国家は、どのようにして出来たものなのか。福田歓一によれば、まず絶対主義時代に国民国家の外枠であるステイトが成立した。それは権力、支配機構としての国家であり、国家を超える上位の権力を否定した主権の概念によって成り立っていた。主権を国内においても国外においても認めさせ、円滑に行使し、反対するものには強制力を働かせるための手段として常備軍と官僚制を国家は有していた。このように現代においても、絶対主義時代の名残が存在している。このことは国家主権が変容し、ゆらいではきているが、まだ厳然として国家主権が存在していることを意味している[18]。

主権国家としての国民国家は主に二つの機能を持っている。対内的には紛争の解決と社会秩序の維持である。国内の民衆を管理し、異民族や様々のマイノリティをマジョリティに同化し、しばしば抑圧、収奪する。また対外的には外敵からの防衛機能である。主権国家は自己の国境を強く主張し、国境を接する国々との確執を生むことになる。さらに国境を広げ、国家を膨張させようとする傾向を持っている。
　主権国家体制の成立は、国家が社会の中で暴力への権利を持った唯一の存在となることと切りはなせない。暴力への権利が一元化されるということが、主権の成立の基礎にある。<sup>(19)</sup>
　このような主権国家としての外枠を有するステイトが絶対主義時代に誕生した。次に市民革命の時代に、国家の内実としてのナショナリズムが台頭しネイションが付与され、ここにネイション・ステイトつまり国民国家が成立することになる。ナショナリズムの高揚は、自分が国民の一員であるとの意識をもたらし、国民意識、国家への忠誠心を生んだ。

(4)　**ナショナリズムと国民国家**　　ナショナリズムについてさらに考察すると、ナショナリズムは、人間に本来あるような所与のものではなく、歴史的、地域的に作られた存在拘束性を帯びたものである。一般にナショナリズムは、フランス革命において発生したと言われている。フランス革命に反対する諸外国からの干渉戦争により、フランス国民としての一体感が強められ、他国に対峙する必要から、ナショナリズムが台頭した。
　戦時にもしくは国家の存続が脅かされた時に、ナショナリズムが高揚する場合が多い。しかし逆に、戦争に駆り立てるために、国家の指導者らがナショナリズムを意図的に高揚させることもある。
　このナショナリズムに関連して、国民国家という形態がなぜ近代政治体制において普遍的で説得的なモデルたりえたかという理由は以下のように説明できよう。国民国家はその形成を通じて、住民たちを文化的に統合していくと共に、身分的な垣根を取り払うことで形式的にせよ平等主義を実現してきた。それは住民たちに、国家の暴力の実践へと身を投じるよう強要することと引きかえに、政治的なものへの平等なアクセス権を保証し

た。[20]

　またナショナリズムは、戦争をより激烈にするという役割も果たした。ライトによれば、「文明が進歩するにつれて、戦争に訴えるための正当化は、より抽象的にまた客観的[21]」になる傾向を持っている。つまり国民国家以前、特に原始の戦争では、食物や女性、土地などを奪うために戦った。この時代は、集団構成員のほぼ全員の要請により戦った。しかし近代以降では、宗教、イデオロギー、他国よりも優越するなどの理由、つまりより抽象的な概念により戦う場合が多くなった。

　生きていくために追求する必要物としての社会的価値を、生存と直接関係する生命、健康などの安全価値、生存の手段に関係する食物、金銭、エネルギー、技術などの利益価値、そして生存の目的に関係する信仰、自由、平等、文化などの信条価値に分けることができるとするならば、ナショナリズムは信条価値的なものとすることができるであろう[22]。別々の信条価値を持つ人々は通常、平和共存できるが、いったん信条価値をめぐって紛争が発生すると、正面対決にまで発展し、相手方を抹殺せねばならない時も場合によっては生じる。もちろんナショナリズムがそのまま信条価値となるわけではないが、ナショナリズムや国家への忠誠心が信条価値的なものに組み込まれ、他者、他国への憎悪が駆り立てられた。過去の人類史に見られたように食物、土地のために戦うのではなく、憎悪やイデオロギー、自国への忠誠心により戦うようになり、戦争がより激烈になる。

　また国民国家の国民皆兵のシステムや総力戦により、本来は敵対国とされている国への憎悪や利害の不一致のない人まで、国民皆兵システムのもと、戦わねばならなくなってしまった。戦いたくも、殺されたくもない者が国家の名のもとに動員されるようになったのである。

(5)　**国民国家と戦争**　このような国家及び国民国家と戦争との密接な関係を説いた者にジャン・ジャック・ルソーがいる。彼は、戦争は国家によって発生するという。彼らは自然のままでは決して敵ではない。戦争が起こるのは物と物との関係からであって、人と人との関係からではない。戦争は人と人との関係ではなくて、国家と国家の関係なのであり、そ

こにおいて個人は、人間としてではなく、市民としてでさえなく、ただ兵士として偶然にも敵となる。祖国を構成するものとしてではなく祖国を守るものとして敵となる[23]。

トマス・ホッブズにとって自然状態が戦争状態であったのに対して、ルソーは自然状態を平和状態と見なし、社会状態を戦争状態と見ていた。ルソーは、人間は本来の性質上平和を好むので、人間と人間との間に全面的な戦争は存在せず、国家相互の間で起こると考えていた[24]。

このように戦争の原因の一つに国家及び国民国家の存在があげられるであろう。人類の平和にとって最大の問題は国家の存在それ自体にある。国家による直接的な暴力行使が戦争である。つまり戦争こそ国家の国策遂行の一手段にほかならない。また軍隊や警察という組織的暴力は国家の内部に制度として留保されている。したがって平和社会建設のためにはその一つとして、国家の組織的暴力のあり方そのものにも目を向ける必要があろう[25]。さらに国民国家は、主権の概念による明確な領域性、共属感情やナショナリズムによる強い凝集力、また国民国家の時代に付与された国民皆兵、総力戦、軍事技術の進歩などがより戦争を促進し、激烈にさせたのである。

## 3．国際政治学からの戦争原因論

**(1) 戦略論の問題点**　戦略論の立場からの戦争についての考察として、次のようなものがある。「例え結果的であれ、戦争が人類の進歩と社会の発展に貢献したことも否定できない事実のように思われる。例えば、最近の研究では、20世紀において戦争の生起と植民地解放や住民の自治権拡大のプロセスには密接な相関関係が見られることが認められており、さらには、戦争と普通選挙の普及との関連や戦争と福祉や人権の拡大との相関関係も大きいことが証明されつつある。また戦争が技術の急速な進歩をもたらした事実を否定する者も殆どいないであろう。」「歴史的に見て、戦争はその時代の閉塞感を打破すべく『社会浄化』のためのカタリシス機能を果たしていなかったのであろうか。逆説的ではあるが、『戦争のない

世界』とは、却って、退屈かつ不便な世界になるようにも思われる。」確かに結果として、戦争後、様々なものの発展が見られることはあったが、意図せざる結果であり、発展を目指して戦争を行ってきたのではない。また戦争は「社会浄化」の作用を伴うことは歴史上あったであろうが、総力戦になった第一次大戦以後は、「社会浄化」という言葉をも滅却するくらいの被害規模になり、人的、物的、精神的損害は甚大なものになった。いわんや核時代での人類共滅の危機においては、そのような「社会浄化」はほぼありえないことであろう。

(2) **国際政治学の諸見解** 国際政治学から提起されている戦争原因論には、様々なものがある。ケネス・ウォルツは戦争の原因を探るにあたって、人間、国家にのみ焦点をあてる分析は十分ではないとして、第三イメージとして国際システムを挙げた。国際システムの構造に戦争の原因が潜んでいるとしている。

また戦争原因は単極、双極、多極という力の分布構造からも説明される。単極とは、圧倒的な力を持つ覇権国が存在する場合、最も戦争が起きにくいとする単極平和論である。双極とは、力の伯仲する二つの超大国が存在する場合、最も戦争が起きにくいとする双極平和論である。多極とは、ほぼ力の均衡した複数の大国が併存する場合、戦争の蓋然性は最も低くなるという多極平和論である。

さらに世界経済の状態と戦争発生を関連づけた論もある。世界経済が停滞期になると戦争の頻度は増大する。なぜなら、経済が不況や恐慌になると、市場が縮小するため、富の分配をめぐる対立が国内及び国家間で激しくなり戦争の可能性が増大するからである。それとは反対に、戦争には多大なコストが必要である以上、世界経済の成長期に起きやすくなるという主張もある。なぜなら、経済の拡張に伴って、各国は市場、資源および戦略的に重要な領土を求めて競争を激化させ、経済の繁栄が軍事支出の増大を可能にし、軍拡競争を容易にするからである。

その他の戦争原因として、次のようなものがある。同盟の存在は勢力均衡のための方法であるとともに、平和を維持するための不可欠の手段であ

ると考えられてきた。しかし、同盟は戦争を発生させるばかりか、戦争参加国と戦域の拡大をもたらす要因にもなる。その根拠として、同盟の形成は不信感と緊張を醸成し、一組ないしそれ以上の対抗同盟の形成を促す。同盟は国家の選択や行動の自由を奪い、相互作用の機会を減少させるために、長期的には二つの陣営に分極化し戦争に発展する可能性を高める。

力の均衡も戦争原因にもなりうる。勢力均衡論によれば、国家間の力が均衡していると平和が保障されると言われている。しかし、力の均衡が戦争をもたらし、不均衡が平和に貢献することもある。力が不均衡の時、弱い国から戦争を仕掛けるのはばかげているし、強い国はその必要がないからである。

経済的相互依存の有無も戦争の原因となることがある。自由主義者によれば、貿易を通じた経済交流の拡大は、相互利益の増進と協力関係の構築に貢献し、経済的な絆を切断するような武力行使は自制され、平和が維持される。それに対して、従属論や世界システム論の観点では、経済的相互依存により、豊かな国はより豊かに、貧しい国はより貧しくなり、非対称的な対外依存が互恵的関係ではなく、従属関係を作り出し、紛争と危機の可能性を高める。

また戦争原因は国内体制の問題と関連づけて論じられてもきた。デモクラティック・ピース論はイマヌエル・カントらが提起したことを受けて、民主国家は非民主国家よりも平和思考的であるとの論である。しかしこの論はかなり批判されており、歴史的な観点で民主国家のサンプル数の少なさ、民主と非民主の定義の問題、非民主国家への恣意的な介入問題、民主国家である米国の好戦性などが指摘されている。

マルクス主義の帝国論は戦争の原因を資本主義的な経済体制に求めた。資本主義社会には、余剰生産物のための市場と余剰資本の投資機会を得るために、外国市場を支配下におこうとする傾向がある。

国内問題を転嫁するために対外戦争を行うということも考えられる。国内問題から国民の関心をそらし、政権基盤の再強化をはかる上で、しばしばとられてきた政策であるが、それが直接の戦争原因であるかはさらなる考察が必要であろう。[30]

**(3) 経済的観点からの戦争原因**　最後に、戦争を経済的観点から考えてみたい。19世紀から第一次大戦までの古典的帝国主義の時代には、戦争の便益はコストを上回る傾向があり、その結果、軍拡を行い戦争に勝利した国では、経済成長率が高まることが多かった。これに対して、第二次大戦後には、軍拡をすればするほど経済成長率が鈍化し、経済荒廃が進むという新現象が、いくつかの国で生まれてきた。

第二次大戦以前において、戦争が経済成長をもたらす条件として以下のようなことが考えられる。第一に、戦勝国による敗戦国の領土の併合や賠償金の取り立てが自由にできた。第二に、敵との軍事技術に差があるため、短期に勝負がつき、コストがかからなかった。第三に、軍需と民需の壁が高くなく、軍事技術の成果を民需用技術に転換するのが容易にできた。第四に、不況時に戦争を始めると、軍事需要が発生するが、代金は政府が払ってくれるので焦げつかない。第五に、広範な国民の間に愛国的熱狂を生み出せる場合である。しかし現在においては、これらの経済成長をもたらす条件が当てはまらなくなりつつある。またこの中には、人命の破壊、精神的負担、資源・コミュニティ・文化の損失などを含む総コストは、計算外におかれているのは言うまでもない。[31]

現在、戦争が一部の指導者や国家の要請ではなく、産業界や多数の人々の支持、特に経済的要請により行われるようになってきている。このような戦争の新たな状況をフォルカー・ベルクハーンは、「新しい軍国主義」と定義している。彼によれば、新しい軍国主義とは、工業化を達成し終わった高度技術社会に出現するものである。その特色は圧倒的に文民的な、大量消費社会の中で作動し、押しボタンによる核兵器の抑止力に依存する文民と軍との共生関係の中に存在する。そこに成立するのが、軍産複合体なのである。[32]

新しい段階に入った戦争と平和の問題は、軍産複合体をもたらした。軍産複合体は、現代社会を大きく包み込む構造であり、現代の戦争の原因の一つともなっている。軍産複合体は、第三世界へ武器供与し、この地域での貧困や紛争の原因ともなっている。しかし、短期的に、また一部の企業は戦争で潤うこともあるが、長期的に経済界全体から見れば、戦争は大き

なコストがかかるものなのである。

　第二次大戦後には、今まで述べたように条件が変わり、戦争は当事国経済の衰退をもたらすようになった。その理由として次のようなことが考えられよう。

　第一は、国際関係が変化し、内政干渉や侵略、領土の併合、賠償金の取り立てが国際的に禁止されたことである。

　第二は、核軍拡のためのコストが暴騰したことである。核弾頭の運搬手段たるミサイルや戦略爆撃機、原子力潜水艦や空母、運搬手段をターゲットまで正確に誘導するための宇宙衛星や情報システムといった核兵器の付属部分の値段はどんどん高騰していった。1946〜93年の間の米国の軍事支出総額は、14兆ドル程度であり、軍事支出の4割弱が核軍拡関連の分野であった。14兆ドルという額は、全米の製造業の工場・設備の総額に社会資本の総額を加えたものを上回っているほどである。

　第三は、生産力の増強を競う時代に、軍事部門は民間に転換できないことである。生み出される軍事技術が、明治期の日本のように民需部門に伝播し、民間の技術革新を促進できれば、軍事支出の資源略奪作用はその分だけ緩和されるであろう。しかし核兵器を主軸にして宇宙空間にまで広がった軍拡は、民間には転用できないような特殊な軍事技術を過剰に発展させることになった。

　第四は、軍拡の人間的・エコロジー的コストである。様々の核物質、核実験、劣化ウラン弾や地雷などによって、大地が汚染されたり、正常な経済活動ができなくなったりしたコスト、戦争の中で家族が解体させられたコスト、精神を病んだ人たちへの補償コストなどを含めると、軍拡と戦争の被害コストは天文学的数字となるであろう。[33]

## おわりに

　集団的闘争に法的にも社会的にも正当性が与えられるようになったのが、近代の国民国家である。暴力の集中による権力機構の整備が国民国家において初めて完成した。主権の概念により、国内においては支配が、国外においては主権の主張と境界線の膨張が進んでいった。ナショナリズム

は18世紀後半以降の現象であり、近代国民国家の所産であった。そのナショナリズムの発生により、国家への忠誠心が強まり、戦争がより悲惨に激烈になった。国民皆兵により戦う意志のない者、他国への憎悪のない者まで戦わされた。さらに総力戦により国家をあげて戦争に狂奔し、軍事技術の進歩により戦禍が大規模になった。このように国民国家に内包する様々な特徴が戦争の大きな原因となっている。

戦略論や国際政治学からの戦争原因論は、理論的には一定の有効性はあろうが、戦争をトータルにまた根源的に捉えていないようである。また現在では経済的観点や軍産複合体の視点から戦争原因を見ることは非常に大切であろう。市場や経済の直接的・間接的要請で戦争が要求される場合が多いからである。実際に兵器を造っている人々や基地及びその周辺で働いている人たちは、自分たちが軍事化に荷担し、「人を殺すために働いている」という意識はほとんどない。やむを得ず生計を立てるため軍関連で働き、目の前に与えられた仕事を家族のために一生懸命やる。その結果として、どこかの国の人を殺し、環境や建物を破壊している。この構造こそ変えなくてはならないであろう。さらに人を殺すことは良くない、とのメッセージと共に、もう戦争は以前のように儲からず、自分たちの経済もむしばむものだということも伝えなくてはならないだろう。戦争の原因究明と平和社会を創ることは、人類の最大の課題であろう。

注

(1) 「社会」石川晃弘他編『社会学小辞典』増補版、有斐閣、1982年。
(2) 青井和夫『社会学原理』サイエンス社、1987年、153頁。三溝信『社会学講義』有信堂、1986年、42、43頁。
(3) 猪口孝『国家と社会』東京大学出版会、1988年、5、89頁。
(4) 青井、前掲書、152頁。
(5) 太田一男『権力非武装の政治学』法律文化社、1978年、23頁。
(6) Max Weber, *Politik als Beruf*, 1919, マックス・ヴェーバー、脇圭平訳『職業としての政治』岩波書店、1980年、9頁。
(7) C・ダグラス・ラミス『憲法と戦争』晶文社、2000年、166頁。

(8) 同上書、167-168 頁。
(9) 同上書、170-176 頁。
(10) Anthony Giddens, *Sociology*, Polity Press, 1989, アンソニー・ギデンズ、松尾精文訳『社会学』而立書房、1992 年、294 頁。
(11) 加藤周一「夕日妄語」『朝日新聞』夕刊、1992 年 7 月 21 日。
(12) 高畠通敏『政治学への道案内』三一書房、1976 年、57 頁。
(13) 萱野稔人『国家とは何か』以文社、2005 年、179、181 頁。
(14) Quincy Wright, *A Study of War*, 2nd ed., Midway Reprint, University of Chicago Press, 1983, p. 4.
(15) ギデンズ、前掲書、295、296 頁。
(16) 上野成利『暴力』岩波書店、2006 年、31 頁。
(17) ギデンズ、前掲書、295、296 頁。
(18) 国民国家の形成に関しては、福田歓一『国家・民族・権力』岩波書店、1988 年、福田歓一『激動の世紀と人間の条件』岩波書店、1988 年を参照。
(19) 萱野、前掲書、160 頁。
(20) 同上書、198 頁。
(21) Wright, *op. cit.*, p. 94.
(22) 初瀬龍平「政治の起源」広島平和文化センター編『新訂平和事典』勁草書房、1991 年、75 頁。
(23) Rousseau, *Le Contrat Social*, 1762, ジャン・ジャック・ルソー、桑原武夫他訳『社会契約論』岩波書店、1954 年、22、23 頁。
(24) 松本博一『国際関係思想史研究』三省堂、1992 年、74、75 頁。
(25) 中谷猛「国民国家の論理と平和」中谷猛編『政治思想と平和』昭和堂、1988 年、5 頁。
(26) 道下徳成他著『現代戦略論　戦争は政治の手段か』勁草書房、2000 年、1、32 頁。
(27) 石津朋之他著「書評論文　ローレンス・フリードマン編『戦争』」『新防衛論集』23 巻 3 号、防衛学会、1996 年、110 頁。Kenneth N.Waltz, *Man, the State and War*, Columbia University Press, 1959, p. 12.
(28) 武田康裕「戦争と平和の理論」防衛大学校安全保障学研究会編『安全

保障学入門』亜紀書房、1998 年、25 頁。
(29)　同上論文、26-27 頁。
(30)　同上論文、31-43 頁。
(31)　藤岡惇「軍縮の経済学」磯村早苗他編『グローバル時代の平和学 2 いま戦争を問う』法律文化社、2004 年、211-223 頁。
(32)　Volker R. Berghahn, *Militarismus: Die Geschite einer internationalen Debatte*, Berg Publishers Ltd., Leamington Spa, 1986, V. R. ベルクハーン、三宅正樹訳『軍国主義と政軍関係』南窓社、1991 年、198 頁、訳者解説を参照。
(33)　藤岡、前掲論文、211-223 頁。
(34)　Anthony Giddens, *The Nation-State and Violence*, Polity Press, 1985, pp. 116-119.
(35)　島本慈子『ルポ労働と戦争——この国のいまと未来』岩波書店、2008 年。

# 第8章　非戦の歴史——憲法9条と自衛権・主権概念の再検討

## はじめに

　日本国憲法9条の改定問題が過去に何度も議事日程にのぼった。改定賛成派は、9条が時代にそぐわなく、いわゆる「国際貢献」を果たすために足かせになっていると主張する。そもそも軍事的「国際貢献」によって、世界の平和が維持できるのか。また9条は時代に合わない古臭いものなのか。非戦と非武装の歴史からすれば、9条は最先端であり、時代先取りの思想である。主権を守るために「敵」に対して自衛権を行使するいわゆる「普通の国家」とは異なる共存の哲学を、9条は持っている。

　本章では9条を非戦の歴史の中に位置づけ、また9条が自衛権や主権の概念を越える思想を持っていることを指摘し、今後の地球の平和への課題を考察していく。第1節では、人類史における戦争限定化、違法化の歴史を概観し、第二次大戦後の国連憲章において武力行使一般が禁止された歴史的意義を述べると共に、その限界をも指摘する。第2節では、パリ不戦条約や国連憲章でも不徹底であった非戦・非武装に関して9条が最も進んだ法典であることを指摘し、さらに制定過程、綴り方、規定内容の観点からも旧来の憲法や政治とは根本的に異なっていることを述べる。第3節では、9条改定でも問題となっている自衛権について、憲法制定過程での議論や自衛権そのものが天賦のものではなく歴史的概念であることを考察し、その限界を論じる。第4節では、現在の国際体制を規定している主権国家体制の成立を歴史的に考察し、主権の概念に内包している領域性・安全保障概念の観点から批判し、再検討を加える。

## 1．非戦の歴史

**(1) 第一次大戦までの状況**　人類史における非戦や戦争違法化の歴史は、洋の東西を問わず、古代より存在した。例えば、中国古代においては「民を貧しくし、財を傷るは、兵より大なるはなし」(『管子』)、「兵は凶器なり、争いは事の末なり」(『国語』)、「兵は凶器なり、争いは奇事なり」(『漢書』)、「戦いは道徳なり」(『史記』) などの思想が生み出されていた。またイスラーム地域においても、フーゴー・グロティウスに先立つ700年も前に、シャイバーニーによって『ムスリム国際法』が著され、非戦闘員や捕虜の殺害の禁止など人間性の尊重や戦争の限定化が主張されていた。だが本章では、主に20世紀以降における非戦の歴史や憲法9条についてを中心に論じることにする。

　第一次大戦以前は、戦争は現実的にほぼ無差別に行われ、第一次大戦以後、戦争限定主義が強くなり、第二次大戦以後、特に日本国憲法9条において絶対平和主義が確立される。したがって第一次大戦、より正確に言えば、1889年のハーグ平和会議までは、国際法の法典化とは戦争法の法典化でもあった。

　1889年の第1回ハーグ平和会議では残虐な兵器の使用禁止などが、1907年の第2回会議では無防備都市に対する無差別攻撃の禁止などが決議された。これら2回にわたる平和会議のうち第2回会議は、ホンジュラスとコスタリカを除くラテン・アメリカ諸国を含め、当時の全ての独立国家にあたる44ヵ国が会議に加わった。世界史上初めて世界の大多数の国家が主権平等の原則に則って条約を採択し、それによって国際法の法典化が推進されたという意味で画期的意義を持つものである。ハーグ平和会議は確かに国際的紛争仲裁において一定の成果はおさめ、戦争の残虐性を防止する上でも意義を持っていた。しかし、それは戦争が起きた場合にその被害や悲惨さをいかに最小限にとどめるかに主眼をおいたものであり、目的としていた軍備縮小においては各国の合意を得られなかった。そのために「平和のための戦争」「戦争を終わらせるための戦争」として戦われた

第一次大戦後には、それをいかにして「最後の戦争」とするのかが課題となった(4)。

(2) **第一次大戦後の戦争違法化**　人類史上最初の総力戦となった第一次大戦では、およそ1500万人もの死者を出し、その惨禍から戦争の違法化への本格的な取り組みが始まった。その第一として、主権国家に戦争の自由が与えられている現状に対し、そのような戦争が無差別に行われることを否定し、戦争そのものを違法として禁止した。第二に、複数の主権国家間の集団的自衛権のための同盟政策を排して、世界の大多数の国家が相互に武力行使を禁止する集団安全保障体制をとった。この第一の方向が戦争違法化として国際連盟規約やパリ不戦条約（ケロッグ＝ブリアン条約）において追求され、第二の方向が集団安全保障体制として国際連盟、そしてその後の国際連合において組織化された(5)。

まず1919年に結ばれた国際連盟規約では、歴史上初めて国家が戦争に訴えることを制限し、集団安全保障の仕組みを設けた。国際連盟は紛争当事国の合意によってのみ仲裁裁判、及び司法的解決が可能であるとして、裁判所に強制的裁判権を認めなかった。また理事会や総会の審査は勧告に留まり、連盟加盟国が戦争に訴えるのを全面的に禁止することはできなかった。そこで1924年の国際連盟第五回総会において、フランスが提案し採択されたジュネーブ平和議定書では、それまでやむを得ないとされていた戦争条項を改定して戦争全廃を目指した。そこでは全ての国際紛争を平和的処理の対象とするために、侵略戦争は国際犯罪であると宣言し、侵略に対抗する以外は戦争に訴えない原則が提起された(6)。

さらに1928年のパリ不戦条約では戦争禁止がより徹底された。第1条は「締約国は、国際紛争解決のため戦争に訴うることを非とし、かつその相互関係において国家の政策の手段としての戦争を放棄することを、その各自の人民の名において厳粛に宣言す」と戦争放棄を明記した点で、戦争違法化を深化させたものであった。そして戦争を放棄した上で、「締約国は、相互間に起こることあるべき一切の紛争または紛議は、その性質または起因のいかんを問わず、平和的手段に依るのほか、これが処理または解

第8章　非戦の歴史　135

決を求めざることを約す」(第2条)として、国際的紛争においては戦争に訴えることを放棄し、平和的手段によってのみ解決をはかることに限定した。[7]

だがこのパリ不戦条約は、国家の政策としての戦争を禁止したのであり、いわゆる自衛のための戦争は認め、また戦争に訴える国に対する制裁は規定されていなかったという限界も有していた。このような限界は存在するが、戦争の禁止という点では大きな進歩であり、後世にも大きな影響を与えた。例えば、第二次大戦後、連合国軍総司令部の民政局次長のチャールズ・ケーディスは、日本国憲法9条を直接担当するにあたって、学生時代に感銘を受けたパリ不戦条約を参照したことをしばしば証言している。彼だけでなく、日本国憲法の起草に関わった米国人が、パリ不戦条約がこうした国民運動の熱気の中で批准された時代に学生生活を送り、法律家や行政官として歩み始めていた事実は、憲法9条の思想水脈を考える場合には無視できない歴史的背景であろう。また自衛権概念についても、パリ不戦条約は画期をもたらすものであった。明文化された自衛権は後の国際連合憲章第51条で書かれたが、実際の権利として自衛権が意識される契機となったのがこのパリ不戦条約であった。[8]つまりこのことから自衛権とは、国家が固有のものとして有する天賦の自然権ではなく、20世紀において歴史的文脈の中で生じた政治的産物なのである。なお自衛権に関しては後に詳述する。

国際連盟及び第一次大戦後の諸制度はしばしば機構として失敗であるとされ、無力さが強調されるが、今まで見てきたように限界はありながら、戦争の違法化や廃絶への努力については一定の評価が必要であろう。失敗の原因の一つは機構や制度そのものより、それへの参加の有無や利用の仕方にあったとも言えるかもしれない。米国のような有力国が加わらず、日本、ドイツのように加わっても脱退し、ソ連のように除名され、最後まで残った英国やフランスも国際連盟を足がかりとして行動しようとしなかったことに機能不全に陥った一つの原因がある。[9]

(3) **第二次大戦と武力行使禁止** この平和維持の体制を最初に骨抜

きにして、空文化したのは日本であり、戦争違法化の道をすり抜け、歴史に逆行していった。それが1931年の「満州事変」である。国際連盟規約やパリ不戦条約では、「戦争（war）」という言葉が用いられたが、これは国家による武力行使のうち、宣戦布告などの戦争の意思表示がなされる場合のものと日本は捉えた。そこで武力行使の際に宣戦布告をせず、「紛争（dispute）」「事変（incident）」の語を用い、条約違反ではないとして、自国の行動を正当化した。その後の1937年からの日中戦争も「支那事変」として、実質的には全面戦争だが、形式上は事変として処理していった。交戦法規に拘束されないため、重慶など無防備都市に対する無差別爆撃を行い、捕虜の取り扱いも恣意的に出来たのである。このことを裏付ける証言として、極東国際軍事裁判において陸軍省軍務局長であった武藤章は、「1938年（昭和13年）に遂に、中国の戦争は公に『事変』として知られていますので、中国人の捕えられた者は俘虜として取扱われないという事が決定されました」（1946年8月8日法廷）と述べた。

このように日本など一部の国家は、「戦争」ではなく、「事変」や「事件」として武力行使をした。これらのことの反省から、戦争の名を用いぬ武力行使の余地を残さぬように、国連憲章においては「戦争」という言葉は使用せず、「武力による威嚇または武力の行使（threat or use of force）」と表現した。国連憲章第2条4項には、「すべての加盟国は、その国際関係において、武力による威嚇又は武力の行使を、いかなる国の領土保全又は政治的独立に対するものも、また、国際連合の目的と両立しない他のいかなる方法によるものも慎まなければならない」としている。

ここにおいて人類史の中で初めて、武力行使一般が禁止されたことの意義は非常に大きなものがある。だが国連憲章において、武力行使禁止の例外が二つ存在する。それは、安保理事会が必要な措置をとるまでの間の武力攻撃に対する個別的・集団的自衛権の行使の場合（第51条）と、安保理の決定による軍事的強制措置の場合（第42条）である。つまり限定的自衛に基づく武力行使と安保理による制裁としての武力行使を認めたのであり、正しい戦争がまだ存在することを確認するものであった。

このように、国連憲章による戦争の違法化は、同時に、違法ではない戦

争（自衛のための戦争と安保理の承認を得た武力行使）、つまり例外的な正戦を制度化することにもなった。国連憲章は、最終的に軍事力による平和の維持・回復を予定している。これとの対比で言えば、日本国憲法は、軍事力によらない平和の確保を目標とする国家のありようをデッサンしたものと言えよう。[13]

## 2．日本国憲法9条の意義

日本国憲法9条
　①日本国民は、正義と秩序を基調とする国際平和を誠実に希求し、国権の発動たる戦争と、武力による威嚇又は武力の行使は、国際紛争を解決する手段としては、永久にこれを放棄する。
　②前項の目的を達するため、陸海空軍その他の戦力は、これを保持しない。国の交戦権は、これを認めない。

**（1）　9条の画期性**　　非戦、非武装という観点では、パリ不戦条約も国連憲章も不徹底であった。それに対して日本国憲法9条は、人類史において、武力行使禁止のみならず、武力不保持をも謳った画期的で時代の先端をいくものである。

　また日本国憲法は全体として、戦争だけでなく貧困や不平等、差別などいわゆる構造的暴力を地球上から無くすことも誓っている。前文にある「専制と隷従」「圧迫と偏狭」「恐怖と欠乏」はいずれも構造的暴力である。9条にある「戦争」「武力による威嚇」「武力の行使」「陸海空軍その他の戦力」「交戦権」はいずれも直接的暴力である。前文、9条共にこれらを克服し公正で平和な世界を築くことを説いている。つまり日本国憲法は消極的平和と積極的平和の両方の実現を誓っており、これが平和憲法と呼ばれる所以である。日本は世界で最も徹底した非暴力主義の憲法をもった国なのである。[14]

　今まで見てきたように、9条は突然現れ、米国によって強制されたものではなく、必然的に世界の歴史的条件が整い、普遍性を持つ平和思想に

沿って制定されたものである。平和思想の歴史的潮流の中で誕生したものであるとともに、画期性・革命性も有する。敗戦に続く占領という特異な時期に様々な制約を被りながらも、日本国民は全体として新たな政治の構想という課題に自覚的に向き合うという共通の体験を初めて持った。しばしば9条の非暴力主義は理想主義だと言われるが、それは同時にリアリズムの産物でもあった。私たちは沖縄戦や原爆投下等の戦禍により、軍事力による安全保障の不合理性、つまり軍事力は平和をもたらさないことを痛感したのである。

　日本国憲法は、制定過程、綴り方、規定内容の3点においても、旧来の日本の憲法・政治の在り方とは根本的に異なっている。

　第一の制定過程について、この憲法は日本有史以来初めて国家の在り方について国民的規模で議論されたものであった。一定の制約はあったが、旧来の保守層と並んで左翼や女性も政治の構想を論じ合い、中には共和制を説いた人々もいた。自由な言論が自由の構成としての憲法の創設に寄与した。

　第二の綴り方について、日本国憲法は句読点付きの漢字ひらがなの口語体によって綴られている。読んで理解しやすいという観点からは、句読点なしの漢字カタカナの文語体で綴られていた旧憲法と決定的に異なっている。国家の基本法を読み、その意味を考えることは最も基本的な政治参加の形態であり、その点から読みやすいということは重要である。

　第三の規定内容についても旧憲法と根本的に異なっている。国民主権原理が初めて公に宣言され、天皇制は神権主義から「主権の存する日本国民の総意」へとその根拠を大きく変容させた（1条）。特に、憲法と皇室典範の二元主義が放棄され、憲法が最高法規となり（98条）、皇室典範は一法律に生まれ変わった（2条）ことは重要である。また徹底した平和主義も根源的な変革を憲法思想にもたらした。戦争に参加し祖国を防衛することが、市民の条件であるとの従来の理解から決別し、9条は全く新しい市民像の提示を試みたものなのである。

　このような開かれた制定過程、アクセスしやすい綴り方、内容上の革新は、広く国民の共通体験となり、今までの憲法の歴史に断絶をもたらし

た。憲法は超越者が付与するものではなくなり、仲間同士が議論して生み出すものに変化した。そのことは正しいことについての絶対的な規準を国民の外部に想定することが不可能になったことを意味した。

**(2) 9条の意義** このような憲法9条の意義として、以下の2点が指摘される。第一は、従来伝統的に認められてきた自衛戦争も含めたあらゆる戦争を放棄し、軍備の意義の喪失を確認したことである。国際法上認められている自衛戦争も憲法上不可能ということは学説の多数を占める。第二は、9条そのものが戦争責任の取り方の一つであり、侵略戦争をしないということは国際法では当たり前のことだから、「名誉ある地位を占める」ということは世界平和の創造のためにそれ以上のことをするということである。[18]

憲法9条は現在世界的にも平和実現のための条文として重要視されており、その一例としてハーグ平和アピールがある。[19] これは1899年の第1回ハーグ平和会議の100周年を機に、1999年5月に世界の平和NGOがオランダのハーグに集まって、21世紀の平和構築の課題と方法を明確にするために開催した市民平和会議である。そこで公正な世界秩序のための10の基本原則が発表され、その第1原則には、「各国議会は、日本国憲法第9条のような、政府が戦争することを禁止する決議を採択すべきである」とあり、9条の重要性が認められ、世界に発信された。

このように世界的にも歴史の上でも、非戦の歴史を大きく前進させた日本国憲法9条ではあるが、沖縄の要塞化や天皇の戦犯不訴追、天皇制の存続などはこの9条とワンセットであった点も忘れてはならないであろう。

### 3．9条と自衛権

**(1) 自衛権論争** 9条はあらゆる武力行使を禁止するものであるが、その中で自衛権の行使が議論となっている。自民党政権下の政府解釈では、9条は国家の自衛権を否定せず、したがって、自衛に基づく必要最小限度の防衛力は9条に違反しない、としている。[20] また政府は、交戦権と

は侵略する権利であるとして、交戦権は放棄しても自衛する権利はある、としている。しかし本当にそうなのであろうか。1945年10月24日に国連憲章が発効し、侵略する権利としての交戦権は、国際法上いかなる主権国家にも認められていない。したがって、国連憲章がすでに存在している以上、その後に成立した日本国憲法でわざわざ侵略戦争を行うための交戦権の放棄を取り立てて訴える必要はない。9条の先見性はむしろ、仮に侵略戦争が起きたとしても、あらかじめ自衛をする権利としての交戦権を放棄した点にある。(21)

そもそも制憲議会での政府答弁では自衛のための戦争も放棄されていた。1946年6月26日、帝国議会として最後となった第90特別議会における衆議院本会議で、原夫次郎議員の質問に対して吉田茂首相は、「戦争放棄に関する本案の規定は、直接には自衛権を否定してはおりませぬが、第9条第2項において一切の軍備と国の交戦権を認めない結果、自衛の発動としての戦争も、また交戦権も放棄したものであります。従来近年の戦争は多く自衛権の名において戦われたものであります。満州事変しかり、大東亜戦争またしかりであります」と、自衛権の発動としての戦争を明白に否定する答弁を行った。

また共産党の野坂参三議員からの、戦争には侵略戦争と自衛戦争とがあり、自衛戦争は正義の戦争である以上、侵略戦争だけを放棄すべきではないかとの質問に対して、吉田首相は6月28日の衆議院本会議で次のように答弁している。「戦争放棄に関する憲法草案の条項におきまして、国家正当防衛権による戦争は正当なりとせらるるようであるが、私はかくのごときことを認むることが有害であると思うのであります。近年の戦争は多くは国家防衛権の名において行われたることは顕著な事実であります。ゆえに正当防衛権を認むることが偶々戦争を誘発するゆえんであると思うのであります。また交戦権放棄に関する草案の条項の期する所は、国際平和団体の樹立にあるのであります。国際平和団体の樹立によって、あらゆる侵略を目的とする戦争を防止しようとしたのであります。」このような答弁は、過去の誤りを繰り返さず、戦争を放棄し、国連などの国際平和団体の樹立に向けて努力をしていくことが最善の道だと考えたものであり、そ

第8章 非戦の歴史 141

れは外交官出身の現実政治家・吉田の選択として当然であったのかもしれない。[22]

吉田が述べるように、多くの戦争は「自衛」のため、「平和」のために戦われ、内外に多くの犠牲者をもたらした。1941年12月8日の宣戦の詔書にも、「帝国ハ今ヤ自存自衛ノ為」との文言があり、「自衛」のための戦争だった。また「平和」の文言も多くの開戦詔書に散見される。「東洋全局の平和を維持せむと欲し」(日清戦争開戦詔書、1894年8月)、「平和を恒久に維持せむことを期し」(日露戦争開戦詔書、1904年2月)、「東亜の安定を確保し以て世界の平和に寄与する」(宣戦ノ詔書、1941年12月)などのように「平和」のために人をあやめ、国土を荒廃させた。[23]

このような経緯により日本における公法学界でも、日本国憲法が徹底した平和主義をとり、特に9条によって一切の軍備の保有を禁じ、自衛のための戦争をも放棄したと理解する点で、早くから通説が確立していた。9条の文言をきちんと素直に読めば、法律の専門家でなくても、そう解釈するのはごく当たり前であろう。[24]

だが国際情勢の変化、特に米国による朝鮮戦争における日本への協力要請により、日本は再軍備への道をたどることになった。1954年の参議院法務委員会での政府答弁では、「国の生存そのものを守るための武力行使」は「当然自衛権の発動として許されるだろう」という解釈が登場した。また同年、衆議院予算委員会では、「自衛権がある以上、自衛のために必要相当な限度の実力部隊をもつことは、憲法に違反しない」と答弁された。このように、「憲法が放棄したのは国際紛争を解決する手段としての戦争であって、自衛のための戦争もそのための実力を持つことは禁じられていない」との憲法制定時には少数派であった解釈が次第に公定解釈となっていく。しかし政府レベルではこのような解釈が定着したが、研究者の間では、1981年の時点でも、公法研究者418名のアンケートにおいて、現在の自衛隊を違憲と考える割合が71.3%も存在した。[25]だがここ最近では、研究者の間でも解釈が変化してきている。近年の憲法学説は、従来の通説的立場、すなわち、9条を徹底的な非武装絶対平和主義として解釈し、自衛隊、日米安全保障条約を違憲とし、平和的生存権の可能性を認めるという

立場から、乖離する傾向が強くなっている(26)。

このような現状において、9条や自衛権について基本に立ち返り、また原理的に考察しなくてはならない状況になっている。自衛権行使の三要件として、急迫不正な侵害、それを排除する上で他に手段がない、必要最小限度の実力行使が謳われている。ただ9・11事件以後の米国等による「先制自衛」は自衛権行使の要件すら満たしておらず、論外である。それではそもそも自衛権とはいかなるものなのか。

(2) **自衛権概念の問題** 自衛権という概念は主権国家成立以降、自明なものとして存在してきたわけではない。戦争無差別論が支配していた時代には、自衛権という概念によって戦争を正当化する必要もなかった。自衛権によって戦争を合法化する必要が出てきたのは、第一次大戦後、戦争違法化論が主流となってきたためであった(27)。このように自衛権とは歴史的概念であり、時間を超越して存在する天賦のものではない。

また日本国憲法には、旧憲法に存在した戦争、軍隊編成に関する規定が一切存在していない。宣戦、講和、戒厳・統帥・編成についての一切の規定が存在せず、軍法会議のような特別裁判所も憲法上明文により禁止され、非常大権、兵役義務、軍の機密保持も、憲法において規定されていない。このことは日本国憲法が一切の戦争・戦力を放棄したことの必然的帰結であり、その「消極的証明」であると考えることができよう。自衛目的における戦力の保持が許されているとするならば、憲法においてこのような規定が一切存在しないことは、少なくとも立憲国家においては考えられないことである(28)。このように日本に自衛権があるとするならば、9条に文言が入っていなくてはならない。現在、憲法を改定しようとする人々は、9条に自衛権を明記しようとしている。このことは現行憲法においては自衛権が存在しないということを逆に証明することになっている。

現在の国際社会ではかなり限定的だが自衛権は存在する。その定義は、「外国からの急迫または現実の不法の侵害に対し、自国を防衛するために必要な一定の実力を行使する権利」である。このような自衛権は1928年のパリ不戦条約にもあるとおり、「すべての主権国家が固有する」もので

第8章 非戦の歴史 143

あり、国際法上確認されている。もちろん9条はこれまでの国際法の常識を越えた非暴力・非武装を謳ったものである。ただ、たとえ日本にも自衛権があると仮定しても、自衛権はそのまま自衛のための武力を保持することではない。国内においても、正当防衛権があるからといって、全ての市民が、起こりうる危害に備えて、ピストルや刀を常備するわけではないのと同じように、自衛権があるという理由で、国が軍隊のような武装組織を必然的に持たねばならない、という結論にはならないであろう。つまり武力によらない自衛権の発動は可能であり、自衛の手段も様々なものが存在するのである。[29]

日本は戦力の不保持、交戦権の否定をした世界的にも稀有な9条を有する国家であり、「普通の国家」を目指すものではない。現在までのところ、最高裁判所を含めて自衛隊合憲の明示的判決は存在しない。[30] 以上見てきたように、自衛権を本質主義的に所与のものと捉えることは留保が必要だろう。また今後の世界を見据える際にも、旧来の志向を脱した9条は人類の新たな試みとなるであろう。

## 4．主権概念の再検討

(1) **主権とは**　今までの現実主義的国際関係学は主権国家間関係が第一義的問題であり、また国際社会はアナーキーであり、主権や国家そして国家における暴力装置の存在が前提とされていた。このような思考様式からでは、9条の意義は正しく認識されないであろう。9条は1648年におけるウェストファリア体制以降の中央政府の軍事力を中心とした主権概念からは出てこない発想によるものである。近代主権国家が例外なく軍事優先を自明視してきた中で、9条は平和的手段によって生存権を実現しようとする立場を宣言した稀有な存在である。それは近代に類をみない戦力なき主権国家の誕生を告げるものであった。[31] ここでは旧来の思考方法の主軸であった主権の概念を再検討し、その限界を提示する。

主権とは、一般に、政府が明確な境界によって区画される地域に対して支配権を有して、その境界内では最高権力となるということである。主権

概念は社会を統治する国家概念の出現と共に生じたものではあるが、特に近代において成立した特殊近代的概念である。中世において使用されていた主権という用語は、他の権力より優越するという意味での関係概念であって、すべての権力を有する絶対的概念ではなかった。[32]

(2) 30年戦争とウェストファリア体制　ヨーロッパにおいて、1000年以上もキリスト教及び教会が権威と権力を保持していた。しかし宗教的威信が世俗主義的思考に次第に侵食され、中世キリスト教秩序が崩れていった。まずキリスト教世界の中で、法王を頂点とする秩序に対して、キリストと聖書を心の最高のよりどころとすることによって、教会の階層秩序を切り崩すプロテスタントが台頭し、宗教改革が行われた。またキリスト教神学から合理主義へと人々の考え方が変化し、ルネサンスを迎える。宗教改革とルネサンスはローマ教会の勢力を制限するものとなり、世俗的権力の台頭を促した。主権国家形成はこのような歴史的条件の下、成立した。[33]

主権国家体制の原型を作ったウェストファリア体制は、1618年から1648年までの30年戦争を契機とする。この戦争は神聖ローマ帝国内におけるカトリックとプロテスタントの対立を発端として始まり、その後各国家も参戦し、次第にヨーロッパ国際政治の世俗的覇権争いへと発展していった。この戦争以降、ヨーロッパにおける戦争は、キリスト教の宗派争いではなく、主権国家間の争いへと移行したため、最大にして最後の宗教戦争とも位置づけられている。

この戦争で、神聖ローマ帝国の住民のほぼ3分の1が戦死したとも言われ、宗教的権威が国際秩序を維持していく機能を果たしえないことが明らかになった。そのため30年戦争の講和条約として結ばれたウェストファリア条約においては、国家にその領土内の統治のほか戦争を起こす外交的決定権などの独立主権が認められ、国際秩序維持の主体となった。このような意味から、1648年のウェストファリア条約による体制は西欧主権国家体制の始まりとされる。これにより、神の権威に裏打ちされた神聖ローマ帝国皇帝による秩序が解体し、一定の領土の上に存立する国家が領域内

においてただ唯一の正当な統治権を有するという主権の概念が構築され、近代西欧国際政治体制が作られた。また国家が相互に主権を尊重し、外交関係を結ぶという近代的な外交関係も成立した。国家を唯一のアクターとする近代国際政治がここから始まった。<sup>(34)</sup>

主権の概念は、宗教改革やルネサンスなどの世俗的権力の台頭といった歴史的潮流の中で、凄惨な宗教戦争を回避するため、宗教をいわば私事化するものでもあり、当時のヨーロッパの文脈においては、一定の共存体制として機能し、新たな国際秩序を構築するものであったとも言えるであろう。

**(3) 主権概念の論争** しかしこの主権概念は、現在においては限界を露呈し、共存への足かせとなっている場合もある。そもそも主権概念が誕生したヨーロッパにおいては、国家主権を超えて EU が形成されている。また主権に基づいた近代西欧国際政治体制の原理はヨーロッパに都合の良い内の論理であり、非ヨーロッパ世界には別の外の論理が適用され、そこでは主権国家の存在がしばらくは認められず、ヨーロッパの植民地となった。<sup>(35)</sup> その後、主権国家体制が世界中に広がった現在においては、その体制が世界各地で機能不全に陥り、様々な紛争の原因ともなっている。主権は近代ヨーロッパにおいてある程度機能した歴史的概念であり、それを全ての地域に当てはめることには限界があろう。さらには主権概念そのものを再検討しなくてはならなくなっている。

主権概念と領域性は分かち難く結びついており、その観点からも再検討されるべきであろう。近代主権国家体制は領域思考による境界線によって支えられてきた。地面の上にヴァーチャルな線を引いて、ある領土を囲い込んだ。このような空間的囲い込みは単に物理的空間の利用に留まらず、その空間内で起こる出来事についての最終的決定単位としての主権の概念と結び付いてきた。領土を持つ国家が、その領土内の全ての事柄を管轄するものとされた。領土内の事柄について、境界線の外部から口を出すことは出来ず、境界の内部に国家に対抗できる勢力もないというのが主権の意味である。<sup>(36)</sup> このような境界線を前提とする主権概念が今日の様々な紛争の

一つの要因ともなっているのは周知の事実である。

　**(4)　主権と安全保障概念を越えて**　　内と外を分ける主権概念に裏打ちされた線引きの論理は、内＝安全、外＝危険という安全保障概念とも密接である。そもそも安全保障概念は私たちの不安を前提としている。すなわちそれは、国際関係においては友・敵論に立ち、社会関係については個人間の関係を敵対的に捉え、また諸個人の主観レベルにおいては、予見不可能な未来に対する人々の不安・危険をかき立てることによって成立し、維持されてきた支配的な政治観である。今までの政治思想は、国家による暴力の独占を、自然状態＝戦争状態と考えることで正当化し続けてきた。そして、国家によって独占される暴力をいかに効率的に使用するかを考えることが政治的倫理であると語ってきた。政治理論は何世紀もかけて執拗に、私たちの不安や恐怖を取り除いているように見せかけ、また国家による安全保障がなくなるならばどうなるかわかっているか、というメッセージを送り続けている。

　このような近代西欧国際政治体制を貫通する暴力＝安全保障＝主権国家のトリアーデから抜け出す必要があろう。ある国家に生きる個人が武器を捨てるのは、そうした圧倒的な暴力装置を配備した国家が背後でわれわれを守ってくれるからであり、国際的に各国家が武装しているのは、個人と国家の関係に相当するような、国家と超国家との関係がないからだと、国際関係学の現実主義者たちは説明してきた。しかし、国家内に生きる私たちを、武力を備えた国家が守ってくれている、という発想を再検討する必要がある。[37]それは沖縄戦などに代表されるように、軍隊は国体や政治機構、軍それ自身を守ることはあっても、民衆を守ることは少ないことに象徴される。

　さらに、安全保障の根幹であるセキュリティ概念への批判も注目すべきであろう。セキュリティ（se-curity）という言葉は、その原義において「不安・心配（cura）」が「ない（se）」状態を意味する。しかし最近の傾向として国内社会はもちろんのこと、国際社会においても秩序が崩壊し、平和と安全が失われた後の事後的な救済へと変化していっている。紛争や

第8章　非戦の歴史

内戦、飢饉等が発生し、それに伴って苦難を被る人々が現れてから後の最低限の救済に留まり、それらの原因自体を取り除こうとする方向づけをもはや失っている。人々の生命・生活の安全を損っている原因を克服するというのではなく、むしろそれを所与とした上で、そこから生じるリスクを出来るだけ低コストで管理しようとする発想に傾いている。

またセキュリティ概念は国内社会及び国際社会においても、著しく対称性と相互性を欠いたものになりつつある。社会全体の安全性を高めるのではなく、社会のある部分を他の部分から防衛するという性格を持ち始めている。[38]

多くの紛争を抱える現在、主権や安全保障概念を根本的に再検討しなければならないであろう。また主権・安全保障・内と外・線引き概念を基盤にしてきた近代西欧国際政治体制を所与のものとする、旧来の国際関係学のパラダイム転換をしなくてはならないであろう。

### おわりに

これまで見てきたように、自衛権や主権の概念を乗り越え、非暴力、非武装を体現した9条を現実のものとすることは非常に重要であろう。憲法改定派が言うように、9条は空想的であり、「弱肉強食」で「アナーキー」な国際社会では本当に機能しないのであろうか。

戦わず、逃げた方がむしろ殺されず、殺すこともない場合が多い。中山治によれば、「戦争から逃げろ」という主張こそが、先祖伝来の最も古い「日本の伝統」なのである。日本は中国大陸の戦争を嫌って逃げてきた人々が作った国であり、天皇家もそのような人々であろうと言われている。江戸時代までは武士以外の非戦闘員は戦争が始まれば逃げていればよかった。さらに豊臣秀吉の刀狩以来1873年の徴兵令に至るまで、300年以上にわたって武士階級を除いて非武装であった。このように非武装・戦争放棄は日本の民衆の伝統だった側面もある。[39]

戦わず逃げる、もしくは武装をしないということは、非現実的でありえないことではない。国際法によっても非武装で非戦を貫く場合、安全がある程度保障されている。1899年と1907年に2度開かれたハーグ平和会

議において、法典化された原則によれば、加害が軍事目標だけに向けられ、軍が守っていない都市、村落、建物は攻撃できない（ハーグ陸戦規則25条）。都市に侵入しても略奪は許されず（28条）、占領後も私有財産や宗教は尊重される（46条）のならば、文民が戦争に巻き込まれ、被害を受けることは国際法上はないことになっている。また1977年に採択され、2003年の時点で159ヵ国が加入しているジュネーブ条約第一追加議定書の59条に、「いかなる手段によっても紛争当事国が無防備地域を攻撃することは、禁止する」とある。59条2項には、無防備地域を宣言する主体は「国」という表記ではなく「適当な当局」となっていて、地方自治体を含むものである。このように国際法において、無防備地域宣言は確立しているといっても過言ではないであろう。

　このような無防備地域宣言をすることは自分たちの国や地域を非軍事化することである。また自衛の戦争を含めて一切の戦争に協力しない、人殺しに荷担しないことを宣言することである。「私たちは戦争をする気がありません。協力する気もありません。したがって戦うための道具など持っていません。だから攻めないで下さい。もし攻めたら戦犯として罰せられます」というのが無防備地域宣言の第一歩である。歴史的にもこのような例は存在する。第二次大戦で沖縄の渡嘉敷村の前島が日本軍の駐留を断ったため、米兵は上陸したが島は攻撃されなかった。

　そもそもその国に生活する全ての人々の生命や財産を守るためならば、軍備によらない防衛・抵抗の方がはるかに目的に合致する場合が多い。莫大な財政を軍備に費やすよりも、雇用創出、教育、福祉、保険・医療、文化交流と国際理解、国際協力・援助活動、貧富の格差是正、平和外交などのために用いた方が効果的である。またそれが9条の精神でもあろう。現在では軍事への依存の方が非現実的になってきており、世界最強の軍隊をもってしてもイラクやアフガニスタン一国を平定できないことは、軍事力の非現実性を示す良い例である。今の自衛隊員に「国のために死ね、上官の命令は絶対だ」と教えるのは困難であると、川崎哲は日本の防衛大学校の幹部から聞いたそうである。このように軍事によって国家を守ることはますます非現実的になってきている。

第8章　非戦の歴史　　149

9条を非戦と非武装の歴史の中に位置づけ、これまでの自衛権や主権の概念を相対化する必要がある。やられたらやり返す、線引きをして内と外を色分けして絶対的権力を行使するという旧来の思考様式こそ変革しなくてはならないだろう。9条はその意味で人類史における新たな挑戦とも言えよう。

**注**

(1) 遠藤哲夫『管子　上中下　新釈漢文大系 42、43、44』明治書院、1989、1991、1992 年。大野峻『国語　上下　新釈漢文大系 66、67』明治書院、1975、1978 年。班固他訳『漢書　1-8』筑摩書房、1997-1998 年。吉田賢抗他著『史記　1-12　新釈漢文大系』明治書院、1973-2007 年。山室信一『憲法9条の思想水脈』朝日新聞社、2007 年、89 頁。

(2) 眞田芳憲『イスラーム法の精神』中央大学出版部、2000 年、254-285 頁。

(3) 筒井若水『違法の戦争、合法の戦争　国際法ではどう考えるのか』朝日新聞社、2005 年、31 頁。

(4) 山室、前掲書、172、177-178 頁。

(5) 同上書、166 頁。

(6) 松井芳郎『国際法から世界を見る　市民のための国際法入門』東信堂、2001 年、29 頁。城戸正彦『戦争と国際法』嵯峨野書院、1996 年、12 頁。山室、前掲書、185 頁。

(7) 山手治之他編『ベーシック条約集　第 4 版』東信堂、2003 年、758 頁。山室、前掲書、186 頁。

(8) 同上書、191 頁。筒井、前掲書、183 頁。

(9) 同上書、48 頁。

(10) 城戸、前掲書、15-16 頁。

(11) 『極東国際軍事裁判速記録』第 1 巻、雄松堂、1968 年、555 頁。山室、前掲書、200-201 頁。

(12) 平井宣雄他編『ポケット六法　平成 15 年版』有斐閣、2002 年、1353 頁。城戸、前掲書、17 頁。

(13) 土佐弘之『安全保障という逆説』青土社、2003 年、259-260 頁、水島朝

穂『武力なき平和　日本国憲法の構想力』岩波書店、1997年、222頁。
(14)　三好亜矢子他編『平和・人権・NGO』新評論、2004年、18-19頁。
(15)　深瀬忠一「日本国憲法の平和主義の歴史的・今日的意義」千葉眞他編『平和憲法と公共哲学』晃洋書房、2007年、4頁。また他に9条の日本史及び世界史における歴史的位置づけについては、山室、前掲書や池住義憲「憲法9条の『輸出』」三好、前掲書を参照。
(16)　川岸令和「日本国憲法という未完の革命」千葉、前掲書、85頁、君島東彦「平和をつくる主体としてのNGO」三好、前掲書、64頁。
(17)　川岸、前掲論文、86-88頁。
(18)　池住、前掲論文、156頁。
(19)　君島、前掲論文、66-67頁。
(20)　星野安三郎他著『世界のなかの憲法第九条』高文研、2000年、13頁。
(21)　ダグラス・ラミス「米国一国主義を超えて」三好、前掲書、235頁。
(22)　第90帝国議会衆議院本会議、1946年6月26日、帝国議会会議録検索システム、国立国会図書館、
http://teikokugikai-i.ndl.go.jp/cgi-bin/TEIKOKU/swt_dispdoc.cgi?SESSION=13144&SAVED_RID=1&PAGE=0&POS=0&TOTAL=0&SRV_ID=5&DOC_ID=1355&DPAGE=2&DTOTAL=81&DPOS=31&SORT_DIR=1&SORT_TYPE=1&MODE=1&DMY=13175（2011年7月8日）。
第90帝国議会衆議院本会議、1946年6月28日、帝国議会会議録検索システム、国立国会図書館、
http://teikokugikai-i.ndl.go.jp/cgi-bin/TEIKOKU/swt_dispdoc.cgi?SESSION=14866&SAVED_RID=1&PAGE=0&POS=0&TOTAL=0&SRV_ID=5&DOC_ID=4167&DPAGE=1&DTOTAL=410&DPOS=17&SORT_DIR=1&SORT_TYPE=1&MODE=1&DMY=24342（2011年7月8日）。山室、前掲書、264-267頁。
(23)　「清国に対する宣戦の詔勅」外務省編『日本外交年表竝主要文書』上、原書房、1965年、154頁。「露国に対する宣戦の詔勅」同上書、223頁。「宣戦の詔勅」同上書、下、573頁。山室、前掲書、58-59頁。
(24)　小林直樹『憲法第九条』岩波書店、1982年、43頁。

(25) 同上書、43-48 頁。
(26) 麻生多聞『平和主義の倫理性　憲法 9 条解釈における倫理的契機の復権』日本評論社、2007 年、171 頁。なお 9 条をめぐる論争は同書に詳しく紹介されている。
(27) 山室、前掲書、13 頁。
(28) 麻生、前掲書、176-177 頁。
(29) 小林、前掲書、49-50 頁。
(30) 深瀬、前掲論文、13 頁。
(31) 加藤節「憲法 9 条の平和主義とナショナリズム―政治学的考察―」千葉、前掲書、105 頁。
(32) 古賀敬太「主権」古賀敬太編著『政治概念の歴史的展開』第 2 巻、晃洋書房、2007 年、84-85 頁。Hinsley, *Sovereignty*, Basic Books, 1966, p.42.
(33) 猪口孝「主権国家」猪口孝他編『国際政治事典』弘文堂、2005 年、457 頁。
(34) 弓削尚子「三十年戦争」猪口、同上書、403-404 頁、大澤淳「ウェストファリア条約（体制）」同上書、114 頁。山室、前掲書、44 頁。なおこの主権概念は、国民主権とは意味が異なる。国民主権の主権とは、国家における政治の最終決定権であるのに対して、国家主権の主権は、国家自体の最高性、独立性を意味する。伊藤真『憲法の力』集英社、2007 年、142 頁。
(35) 高田和夫「国際社会の秩序」高田和夫編『新時代の国際関係論』法律文化社、2007 年、7 頁。
(36) 杉田敦『境界線の政治学』岩波書店、2005 年、iv 頁。
(37) 岡野八代「平和を求める―安全保障からケアへ―」太田義器他編『悪と正義の政治理論』ナカニシヤ出版、2007 年、215-235 頁。
(38) 斉藤純一「セキュリティの再編と平和憲法」千葉、前掲書、154-156 頁。
(39) 中山治『誇りを持って戦争から逃げろ！』筑摩書房、2006 年、89、93 頁。寺島俊穂「憲法第 9 条と戦争廃絶への道」千葉、前掲書、38 頁。
(40) 山手治之他編『ベーシック条約集　第 4 版』東信堂、2003 年、855、856 頁。筒井、前掲書、146 頁
(41) 山手、前掲書、929 頁。

（42）池住、前掲論文、157-172 頁。
（43）川崎哲の発言「総合討論」『世界　別冊　新冷戦ではなく、共存共生の東アジアを』No.816、岩波書店、2011 年、250 頁。

第Ⅲ部　Perspective　視座——イデオロギーと国際関係

# 第9章　ナショナリズムの動向と課題

## はじめに

　冷戦崩壊以後、いわゆる「ナショナリズム問題」が噴出している。「ナショナリズム問題」や「ナショナリズム紛争」を低減化するためにも、ナショナリズムとは何か、なぜナショナリズムなのか、ナショナリズムの歴史的発生要因や社会的機能などが問われなくてはならないだろう。

　ナショナリズムは近代のどのようなイデオロギーよりも比較的大きな政治的影響力を持っていた。しかし哲学的には貧困でリベラリズムやマルキシズム、フェミニズム等の他のイデオロギーと違って、偉大な思想家も生み出さなかったと言われている。このことは資本主義も同様であり、偉大な思想家を生み出さなかったけれども、社会的には大きな影響力を持っている[1]。またナショナリズムほど、日常の実生活を直接に政治と結び付けるイデオロギーは存在しない。ナショナリズムを支えるのは、抽象的な世界観ではなく、日常生活にまつわる言語や文化などの「伝統」の共有である。近代における自由主義や社会主義などを内面化するには相当の時間や教育が必要であるが、ナショナリズムへの共感や一体感は子どもにも可能であると言われている[2]。

　このように大きな影響力を持ち、しばしば感情に訴え、戦争の原因とも受け止められているナショナリズムを考察することは重要であろう。ここでは最近の日本におけるナショナリズムに関する議論を中心に、ナショナリズム研究の動向と課題を概略的に論じる。

　本章ではまず第1節で、ナショナリズムが注目されている要因を述べた後、第2節では人種・民族・エスニシティ（エスニック集団）概念を比較した上で、大まかな定義付けをしていく。第3節では、ナショナリズム研究における方法論を、原初主義＝表出主義＝本質主義と、近代主義＝道具

主義＝構築主義に立て分けて説明する。第4節で、第一次大戦後からのナショナリズム研究史を瞥見し、ナショナリズムの発生を近代にみる近代主義者と非近代主義者の論を検討する。第5節では、アイデンティティ論の観点でナショナリズムを見た上で、第6節で、ナショナリズムを超えるような視座の可能性を示唆する。

## 1．なぜいまナショナリズムなのか

なぜいま、ナショナリズムが注目されているのだろうか。従来、社会が近代化すると価値志向が属性主義、特殊主義、地域主義、部族主義、伝統主義から機能主義、業績主義、合理主義、普遍主義へと変化するので、人種・エスニシティ・民族などへのこだわりはなくなると言われていた。[3]しかし、なぜいまナショナリズムが注目され、様々の「ナショナリズム問題」が噴出してきているのか。その要因はいろいろあるが、以下のようなことが考えられよう。

そもそも上のような問題の立て方がおかしいとも考えられよう。業績主義的努力が属性化する結果も見られる。もしくは一見業績主義と見られていたものが実は属性主義によって決定されていたということがある。学力が親の収入と相関関係があるということはそのよい例であろう。近代化、産業化によって属性主義から業績主義へと単線的に移行するわけではないのである。また「ナショナリズム対立」が属性的なものをめぐる対立であると共に、経済格差や業績発揮の機会をめぐる業績的対立でもある。

他のナショナリズム台頭要因として、国民国家を建設するため、一民族、一言語、一文化を過度に重視し、異文化者の同化が前提にあったので、それへの反発が出ているとも考えられよう。姜尚中によれば、ナショナリズムは資本主義世界経済の発展と矛盾が生み出す「反システム運動」であり、普遍主義的な文化的同化の強制に対する「痛切な叫び」である。[4]また国民国家を相対化する動きも多く見られている。例えば移民、難民、留学、海外勤務などは既存の枠組みを超える動きであろう。

ナショナリズム台頭要因として、社会主義陣営の崩壊後の新しい統合原

理としてナショナリズムが利用されているということもあろう。冷戦崩壊後に、いわゆる「ナショナリズム紛争」が生じている。今まで抑圧・隠蔽されてきたものが噴出しているとも考えられよう。

このように様々な要因によって、現在、ナショナリズムが台頭し、それに対する議論が盛んになっている。

## 2．ナショナリズムの定義

ナショナリズムを定義づけることは、非常に困難である。立場・視点によって大きく異なり、意味が重複し、曖昧なものとなっている。ここではとりあえずある程度の定義づけのために、人種・民族・エスニシティ概念を比較し、相違点を指摘する。

まず人種と民族の相違であるが、梶田孝道によれば、人種とは、主に肉体的・生物学的属性に注目した分類基準で、大きくは白人や黒人とその他の有色人に分類されるが、科学的には多様な分類が考えられる。これに対して、人間集団を言語、生活様式（服装、髪形、食事、家族構成など）を基準として分類すると、それらはエスニシティあるいは民族とみなされる。[5]

次に民族とエスニシティの相違を考えてみる。エスニシティとは、大別して二つの用法がある。第一に、少数民族あるいは移民・移住集団を意味する。第二に、近代的民族の成立以前に存在する何らかの共同体、もしくは近代的民族の原型を意味する。[6] このようなエスニシティ概念は、何らかの共通性を基盤にした文化的概念であるのに対して、民族は政治的自決を志向する政治的概念である。また国民とはある国家の正統な構成員の総体と定義できよう。[7]

エスニシティについてもう少し考察すると、第一の用法は米国でよく用いられ、第二の用法はアンソニー・スミスらの議論につながるものである。第二の用法は次節で考察するが、第一の用法についてここでは簡単に述べておく。

エスニシティは、公民権、学生、ウーマンリブ運動の影響を受けて、

1970年代の米国で最初に使用されるようになった。従来はマイノリティ研究に使われていたが、最近は幅広く使われるようになってきており、移民・難民・外国人労働者などを指すことも多くなってきた。訳語は定着しておらず、エスニシティとして使用される例が多いのである。

スミスによれば、エスニシティの構成要素として次の六つがあげられる。集団に固有の名前の存在、集団に独自の文化的特徴の共有、共通の祖先に関する神話、歴史的記憶の共有、固有の「ホームランド」との関係あるいは心理的結び付き、集団を構成する多数の連帯感の存在である。[8]

日本語の民族は、英語のネイションやエスニシティの両者を包含した概念であるが、近代において政治志向を有した集団として使用されることを前提とすると、ネイションとの親近性が高い。エスニシティを一つの基盤として民族が近代において創造され、政治化したのであろう。

しかしエスニシティと民族の差は政治的覚醒の程度の差であるので、境界線は曖昧であり、民族という日本語はこうした現実世界の曖昧さに対応しているので、かえって概念としての有効性が認められるのかもしれない。[9] ナショナリズムとは、日本語の民族と国民及び国家を包含する概念である。

ここでのナショナリズムのとりあえずの定義として、次のようにしておく。ナショナリズムとは、前近代のエスニシティをある一定の基盤として、言語・文化・生活様式などが共通であると認識され、近代において創造／想像された政治志向を有する集団を目指す思想・運動とする。

## 3．ナショナリズムの方法論

ナショナリズムやエスニシティを研究するに際して、幾つかのアプローチがあり、それぞれ組み合わせが存在する。まず歴史的解釈に関しては原初主義と近代主義が対となり、運動の原動力の解釈としては表出主義と道具主義が対となり、哲学的な認識論の次元では本質主義と構築主義とが対になる。この三組の対抗図式は親近性の観点から、原初主義＝表出主義＝本質主義と、近代主義＝道具主義＝構築主義に整理できよう。[10]

原初主義とは、ナショナリズムを原初的所与と捉え、ナショナリティの時間的持続性を強調するものである。近代主義とは、ナショナリズムを近代化の過程において作られたと考えるものである。この点は次節の各者の論でも焦点となってくる問題である。表出主義とは、ナショナリズムを象徴体系の表出的・表現的経験の問題として扱い、近代社会に生きる孤独な群衆にとってナショナリズムは名前とアイデンティティを与えてくれる存在であると捉えるものである。道具主義とは、ナショナルな存在を政治的手段としての利益集団として理解するものであり、政治家などが政治目的のためにナショナリズム意識を利用するという観点からのアプローチである。本質主義とは、ナショナリズムを本質的で生得的不変のものと捉える方法である。構築主義とは、ナショナルな存在を実体としては捉えず、作られるという側面を重視する考え方である。構築主義と近代主義は近似したものであるが、前者の方は射程距離が長いと言うべきであろう。

　このような分類は分析概念であり、重複する部分が多く、きちんと立て分けられるものではもちろんない。また理論と運動、もしくは客観的分析と当事者の表出形態・意識が異なることも多い。ナショナリズムは第三者的・研究者的には人為的構築物と捉えられる傾向があるが、当事者には原初的・本質的なものと受けとめられがちである。(11)

　ナショナリズムの分類法については、かなり以前から存在していた。ハンス・コーンは西側先進国で発展した西欧型ナショナリズムと東欧地域で発展した東欧型ナショナリズムの二分類を提示した。(12)このような二分法に、さらに様々な価値が付与されるようになり、西と東、シビックとエスニック、政治と文化、リベラルと非リベラル、近代と非近代のように対比されるようになり、前者の優位性が前面に押し出されるようになった。(13)

　近年において、このような二分法は、シビック・ナショナリズムとエスニック・ナショナリズムとして議論されている。シビック原理とは、一定の領域において、共通の法体系のもとに、法的・政治的な権利・義務の平等性を確立し、当該地域に居住する人々を政治的市民と規定するものである。エスニック原理とは、祖先にまつわる神話や伝統、土着的な言語や文化などにより人々の紐帯を醸成するものである。(14)この二分法は、政治原理

や政治的価値を共有する前者か、血統の共通性を規準にして構築される後者に仕分けされ、前者は健全なナショナリズム、後者は排他的なナショナリズムと見なされてきた。(15)

しかし、この二分法は明らかにイデオロギー性を内包するものであり、典型的なオリエンタリズムであろう。現実の社会では、シビックとされている西欧地域においても多くの問題を抱えており、シビックとエスニックの相克も見受けられる。また理論面においても、二項対立的な二分法の観点からナショナリズムを見るのではなく、この二つの原理がともにナショナリズムの核心にある根本的な二重性であり、市民性と民族性が付随しているとの見方も有効であろう。(16)

ナショナリズムに限らず、理論化・分類化するにあたって、イデオロギーの機能を常に自覚する必要があろう。また単純で排他的な二項対立志向にも注意をしなくてはならないだろう。実際のナショナリズムは複合的で可変的であり、状況により大きく変化する。今までナショナリズムは実体化して考察されることが多かったが、関係的なものである。さらに物事を客観的に冷徹に見る研究者の視点と共に、現にナショナリズムが係争事項になっている実践者・当事者の視点も忘れてはならないであろう。

## 4．ナショナリズム研究の歩み

ナショナリズム研究(17)は、第一次大戦後、「民族自決」の原則が叫ばれるようになってから盛んになり始めた。この時期は、主にカールトン・ヘイズとハンス・コーン(18)によって担われた。この時期の研究はナショナリズムの存在を自明視する傾向があり、西欧型国民国家における民族と国家の一致というフィクションを前提とするものであった。

1950年代から70年代にかけてナショナリズム研究に大きな影響を与えた二つの理論がある。50年代から60年代にかけての近代化論と70年代以降のエスニシティ論である。近代化論はカール・ドイッチュなどによって主張されたもので、伝統社会の特徴をエスニック集団などによる分裂と捉え、このような特徴は工業化やマスメディアの普及などによる近代

化の進展と共に消滅し、統合された民族ないし国民が成立するというものであった。60年代後半になると近代化論の矛盾が明らかになった。発展途上国での統合が近代化論の予想のようには進展せず、西欧諸国における少数民族の分離運動や自決運動が活性化したことにより、ウォーカー・コナーらのエスニシティ論が台頭してきた。

　80年代以降は、近代主義をめぐる問題で論争が行われ、現在においてもそれが継続している。近代主義とは、ナショナリズムが、産業化、資本主義化、近代国家形成、民主化、公共圏の形成等によってもたらされた「近代的」な現象であるとする立場である。それに対して、近代主義を批判する側は、近代化のインパクトは大きかったが、ナショナリズムが近代化の作用によって、全く何もない状況から発生したわけではないと主張し、さらに人々のナショナリズムに対する感情的側面を重視した。[19]

　近代主義者は、アーネスト・ゲルナー、エリック・ホブズボウム、ベネディクト・アンダーソンらであり、非近代主義者はスミスに代表される人々である。

　ゲルナーは、ナショナリズムを文化的単位と政治的単位とを一致させようとする運動と捉えた。人を一生同じ土地や同じ職位に固定させておくのでは、生産の持続的な成長は見込めない。産業社会は高度の流動性と複雑な分業化を推し進めるため、共通の言語、共通の文化を身につけた同質的集団の形成が必須となる。このような不可避の同質性の必要が、ナショナリズムを創造したと説明した。[20]

　ホブズボウムは、ナショナリズムの形成に人工物、捏造、社会的策略の要素が作用しており、ナショナリズムが国家を作りだすのではなく、その逆であると指摘し、「伝統の創造」という概念を提示した。[21]

　アンダーソンは、出版資本主義の伸長と俗語革命が国民の創造に決定的な役割を果たしたとし、国民をイメージとして心に描かれた想像の政治共同体と捉えた。彼によれば、宗教共同体や王国といった前近代的要素の解体をもとに、新しい共同体の想像を可能にしたのが、人間の言語的多様性に対する資本主義と印刷技術であった。この結果、一言語による交換とコミュニケーションの統一的な場が創造された。[22]

ゲルナー、ホブズボウム、アンダーソンらは、ナショナリズムが創造／想像されるに至った決定要因を近代化に見ている。近代以前の共同社会と近代のナショナリズムとの間に明確な断絶が存在すると主張する。それに対して、スミスはナショナリズムの創造／想像を可能にした「素材」を近代以前に遡って発見した。彼によれば、確かに固有な意味でのナショナリズムは近代に成立したのだが、その「素材」であるエスニックな共同体は古代から存在していた。共通の血統神話や文化の共有等によって特徴づけられるエスニシティが、近代化をはじめとする社会変動によって、ナショナリズムへと移行した。ただし彼は原初主義を全面的に受け入れるわけではなく、ナショナリズムの生成における近代化の役割も軽視していない[23]。
　スミスの指摘は重要であり、前近代におけるエスニシティが近代におけるナショナリズムの基礎の一部となったことを完全に否定することは難しいであろう。しかし、視点の問題として、ナショナリズムを近代特有の現象と捉えることは有効であろう。ナショナリズムは恣意的に形成される場合が多く、創造／想像の産物であるがゆえに、現在様々な「ナショナリズム問題」が噴出しているのである。

## 5．アイデンティティ論

　ナショナリズムを同類意識や帰属意識、情緒的一体感などの主観性の問題として捉える場合、アイデンティティ論がしばしば登場する。田村愛理によれば、従来の政治学や社会学では「我々」対「異集団」の関係を考察する際、常に国家なり、エスニシティなり既存の枠組みで規定されている集団を単位として分析を行ってきた。しかし、集団が状況的であり、複合的であり、可変的であるならば、既存の集団を無条件に分析の単位とすべきではない。集団形成の分析に際しては「我々」の構成単位たる「個人」のアイデンティティ認識から出発しなければならないと述べる[24]。
　アイデンティティという用語に対して、主体性、自立志向、同一性、帰属意識、存在理由、存在証明などの訳があるが、アイデンティティとそのまま使用することが多いようである。

アイデンティティが問題になる時は、大きく分けて次の二つの場合がある[25]。第一は、アイデンティティが大きく変化する節目であり、具体的には、進学、入社、結婚、子どもの誕生、退職、老いや病気、外国への移住などである。第二は、差異や格差、差別が存在する時で、差別に抗って自分の価値を信じようとして、人は存在証明に駆り立てられる場合が多いのである。この場合、マイノリティの側が強く存在証明に駆り立てられる。マイノリティとは、存在証明に無関心ではいられない状況に身を置く人々であり、マジョリティとはそれを意識しないでも生活できる人々である。

　アイデンティティを項目別に分けると次の三つになる[26]。第一は、属する組織や共同体が何であるのかという所属アイデンティティであり、具体的には家族、会社、国家、民族、教団などである。第二は、私が発揮できる能力、技術の一切を指す能力アイデンティティであり、性格、資格、職業などである。第三は、結んでいる関係や担っている役割を指す関係アイデンティティであり、具体的には家庭での父、母、夫、妻、職場での役職などである。

　ナショナリズムを考える際、アイデンティティが問題になる点では、第二の差異や格差が存在する場合、項目別では第一の所属アイデンティティが重要な観点となろう。このようなアイデンティティの観点からナショナリズムを見ることは有効であるが、それが外在的環境や歴史的文脈により作られたということも忘れてはならないだろう。

　所属、能力、関係を失う時、アイデンティティ問題に直面し、また差異や差別があって、はじめて自他の違いがわかり、アイデンティティが生じる。つまり、何らかの変化や他者の存在、他との比較により自己を認識するのであり、所与のものとして非歴史的にアイデンティティが存在するのではない。このような観点は、第3節で述べた近代主義＝道具主義＝構築主義と親和性があるであろう。

　アイデンティティは複合的で重層的に形成されており、時と場合に応じてそのうちの一つが強く意識される。個人から形成されると考えられている集団的アイデンティティ（民族、宗派、国家、部族、階級）は、外的環境に応じて選択的に形成された、歴史状況の中において変化するものであ

る。ここで問題となるのは、なぜある特定の時期にある特定の集団アイデンティティが強調され、特定のシンボルのもとに人々が政治化されるのかという点であろう。[27]

## 6．ナショナリズムを超えて

現在、グローバル化が強調されるあまりその反動として、過去の歴史的構成物としての国民国家の一体性が必要以上に誇張される傾向がある。過度に均質で一体的な国民国家概念がそのまま受容されている。[28]

例えば、日本概念も「縄文時代の日本」や「日本の古代」のように、あたかも歴史的に非常に古い時代から均質で一体的な「日本」なるものがあったかのように説明されている。しかし近代以前の「日本」には、漠然とした文化的独自性に基づくエスニック・アイデンティティは存在したが、階層的・地域的に限定されていた。日本人としてのアイデンティティが日本列島に住む大部分の人々に広まるのは明治中期以降なのである。政府の側も「伝統の創造」に努め、1889年の憲法制定を前に、それまで不明確だった13の天皇陵墓を一挙に「確定」させた。大日本帝国憲法第一条で「万世一系の天皇これを統治す」と規定した以上、天照大神の子孫である天皇家が一貫してこの国を統治してきた「物的証拠」を示さねばならなかった。[29]

このようにナショナリズムは、近代において創造／想像された側面が強いのであり、人を分かつ基準は、かなり恣意的なのである。人類はどの人間集団の間でも、交配可能だから、人類はただ一つの種を構成している。だが様々な身体的特徴から幾つかを抜き出して分類し、人種概念等を作ってきた。ある形質を軽視し、他の形質を重要視する合理的理由などないのである。例えば血液型にはABO式、Rh式、Kell式などがあるが、日本においては血液型といえばABO式である。そのABO式で人間を分類しようと提唱する学者は存在しない。つまりABO式もしくはRh式血液型で分類しても、肌の色や鼻や頭の形で人間を分類してもいいのであるが、恣意的にある特定の形質で分けているにすぎない。しかもその恣意性

はかなり政治イデオロギーを有しており、ある時点の強者に都合の良いように分類されることが多い。「黒色人種」「白色人種」「黄色人種」という分類は、当時の西洋植民地主義に適合的であった。当時の学者が皮膚の色や髪の形状に注目し、身長・眼色・髪色などの形質を無視したのは、ヨーロッパ人が他地域の人々を征服し、発展しつつある植民地帝国に非ヨーロッパ人を二流市民として統合していく過程において、ヨーロッパ人とそれ以外とを区別する手段として身長・眼色・髪色などの形質が不適当だったからにすぎない。[30]

このように人種や民族などの同一性を支える根拠は、恣意的かつ非合理な場合が多く、当該集団の内在的特質ではなく、差異を生み出すイデオロギーや運動・政策に求めなければならない。時間を超えて保たれる自己同一性は、不断の同一化を通して人間が作り出す虚構の物語であり、共同体自体に同一性の根拠が内在するのではない。

また人間や共同体は常に変化している。変化をすること自体が問題なのではなく、強制的に変化させられる、あるいは逆に、変化したい方向に変化できないという事態が問題なのである。民族などの少数派は多数派により強制させられたり、吸収されたりすることがある。しかし少数派から多数派への様々な影響は、異なった意見の間の格闘から新たな価値が生み出される創造過程ともなる。多数派あるいは少数派の考えが踏襲されるだけなら、社会全体にとって新しい価値は生まれない。異なった既存の考えのぶつかり合いから新しい考えが生み出される。[31]

他者や他集団が存在するから、自分や自集団が存続する。極端な本質主義、過度な実体化、非歴史的志向を今一度問い直す必要があろう。世界を関係のネットワークで見つめ直し、物事を可変・複合・動態の視点から考察し、様々な集団を固定化・類型化することを反省しなければならないだろう。

### おわりに

近代において、ナショナリズムは大きな影響力を持っていた。人をまとめ、奮い立たせ、時には憎悪を駆り立てた。冷戦崩壊以後は、さらにその

傾向が強くなっているかもしれない。その意味において、ナショナリズムを考察することは非常に重要であろう。

　ナショナリズムの定義は難しいが、周辺の用語との差異によってわずかながらも意味が浮き彫りになろう。エスニシティは何らかの共通性を基盤にした通時的な文化的概念であるが、ナショナリズムは近代に顕著になった政治的自決を志向する政治的概念である。

　ナショナリズムの研究方法も多岐に及ぶが、大きく分けて、原初主義＝表出主義＝本質主義と近代主義＝道具主義＝構築主義に分けられよう。さらに最近はシビック・ナショナリズムとエスニック・ナショナリズムに立て分けられて論じられている。前者を健全な、後者を排他的なナショナリズムと説明することは、あきらかにイデオロギー性を帯びた議論であろう。

　今までのナショナリズムを巡る論争は、近代的な現象であるか否かということが中心であった。近代主義者は、アーネスト・ゲルナー、エリック・ホブズボウム、ベネディクト・アンダーソンらであり、非近代主義者はアンソニー・スミスに代表される人々である。ゲルナーは、ナショナリズムを文化的単位と政治的単位を一致させようとする運動と捉えた。ホブズボウムは国家がナショナリズムを創り出し、「伝統の創造」を行うとした。アンダーソンは、出版資本主義や俗語革命が大きな役割を果たし、想像の政治共同体を構築したと説いた。それに対してスミスは、ナショナリズムは近代に成立したが、ナショナリズムのもとになったエスニシティはさらにそれ以前より存在していたことを主張した。このように近代主義者と非近代主義者は完全に背反的な立場ではないのであり、どちらをより重要視するかという程度の問題であろう。筆者もスミスの指摘は重要であると考えているが、視点としてナショナリズムを近代特有の現象と捉えている。創造／想像の産物であるがゆえに、現在様々なゆがみが生じていると考えている。

　最近、ナショナリズムなどをアイデンティティの観点から論じることも多くなってきた。このことは重要であるが、アイデンティティ自身が所与のものとして自律して存在するのではなく、歴史的、社会的に構築された

ものとして捉える必要があろう。

　かつて江口朴郎は、戦後の早い段階でナショナリズムに着目して以下のように述べた。全て物事に一つの実体的な定義を与えることは、現実に発展しつつあるものを性急に抽象化する危険を伴うものであるが、特に「民族」の問題は、あらゆる意味で、すぐれて歴史に関係するものであるから、そのように固定した観念から出発することをむしろ避けるべきであろう。実体化・抽象化・固定化への警鐘は重要な視点であろう。最近ではそのような視点を多くの論者が指摘しているが、民族革命や民族独立が華やかな1957年の段階でのこの主張は慧眼であろう。

　ナショナリズムは近代において、歴史的文脈の中で創造／想像された。さらに自己もナショナリズムも関係的存在であろう。そうであればナショナリズムをはじめとする物事を固定的・非歴史的に捉えるのではなく、動態的・可変的に捉える関係主義的思考様式が今後望まれるであろう。

**注**

(1)　大沢真幸「ナショナリズムという謎」大沢真幸他編『ナショナリズム論・入門』有斐閣、2009年、25頁。

(2)　藤原帰一『新版　平和のリアリズム』岩波書店、2010年、90頁。

(3)　関根政美「エスニシティの社会学」梶田孝道編『国際社会学—国家を超える現象をどうとらえるか—』第2版、名古屋大学出版会、1996年、30-31頁。

(4)　姜尚中「世界システムのなかの民族とエスニシティ」『グローバル・ネットワーク　岩波講座社会科学の方法』11巻、1994年、188頁。

(5)　梶田孝道『国際社会学』日本放送出版協会、1995年、68頁。

(6)　吉野耕作『文化ナショナリズムの社会学　現代日本のアイデンティティの行方』名古屋大学出版会、1997年、20頁。

(7)　塩川伸明『民族とネーション—ナショナリズムという難問』岩波書店、2008年、6-7頁。施光恒「まえがき」施光恒他編『ナショナリズムの政治学　規範理論への誘い』ナカニシヤ出版、2009年、iv頁。

(8)　Anthony D. Smith, *National Identity*, Penguin Books, 1991, p. 21, アンソ

ニー・スミス、高柳先男訳『ナショナリズムの生命力』晶文社、1998 年。吉野、前掲書、20-21 頁。
(9) 同上書、23 頁。
(10) 塩川、前掲書、29 頁。
(11) 同上書、28-36 頁。吉野、前掲書、23-36 頁。
(12) 黒宮一太「シビック／エスニック・ナショナリズム」大沢、前掲書、318-319 頁。Hans Kohn, *The Idea of Nationalism: A Study in Its Origins and Background*, Macmillan, 1944.
(13) 原百年「ナショナリズム論―「エスニック／シビックの二分法」の再考―」『法学論集』61 巻、山梨学院大学、2008 年、140-141 頁。
(14) 黒宮一太『ネイションとの再会　記憶への帰属』NTT 出版、2007 年、94 頁。
(15) 黒宮、前掲論文、317 頁。
(16) スミス、前掲訳書、37 頁。黒宮一太「ナショナリズムの起源」施、前掲書、13 頁。
(17) ナショナリズム研究史については、佐藤成基「ナショナリズムの理論史」大沢、前掲書、木下昭「付論　ナショナリズム研究史」田口富久治『民族の政治学』法律文化社、1996 年を参照。
(18) Carlton Hayes J. H., *Essays on Nationalism*, The Macmillan Co., 1926, Carlton Hayes J. H., *The Historical Evolution of Modern Nationalism*, Richard R. Smith, Inc., 1931. Kohn, *op. cit.*
(19) 佐藤、前掲論文、43-45 頁。
(20) 木下、前掲論文、228 頁。黒宮、前掲「ナショナリズムの起源」7 頁。Ernest Gellner, *Nations and Nationalism*, Blackwell, 1983, アーネスト・ゲルナー、加藤節監訳『民族とナショナリズム』岩波書店、2000 年。
(21) 木下、前掲論文、231 頁。Eric J. Hobsbawm, *Nations and Nationalism since 1780: Programme, myth, reality*, 2nd ed., Cambridge University Press, 1990, エリック・J・ホブズボーム、浜林正夫他訳『ナショナリズムの歴史と現在』大月書店、2001 年。
(22) 黒宮、前掲「ナショナリズムの起源」7 頁。木下、前掲書、229 頁。

Benedict Anderson, *Imagined Communities: Reflections on the Origin and Spread of Nationalism*, Verso, 1983、ベネディクト・アンダーソン、白石隆他訳『想像の共同体　ナショナリズムの起源と流行』リブロポート、1987年。

(23)　黒宮、前掲「ナショナリズムの起源」7頁。大沢、前掲論文、26頁。Smith, *op. cit.* Anthony D. Smith, *The Ethnic Origins of Nations*, Blackwell, 1986、アントニー・スミス、巣山靖司他訳『ネイションとエスニシティ』名古屋大学出版会、1999年。

(24)　田村愛理「マイノリティ・エスニシティ・アイデンティティ」『平和と宗教』4号、1985年、134-135頁。

(25)　石川准『アイデンティティ・ゲーム　存在証明の社会学』新評論、1992年、17、20頁。なお、アイデンティティに関しては、同上書及び田村、前掲論文を参照。

(26)　石川、前掲書、18-19頁。

(27)　田村、前掲論文、135頁。

(28)　佐藤成基編著『ナショナリズムとトランスナショナリズム　変容する公共圏』法政大学出版局、2009年、14頁。Daniel Chernilo, *A Social Theory of the Nation-State: the Political Forms of Modernity beyond Methodological Nationalism*, Routledge, 2007.

(29)　吉野、前掲書、37-38頁。牧原憲夫「日本はいつネーションになったか」大沢、前掲書、161頁。

(30)　小坂井敏晶『民族という虚構』東京大学出版会、2002年、3-7頁。

(31)　同上書、13、51、167-168、187-189頁。

(32)　江口朴郎「現代における民族および民族主義」『岩波講座現代思想　民族の思想』3巻、岩波書店、1957年、3頁。

# 第10章　ジェンダーから見た国際関係学

## はじめに

　近年、人文・社会・自然科学を問わず、学問全般にわたり、大きな波が押し寄せている。既存のディシプリンそのものの枠組みを批判し、イデオロギー性を暴露する流れである。その潮流の中で大きなものは三つある。ひとつは、オリエンタリズム批判やポスト・コロニアル論さらにイスラーム研究などに代表されるもので、今までの学問の枠組みは西洋によって作られたという主張である。第二は、近代化論や生産力主義、人間中心主義を批判する環境問題の視点である。第三は、既存の研究は男性原理や家父長制によって構築されたものであり、それらの存在拘束性を可視化するジェンダー研究である。

　いずれも重要な視点であり、今後の学知を主導する潮流ではあるが、本章では、この第三のジェンダー研究の観点から、家父長制と女性兵士及び従軍「慰安婦」問題等を事例として取り上げ、最近の研究動向を紹介しながら、国際関係学自体の権力構造と知の枠組みを省察して、そのイデオロギー性を批判的に摂取しながら、21世紀にふさわしい国際関係学構築を目指したい。

　まず第1節では、既存の主流派国際関係学が男性の支配原理を体現したものであり、そのジェンダーバイアスを明らかにしながら、ジェンダー国際関係学の三つの流れを見ていき、今後を展望する。

　第2節では、家父長制の定義と歴史を見た上で、ウェストファリア体制と家父長制の相補性を指摘し、現実主義的国際関係学の現状維持のイデオロギー性を批判する。

　第3節では、女性兵士を取り上げ、ジェンダー研究にとっても国際関係学研究にとっても重要な試金石になることを述べた上で、女性兵士が男並

みになり、単なる国民化に陥る危険性を指摘する。また日常での軍事化が進んでおり、それは女性にとっても男性にとっても深刻な問題であり、軍事化により作られた「男らしさ」や「女らしさ」が過度に強調されていることを述べる。

第4節では、従軍「慰安婦」問題を取り上げ、戦時における女性の三つの位置づけを見た上で、「慰安婦」の歴史や世界史における特殊性を考察し、議論になっている問題をパラダイムごとに分類する。また「慰安婦」問題を取り上げた女性国際戦犯法廷について、本来問うべき多くの問題を不問に付した東京裁判の欠落を埋める意義を指摘する。

第5節は、戦争とジェンダーを一般的に捉え、戦争において女性が性的に搾取される理由や日本軍の特殊性も考察し、人権という名の男権主義に触れ、ジェンダー研究の多様性や今後を展望する。

## 1．国際関係学とジェンダー

**(1) ジェンダー的観点の国際関係学**　既存の国際関係学研究は、男性が主体であり、男性性を有した学問であるとの批判が最近強くなってきている。

国際関係学の特に現実主義的な議論においては、ジェンダーの視点はほぼ無視され続けてきた。[1]社会科学のあらゆる学問領域の中でも国際関係学は、女性とジェンダー関係に関するフェミニズムの諸分析を組み込むことに最も抵抗する学問領域であった。国際的な安全保障政策という「ハイ・ポリティクス」は、「男の世界であり、戦闘行為が特権的な活動であるような、権力と対立の世界」であり、女性がこれまで伝統的に排除されてきた世界である。[2]

またこの分野の女性の教員や研究者たちは国際政治経済学や開発学、国際関係理論の分野に集中しており、この学問分野の最も核となる国家安全保障や国際安全保障の領域に女性研究者はほとんどいなかった。[3]

国際関係学はジェンダー的問題意識という点では、社会科学の中で開拓が最も遅れた領域であった。そのことは、この領域の扱う国家及び国際政

治の特殊性を逆に示していると言える。つまり人文社会系のアカデミズムの中での国際関係学の後進性は、国際関係学、特に主流派であった現実主義が権力中枢に最も近い知であることをあらわしている。それと同時に、国際関係学の扱う国家間の軍事・外交が「女・子ども」の領域ではなく「男の領分」であるという暗黙の前提に立脚しているという点で、国際関係学は家父長制の「権力-知」という性格も帯びていた<sup>(4)</sup>。

このように、国際関係学は、実は男性の支配原理、そして強い国家をもった西欧近代の支配原理を体現したものに他ならず、その意味において、近代西欧国際政治体制を作り出したとされるウェストファリア体制と男性支配原理との関係や相補性を考察する必要があろう<sup>(5)</sup>。

(2) ジェンダー国際関係学の三つの流れ　御巫由美子によれば、ジェンダーの観点を取り入れた国際関係学は以下の三つに分けられる<sup>(6)</sup>。

第一は、「フェミニスト実証研究」派であり、最も古いリベラル・フェミニズムの流れで、主流派国際関係学の枠組みを変えずに、国際政治における女性の役割に注目する研究である。インディラ・ガンディーやマーガレット・サッチャーなど女性指導者たちの果たした役割の研究や発展途上国の女性の政治活動の研究が中心であった<sup>(7)</sup>。

第二は、「フェミニスト見地」派であり、女性を含め、従属的地位にある人々の視座を欠いた、主流派国際関係学の不完全性を指摘した。シンシア・エンローやアン・ティックナーらの研究がそれにあたる<sup>(8)</sup>。

第三は、「フェミニスト・ポスト・モダン」派である。これまでのフェミニストによる国際関係学研究の多くが「女性」という同質的なグループが存在するかのように想定していたことを批判した。ジーン・エルシュテインは、女性が常に反戦あるいは平和主義の立場をとるという考えを批判し、ジャン・ペットマンは、フェミニズム研究が、西欧の中流階級出身の白人女性の経験を中心に作り出されてきたことにより「女性」の概念が偏っていることを指摘した。他にもサンドラ・ウィットワースらによる研究がある<sup>(9)</sup>。

ジェンダー国際関係学の歴史は、国際関係学の雑誌『ミレニアム』の特

集が出た 1980 年代後半を起点と見なすことが多い。これが第一世代であり、この時期から様々な論考が発表されだし、既存の国際関係学への批判が見られるようになった。

　ジェンダー国際関係学も一枚岩でないことが自覚され、自己批判の時期を迎える。それが林奈津子によれば以下のように第二世代ということになる。

　第二世代はフェミニズム理論に沿って、女性を一般化することに警告を発し、異なる人種、地域、階層の女性たちの従属の程度や多様性を強調する。そのため第二世代は普通の女性の日常生活に焦点を当てた多様な経験的事例の研究に取り組んだ[10]。このように、1990 年代、フェミニズム自身が自己批評的・自己解体的となった。「女性」は通文化的に一枚岩ではなく、むしろそのような語りこそが「帝国」の語りである、というブラック・フェミニズムや第三世界フェミニズムからの厳しい告発があった[11]。

　このような研究成果を生かし、今後、さらにジェンダー国際関係学を精緻化しながら、既存の枠組みを脱構築しなければならないであろう。最近、人間の安全保障論も盛んであるが、人間とは誰なのか、男性を指すのではないのか、といったことまで議論されるようになってきている。人間の安全保障に関するジェンダー間の格差こそがフェミニスト研究者たちが注視する問題であり、「人間の安全を保障するとは、いったい誰の安全をどのような脅威から守ることを意味するのか」という問いがフェミニズムから探る人間の安全保障論の中核にある[12]。

　男性原理を体現した既存の国際関係学へのジェンダーからの痛烈な批判により、国際関係学自体のイデオロギーが暴露された。このようなイデオロギーの可視化によって、さらに国家や暴力の問題にまで踏み込み、国際関係学をより豊穣なものにする必要があろう。

## 2．家父長制とウェストファリア体制

(1) **家父長制の定義と歴史**　若桑みどりによれば、戦争を生み出すものは「家父長制的男性支配型国家」であり、家父長制の定義として以下

の五つをあげている。第一は、年長の男性による女性及び若年、子どもの支配と権力である。第二は、政治、経済、社会、文化の各領域における権力の中枢からの女性の排除と「周縁化」である。第三は、家長による女性の再生産力（子供を産むこと）と性的な身体の「私有」と、家庭への「囲い込み」である。第四は、男性による公的領域の独占、社会的な事柄の意志決定である。第五は、教育、文化、道徳によって、力で支配する「男らしさ」、男性に従属する「女らしさ」という強制的な「人格の制度化」である。

このような家父長制は一見、長い伝統を持ち、人類の生存と共に変わらずに存在したと思われるが、家父長制社会はせいぜい紀元前数千年になって登場した一時的な制度にすぎない。

社会に性的抑圧のルールがなく、男女の自由な恋愛を禁止したり、望まない結婚で束縛したり支配したりする力や道徳の束縛がなかったとすれば、人間は比較的解放された暮らしをしていたのだろう。古代以前の社会においては、生命と女性への尊敬の念が強く、そこでは財産の拡大や権力の強化よりも生命が大事にされており、それゆえ、生命の育み手である女性が尊敬されていた例も存在する。

(2) **ウェストファリア体制と家父長制の相補性**　国際関係学の中の特に現実主義は、変動の可能性を視野に入れず静態的分析に陥り、自己反省的視点を欠いており、その結果として現状肯定のイデオロギー的役割を演じてきた。いわば現状つまりウェストファリア体制における処世術を説いたものが現実主義であった。ウェストファリア体制の枠組み自体を問うことなく、支配者である権力を持てる者と被支配者である持たざる者との関係を秩序、安定という観点からしか問題にしない現実主義は、現状維持のイデオロギー的機能を有している。

このような国際関係学の主流派の思想である現実主義を、ウェストファリア体制の「権力-知」として捉え、しかもそれが家父長制と相補性を有していることをジェンダー国際関係学は暴いた。土佐弘之によれば、家父長制とは男性が女性を支配する構造と年長者が若年者を支配する構造の二

つからなり、前者を中核的価値として編成された性役割、ジェンダー・アイデンティティ、性的志向等に関わる規範のセットである(15)。

公的政治における男性優位主義は西欧政治思想では、古代ギリシア以来、アリストテレスやニッコロ・マキャベリの言説に認めることができる。アリストテレスは『政治学』において、「男性は自然によって女性よりも指導的な素質があり」と述べ、マキャベリは『君主論』で、「運命の神は女であるから、彼女を征服しようとするならば、うちのめしたり、突き飛ばしたりする必要がある」と述べている(16)。

だが公的政治における男性優位主義の確立と完成は、近代国民国家の形成過程や資本主義の発展とより密接な関係があるというのが最近の通説である(17)。このようにして、暴力に関して比較優位にある男性がヘゲモニーを握り、主権国家体制は男性中心主義的なものになった。徴兵の見返りとして男性が市民権を得て、女性が公的政治から排除されたのはその良い例である。「国家と家族の外は戦場で、男の領域であり、家族の中の平和をケアするのが女の役割である」という主張は、公的政治／私的空間（家族）がそれぞれ男性の領域、女性の領域に分節化され、国家の男性化がこの時点で完成の域に到達していることを示している(18)。

国民国家が軍事力と生産力の増強を国家目標とし、国民を人口すなわち兵力と労働力とに還元したとき、兵役は国民化の鍵となった。その時、国民は「国家のために死ぬ名誉をもつ者」＝男性と「国家のために死ぬ名誉をもたない者」＝女性とに分断され、前者だけが、国民の資格をえた。戦争はジェンダーの境界を平時に増して明確に可視化するのである(19)。

## 3．女性兵士問題と軍事化

(1) **女性兵士問題**　女性兵士問題はジェンダーと国際関係学研究の大きな試金石である。女性も男性並みの権利を得るのか、それとも優秀な軍人となり完全な国民化を果たすのか。この問題は大いに議論されている。

まず兵役から女性を排除することに対して非難をしている全米女性機構

（NOW = National Organization for Women）の論を見ていくことにする。彼女らは米国の主流派のフェミニストであり、軍隊への女性参加を権利と見なした。NOW は、ベトナム戦争をきっかけとして、女性の兵役登録を要求し、兵役登録からの女性排除は憲法違反であるという訴訟を次々に起こした。その理由として、以下の3点において排除の克服を目指している。第一に軍隊の提供する就労機会や訓練プログラムからの女性の排除である。第二に退役軍人特典からの女性の排除であり、その結果として福祉の恩恵から、女性が生涯にわたって構造的組織的に、二級市民として不利益を受けることである。第三に女性の戦闘訓練からの排除によって、女性が暴力の犠牲者となる可能性が増えることである[20]。

　このような運動は女性の権利要求という観点では、一定の成果をもたらし、歴史的役割はあったであろうが、今までの歴史を見ると女性兵士は必要に迫られて結果として男性と共に戦うことになった側面もある。江原由美子によれば、女性の戦闘参加は、戦闘の意義（独立戦争における独立という大義、ナチスへのレジスタンスにおける人道的意義など）に賛同しての参加であったり、あるいは戦争の開始と共に男性兵士の不足などで女性が銃をとるしかない状況に追い込まれての参加であったり、それは女性解放や男女平等とは別の文脈での出来事であったからである[21]。

　ベティ・リアドンは、戦争が家父長的な暴力の最大の行使であり、女性がそれに反対する必然性があると主張する。軍隊は暴力を組織した機関である。となれば次に、軍隊への女性の参加が軍隊の攻撃性を弱める結果になるのかそうでないのか、という問いが生じる。言い換えれば、女性が軍隊を変えるのか、それとも軍隊が女性を変えるのかという問いである[22]。

　しかし、実際には女性が軍隊を変えることはほとんどなく、むしろ軍隊が女性をも変えてしまう結果となることが多かった。軍隊が戦闘を目的とする組織である以上、軍隊に「完全な人道性」を求めることは、そもそも矛盾している。そうであるならば、女性兵士が増大しても、軍隊が完全に「民主化・人道化」されるとは考えにくく、むしろ逆に女性兵士が従来の軍隊文化に染まってしまう可能性の方が高いのである。

　国家の暴力を男性が占有している時に、女性にも「分配公正」を求める

ことは、国家による暴力の占有を認めることを意味する。そのような主張を行うフェミニズムとは、必然的に「国民主義」となる。「軍隊内機会均等要求」によってフェミニズムが国民国家と取り引きし「ナショナリズム」に吸収されていってしまう。フェミニズムは「国民国家における分配平等」の思想に留まるべきではなく、国民国家を超えた意義を持つ思想であるべきだろう。[23]

(2) **女と男の軍事化** 女も男並みに軍隊に入って戦うのではなく、非人道的な軍隊や国家を解体する側に立つ必要がある。しかし現実は、女が軍隊に入り軍事化されるばかりでなく、日常生活にも軍事化の波は押し寄せている。

シンシア・エンローによれば、たんに女性兵士が増えることだけが女性の軍事化ではない。女性は兵士として軍事化される。兵士の母として軍事化される。軍人の妻や兵士の恋人として軍事化される。軍の医療関係者、糧食担当や後方支援者として軍事化される。軍服のデザイナー、軍隊調を流行に持ち込むファッション産業の関係者として軍事化される。軍隊売春婦や基地周辺の風俗業の従事者として軍事化される。兵士が行うレイプの被害者として軍事化される。様々な種類の女性が、様々なかたちで軍事化に関わっている。軍事化はすでにそこにある。女性は軍事化のたんなる被害者でも加害者でもない。女性は加害者としても被害者としても、とっくにそれに巻き込まれている。互いに対立し合い、接点がないと思われていた多様な女性たちが、軍事化という一つの出来事のもとに統合されている。[24]

このように、最近の軍事化や戦争への道筋は、軍国主義がいきなり台頭したり、戦争が突然勃発したりするのではなく、日常の中の軍事化のプロセスに潜んでいる。[25]

女も軍事化されているのと同様に、男も軍事化されているのは当然であろう。男はもともと「荒々しく」「ケダモノ」なのではなく、軍事化の過程でそうなってしまったと考えることもできよう。

軍隊文化は過剰な男性性と結び付いており、軍隊が性的暴力体質を持っ

ていることは自明視されてきた。ロナルド・レーガン大統領のもとで国防政策担当秘書官をしていたフレッド・アイクルは「軍隊生活はレイプを促すような態度を養う」ことを認める。元海軍参謀のジェームズ・ウェッブは「兵士はある程度ケダモノになる必要がある。なぜなら戦闘は非人間的なものだから」と言う。このような雰囲気の軍隊では、当然、性的な犯罪も多発する。1997年9月、トーゴ・ウェスト米国陸軍長官は軍内のセクハラ報告書を公表した。「セクハラは軍隊全体に蔓延」と認め、綱紀粛正を表明した。調査によると男性の76％、女性の78％が過去1年間に兵舎で「攻撃的な性行動」を加えられ、男性の6％、女性の7％がレイプを受けたという(26)。

さらに、神経質な司令官ほど、あからさまな階級と人種間の緊張を減らすために、「男らしさ」の絆を使おうとする。男であることが潜在的な戦士であることを強調する。兵士であることを否定する男性はそのためのリスクを負う。彼は友人や隣人や政府から、男らしくないとみなされる(27)。

本来、男性もそれほど暴力的ではなく、「男性らしさ」は作られたもので、それが家父長制化や軍事化に結び付けられた結果である。ロバート・コンネルは「覇権的男らしさの属性」は、大多数の男性の実際の人間性に合致したものではなく、家父長的権威を維持し、家父長的な政治や社会秩序を正当化するために、社会的に構築された文化的理想像であったと指摘する(28)。

第二次大戦中、たとえ敵兵の脅威があっても、実際に戦場で銃を発射した兵士は、平均してたった15％しかいなかった。徴兵官は男性の暴力性をあてにできないので、彼らは「男らしさ」とか愛国的義務に訴えた(29)。メレデス・トルシェンは「戦争は軍事化された社会を創造し、ジェンダー的な役割についての洗練されたイデオロギーが男らしさというものをミリタリズムに結びつける」と述べている(30)。

このように問題の本質は権力、軍事化や国家であり、性別そのものではない。女性は本来的に自然に対して優しいのではなくて、家父長制と暴力が人間、とりわけ男性の本来の優しさを奪った、ということもできよう(31)。

男性に暴力をより強調させ、よりセクシュアリティに訴えるために、

第10章　ジェンダーから見た国際関係学　179

様々な方法や非公式な回路を使い、軍隊経験の退屈さをなくそうと努力する。エンローは以下のように問題提起をする。性的な楽しみなしで、米軍は若い男性を長く退屈な海の旅や地上演習に送り出せるだろうか。アジアやラテン女性が従順だという神話なしで、男たちはそのアイデンティティや兵士としての「男らしさ」を維持できるだろうか。[32]

このように様々な次元でセクシュアリティ化や軍事化は進んでいる。国家は軍事的側面において、「男らしい」男と「女らしい」女を必要としていた。さらに近代国家における軍事化において、「国民の均質化」が軍服を着ることによって実現し、階層や階級が忘却される構図が見て取れる。ナショナリズムの力学は、ジェンダー、民族、世代、といった「国民」以外のカテゴリーを極小化させ、従来「二級市民」とされてきた者を「国民」カテゴリーに囲い込む。この「国民化」プロジェクトが、たとえ権利を置き去りにした義務の平等化にすぎないとしても、国民としての「平準化」は往々にして社会上昇気分をともなって記憶されることがある。[33]その中に女性も取り込まれることになるのか。国家や国民化、さらに軍事化を批判するジェンダーの視点がさらに重要性を増すであろう。

## 4．従軍「慰安婦」問題と女性国際戦犯法廷の意義

**(1) 戦時における女性の位置**　戦争においては、多くの国で、「男＝勇敢なる戦士」、「女＝哀れな犠牲者」というステレオタイプの刷り込みを行い、ジェンダー的差異が過度に可視化され、それを利用して戦争の聖戦化をはかることが多いことはすでに見てきた。自分たちが加害者になる可能性をあえて無視し、逆に敵をレイプ魔として見立て、自分たちの妻子をその「獣」から守る必要性を唱えるというのも、家父長的権力の常套手段である。

戦争における好戦的男性から見た対象としての女性の位置を、土佐弘之は以下のように三つに分けて説明する。[34]

第一は、敵国であり、そこでは女性は戦場でのレイプの対象となる。「過剰な男らしさ」の攻撃対象としての女性が存在する。「女性の肉体を媒

介にして、男性が敵国の男性の所有権（男性化された国家主権）を意図的に侵犯する」というのが、戦争で行われるレイプの象徴的意味である。所有権を侵された側は「男らしさ」の喪失、つまり事実上の敗北という屈辱を受けたことになる。「夫の財産権への侵害」という家父長制的な価値観の文脈があって、この象徴的な攻撃は大きな意味を持つ。

強姦が男性の権力支配の誇示のために行われること、とりわけ戦時強姦はその複数性（輪姦）に特徴があり、弱者への攻撃を通じて連帯を確立する「儀式」である。事実、戦時強姦はしばしば「観客」のいるところで行われることがわかっている。兵士の攻撃が女性の性に向けられるのはそれが敵の男性に対する最も象徴的な侮辱であり、自己の力の誇示であることを知っているからである(35)。

女性は強姦され奪い去られるかもしれないので、敵に渡るよりその前に死んだ方がいいと考えられ、女性が自殺をしたり、男たちの手で「純潔を守るために」殺されたりする例もあった。また敵の子を宿した女性は、家族にとっても不名誉な存在と見なされ、味方からも様々な嫌がらせを受けることも多かった(36)。

第二は、敵国と母国の中間に存在する植民地などであり、そこでは女性はセクシュアリティの対象となる。これは、戦場でのレイプを防止するという口実のもとマージナル領域において確保される売春婦である。この典型は従軍「慰安婦」であり、これについては後で詳しく述べることにする。

第三は、母国であり、母国（motherland）と称されるように「守られるべき客体」としての象徴的役割を担わされた女性である。父権主義の裏返しである母性主義を担う母親は、兵士の生物学的再生産だけではなく、皮肉なことに家父長制の文化コードの再生産（育児）の役割も担うことになる。

**(2) 従軍「慰安婦」の歴史と特殊性**　従軍「慰安婦」制度の歴史は田中利幸によれば(37)、1920年代以降、東北アジア地域において、すでに存在していた商業売春組織を軍当局が直接支配し、それを軍専用の性奴隷制

第10章　ジェンダーから見た国際関係学　181

度とするために、その既存の構造をさらに組織化し統制すれば慰安制度に移行させることができる基礎が存在していた。政治的、外交的、軍事的、医療的など様々な理由から、軍当局は「慰安婦」の獲得源を日本国内から植民地ならびに占領地域に移し、「慰安婦」制度を円滑に運営するために軍による女性の直接奴隷化をはかった。

「慰安婦」は兵士の性的欲望を満たし、同時に彼らが性病に罹らず強姦も犯さないようにするために、「周旋業者」が提供し、慰安所の経営者が軍の支配下で管理する「商品」であった。遠隔地に運ばれる「慰安婦」たちが、しばしば軍の書類の中で「積荷」として取り扱われた事実は、まさに軍当局者たちが「慰安婦」をどのように捉えていたのかを明示している。

この日本軍における「慰安婦」の特殊性は他国の軍管理売春あるいは性奴隷制度と比較して以下の5点において特殊性がある。第一は、地理的な広範囲性で、アジア太平洋全域に女性が移動させられたという点で特異である。第二は、性的搾取を受けた女性の絶対数の多さであり、推定8万から10万人と言われている。第三は、性的搾取を受けた女性の多民族性であり、朝鮮・中国・台湾・インドネシア・オランダ・メラネシア人などがいた。第四は、女性に対する性暴力の度合いの激しさと期間の長さであり、数年にわたり監禁同様の状態で、しばしば暴力を伴う性奴隷的取り扱いをなされることが多かった。第五は、軍指導部と政府による統制であり、陸軍省、外務省による直接関与があったことである。<sup>(38)</sup>

(3) 従軍「慰安婦」問題におけるパラダイム　従軍「慰安婦」問題を、戦後半世紀以上経って何を今さらとの声があったが、これは過去の問題ではなく、現在の、さらには私たちが現在進行形で荷担している問題なのである。従軍「慰安婦」をめぐる三重の犯罪とは、第一に、戦時強姦という犯罪であり、第二に、戦後半世紀以上にわたる罪の忘却という犯罪であり、第三に、保守派の人々による被害女性の告発の否認という犯罪なのである。<sup>(39)</sup>

今までに従軍「慰安婦」は様々な形で語られてきたが、上野千鶴子によ

れば、従軍「慰安婦」を語るパラダイムは以下のようにいくつかに分類される[40]。

　第一に、民族の恥—家父長制パラダイムである。女性の性的人権の侵害を、家父長制下の男性同士の財産権の争いに還元することこそが被害者に沈黙をしてきた二重の犯罪の原因である。女性の貞操は男性の財産であり、その財産権の侵害に対して日韓両国の家父長制の利害が語られ、女性の人格や尊厳は少しも顧みられなかった。

　第二に、戦時強姦パラダイムである。先にも見たように「慰安婦」制度は、偶発的・非組織的な戦時強姦を超えており、従軍「慰安婦」を戦時強姦パラダイムで読み解くには無理がある。

　第三に、売春パラダイムである。リクルートにおける自由意志の有無の問題と金銭の授受の問題とは区別しなければならない。また金銭の授受は強制のもとでも起こりうる。強姦した後に無理にカネを握らせれば、それで強姦の罪が消えるわけではない。

　田中によれば、兵士は通常前もって切符を購入し、「慰安婦」の部屋に入ってからその切符を「慰安婦」に手渡して性的奉仕を受けた。この行為によって、兵士は性的奉仕を受けることが合法的な商業取引であると信じた。「お金を払う」という行為を済ませている兵士にとって、実際に慰安所の経営者が「慰安婦」に適切な額の報酬を支払っているかどうかは、自分の問題ではないのである[41]。

　さらに言えば、強制であれ任意であれ売春そのものは、女性と男性との間の「性と金銭の交換」ではない。性産業としての買売春は、売り手（業者や経営者、しばしば男性）と買い手（の男性）との間の交換行為であり、そこでは女性は交換の主体＝当事者ではなく、単なる客体なのである。

　第四に、性奴隷制—性暴力パラダイムである。無垢な被害者像を作り上げることによって、女性に純潔を要求する家父長制パラダイムとの予期せぬ共犯者になりかねない。

　いずれのパラダイムにも問題はあり、家父長制や偶発性、自由意志と金銭授受の名の下に、従軍「慰安婦」問題の重要性が隠蔽されてしまうおそ

第10章　ジェンダーから見た国際関係学　183

れがあろう。今後、その特殊性と共に軍隊と性の問題一般として論じ、さらなる変数を用いての研究が望まれる。

(4) **女性国際戦犯法廷の意義**　この従軍「慰安婦」問題について、2000年12月東京において、「日本軍性奴隷を裁く女性国際戦犯法廷」が開かれた。この法廷は、各国の法律専門家たちの助力を得て作成された「法律憲章」に基づいて、世界的な法律家からなる判事団、第三国の法律家からなる首席検事団、被害国・地域の法律家からなる検事団、被害側・加害側証人、専門家証人などで構成された[42]。

この女性国際戦犯法廷の歴史的意義は、高橋哲哉によれば、以下の3点である。

第一は、東京裁判の欠落を埋める意義である。東京裁判は勝者の裁きとして非難されているが、事実はむしろ本来問うべき多くのことを不問に付したことによって、保守派の利益に合致していた。昭和天皇と天皇制の戦争責任、朝鮮半島・台湾島への植民地支配責任、731部隊等中国大陸での人体実験を伴う細菌兵器の開発と実践使用の責任、慰安所において多数の女性を性奴隷にしたことの責任は、米国の思惑によって裁かれなかった。

第二は、加害者の裁き、すなわち責任の所在を公的に明示することは、被害者の尊厳が回復され、そのトラウマが癒されるための必要条件であるという点である。

第三は、国際人道法の発展、とりわけ人道に対する罪の普遍的適用可能性の拡大プロセスに貢献しうるという点である[43]。

女性国際戦犯法廷は既存の国際法に対しても脱構築を試みている。もともと帝国主義列強諸国間のルールとして出発した国際法が、とりわけその適用と運用において強烈な欧米中心主義に染まっていた。しかしこの法廷では、日本や欧米の植民地であったために、これまで国際法の外部に排除されてきたアジア諸地域の戦争被害を問うた。

さらに国際法の外部であった女性、とりわけ「慰安婦」のように家父長制社会の末端に追いやられていた人々に着目した。「慰安婦」は牛馬のように「軍事物資」扱いで移送され、「皇軍将兵への贈り物」として提供さ

れ、言葉も通じない異郷で奴隷状態におかれ、生き延びても戦争が終わると紙くずのように捨てられ、万一故郷に帰ることができてもスティグマを恐れて沈黙を強いられ、歴史の表面から抹殺されてきた「歴史の他者」であり、「サバルタン」であった。女性国際戦犯法廷は、真の「サバルタン」であった彼女たちの最も聞き取りにくい声、叫び、つぶやき、訴えに耳を傾け、それらを初めて法の空間に響かせようとする試みであり、その点で、従来の国際法の男権主義や、「慰安婦」犯罪の証拠を手にしながら、これを不問に付した東京裁判へのラディカルな批判を含んでいる。(44)

## 5．戦争とジェンダー

**(1) 戦争と性**　ここでは、今まで事例として見てきた女性兵士や従軍「慰安婦」問題の一般化をはかり、今後を展望していく。これまで性暴力の主なターゲットとされてきたのは、市民権を持たず、一人前ではないとされた人たち、奴隷、女性、子ども、被植民者などであった。(45)

女性に対する激しい暴力になる理由として、自分の命を守るために、敵よりも暴力的にならなければならない。それは敵にとっても同じことで、そのため暴力が暴力を強めるという悪循環が起き、その結果相互に急速に残虐性を強化させていく。自分自身を残虐化することによって人間性を失い、そのため敵兵を非人間化する。このような精神的に極めて荒廃した状況の中で、兵士たちは死の恐怖からの逃避と自己生命の再確認のための性交渉を強く求める。戦闘で自己を残虐化し他者を非人間化することに慣れた兵士にとって、女性、とりわけ敵国市民の女性を非人間化し強姦することは心理的に極めて容易なことである。(46)

次に、日本軍の特殊性をも指摘しなくてはならないだろう。田中利幸によれば、アジア太平洋戦争において、日本軍の兵士たちが各地で強姦を頻繁に犯した原因には、日本軍内部の異常なほど厳格で残虐性を帯びた階級制度と規律の問題も深く関連していると思われる。それに対して、中国やベトナムの人民解放軍が強姦をしたということはほとんど聞かない。その理由は、他国による軍事支配、自国の植民地化、侵入してくる軍隊の組織

的残虐行為に対する抵抗という共通の目的のために人民が一体となって努力しているという、その全体状況そのものにあると思われる[47]。

このような日本の特殊性と共に、軍と戦争そのものの批判的検証も必要となろう。女性に対する軍暴力と戦時強制売春を防止するためには、軍隊という暴力組織そのものと戦争全般、その両方が内包する本質的な性質を、批判的に検討しなければならない。女性に対する軍暴力は戦時期に最も頻繁に起きるが、軍人による女性の暴力的性的搾取という根強い傾向は戦時期だけに見られるものではない。どこの国の軍隊であろうと、一般に軍組織は「軍国精神に染められた力強い男」という観念を兵士たちに常に植え付ける必要性から、売春婦によるサービスを提供している。軍隊における「男らしさ」には、「屈強な男」として、当然に性行動において精力的であるどころか攻撃的であることが期待される。軍ならびに国家権力は、兵士たちの攻撃性を強化するために、軍管理売春を許容するのみならず、兵士たちに男として精力的に性行動に励むよう助長する。したがって、このような観念が軍全体に浸透している限り、いくら軍管理売春を軍事基地周辺で提供しても、兵士による女性に対する性暴力が一向になくならないのは当然であろう[48]。

**(2) 人権問題とジェンダーの多様性**　男女平等の根幹にあるのは人権概念であろうが、そもそも人権とは男の権利であった。フランス人権宣言は「男および市民の諸権利」と訳すのが正確であろう。シトワイヤン（市民）であることとオム（男）であることは同義である。だからこそ、人権宣言が出た直後に、オランプ・ド・グージュの「女権宣言」が登場することで、人権宣言の男権性があらわにされた。このように人権概念にはジェンダー性、階級性、排他性の三つの要素が、初めからはらまれていた[49]。

人権概念への疑問と共に、近代の公私区分論への批判もジェンダーは投げかけた。「個人的なことは政治的である」という言葉は、近代の社会科学全体が前提としている公私区分論への批判をも含意している。フェミニズムはこの社会科学の屋台骨ともいいうる公私の区分に異を唱え、その再

編を主張した。近代の社会科学では、私的領域を権力から自由な領域と見なしたのとは対照的に、フェミニズムは私的領域（家族）にも権力関係が存在し、それこそが公的領域（政治及び市場・市民社会）での不平等と深く関わっていることを告発した。

女性も多様であり、ジェンダー研究も多様である。特にイスラームを中心とする新興国のジェンダー研究者と西洋のジェンダー研究者との間で、論争が起こっている。西洋の側の言説には、しばしばイスラームについての偏見やジェンダー化されたコロニアリズム、さらには暴力的介入への黙認が含まれている。

またイスラーム地域内においても、ジェンダー研究は多様であり、西洋批判と共に自文化の家父長制批判を展開している。アラブのフェミニストたちは「アラブの伝統」という正当化の下に男性の優越性をカモフラージュしようとするナショナリスト男性を批判してきた。アラブでナショナリストでありフェミニストであることは、危険な賭けである。アラブ諸国の女性運動家は、西洋のブルジョワの価値観に屈服したものとして、また統合に向かう国家を分裂させるものとして、男性からの二重の非難にさらされている。

**(3) ジェンダー研究の今後の展望**　現在、ジェンダーをはじめとする様々な暴力が世界に蔓延している。これにどう対抗するのかが、ジェンダー研究や国際関係学の役割であろう。

「慰安婦」問題が突き付ける問いは、単に戦争犯罪ではなく、戦争が犯罪なのだということである。国民国家も女も、共に脱自然化・脱本質主義化することがジェンダー史研究の到達点なのである。グローバル・フェミニズムは、「近代国家に内在化されていた性差別・性暴力容認体制」の告発を、その国家批判の中核にすえている。従軍「慰安婦」問題の意義とは、こうしたグローバル・フェミニズムによる国家批判にこそある。

上野千鶴子はアイデンティティの多様性について次のように述べる。

フェミニズムの目的は女性という本質主義的な共同性をうちたてることでもない。わたしが女性に還元されないように、わたしは国民にも還元さ

れない。カテゴリーの相対化をこそ意図している。国民を超えるための普遍的な世界市民という概念もまた危険な誘惑に満ちている。それはあらゆる帰属から自由な個人の幻想を抱かせ、あたかも歴史の負荷が存在しないかのように人をふるまわせる。国民でもなくあるいは個人でもなく。わたしを作り上げているのは、ジェンダーや、国籍、職業、地位、人種、文化、エスニシティなど様々な関係性の集合である。わたしはそのどれからも逃れられないが、そのどれかひとつに還元されることもないのである。[53]

　ひとつのアイデンティティを強要するのではなく、重層的で可変的なアイデンティティの関係性にこそ、着目すべきであろう。

## おわりに

　本章では、ジェンダー的視座から国際関係学に内在する男性原理や家父長制の権力と知を可視化する試みをしてきた。

　国際関係学の特に現実主義は、権力中枢に最も近い知であるがゆえに、ジェンダー的問題意識が社会科学の中で遅れた領域であった。だが最近はジェンダー国際関係学も盛んに論じられるようになり、議論も多様化してきている。

　家父長制とウェストファリア体制は相補的であり、公的政治における男性優位主義は近代主権国家や資本主義の発展と密接な関係があった。主権国家体制は男性原理を体現し、徴兵の見返りとして男性が市民権を得て、女性は公的政治から排除された。

　女性兵士問題はジェンダー研究と共に国際関係学研究においても、試金石となっている。女性も男性並みに権利を獲得することは重要であるが、軍は破壊と殺しの専門家を養成する機関であり、そこに入ることにより権利や人権が認められ民主化が進むということは矛盾している。また軍隊に人道性を求めることは難しいであろう。女性兵士とは女性の権利獲得であると共に、女性の国民化であり、国家や戦争の論理に絡め取られる危険性もはらむ。

　軍事化は男女を問わず、日常生活に浸透している。軍事化の過程で、「男らしい」男と「女らしい」女が作られるのであって、生来、男性は

「ケダモノ」で「荒々しい」のではなく、女性も「従順」で「しとやか」なのではないのである。

　従軍「慰安婦」は、広範囲性、絶対数の多さ、多民族性、暴力の激しさと長さ、軍と政府の関与という点から世界史上でも特殊性を有する問題である。「慰安婦」問題を取り上げた女性国際戦犯法廷は、本来問うべき多くの問題を不問に付した東京裁判の欠落を埋める意義があった。

　戦争という特殊かつ異常な状況において、女性への性的搾取が増大する。戦闘で自己を残虐化し、他者を非人間化することに慣れた兵士は、敵国の女性を強姦することにそれほど罪悪感がなく、容易に行いうる。

　戦時の性的暴力の問題を解決するためには、戦争や軍隊そのもの、さらには暴力装置を内包している近代主権国家そのものへの批判的考察が重要であろう。ジェンダー国際関係学が国際関係学の分野で貢献するためには、ジェンダー的視座から家父長制、近代主権国家、戦争、軍隊を批判することが必要であろう。このような観点からもジェンダー国際関係学はさらに重要性が増すであろう。

　国際関係学研究におけるジェンダー的視座の意義は、やられる側、虐げられた側の視点に立てるという点、既存のディシプリンのイデオロギー性を可視化できるという点、戦争や軍隊さらには近代主権国家体制を批判できる点、全てをジェンダーのみではなく他の様々な関係性を問えるという点などが考えられよう。このようにジェンダー国際関係学は、21世紀の国際関係学の重要な構成要素になりうるであろう。

**注**

(1) 竹中千春「世界政治をジェンダー化する」小林誠他編『グローバル・ポリティクス　世界の再構造化と新しい政治学』有信堂、2000年、218頁。なお、ジェンダーと国際関係学については、岩木秀樹「国際関係論の現状と将来―脱領域性・関係性・多様性の国際関係論を目指して―」『創価大学平和学会会報』No. 18、創価大学平和学会、2003年、77-78頁を参照。

(2) Sandra Whitworth, *Feminism and International Relations: Towards a Political Economy on Gender in Interstate and Non-Governmental*

*Institutions*, Macmillan, 1997, サンドラ・ウィットワース、武者小路公秀他監訳『国際ジェンダー関係論』藤原書店、2000 年、30-31 頁。
(3)　Ann Tickner, *Gender in International Relations*, Columbia University Press, 1992, アン・ティックナー、進藤榮一他訳『国際関係論とジェンダー 安全保障のフェミニズムの見方』岩波書店、2005 年、v-vi 頁。
(4)　土佐弘之『グローバル／ジェンダー・ポリティクス』世界思想社、2000 年、1 頁。
(5)　竹中、前掲論文、228 頁。
(6)　御巫由美子「ジェンダーと国際関係―日本の安全保障政策をめぐって ―」日本政治学会編『年報政治学』2003 年、74-76 頁。
(7)　D'Amico, Francine and Peter R. Beckman eds., *Women in World Politics*, Bergin & Garvey, 1995. Haleh Afshar ed., *Women and Politics in the Third World,* Routledge, 1996.
(8)　Cynthia Enloe, *Bananas, Beaches, and Bases: Making Feminist Sense of International Politics*, University of California Press, 1989. Tickner, *op. cit.*
(9)　Jean Bethke Elshtain, *Women and War*, Basic Books, 1987, ジーン・ベ スキー・エルシュテイン、小林史子他訳『女性と戦争』法政大学出版局、 1994 年。Jan Jindy Pettman, *Worlding Women: A Feminist International Politics*, Routledge, 1996. Whitworth, *op. cit.*
(10)　林奈津子「国際政治学におけるジェンダー研究」『ジェンダー研究』第 10 号、お茶の水女子大学ジェンダー研究センター、2007 年、107 頁。
(11)　大越愛子「『帝国』のポリティックスとフェミニズム」『アソシエ』 No.14、お茶の水書房、2004 年、183-184 頁。
(12)　林、前掲論文、105 頁。
(13)　以下、家父長制の定義と歴史については、若桑みどり『戦争とジェン ダー』大月書店、2005 年を参照。
(14)　同上書、10、43-44 頁。
(15)　土佐、前掲書、4、6、29 頁。以下、ウェストファリア体制と家父長制 については、土佐、前掲書を参照。
(16)　アリストテレス、牛田徳子訳『政治学』京都大学学術出版会、2001 年、

40 頁。ニッコロ・マキャヴェリ、池田廉訳『君主論』中央公論社、1975 年、142 頁。土佐、前掲書、33 頁。
(17) Nira Yuval Davis, *Gender & Nation*, Sage Books, 1997. Sylvia Walby " Woman and Nation ," Gopal Balakrishnan and Benedict Anderson eds., *Mapping the Nation*, Verso, 1996.
(18) 土佐、前掲書、11-12、14 頁。
(19) 上野千鶴子『ナショナリズムとジェンダー』青土社、1998 年、34 頁。
(20) 上野千鶴子『生き延びるための思想　ジェンダー平等の罠』岩波書店、2006 年、20 頁。
(21) 江原由美子編『性・暴力・ネーション』勁草書房、1998 年、301 頁。
(22) 上野、前掲『生き延びるための思想　ジェンダー平等の罠』58 頁。Betty A. Reardon, *Sexism and The War System*, Teachers College, Columbia University, 1985, ベティ・リアドン、山下史訳『性差別主義と戦争システム』勁草書房、1988 年。
(23) 江原、前掲書、308-318 頁。上野、前掲『生き延びるための思想　ジェンダー平等の罠』70-71 頁。
(24) Cynthia Enloe, *Maneuvers, The International Politics of Militarizing Women's Lives*, The University of California, 2000, シンシア・エンロー、上野千鶴子監訳『策略　女性を軍事化する国際政治』岩波書店、2006 年、v - vi 頁。上野千鶴子「軍事主義とジェンダー」敬和学園大学戦争とジェンダー表象研究会編『軍事主義とジェンダー――第二次世界大戦期と現在』インパクト出版会、2008 年、133 頁。
(25) 林、前掲論文、102 頁。
(26) 上野、前掲『生き延びるための思想　ジェンダー平等の罠』59-60 頁。
(27) Cynthia Enloe, *The Morning After, Sexual Politics at the End of the Cold War*, The Regents of the University of California, 1993, シンシア・エンロー、池田悦子訳『戦争の翌朝　ポスト冷戦時代をジェンダーで読む』緑風出版、1999 年、63 頁。
(28) R. W. Connel, *Gender and Power: Society, the Person and Sexual Politics*, Ch. 8, Stanford University Press, 1987, コンネル、森重男訳、『ジェ

ンダーと権力―セクシュアリティの社会学』三交社、1995年。
(29) ティックナー、前掲書、47頁。Elshtain, *op. cit.*, p. 207.
(30) 竹中千春「平和構築とジェンダー」大芝亮他編『平和政策』有斐閣、2006年、318頁。Meredeth Turshen and Clotilde Twagiramariya eds., *What Women Do in Wartime: Gender and Conflict in Africa*, Zed Books, 1998.
(31) ロニー・アレキサンダー「ジェンダーと平和」臼井久和他編『平和学』三嶺書房、1999年、203、210頁。
(32) エンロー、前掲『戦争の翌朝 ポスト冷戦時代をジェンダーで読む』160頁。
(33) 上野千鶴子「イントロダクション」エンロー、前掲『策略 女性を軍事化する国際政治』vii頁。佐々木陽子『総力戦と女性兵士』青弓社、2001年、26、149頁。
(34) 以下、戦争における女性の位置については、土佐、前掲書、14-20頁を参照。
(35) 上野、前掲『ナショナリズムとジェンダー』114頁。
(36) 竹中、前掲「世界政治をジェンダー化する」225-226頁。
(37) 従軍「慰安婦」の歴史と特殊性については、主に、田中利幸「国家と戦時性暴力と男性性―『慰安婦制度』を手がかりに―」宮地尚子編著『性的支配と歴史 植民地主義から民族浄化まで』大月書店、2008年を参照。
(38) 同上論文、95-96頁。
(39) 上野、前掲『ナショナリズムとジェンダー』100-101頁。
(40) 従軍「慰安婦」問題におけるパラダイムについては、主に同上書を参照。なお、上野は自由主義史観が主張している四つの論点に対して、回答をしている。同上書、148-151頁参照。①慰安婦強制連行を裏付ける実証資料がない。ネオナチなどがヒトラー署名の文書資料がないということを論拠にホロコーストはなかったとする主張の危険性は明らかである。公文書とは官の側が事態をどのように管理したかを示す資料である。その有無を問うて、公文書がない限り事実の証明はできないとするのは治者の立場との同一化である。②文書資料至上主義の実証史学の立場から被害者の証

言の信頼性を疑う。これまで誰もがその存在を知っていたにもかかわらず、被害者が沈黙することによって被害者がいない犯罪となってきた。証人を抹殺するか、完全に沈黙させてしまえば、犯罪の隠蔽ができる。③性の暗黒面を中学生に教えるのは適切ではない。この主張は大人自身の困惑を子どもの困惑に投射して、現実を回避しようとする姑息な考えである。さらに今日の中学生が性的に無垢だという前提に立っている。また現実の中では性は良きものでもありうるし、邪悪なものでもありうる。④国民的プライドの回復をはかる必要がある。誰のための何のための「正史」なのか。「正史」はたった一つの正統化された「国史」を作り出すことで、国民の間にある多様性や対立を覆い隠す。

(41) 田中、前掲論文、99頁。
(42) 高橋哲哉『歴史／修正主義』岩波書店、2001年、94頁。なお、女性国際戦犯法廷についても同上書を参照。
(43) 同上書、96-102頁。
(44) 同上書、102-103頁。
(45) 宮地尚子「性暴力と性的支配」宮地、前掲書、35頁。
(46) 田中、前掲論文、103-104頁。
(47) 同上論文、105、110頁。
(48) 同上論文、107-109頁。
(49) 上野、前掲『生き延びるための思想　ジェンダー平等の罠』5-24頁。
(50) 井上匡子「フェミニズムと政治理論」杉田敦他編『現代政治理論』有斐閣、2006年、208-209頁。
(51) エンロー、前掲『戦争の翌朝　ポスト冷戦時代をジェンダーで読む』182-183頁。酒井啓子「イラク政治におけるジェンダー」日本国際政治学会編『国際政治』149号、2007年、32頁。
(52) 上野、前掲『ナショナリズムとジェンダー』199頁。江原、前掲書、329-330頁。
(53) 上野、前掲『ナショナリズムとジェンダー』197頁。

## 第11章　オリエンタリズム論議と自他認識

**はじめに**

エドワード・サイードによる『オリエンタリズム』[(1)]は30年以上たった今でも論議を呼び、多くの学問分野に影響を与えている。また近年ではポストコロニアリズム、カルチュラルスタディーズとも関連させて論じられている。オリエンタリズムがオスマン帝国やイスラーム世界という存在を一つの条件として成立したという歴史があり、中東イスラーム世界を題材に論争されることが多く、現在の国際関係を論じる際にも重要な視座を投げかけている。さらにこの問題は単に東洋と西洋の対立や歴史認識の相違ではなく、自と他、政治論や認識論にまで発展する重要な問題を提起している。

本章では、オリエンタリズムの論議を検討した上で、さらに自他認識の問題まで敷衍し、日本における中東イスラーム研究、現代思想や人類学を中心に行われている論議を整理し、問題点や課題を分析する。

第1節では、サイードのオリエンタリズム概念を見た後、さらにそれをめぐって行われてきた論争を説明し、普遍性をめぐる論議について考察する。第2節ではオリエンタリズムとオクシデンタリズム、「女子割礼」における文化相対主義や本質主義、さらにグローバル化現象に対抗する非西洋側の本質主義を論じ、他者認識と自己認識の問題について考察する。

### 1. サイードの『オリエンタリズム』論議

**(1) オリエンタリズム概念**　サイードによるオリエントとオリエンタリズム概念は次のようである。オリエントとは、ヨーロッパ人の頭の中で作り出されたものであり、古来、ロマンスやエキゾチックなもの、情緒

的な心象や風景、珍しい体験談などの舞台であった。またオリエントとは、ヨーロッパの文明と言語の淵源であり、ヨーロッパ文化の好敵手であり、またヨーロッパ人の最も奥深いところから繰り返し立ち現れる他者イメージでもある[2]。

オリエンタリズムは、この内なる構成部分としてのオリエントを、文化的にも、イデオロギー的にも一つの態様を持った言説（ディスクール）として、しかも諸制度、語彙、学識、形象、信条、さらには植民地官僚制と植民地的スタイル（コロニアル・スタイル）とに支えられたものとして、表現・表象する。さらに、オリエンタリズムとは東洋（オリエント）と西洋（オクシデント）との間に設けられた存在論的・認識論的区別に基づく思考様式であり、オリエントが西洋より弱かったためにオリエントの上に押し付けられた政治的な教義（ドクトリン）でもある[3]。

従来は、オリエンタリズムという語はロマン的な異国趣味に彩られたヨーロッパの文芸・絵画上の一潮流、ないしは東洋研究・東洋学という意味で用いられていた。これに対してサイードは、この語をまずオリエントに対するヨーロッパの思考の様式、または知のあり方、ものの言い方（言説）と広く規定した後、次にそれがオリエントに対するヨーロッパの支配の様式でもあったことを示して、これを批判し[4]。

このようにオリエンタリズムとは、元来はヨーロッパにおける東洋趣味、あるいは東洋に関する学術研究を指す一般的な言葉であったが、サイード以降、ヨーロッパのオリエントに対する表象を規定する枠組みとして、特殊な意味合いで用いられるようになった。オリエンタリズム的偏見を生み出す基本的思考パターンは、歴史的文脈抜きに、またその文化に内在する論理を無視して、ある制度や風俗を個別に取り上げ、それを西洋的なものとは異なる「オリエンタルなもの」として類型化することである。その結果、取り上げられた制度や風俗は、その歴史的具体性を奪われ、抽象的観念に仕上げられた上で、東洋社会の本質として表出された[5]。

サイードは中東やイスラーム文化地域を念頭にオリエンタリズムを論じているようであるが、彼のオリエント概念は、単に具体的な地域概念ではなく、認識論的な次元で作られたイメージとしての「地域」である。その

意味で、オリエンタリズムは、必ずしも東洋と西洋という地理的区分によって固定されているわけではない。西洋内部、あるいは非西洋における日本と他のアジア地域などのような中心と周辺など、非対称的・不平等な関係性の中で、類似のイメージが反復的に再生産される。さらにサイードのオリエンタリズム批判は、単なる認識論的な次元に留まるのではなく、政治的な性質を帯びており、異文化理解をめぐる哲学的な認識論というよりも、発話をめぐるパワー論としても捉える必要があろう。脱コンテクスト化・非歴史化された哲学的な問題としてではなく、ポスト・コロニアル・モーメントにおける歴史的な問題として、オリエンタリズム批判は意味を持つのである。[6]

またサイードの言うオリエンタリズムはいつぐらいから生じたのであろうか。彼によれば、それは18世紀末からであり、オリエンタリズムの担い手も変わってきている。19世紀初頭から第二次大戦まではイギリスとフランスがオリエントとオリエンタリズムを支配していた。第二次大戦以降は米国がオリエントを支配するようになり、かつてのフランス、イギリスと同様のやり方でオリエントに対するアプローチを行っている。[7]

(2) **サイードへの批判と論争**　このサイードの『オリエンタリズム』に対して、出版直後より多くの賞賛と批判が寄せられ、様々な論争が起こった。批判の急先鋒は中東史が専門で当時ロンドン大学教授であったバーナード・ルイスであった。彼によれば、サイードのアラビア語とイスラームの知識は驚くほどの欠陥があり[8]、オリエントを中東、さらにはアラブ世界に還元してしまっていると批判する。[9]このルイスの批判はある一定の有効性を有しているだろう。このことは、サイードが中東やイスラームの研究者ではなく、文学者・文芸批評家であり、また後で述べる彼の生い立ちとも深く関わっている。

さらにルイスのより重要な批判は、学問的分析と政治的糾弾を混同しているとの指摘であろう。[10]だがこの指摘こそサイードの目論んだ論争的戦略であり、政治と学問の隠蔽された構造的共犯関係こそサイードの主張するオリエンタリズムなのである。

この点について、サイードはミシェル・フーコーとアントニオ・グラムシの影響を強く受けている。フーコーは権力と知の間の相互関係に注目し、真理は権力の外にも、権力なしにも存在しないと述べる。従来の権力論では、ニッコロ・マキャベリ、トマス・ホッブズ以来の近代政治理論においても、マルクス主義においても、権力は専ら国家や統治機構にのみ集中しているものと見なされていた。これに対してフーコーは、権力が社会の隅々にまで見られるのであって、決して国家のみに集中してはいないと主張した。このように権力を様々な制度や組織の内部に存在するものとして捉え、研究者の言説においても、特にオリエントを眺める視点や語り方に支配の様式を、サイードは見たのである。

　グラムシは政治意識やイデオロギー、知識人の役割など、マルクス主義的な言い方をすれば、上部構造の分析に貢献した。彼によればヘゲモニーというのは知的・イデオロギー的な支配の状態であり、経済構造から現実を説明しようとする経済還元主義とは異なり、経済構造と関連を持ちつつも、なお独自性を持つことを強調した。サイードはグラムシから、西洋による知的、イデオロギー的なヘゲモニー概念を取り入れ、支配の手段としての文化的要因を重視した。

　このような人々から知的影響を受けたサイードではあるが、さらに時代背景や彼個人の経歴も考えなくてはならないだろう。サイードのオリエンタリズムは完全に彼個人の独創であったわけではない。1960年代以降の西洋の知や西洋中心主義に対するいわゆる第三世界の側からの自己主張や異議申し立ても彼に大きな影響をもたらした。さらに1968年を中心とした全世界的な学生運動や公民権運動、ウーマンリブ運動なども彼の論に反映されている。

　サイードは1935年、イギリスの委任統治下にあったエルサレムに生まれ、エジプトを経て、米国に渡り英文学者への道を歩んだ。1947年11月のパレスチナ分割決議後、ユダヤ人入植者との抗争が激しくなると、一家はパレスチナから避難し、カイロで生活することになった。その後、彼の父ワディーは1951年に16歳のサイードを米国に送り出し、最終的には最高の米国東部エスタブリッシュメントの高等教育を受けさせる機会を与え

た。サイードはプリンストン大学とハーヴァード大学の大学院で比較文学を学び、ニューヨークのコロンビア大学で教授ポストを獲得し、2003年に67歳で亡くなった。[16]もともとサイードの家族は、一方でアラブ文化に浸りながらも、他方で現地ムスリムとの「異化」を強化していく植民地主義のメカニズムのもとで、文化的にも経済的にも両義性を帯びた階層に属するアラブのキリスト教徒であった。[17]さらに述べるなら、アラブでありながらパレスチナ社会においてはマイノリティの中のさらにマイノリティであるアングリカン（イギリス国教会）のキリスト教徒であった。内部者であると同時に外部者である「越境」の視点から彼の生涯を評価する必要がある。[18]

『オリエンタリズム』に対する論評に共通して見られた指摘の一つに、表現、文法上の問題点があった。[19]このことは彼の生い立ちに大きく関連している。サイードは英語を母国語同様にほぼ使用してきたが、完璧なネイティブではなかった。まさに彼は、両義性を帯びた境界者、越境者であった。それだからこそ、『オリエンタリズム』が書けたのであり、またその点が批判点にもなっているのであろう。

　(3)　**普遍論議**　オリエンタリズムに関して、加藤博は、自民族中心主義は西洋的思考に固有のものなのか、それとも人間の思考に普遍的なものなのかと問題提起をしている。彼によれば、確かに過去においてはもちろんのこと、現在にあっても非西洋的で非近代的な知の様式は存在するであろう。しかしそれが存在するとしても、近代西洋文明の地球的拡大の中で、近代的な知の枠組みを無視して、あるいはそれと対峙することなく、生きることができるか、と提起する。現代に生きる私たちにとって、無自覚に非西洋的で非近代的な知の様式に逃げ込むことはできないし、それは危険でさえある。この点において、オリエンタリズム批判は、近年の思想状況にあって、諸刃の剣であり、ヨーロッパ中心史観を批判する武器としては有用であるが、それが安易な近代批判になる時、危険な思想となる。サイードのオリエンタリズムを西洋的思考の中にのみ観察される知の様式と政治との結び付きと理解するならば、オリエンタリズム批判とは、西洋

批判、近代批判となる。もしそうであるならば、オリエンタリズムとして西洋と近代を批判する者は、結果として、批判する自分の立場、状況に無自覚のまま、サイードの批判してやまない自民族中心主義の罠に陥ってしまう場合もある。[20]

この加藤の指摘は重要であろう。安易な西洋・近代批判は戒めなければならないのは当然であろうし、そもそもサイードは、オリエンタリズムの対極にあるオクシデンタリズムを主張したわけではなく、その構造の解体を目指した。さらに西洋対東洋を超えて、普遍的問題としての自民族中心主義にまで論究することは、例えば、東洋にありながらオリエンタリズム的思考様式により、東洋を支配しようとした近代日本のあり方を問うことも可能にさせる。このことは次節の他者認識の問題とも関連する重要な問題点である。

だが、そのような普遍的問題として考えると共に、現代において現実に西洋が東洋に対して知の様式と共に政治・経済・軍事・文化等において、抑圧を強めていることも事実であるので、東洋の側からの思想・運動としてのオリエンタリズム批判はまだ大きな有効性を有しているであろう。このようにサイードは圧倒的な力の優位を背景に西洋が東洋を支配するための言説に注目したことから考え合わせても、[21]さらに政治と学問の癒着、差別の隠蔽の問題を考慮に入れても、サイードの提起した重要性が完全に無に帰するわけではない。分析的でいわば「ニュートラル」な一般的他者認識の問題にまで拡大して考察することは当然学問的には重要ではあるが、そもそも「ニュートラル」とはどのような立場か、そこに隠されているものは何か、支配や差別の構造は何か、それを脱するための宣伝や運動はどうあるべきか、といった問題も同じく重要であろう。そのためにも歴史的な背景や個人の生い立ちをも含んだ経歴の分析、つまり「現実」の確認作業は無視することが出来ない。人も歴史も学的認識ですら、無色透明の存在はありえず、特定のユニークな「現実」を背負っているのである。

## 2．他者認識と自己認識

**(1) オリエンタリズムとオクシデンタリズム**　本節ではオリエンタリズムをさらに敷衍して、他者認識をめぐる様々な問題を扱っていく。前節でも述べたように、歴史拘束性を帯びるものとしてのオリエンタリズム批判は重要な視点ではあるが、さらに一般化した異文化理解、自他認識、観察する側とされる側の問題にまで、最近は論議が及んでいる。

前にも触れたように、エドワード・サイードに対して、オリエンタリズム批判を強調するあまり、オリエントを美化する土着主義であるとの批判も存在する。しかし、彼は西洋を固定化し、劣等性を付加してはいない。オリエンタリズムに対する回答がオクシデンタリズムではないと述べ、世界の諸悪の根源を西洋に求めるオクシデンタリズム的立場をネイティビズムと批判して、退けている。サイードからすれば、オクシデンタリズムとはネイティビズム的立場に他ならない。サイードは、オリエンタリズムと同様にオリエンタリズムを反転させただけのオクシデンタリズムに対しても疑問を投げかけ、西洋と東洋という構図そのものを解体し、その境界を低くすることを意図したのであろう。[22]

このようにサイードはオリエンタリズムに対する代替案はその単なる反対像のオクシデンタリズムではないと論じている。[23] 東洋と西洋を単に入れ替えただけであれば、その二項対立的な構造は何ら変わらないことになる。

**(2) 「女子割礼」（性器切除）における文化相対主義と普遍主義**　他者認識において、文化相対主義と普遍主義の問題が大きな焦点になっている。文化相対主義とは、通常理解されているところによれば、人間はそれぞれが独自の価値を持った異なる文化に所属しており、一つの文化の価値や認識の基準を別の文化に単純に当てはめて理解することはできない、という考えである。[24] 文化相対主義は人類学をはじめとする諸学の方法的な仮説として見る限り、適切かつ生産的な出発点である。自文化から離れたと

ころで、なじみのない風俗や人々の行動のあり方に遭遇し、しかもこれらのことがなぜ行われるかを自らの言語で語ろうとする時、人類学者は客観的であろうとすればするほど自文化の持つ諸前提をさしあたり括弧に入れ、対象としている人々の持つ概念の体系と言説の内容に即して考察する必要がある。[25]

しかしこのような文化相対主義に対して、批判も存在する。絶対とは普遍的なものであるから絶対化を認めないのは、すなわち自由、平等、個人といった普遍的な価値を退けることになるとの、主に西洋からの批判である。[26]

この問題の一例として、相対主義としての文化・風習か、普遍主義としての人権かといった問題を投げかける「女子割礼」が挙げられよう。「女子割礼」について、1950年代に極端な文化相対主義を唱えた米国の文化人類学者の一部は、これを正当化した。彼らは西アフリカで行われていた少女の「割礼」が伝統的な習慣であるので、欧米のフェミニストたちが異論を申し立てる道理はないと言った。[27]

しかし、ことはそう単純ではなく、そのような相対主義に対して多くの批判が寄せられ、現在においても論議を呼んでいる。先進国に住むフェミニストや人権活動家はこの種の慣習は尊重されるべき個別文化の「伝統」などではなく、女性に対するあからさまな人権侵害であると糾弾した。

だが、アラブやアフリカで暮らすフェミニストたちのある部分は、先進国の人々の運動に対して一定の距離を保っている。[28]それは西洋の人権活動家たちの書いたものの中に、「割礼」の動機づけが迷信に基づくものか、もしくは家父長的支配を現地の女性たちが受動的に受け入れている、と本質主義化して捉える傾向が見られるからである。[29]このような描写には、西洋フェミニストたちの行為がいかに善意に基づくものであったとしても、結果的にアラブやアフリカの女性たちの「無知」と「忍従」、すなわち「後進性」と「蒙昧性」とがこの「人権侵害」を見逃しているというような、高いところからの指導・説教の視点が見られる。[30]まさにこれはオリエンタリズムの一形態であろう。西洋フェミニストには、アラブやアフリカの女性に対する抑圧の原因を「女子割礼」、換言すればアフリカ・アラ

ブの社会の父権主義にのみ求めることで、先進工業国の歴史的、経済的搾取の実態を隠蔽しようとする態度がうかがえる<sup>(31)</sup>。

　その一方で、アラブやアフリカの女性たちは、単に西洋のオリエンタリズムを批判するのではなく、「女子割礼」批判、いわば自文化批判も行っている。イスラーム・フェミニストのナウル・サーダウィは、「もし宗教が神より発するものなら、神によって創られた器官を、それが病気でもなく、変形もしていない限り、切れなどと人間に命令できようか<sup>(32)</sup>」と主張する。もちろん彼女は西洋のフェミニストと見解が完全に一致しているわけではなく、「女子割礼」はイスラームだけの問題ではなく、欧米においても近代にまであった風習であるとし、批判している<sup>(33)</sup>。

　浜本満によれば、相対主義と普遍主義は相互に対立するものではなく、実際には相対主義と普遍主義の対立軸よりも、自文化中心主義と反・自文化中心主義の対立の方が、圧倒的に重要である<sup>(34)</sup>。文化相対主義は本来の良質な相対主義からはかけ離れ、正反対のものになってしまう場合もある。その時、文化や差異について語ることは理解と対話の出発点ではなく、理解の停止と対話の断念を正当化する語りになる。ある表面的な差異や齟齬を認めた時、それらを文化が違うせいであると述べるだけではほとんど何も説明したことにはなっていない。全て文化が違うから仕方がないのだということになってしまう。ここでは文化相対主義はいつのまにか再びそのベクトルを逆転させ、差異に対する権利の自己主張となっている<sup>(35)</sup>。

　自己の相対化を伴わない普遍主義も似たようなものである。例えば、現地人はAをBだという。しかしそれは我々研究者の目からすれば誤りである。現地人がもっと良く学び、真理に目覚めれば、それがAであることに気づくだろう。このような普遍主義的言説が存在する。こういった非難をする普遍主義者はしばしば普遍の名を語る単なる自文化中心主義者にすぎない。このように相対主義と普遍主義は互いにとてもよく似ていることがわかる。前者に見られるのは、自文化の自明性を全く疑いにさらさない楽観主義であり、後者においては自文化のカテゴリーを普遍的なカテゴリーだとする傲慢さである<sup>(36)</sup>。

(3) **グローバル化と本質主義**　グローバル化現象に対抗して、世界中の至るところでナショナリズムやエスニシティの再興が見られている。多くの場合、グローバル化を担うのはオリエンタリズム思考を有した西洋であり、それに対する抵抗として非西洋の側は本質主義を武器にして戦う。そこでは自分たちの文化や民族や伝統の固有性が主張され、自分たちのアイデンティティの源泉となる文化や伝統の真正性を抑圧し侵害するものに対する抗議や拒絶が表されている(37)。

それに対して、純粋で単一の文化など存在したことはなく、ナショナリズムも元来存在しなかったところに創り出されたものであり、民族やその伝統は意図的に「発明」されたものであるとの主張がある。そのような見解は非本質主義と呼ばれている。これらの立場が仮想敵にしているのは、文化や伝統や民族についての本質主義的見方であり、多文化的かつ操作的に構成された多様な現実を、「オリエント」や「未開民族」といった還元的なカテゴリーや単一のナショナル・アイデンティティに押し込めて対象化してしまうような支配の様式としてのオリエンタリズムや人種主義やナショナリズムである(38)。

非本質主義的アプローチは人類学のみならず、多くの社会科学の最近の主流と言っても良いであろう。これは非常に重要な視点を提示するものであり、民族や国家観を根底から変えた。本質主義的語りが、自民族中心主義と共犯関係に陥り、集団内部の多様性を抑圧するメカニズムを保持していることは事実であろう。様々な地域において、本質主義的概念を操作して、ある特定の民族や人種、階級などと結び付け、マイノリティに対して抑圧的・排除的に機能した側面を指摘するのは重要であろう(39)。

だがローカルな現象としての本質主義を短絡的に批判するあまり、大国中心のグローバル現象を即座に支持してしまうことは危険であろう。グローバル化と非本質主義が共犯関係になり、現在の世界における非対称的構造を是認してしまう恐れもある。また植民地支配を被った側の抵抗手段としての本質主義を無効にすることは、支配を行った側の都合のいい論理であろう。グローバル化を行う主体は、自由や民主などの普遍的概念によって、抵抗の側の民族や宗教を本質主義的に捉えるやり方を批判する。

だが普遍を追求できるのは、この不平等な世界において、すでに覇権を握っている強者である。普遍追求は現状の力関係を維持する効果を持ち、途上国の人々が「人権」「環境保全」や「持続的な開発」へ異議を申し立てるのはそのような力関係に対する批判という側面もある。[40]

本質主義は、非対称的状況下での弱者からの運動の側面においては、現在でも一定の有効性があり、またグローバル化と非本質主義は、しばしば共犯関係に陥ることにも注意する必要がある。

### おわりに

エドワード・サイードのオリエンタリズム批判は多くの問題を提起し、様々の論争を呼んだ。それらはオリエンタリズム批判のみに留まらず、自他認識や研究者自身の見方、立場にまで論議が及んでいる。研究者や学問それ自体も無色透明でニュートラルなものではなく、社会的、歴史的コンテクストから乖離したものではない。

これまでのオリエンタリストたちの研究はヨーロッパの思考様式である、との批判は非常に強烈で、根本から学的伝統を崩しかねない力を持っている。オリエンタリズム批判は重要であり、コロニアリズムを引きずる途上国においてまだ有効性がかなりある。しかしオリエンタリズムに対抗するためのオクシデンタリズムの単純な強調では、何ら構造を変えうるものではない。東洋と西洋、自と他といった二項対立構造そのものを問わなければならないであろう。

歴史や現実を無視した抽象的思考による普遍化の動きには慎重さが必要であろう。普遍の名のもとにヘゲモニーが存在する場合もあるからである。例えば「あらゆる暴力に反対する」との言説がある。この言葉自体は、人類が築いてきた不戦の歴史を踏まえた崇高な理念であろう。しかし「あらゆる暴力に反対する」という姿勢が、植民地支配に対する抵抗を封じることにもつながり、社会的な差別や抑圧を温存させてしまう結果に陥る場合もある。

非本質主義は、動態性や可変性、多様性の観点から物事を見ていく重要なアプローチである。しかし非対称的構造下での抵抗運動としての本質主

義の有効性を認めないのは、上記のような強者のヘゲモニー志向に陥る可能性を内包している。このことを常に意識しながら、具体的な現場や歴史的事象を見ていく必要があろう。

　自己の客観化や自己省察は重要である、と述べることは簡単であるが、実際は自己の否定にもつながりかねない、身を切られる作業である。オリエンタリズム批判が西洋より出たということは、むしろ西洋の学的健全さを示すものかもしれないのである。

## 注

(1)　Edward W. Said, *Orientalism*, Georges Borchardt Inc., 1978, エドワード・サイード、板垣雄三他監修、今沢紀子訳『オリエンタリズム』平凡社、1986年。ここでは、Edward W. Said, *Orientalism*, Vintage Books, 1979, を参照。

(2)　*Ibid.*, p. 1.

(3)　*Ibid.*, p. 2.

(4)　杉田英明「『オリエンタリズム』と私たち」板垣、前掲書、358頁。

(5)　姜尚中編『ポストコロニアリズム』作品社、2001年、172頁。加藤博『イスラム世界　トリックスターとしての神』東京大学出版会、2002年、46頁。

(6)　姜、前掲書、172頁。太田好信『トランスポジションの思想　文化人類学の再想像』世界思想社、1998年、102頁。

(7)　Said, *op. cit.*, 1979, p. 4.

(8)　*The New York Review of Books*, June 24, 1982, バーナード・ルイス、福島保夫訳「オリエンタリズム論争1」『みすず』268号、みすず書房、1982年、40頁。

(9)　同上論文、35-36頁。

(10)　*The New York Review of Books*, August 12, 1982, エドワード・サイード、バーナード・ルイス、福島保夫訳「オリエンタリズム論争2」『みすず』270号、みすず書房、1983年、53頁。

(11)　Michel Foucault, "Truth and Power," Colin Gordon ed., *Power / Knowledge*, Pantheon Books, 1980, ミシェル・フーコー、北山晴一訳「真

理と権力」福井憲彦他編『ミシェル・フーコー　1926-1984　権力・知・歴史』新評論、1984年、94頁。

(12) Michel Foucault, *Histoire de la sexualité*, Gallimard, 1976-84, ミシェル・フーコー、渡辺守章訳『知への意志』新潮社、1986年。杉田敦『権力の系譜学　フーコー以後の政治理論に向けて』岩波書店、1998年、65頁。

(13) アントニオ・グラムシのヘゲモニー理論については、Antonio Gramsci, *Selections from the Prison Notebooks*, edited and trans. by Quintin Hoare and Geoffrey Nowell Smith, Lawrence & Wishart, 1971. Stephen Gill, *American Hegemony and the Trilateral Commission*, Cambridge University Press, 1990, スティーブン・ギル、遠藤誠治訳『地球政治の再構築』朝日新聞社、1996年。

(14) 稲賀繁美「オリエンタリズム論—異文化理解の限界と可能性」山内昌之他編『イスラームを学ぶ人のために』世界思想社、1993年、279-280頁。

(15) 赤堀雅幸「『オリエンタリズム』と中東民族誌の今日」『社会人類学年報』21号、東京都立大学社会人類学会、1995年、141頁。

(16) 臼杵陽『見えざるユダヤ人　イスラエルの〈東洋〉』平凡社、1998年、201頁。姜、前掲書、192頁。

(17) 臼杵、前掲書、196頁。

(18) 臼杵陽「パレスチナ／イスラエル地域研究への序章　イスラエル政治社会研究における〈他者〉の表象の諸問題」『地域研究論集』創刊号、国立民族学博物館地域研究企画交流センター、平凡社、1997年、69頁。

(19) 杉田、前掲書、362頁。

(20) 加藤、前掲書、50-51頁。加藤博『文明としてのイスラム　多元的社会叙述の試み』東京大学出版会、1995年、11頁。

(21) 内藤正典『アッラーのヨーロッパ　移民とイスラム復興』東京大学出版会、1996年、29頁。

(22) 三浦美紀「E・W・サイードの『オリエンタリズム』思想」『宗教研究』80巻4号、日本宗教学会、2007年、407-408頁。

(23) 板垣、前掲書、332頁。

(24) 浜本満「差異のとらえかた—相対主義と普遍主義—」『岩波講座文化人

類学 12 巻　思想化される周辺世界』岩波書店、1996 年、71 頁。
(25)　内堀基光「文化相対主義の論理と開発の言説」『岩波講座開発と文化3　反開発の思想』岩波書店、1997 年、48 頁。Clifford Geertz, "Anti Anti-Relativism," *American Anthropologist*, 86 (2), 1984, pp. 263-278.
(26)　山内昌之「開発と文化の共存をめざして」『岩波講座　開発と文化 7　人類の未来と開発』岩波書店、1998 年、288 頁。
(27)　同上論文、288 頁。割礼に対して性器切除という用語がある。割礼という用語には「伝統的」「文化的」なものであるという、いわば権力関係を隠蔽する語法的特徴もあるが、ここでは引用の関係上とりあえず割礼という用語を採用した。
(28)　大塚和夫「価値の普遍性と個別性—『開発の価値』と『価値の開発』—」前掲、『岩波講座開発と文化3　反開発の思想』31-32 頁。
(29)　Hope Lewis, "Between *Irua* and "Female Genital Mutilation": Feminist Human Rights Discourse and the Cultural Divide," *Harvard Human Rights Journal*, 8, 1995.
(30)　大塚、前掲論文、32 頁。
(31)　岡真理「女性報道（カヴァリング・ウーマン）」『現代思想』23-3、青土社、1995 年。
(32)　Nawal El Saadawi, *The Hidden Face of Eve: Women in the Arab World*, Zed Press, 1980, ナウル・エル・サーダウィ、村上真弓訳『イブの隠れた顔』未來社、1988 年、90 頁。
(33)　大越愛子『叢書現代の宗教 11　女性と宗教』岩波書店、1997 年、145 頁。
(34)　浜本、前掲論文、73 頁。
(35)　同上論文、76-77 頁。
(36)　同上論文、80 頁。内堀、前掲論文、52 頁。
(37)　小田亮「しなやかな野生の知—構造主義と非同一性の思考—」前掲、『岩波講座文化人類学 12 巻　思想化される周辺世界』100 頁。
(38)　同上論文、99-100 頁。Benedict Anderson, *Imagined Communities: Reflections on the Origin and Spread of Nationalism*, London, 1983, ベネディクト・アンダーソン、白石隆他訳『想像の共同体—ナショナリズムの起源

と流行』リブロポート、1987年。Eric Hobsbawm and Terence Ranger eds., *The Invention of Tradition*, Cambridge University Press, 1983. エリック・ホズブボーム他編、前川啓治他訳『創られた伝統』紀伊国屋書店、1992年。

(39) 新垣誠「ポストコロニアリズムにおけるアイデンティティ・ポリティクスと本質主義批判―ディアスポラ、クレオール、ハイブリディティをめぐって―」『国際政治経済学研究』5号、筑波大学、2000年、36、45頁。

(40) 太田、前掲書、154頁。

# 第12章　グローバリゼーションの問題と新しいコモン（共同）の可能性

## はじめに

　ソ連邦崩壊後、米国が狭隘な単独主義により世界各地に軍事的侵攻を繰り返している。その米国を中心とした先進国主導による新自由主義が世界を席巻し、貨幣が貨幣を生む投機的なマネーゲームが流行し、その反動も如実に現れてきている。かたや肥満に悩みダイエットに余念がない人々と、一方では餓死をする人々がいる。このようにグローバル化が進むことにより貧困や格差がさらに増幅している。

　このような社会はどこかおかしい。もっと平等で公正な仕組みはできないものだろうか。こうした考えを持つ人は増えてきつつあり、様々な思想・運動・体制の中で、いろいろな試みがなされている。

　こうした状況の中でグローバリゼーションに関して多様な議論がなされている。グローバリゼーションとは何なのか。それは近代の特徴なのか。単なる米国化なのか。それにより豊かになるのか、貧富の格差は増大するのか。

　本章では、それらの疑問に答えるために、まず第1節で定義を整理した上で、第2節で論点の一つとしてグローバリゼーションが近代の特徴であるのかを考察する。第3節でグローバリゼーションによって格差がどれほど開いたかを示し、先進国を中心とする浪費問題や軍事問題との関係を述べ、さらに第4節で日本における貧困・格差問題の現状を見ていく。最後に第5節で、共同（コモン）の観点から、様々な論者の論点を整理し、今後のあるべき道の可能性を見ていく。

## 1. グローバリゼーションの定義

　グローバリゼーションの定義は多岐にわたる。カルドーは次のように三つに分けている。グローバリゼーションの第一の定義は、一般的な用法では、グローバル資本主義の広がりと、それを促進する一連の政策（自由化、規制緩和、民営化）を指す。第二の定義は、社会科学の文献に多く見られ、政治、経済、文化といった分野で高まる相互連関性として扱うものである。第三の定義は、共通のグローバルな意識の出現に関連し、世界的規模での人間社会の共通意識の発展である。第一の見解にとって、グローバリゼーションは国家の解体を伴い、第二の見解にとっては、国家権力の相互連関性の高まりを伴い、第三の見解にとっては、グローバルな政体の可能性が存在する[1]。

　また他の論者の定義には次のようなものがある。グローバリゼーション概念には、世界市場の地平と世界のコミュニケーションとが限りなく拡大したという感覚が反映されており、近代のより初期の段階に比べると、その両者がはるかに実体的で直接的な関わりを持つようになった（フレドリック・ジェイムソン）。概念としてのグローバリゼーションが意味するのは、世界の圧縮と世界を一体として捉える意識の深まりである（ローランド・ロバートソン）。グローバリゼーションは社会関係の時間的及び空間的側面を圧縮する（ジェイムズ・ミッテルマン）[2]。グローバリゼーションとは多面的な現象であるものの、単純化して言えば、地球上の遠隔地の社会が相互に、直接的に結び付く現象だと言える（アンソニー・ギデンズ）[3]。

　それではグローバリゼーションという用語はいつ頃から使われ出したのであろうか。この用語は1961年の『ウェブスター辞典』に登場し、冷戦終焉後にはOECDのレポートにたびたび登場するようになった。したがってこの言葉はそれほど古くから使われていたわけではないのである[4]。

　このようにグローバリゼーションは多様な定義が存在し、議論も錯綜しているが、ここでは、人・物・金・情報などが地球的規模で移動した結

果、相互関係が深化するプロセスと、とりあえず規定しておく[5]。この定義は次節で議論するように、グローバリゼーションを近代の現象に限定せず、通時的な概念として使用するものである。

## 2．グローバリゼーションは近代の現象か

グローバリゼーションの論点はいくつも存在し、様々な論争がなされている。その主要なものとして、以下の五つがあげられる。①規範理論か、分析概念か、歴史的プロセスか。②経済、政治、文化のどの側面なのか。③特殊近代の特徴なのか。④格差が増すのか。⑤グローバリゼーションは米国化か[6]。どの観点も重要な問題をはらんでいるが、ここでは③と④について論じていきたい。

まずグローバリゼーションとは近代の特徴なのかという点である。

マンフレッド・スティーガーはグローバリゼーションが先史時代から存在していたと説明している。先史時代（紀元前1万年〜紀元前3500年）は、世界中に広がった幾千もの狩猟採集集団の接触は偶然でしかなかった。地理的・社会的な障害を克服できるような新しい形態のテクノロジーが欠如していたから、グローバリゼーションは限定的なものであった。前近代（紀元前3500年〜紀元1500年）は、帝国の時代であり、帝国が遠距離コミュニケーションの増大及び文化・テクノロジー・商品・疫病の交流を助長した。初期近代（1500〜1750年）は、啓蒙とルネッサンスの時期で、それは神話・宗教・政治的専制などの非合理と思われてきたものから思想及び社会的編成を合理的な様式で解放することである。この時期は、ヨーロッパがグローバリゼーションの主要な触媒として作用した。その後、グローバリゼーションは、近代（1750〜1970年）、現代（1970年以後）へと大きく増大する。

さらにスティーガーは、現在のグローバリゼーション現象もこれまでの時代の成果によって成り立ったとして、それが最終的には人類の曙まで遡れると説明している。ラップトップ型コンピュータや超音速ジェット機を開発した技術者たちは、先達の革新者たちが蒸気機関、綿繰り機、電信、

写真、タイプライター、内燃機関、各種電化製品などを発明した成果を土台にしている。これらの成果はまた、望遠鏡、羅針盤、水車、風車、火薬、印刷機、外洋航海船といった、それ以前の技術的発明に負っている。その歴史的記録を十分に知るために私たちは、さらにその前の極めて重大な技術的・社会的偉業、すなわち紙の生産から、書字の発展、車輪の発明、野生動植物の栽培・飼育、言語の出現、そしてついには、人類の進化の黎明期に私たちの祖先がアフリカを起点に時をかけて移動を始めたことへと、記録を遡ることになる。[7]

このようにグローバリゼーションを特殊近代の現象のみと考えることには問題があろう。確かにここ数十年の通信技術や運搬技術の急速な発展により、従来のグローバリゼーションとは規模の点で大きな違いがあることは確かであろうが、長期的視点でこの現象を見ることは重要であろう。

中西治は地球誕生以後から見つめる長期的視点と共に、広い学問的視角の必要性を説いている。地球の一体化は人間がこの地球上に住むようになったときから始まっていると考えているが、それでもこれまでこれをグローバリゼーションとは呼ばず、グローバリゼーションが実際に始まった1492年のクリストファー・コロンブスのアメリカ到達以降であるとしてきた。しかし、現在では中西はグローバリゼーションの問題を研究するには国際政治や社会学といった既成の狭い学問領域に限定することなく、地球の誕生以後を視野に入れたもっと広い地球史・地球学といった新しい学問領域を設定することが必要であると考えている。[8]

中野毅はグローバリゼーションを近代の帰結ではなく、近代を生み出す条件として捉え、さらにイスラーム等のグローバリゼーションを複数のグローバリゼーションとして捉えている。ロバートソンによれば、グローバリゼーションは世界を単一のシステムとして結合する運動であり、同時に、世界の異なった人々をグローバルな意識で結び付けていく。グローバリゼーションは決して近代の帰結として展開するものではなく、むしろ近代を生み出す条件の一つとして、近代以前から展開してきたプロセスである。近代以前には世界各地で、イスラーム世界の、キリスト教世界の、東アジア文明の、グローバリゼーション等々異なった原理や文化に基づく複

数のグローバリゼーションが進行した。<sup>(9)</sup>

　今まで見てきたように、筆者もグローバリゼーションはここ数十年において顕著になってはきたことは認めるが、長期的視野と幅広い視点で考察し、複数のグローバリゼーションの観点が必要だと認識している。したがって、グローバリゼーションを特殊近代の現象と捉えることには問題があるであろう。そもそも近代とグローバリゼーションは相容れない側面も有する。近代がナショナルな思考様式を前提として成立しているとするならば、グローバリゼーションはそれへの批判にもなりうる。ナショナルとグローバルは相補的でもあるが対立的でもありうる。<sup>(10)</sup>グローバリゼーションは、近代に創造された主権国家体制やナショナリズムを内破するものでもある。この点からしてもグローバリゼーションと近代を短絡的には結び付けない方が良いであろう。

## 3．グローバリゼーションと貧困・格差

　グローバリゼーションと貧困や格差の問題は密接である。グローバリゼーションによって、強きものがより強く、弱きものがより弱くなっている。

　自由貿易理論に基づく貿易の拡大は、各国を比較優位な産品の輸出に特化することを促す。その結果、発展途上国は天然資源・熱帯植物だけを生産・輸出するモノカルチャー構造を脱却できない。ところが、そのような産品は先進国の巨大資本が販売・流通を支配しており、途上国側はその利益の配分にあずかれない上、激しい価格変動の被害は途上国側が受ける。巨大資本の本社がある先進国はますます富み、途上国はますます貧困化する。<sup>(11)</sup>

　ヨアヒム・ヒルシュは、グローバリゼーションは富めるエリートの戦略であると主張する。グローバリゼーションとは資本主義社会を、とりわけ階級構造と制度化された階級関係を根本的に再編しようとする指導的な経済・政治エリートの戦略の所産に他ならない。この戦略の中心は貨幣と資本の自由化や規制緩和をグローバルな規模で展開しようとするものであ

る。

このようにグローバリゼーションが急速に進み、それに伴い格差も確実に増大してきている。世界人口中の最富裕層20%と最貧層20%の間の所得格差は、1960年には30倍であったが、1995年には61倍になり、1997年には74倍に達した。2000年の購買力平価による試算で、世界人口のうち、最富裕10%が世界の総所得の54%、20%が75%を占める一方で、貧困層40%は5%、最貧困層20%は1.5%を占めるにすぎない。

このようなグローバリゼーションが進む中、過剰な投機により、貨幣が貨幣を生む経済が形成されている。貨幣は、もはやモノやサービスの価値を計ったり、それを流通させたりするためだけの手段ではなく、また節約して貨幣を貯めて、物作りに投資をしたり将来に備えたりする手段でもなくなった。政府という存在そのものを含めて、貨幣の動きを邪魔するものは、全てが悪となった。その結果、貨幣は信用という仕組みを最大限利用して動くようになり、時間を超えて未来を取引するようになった。そのために、未来の利益を先食いしたり、未来のリスクを回避したりするための証券がつぎつぎと作り出された。いまや余った投機マネーは石油や食料をも投機対象とし、莫大な利益を得るために人々の生活などお構いなしにエネルギーや食料価格の高騰をもたらしている。

このようなマネーゲームに走り、莫大な利益を得て、肥満や糖尿病等になり、ダイエットに悩む先進国がある一方、餓死をしたり幼い命が亡くなったりする途上国がある。以下は1990年代末の数字であり、現在はさらに多額になっている可能性があるが、年間に米国では、化粧品に80億ドル、菓子類に270億ドル、アルコール飲料に700億ドル、マイカーに5600億ドルを使っている。EUでは、アイスクリームに110億ドル、タバコとアルコールに1500億ドルを消費し、米国とEUを合わせて、ペットフードに170億ドルを費やしている。最貧国の基本的生活条件の向上のための資金として、基本的教育60億ドル、上下水道90億ドル、基本的健康と栄養が130億ドルで済むことを考えれば、先進国のライフスタイル自体を反省しなくてはならないだろう。

軍事費はこれらよりさらに非生産的であり、この莫大な無駄遣いを地球

的な問題解決のために使わなくてはならないことが痛感される。スウェーデンのストックホルム国際平和研究所（SIPRI）が2005年6月7日に公表した年鑑によると、世界の軍事費の合計が6年連続で増え、ソ連崩壊後初めて1兆ドルを超えたと指摘している。最大の要因は米国の軍事費増であり、米軍事費は全世界合計の47％を占める。世界の軍事費のおよそ半分で、重債務貧困国の債務を帳消しにでき、米国の軍事費のおよそ半分で全世界の核兵器や化学兵器さらには通常兵器全てを含んだ兵器を廃棄できる。いわんや地雷除去や食料援助、下水道の整備、砂漠化の防止は、世界の軍事費に比べれば微々たる金額でできる。(16)

## 4．日本の貧困・格差問題

日本では、従来から米国に社会モデルを求めることが多かったが、特に小泉改革以後は、その病理が多くの国において明らかになっているにもかかわらず、サッチャー・レーガン的な改革が強行された。この改革は、効率を高め国際競争力を高めなければグローバリゼーションした世界では生き残れないのであり、そのためには労働者の権利や福祉を犠牲にしてまでも、企業の競争力の強化を図ることが社会全体の利益につながるという論理によって正当化されてきた。つまり、企業が享受する経済的自由と効率と、社会経済的な平等や福祉はゼロ・サム的な関係にあり、前者のためには後者は犠牲になっても仕方がないというわけである。(17)

貧困や格差問題は、途上国のみの問題ではなく、米国や日本の問題でもある。人間が企業や資本のために徹底的に商品化され、使い捨てにされ、希望と誇りを失わされる事態が多発している。日本のマスメディアも連日のように、ワーキング・プアー、貧困と格差、非正規労働者、名ばかり管理職などの問題を報じるようになってきている。それは「構造改革」という名の市場原理・新自由主義路線が推進されるにつれて拡がり、社会問題化した。いまや日本の全労働者の三人に一人は非正規労働者になった。こういった現象は、日本のみならず、米国でも、そして国による違いはあれ全世界的に拡がっている。米国では貧困を背景にして、多くの若者が命と

引き替えに軍隊へ入り、イラクやアフガンへと駆り出されている。先進国からなる経済協力開発機構（OECD）の中で、日本はトップの米国に次ぐ「相対的貧困率ワースト２」とされている。[18]

日本はすべり台社会であり、うっかり足を滑らせたら、どこにも引っかかることなく、最後まで滑り落ちてしまう社会であると言われている。[19]現在、雇用・社会保障・公的扶助の三重のセーフティネットが機能せず、さらに第四の「セーフティネット」が刑務所という現状がある。生活できないから犯罪をする、食えないから刑務所に入りたかったという事例が多発している。これらのことは単に景気が悪いからというだけでは片づけられない。

雇用者報酬は５兆円減っているにもかかわらず、大企業の役員報酬は2002年からの５年間で84％も増えている。年収5000万円を超える会社員は2008年までの10年間で約2.5倍、個人事業者は約13倍になっている。日本の個人金融資産は、1990年では1017兆だったが、2006年には1500兆を超えており、16年で約50％増になっている。現在、全ての日本人は一人当たり平均で約1000万円以上の金融資産を持っていることになる。４人家族であれば、4000万円以上の金融資産があることになっている。このような現実は一般の庶民には、夢物語であり、ごく一部の人が大量の資産を持っているので、平均値を上げているにすぎない。現在このように格差の増大、富の偏在化が大きくなっている。

格差増大の要因として様々な点が考えられるが、グローバリゼーション・新自由主義・民営化による弊害がある。またそれに伴い大企業や高額所得者を優遇する税制も大きく影響している。1988年と2010年の比較をしてみると、大企業の法人税率は40％から30％、高額所得者の所得税率は60％から40％（なお1980年は75％）、相続税の最高税率は75％から55％に大幅に減っている。仮に、今の日本の経済状態で1980年代の税制に戻せば、税収は２倍ほどに増え、消費税を上げずにすむ。このような高額所得者優先の税制により、高額所得者は収入増の多くを貯蓄にまわすので消費は増えず、庶民の収入が減った分だけ社会全体の消費が減り、景気がさらに冷え込むことになった。[20]

湯浅誠によれば、最近「溜め」のない人々が増えているという。「溜め」とは有形無形様々なものがある。お金の他に、頼れる家族、親族、友人がいるというのは人間関係の「溜め」、自分に自信がある、何かをできると思う、自分を大切にできるというのは精神的「溜め」である。このような「溜め」のない人々はセーフティネットにもかからず、急速にすべり台を転げ落ちてしまう。

　このような「溜め」のない人々は五重の排除を被っている。第一は教育課程からの排除で、親世代の貧困がその背景にある。第二は企業福祉からの排除で、非正規雇用・雇用保険・社会保険・福利厚生からの排除である。第三は家族福祉からの排除で、親や子どもに頼れないということである。第四は公的福祉からの排除である。生活保護申請の窓口などで、若い人には、「まだ働ける」、「親に養ってもらえ」、年老いた人には「子どもに養ってもらえ」、母子家庭には「別れた夫から養育費をもらえ」、「子どもを施設に預けて働け」、ホームレスには「住所がないと保護できない」などと言われる。第五は自分自身からの排除である。第一から第四までの排除を受け、しかもそれが「自己責任」論によって「あなたのせい」と片づけられ、さらには本人自身がそれを内面化して「自分のせい」と捉えてしまう場合、人は自分の尊厳を守れずに、自分を大切に思えない状態にまで追い込まれる。

　阿部彩によれば、現在、社会的排除が大きな問題となっている。社会的排除は、資源の不足そのものだけを問題視するのではなく、その資源の不足をきっかけに、社会における仕組みから脱落し、人間関係が希薄になり、社会の一員として存在価値を奪われていくことを問題視する。会社を解雇されれば、給与がもらえなくなるだけではなく、社会保険からも脱落し、職場の人間関係を失い、社宅に住んでいれば住居さえも失う。失業期間が長くなれば再雇用は難しくなり、貯蓄も底をつき国民健康保険も払えなくなり無保険となる。再就職に失敗すればするほど、自尊心が傷つけられ、頑張ろうという気持ちが奪われる。楽しめるはずの場所でさえ、行くことが恥ずかしくなってしまう[21]。

　このような生まれ落ちた先によって人生が大きく制約される社会は、真

に公正な社会であろうか。日教組のアンケート調査で、家庭の経済力の差が子どもの学力に影響していると感じている教職員が83％に達している。生まれた時からスタートラインが異なるという機会の不平等が存在し、セーフティネットの崩壊やすべり台社会化と生活保障なき自立支援という「再チャレンジ政策」がそれに追い討ちをかけている。社会全体の貧困化が進み、野宿者・「ネットカフェ難民」が増え、刑務所がいっぱいになり、児童虐待が増え、子が親を殺し、親が子を殺し、自殺者が増えている。社会は全く強くなっていないのが現状である。「溜め」を奪われ社会的排除を被った人々は、体力が落ち、免疫力が低下し、短命化する傾向にある。

　米国の例ではあるが、格差が大きい社会ほど人を信用する割合は低く、暴力が蔓延するなどのために、格差と殺人率は相関関係がある。格差の大きい地域ほど敵意を持つ人の割合が高くなり、人種や宗教などのグループ間の対立が激しく、人種間の偏見も高くなるのである[22]。

　また貧困と戦争は密接な関係があり、貧困は戦争への精神的免疫力を低下させる。若者を戦争に駆り出すために、徴兵制や軍国主義イデオロギーよりも効果的な方法がある。まともに食べていけない、未来を描けない、という閉塞した状況に追い込み、他の選択肢を奪ってしまえば、若者は「志願して（ボランタリーに）」入隊してくる。排外主義的傾向が強くなり、ナショナリズム高揚に大きな役割を果たすことになる。

## 5．もう一つの道を目指して——共同（コモン）の可能性

　今まで見てきたように、グローバル化が進む中、世界各地域で貧困や格差の問題が深刻になってきている。それに対して様々な抵抗が世界中で起こっている。本節では共同（コモン）の観点から新自由主義に対抗するいくつかの論点を整理し、今後の世界のあるべきもう一つの道を提示していく。

　**(1)　コミュニズムと新しい解釈**　　歴史的にも現在においても、政治的に最も影響力を持った思想はコミュニズムであろう。資本主義への対抗

としての思想・運動・体制であったが、ソ連邦崩壊以後、ほとんど無視されるようになってきた。しかし現在の諸問題の解決の糸口を提示していることも確かである。

　現在の資本主義や新自由主義は多くの問題を抱えている。資本主義下において、土地・労働・貨幣は商品化されるが、その商品は一見すれば生産物であり様々な使用価値であるが、それは人間の意志を超えて動きだし人間を拘束する一つの観念形態となる[23]。人間は自分で作ったものに支配されるという倒錯した状況になってしまう。カール・マルクスは彼の主要な研究対象の核心を「人間が宗教の中で彼自身の頭の製作物に支配されるように、資本主義的生産では彼自身の手の製作物に支配される」と喝破した。神が本当に人間を作ったのならば神を信じることは適切だが、神が人間の空想ならば、空想を真実だと思い込むのは適当ではないからである。資本主義とは、労働者が使うはずの労働諸条件の方があべこべに労働者を使うような転倒した社会である[24]。

　また現在はお金がお金を生む社会であり、倒錯の度合いはさらに増大している。現在の資本主義は先物取引等で生まれるヴァーチャル・マネーが実体経済の何倍にもなるという、歪んだ金融資本主義である。人々が実際に必要とする財やサービスやそれを作り出す労働が中心となる経済でなければならないはずであり、金融はそのための潤滑油にすぎないはずであった[25]。

　マルクスはこのような最近の状況を予見していたのか定かではないが、少なくとも近代の資本主義がもたらす問題に対して、以下の四つの理念を提起し、乗り越えようとした。国家・権力の否定といった政治支配の否定、生産手段の私的所有の否定である経済的搾取の否定、「各人の自由な発展が万人の自由な発展」となりうるような「自由な人間たち」の創出を目指す社会的・個体的自由と平等の実現、人類共同体の実現である[26]。

　アンチ・資本主義としてのコミュニズムを現代社会に適用していこうとする動きがある。ソ連邦崩壊後であるが故に、むしろ左右どちらにも偏せずに自由に議論できるといった側面もある。廣松渉は、マルクスが人間について生産活動を行う社会的動物であるという点に着目していたことを評

価する。今までは「理性的動物」、「自由意志主体」、「神を意識する宗教的存在」といった視点を軸にして人間を見てきた。しかし飲食しなければ生きていけない生産活動を営む動物であり、また単独では生きていけない社会的動物であるといった人間存在論的な基本事実を今までないがしろにしてきた。人間という動物の生活・生存のあり方が、生産的労働活動を営むことに支えられて、物質的生活に基づいて意識的活動や精神文化も歴史的に成立・発展する。人間の存在とは現実的生活過程の別名である。[27]

また、コミュニズムに関して、新しい解釈や時代に適合させる試みが生まれてきている。国家集権的社会主義からアソシエーション型社会主義へというベクトルは、ある意味で西欧社会民主主義をも包摂する形で、1970年代以降徐々に自覚されてきた社会主義再生の方向であった。[28] 公的保護や土地所有の制限について、丸山真人は以下のように述べている。土地、労働、貨幣から派生する様々なサービスを市場で取り引きするためには、その源泉である自然、人間、購買力を公的に保護する必要がある。土地所有者は、私的利益に合致する限りで土地から派生するサービスを切り売りする存在にすぎないので、社会的に何らかのルールを設定しない限り、彼らの行動を規制することはできない。ヨーロッパのように資本主義が高度に発達した地域においても、土地所有及び土地利用に関しては、様々な制約が課せられており、公有地の比率も高いのである。[29] 収奪と戦争にまみれた今日のリベラリズムにあって、分かち合いの思想としてのコミュニズムを吟味する必要があり、[30]平等・共有・弱者保護の思想としてのコミュニズムは今後ますます重要になってくるであろう。[31]

(2) 〈共〉とマルチチュード　アントニオ・ネグリによれば、コミュニズムとは共産主義ではなく〈共〉主義のことである。〈共〉は多義的な概念だが、グローバル化のもとで様々な人々が差異（特異性）を生かしながら、共に働き生きることを可能にするものである。[32] 今日における生産活動は、知識、サービス、コミュニケーション、情報など非物質的生産活動が中心である。これらは会社や工場だけでなく、家庭、消費、余暇、文化活動などの社会生活の総体が労働の現場となる。このような非物

質的生産が直接に創出する協働的関係をネグリは〈共common〉と呼ぶ。人々は直接的には私的所有者でありながら、この社会的な生産活動にかかわることによって、〈共〉の担い手に転換する。(33)

　ネグリらは、この数十年の間に植民地主義が打倒され、ソ連が崩壊し、グローバル化が進み、支配の新たな論理と構造、新たな主権の形態が出現していると述べる。〈帝国〉とは、これらのグローバルな交換を有効に調整する政治主体のことであり、この世界を統治している主権的権力のことである。国民国家の主権の喪失と国民国家が経済的・文化的な交換をますます規制できなくなっているということが〈帝国〉の到来を告げる主要な徴候である。(34)

　また〈帝国〉とは、現在のグローバル化の中で進行しつつある国民国家の衰退の一方で生成した国際政治の現実のダイナミックな様態を表すネグリらの概念装置である。かつての帝国主義における帝国が強大かつ膨張的な政治的主権を有し、他国をその力によって支配し、同化しようとするような特定の国民国家であったのに対して、ネグリらのいう〈帝国〉は特定の国家を意味しない。それは領土や境界を持たずに、ネットワークで支配する新たなグローバルな主権形態なのである。現在進行しつつあるグローバル化を批判する人々は、グローバル化による文化や価値観の均質化やそれに伴う伝統的価値観の崩壊をくい止めるべく、ナショナリズムなどの共同体的価値の復興あるいは創出へと向かうか、もう一つのあるべきグローバル化を志向するかに大きく分かれる。ネグリは明らかに後者の立場に立つ。

　〈帝国〉の新自由主義的な市場経済体制が進める公共財や公共サービスの民営化＝私有化によって、世界中で社会的な福利が壊滅的打撃を被っている今、必要とされる経済の変革とは、国家による管理を伴う〈公〉への回帰ではなく、〈共〉の回復または創造でなければならない。(35)

　多様なアイデンティティを持ちながら、〈帝国〉によって準備された各種インフラを利用して不定形な連帯関係を随時結んでいる人々を、マルチチュードとネグリらは呼んでいる。それは「異なる文化・人種・民族性・ジェンダー・性的志向性、異なる労働形態や労働形式、異なる世界観や欲

望」など多岐にわたる無数の「特異な差異から成る多数多様体」である。マルチチュードは、個が統一性の中に溶解してしまう伝統的な意味での共同体（コミュニティ）でもなく、自律的・能動的で自己組織的な社会主体であり、所与の存在ではなく協同的な社会的相互作用の中で創られる。[36]

**(3) 能力の共有化**　現在、正義論の議論が盛んであり、その観点から配分的正義や能力の共有化を説く論者に岩田靖夫がいる。[37]同じ地球上に多くの人が住む時に、ある人は運命の偶然により、気候の良い土地に住み、豊かな地下資源に恵まれ、その結果、するどい知性を育み、それらの卓越性のために文明を発展させ、巨大な富を蓄える。しかし、他方には、同じく運命の偶然により、激しい気候の下に、荒れ果てた土地に住み、極めて貧しい生活を強いられている人がいる。この運命的不平等の除去のためにこそ、人類が全力をあげるべきであろう。

配分的正義とは、「各人が各々の価値（功績、仕事）に比例して財貨を取得するのが正義である」という思想である。だがこの正義論は根本において能力主義である。この観点から見れば、正義とは苛酷なもの、残酷なものである。多くの人間、国家は運命によって課せられたこの不公平の下で、怨念を押し殺してうめいている。それでは救われない人たちのために、万人に自由な活動を確保しながら、公共の福祉という社会構造を介して、富裕者を社会的弱者に奉仕させ、それによって可能な限り多くの人々の平等を実現することが必要であろう。公共の福祉という社会構造を通して、強者が弱者に奉仕する。これが現代の正義論がたどり着いた一つの結論である。

このように自由競争社会において、大きな能力によって大きな成果をあげた者は、個人であろうと国家であろうと、運命的な悪条件のために成果をあげえなかった弱者に、その成果（富、知識、技術等）を奉呈しなければならない。その具体例として、累進課税、社会福祉政策、途上国への無償援助、ボランティア活動などがあげられよう。

能力は個人の努力によって作り上げられたものであると考えがちだが、能力は個人のものではなく社会の共有財産でもある。様々な偶然によって

高い能力を得た者はそれを共有財産として、社会に還元する義務がある。このような考え方は多くの宗教にも見られ、例えば、マタイによる福音書20章には、一日中働いた者にも、夕方から働いた者にも同じ賃金が払われるとある。岩田によれば、朝早くから雇われた者とは、力の強い役に立つ者であり、夕方になっても誰も雇ってくれないので広場に立っていた者とは、虚弱や老齢やその他様々な阻害要因によって、雇用対象外として放置された人々である。イエス・キリストは能力万能主義の社会に怒りを爆発させ、個人的な怠惰ではなく何らかの要因により能力を発揮できなかった者に対し暖かいまなざしを向けている。

(4) **コミュニタリアニズム**　現在の様々な問題に対してコミュニタリアニズム（共同体主義）も一つのアンチテーゼを提示している。コミュニタリアニズムとは様々なレベルの文化的な共同体の中で培われる諸個人の価値観を重視する立場である。人間はリベラルが想定しているほど「自由」に振る舞うことができるわけではなく、共同体的な価値観によって拘束されている面が不可避的に大きいので、それを踏まえた政治・社会哲学が必要だと主張する。

コミュニタリアンは保守派と思われやすい。しかし近代の市民社会の自由主義的な法・政治・経済制度は、特定の文化共同体や宗教の伝統的価値観の名の下に否定したりはせず、むしろ前提にしている。日本ではコミュニタリアニズムが伝統的な「共同体主義」として、保守的な「右派」と見なされ、現代のコミュニタリアニズムが「共通善」を追求する「左派」であることも理解されていない。米国ではリベラルは「正（ライト）」、つまり個人の「権利（ライツ）」を尊重する「正義」を何よりも優先する。それに対して、コミュニタリアンは「善（グッド）」、つまり普通の人々が共通して持っている「善」、あるいはコミュニティの成員の全てが原則として追及していく「共通善」を優先する。

このようにコミュニタリアニズムとは単なる保守や共同体至上主義者ではなく、「自由主義」という「第一の道」と「計画経済、社会主義」という「第二の道」に対する「中道」であり、「第三の道」でもある。それは

公的な国家でも私的な市場でもないNPOのような「第三セクター」としての「コミュニティ」を重視し、そこにできる限り権限を移譲し、政治参加を促進しようとするものなのである。現代のコミュニタリアンの多くは「人間の尊厳」や「基本的人権」の実現が目的としての共通善であると考えている。(40)

今後、グローカリズムならぬコスモコミュニタリアニズム（宇宙共同主義）が実現に向かう可能性もあろう。国家や主権概念に収斂されないコミュニタリアニズムと宇宙的視野のコスモポリタニズムを基礎に置き、自律した個と市民社会さらに世界や宇宙が、国家を超えて協同して結び付くことが考えられよう。

**(5) 枠組みの再編と拡大**　　もう一つの道に関して、最後に枠組みそのものの変更、拡大によって、各国・地域間の格差をできるだけ平準化しようとする試みを見ておく。現在、国家間の関係になると、土地の占有と基本財の獲得確保というところで、人間の間には争いが起こる傾向が強い。一国内において、多くの物財の配分が法秩序のもとに行われているのと同様に、国際的法秩序のもとに配分や援助が行われなければならない。また平和の文化を創り出すという点において、自分の親兄弟に住む場所がなく飢えている時に無視する人はほとんどおらず、また自分の同胞が同様な状態の時に無関心な人は少ない。しかし、遠い地球の裏側にそのような人がいる時に同胞意識がなければ平和は訪れない。(41)今こそ世界全体、地球全体の同胞意識が求められている。

柄谷行人は、資本＝ネーション＝国家を超え、世界共和国を目指す論理を展開している。世界共和国はイマヌエル・カントの歴史哲学の根幹であり、各国が主権を放棄することによって、世界共和国が形成されるとする。さらに各国は主権を徐々に国際連合に譲渡するように働きかけ、それによって国際連合を強化・再編成する必要がある。日本国憲法の9条における戦争放棄とは、軍事的主権を国際連合に譲渡するもので、各国でこのように主権の放棄がなされる以外に、諸国家を揚棄する方法はないと主張している。また資本と国家への対抗について考える者が陥りやすい罠

は、閉鎖的な共同体への回帰を志向することである。真のアソシエーションは、一度伝統的な共同体の紐帯から切れた個人によってしか形成されない。したがって、資本と国家への対抗は、同時に伝統的共同体への対抗を含むものである。<sup>(42)</sup>

歴史的に見てみると、新しい時代にこそ、国際的・国内的公共世界が現れてきている。両大戦後に、帝国主義や軍国主義が批判され、国際連盟や国際連合が形成され、多くの国の国内では民主主義が制度として確立された。<sup>(43)</sup> また戦間期には、国家が市場に積極的に介入することで市場社会が生み出した問題に対応しようとする動きが出てきた。それがソ連型社会主義、ナチズムによる国家社会主義、米国のニューディールであった。第二次大戦に勝利を収めたニューディールとソ連型社会主義が、戦後の社会経済モデルを提供していた。その帰結として、1970年代の半ばまでの間、少なくとも先進資本主義国においては相対的に平等志向性や包括性の高い国内秩序が形成された。<sup>(44)</sup>

このように新しい時代に新しい公共空間が構築されるのであり、現在の主権国家体制を徐々に超えていく必要があろう。現在の日本では沖縄や北海道を除いて、各県ごとにそれほど大きな格差は存在しない。それはより大きな枠である日本という枠組み全体で、配分が比較的公正・平等に行われているからであろう。そのアナロジーを世界にも当てはめ、主権国家という枠組みをゆるめ、世界全体で配分を調整すれば、肥満に悩む人と餓死する人がいる状況を改善できよう。もちろん先進国の人は現在のライフスタイルを改善する必要があり、大量生産・大量消費・大量廃棄社会を見直す必要があろう。

さらに主権国家の警察や軍を国際機関に少しずつ委譲し、国連警察・国連災害救助隊・国連平和維持軍の創設が必要であろう。各国の軍事費も削減でき、その余剰を社会保障・教育・医療に回すことができれば、先進国の消費量を落とさずに、世界の格差是正が相当程度可能となるはずである。

**おわりに**

　生まれ落ちた場所によって人生が制約されるのは、本当に自由な社会なのであろうか。生まれた時のスタートラインがすでに違っていて、本人の努力によってもどうにもならない社会は本当に公正なのであろうか。確かに、人間はそれぞれ全く異なって生まれてくる。肌も違う、言語も違う、性も異なる、豊かさも、体の特徴も、家族も、地域も、国も全て異なる。その違いを個性と捉えてその人が可能性を発揮でき、平和に人生を満喫できれば、あまり問題は生じないが、現実はそうなっていない。今の世界はどこかおかしいと感じている人は多いであろう。より平等で公正な、また平和な社会に向けて、人々との共同を求めるもう一つの道への模索はまだ続くであろう。

　グローバリゼーションには様々な定義が存在するが、本章では近代の現象に限定せず、通時的な概念として、人・物・金・情報などが地球的規模で移動した結果、相互関係が深化するプロセスと規定した。長期的視点と広い視角により、複数のグローバリゼーションを視野に入れることができよう。また現在のグローバリゼーションも今までの様々な科学技術等の成果を強く受けていた。グローバリゼーションは、近代に創造された主権国家体制やナショナリズムを内破する側面もある。この点からしてもグローバリゼーションを近代の現象だと安易に断定しない方が良いであろう。

　グローバリゼーションにより貧困者の数や格差は確実に増大している。かたや、マネーゲームに走り、莫大な利益を得て、肥満や糖尿病等になり、ダイエットに悩む裕福な人々がいる一方、餓死をしたり幼い命が亡くなったりする人々がいる。また暴力や軍事とグローバリゼーションとの間に強い相関性も指摘される。

　また、貧困・格差問題はいわゆる途上国ばかりでなく、先進国においてもそれは見られる。日本もすべり台社会と言われ、一度落ちたらはい上がれない仕組みになっている。格差は増大しており、その要因としてグローバリゼーションのもとでの新自由主義による、大企業や高額所得者優遇の税制がある。「溜め」がなく社会的排除を受けた人々は、貧困は自分の努力のせいだと「自己責任」論を内面化してしまい、さらには閉塞感から戦

争などの排外主義へと進んでしまう。

　一方で、共同（コモン）の観点から、現在の世界への批判も投げかけられている。コミュニズムは全く歴史的役割を終えたとの言説があるが、今こそ新しい共同（コモン）主義が必要になっている。人間が作り上げた貨幣や金融が自己目的化し、人間を縛るものになっている現在、もう一度、私有財産の制限、経済搾取の是正の観点から、資本や国家を超える思考法が必要であろう。最近は旧来のコミュニズムとは異なる新たな潮流も生まれている。協同的な相互作用の中で作られるマルチチュードや自己能力の共有化、共通善を志向するコミュニタリアニズムなどを参照枠として取り入れながら、新しい国家の枠組みを作り出す必要があろう。もう一つの道をより精緻化し、具体化する試みがまたれている。

**注**

(1) Mary Kaldor, *Global Civil Society: An Answer to War*, Polity Press, 2003. メアリー・カルドー、山本武彦他訳『グローバル市民社会論』法政大学出版局、2007 年、158-161 頁。

(2) Manfred B. Steger, *Globalization: A Very Short Introduction*, Oxford University Press, 2003. マンフレッド・スティーガー、櫻井公人他訳『グローバリゼーション』岩波書店、2005 年、12-13 頁。

(3) Anthony Giddens, *Modernity and Self-Identity: Self and Society in the Late Modern Age*, Stanford University Press, 1991.

(4) 中谷義和『グローバル化とアメリカのヘゲモニー』法律文化社、2008 年、106 頁。Malcolm Waters, *Globalization*, Routledge, 1995.

(5) 岩木秀樹「イスラームにおけるグローバリゼーション―イスラームの誕生・近代・最近の情勢―」『ソシオロジカ』30 巻 1 号、創価大学社会学会、2005 年、115 頁。

(6) スティーガー、前掲書。

(7) 同上書、24-46 頁。

(8) 中西治「地球社会と地球史―ロシアでの地球学研究を中心に―」『ソシオロジカ』30 巻 1 号、創価大学社会学会、2005 年、10 頁。

(9) 中野毅「グローバリゼーション論の再検討と宗教問題」『ソシオロジカ』30巻2号、創価大学社会学会、2006年、38-39頁。
(10) 伊豫谷登士翁『グローバリゼーションとは何か 液状化する世界を読み解く』平凡社、2002年、20-21、80頁。
(11) 高田和夫編『新時代の国際関係論』法律文化社、2007年、65頁。
(12) ヨアヒム・ヒルシュ「グローバル化―自由民主政の終焉」中谷義和編『グローバル化理論の視座』法律文化社、2007年、32頁。
(13) 遠藤誠治「世界秩序の変動と平等―グローバリゼーションと平等思考の自由主義の再生―」『年報政治学2006-1』日本政治学会、2006年、41-42頁。
(14) 金子勝『閉塞経済―金融資本主義の行方』筑摩書房、2008年、10-13頁。
(15) David Held et al., *Debating Globalization*, Polity Press, 2005, デヴィッド・ヘルド編、猪口孝訳『論争 グローバリゼーション 新自由主義対社会民主主義』岩波書店、2007年、34-35頁。
(16) NPO法人市民教育交流の会のホームページを参照。http://www.asahi-net.or.jp/~ww8t-oosk/gunjihi.htm（2008年9月22日）。
(17) 遠藤誠治他編著『グローバル対話 力の秩序を超えて』明石書店、2007年、34頁。
(18) 暉峻衆三「私にとってのマルクス」『季論21』創刊号、本の泉社、2008年、34頁。
(19) 以下、日本社会の格差・貧困問題については、湯浅誠『反貧困―「すべり台社会」からの脱出』岩波書店、2008年を参照。
(20) 武田知弘「数字が見抜く理不尽ニッポン 第1回 今、億万長者が激増している！」「数字が見抜く理不尽ニッポン 第2回 あり余るカネ持つ大企業と金持ち！」「数字が見抜く理不尽ニッポン 第3回 社会を歪める巨額の余剰資産」「数字が見抜く理不尽ニッポン 第5回 税金で作られた"富裕老人"400万人」『週刊金曜日』872号、873号、874号、876号、株式会社金曜日、2011年。
(21) 阿部彩『弱者の居場所がない社会 貧困・格差と社会的包摂』講談社、2011年、93、5-6頁。

(22) 同上書、130-134 頁。
(23) 柄谷行人『マルクスその可能性の中心』講談社、1990 年、14 頁。
(24) Karl Marx, *Das Kapital*, Bd.1., MEGA Ⅱ-10, Dietz Verlag, 1991, S. 557. カール・マルクス、向坂逸郎訳『資本論』第 1 巻、岩波書店、1967 年、780 頁。田上孝一「マルクスの社会主義と現実の社会主義」社会主義理論学会編『グローバリゼーション時代と社会主義』ロゴス社、2007 年、106 頁。
(25) 渡辺一衛「二重の三権分立をめざして」同上書、226 頁。
(26) 鷲田小彌太『いま社会主義を考える』三一書房、1991 年、25-26 頁。
(27) 廣松渉『今こそマルクスを読み返す』講談社、1990 年、23、30、32、39 頁。
(28) 田畑稔「アソシエイショナルな変革と新しい世界観」社会主義理論学会編『21 世紀社会主義への挑戦』社会評論社、2001 年、12 頁。
(29) 丸山真人「サステナビリティと地域の力」高橋哲哉他編『人間の安全保障』東京大学出版会、2008 年、146-147 頁。
(30) 向山恭一「現代のコミュニズムをめぐる係争―ネグリとジジェク―」有賀誠他編『ポスト・リベラリズムの対抗軸』ナカニシヤ出版、2007 年、67 頁。
(31) コミュニズムの思想と実体としてのコミュニズム体制とは区別する必要はあろうが、全く無関係ではなく、体制の欠陥は思想の欠陥にある程度つながっているであろう。ある思想家の思想が社会化された時、その核心が見失われるということは事実であるが、その思想家の盲点が増幅されて出てくるということもまた事実なのである。このことは他の思想家にも当てはまり、テキストそのものが両義的なのである。したがってコミュニズムを体現したとされる国家の負の側面も見据える必要があろう。柄谷、前掲書、234 頁。
(32) Antonio Negri, *Goodbye Mr. Socialism*, Giangiacomo Feltrinelli Editore, Milano, 2006, アントニオ・ネグリ、広瀬純訳『未来派左翼』上、日本放送出版協会、2008 年、55 頁。
(33) 斉藤日出治「グローバル時代の社会主義像」前掲、社会主義理論学会編『グローバリゼーション時代と社会主義』21 頁。
(34) Michael Hardt and Antonio Negri, *Empire*, Harvard University Press,

2000, アントニオ・ネグリ、マイケル・ハート、水嶋一憲他訳、『〈帝国〉』以文社、2003 年、3、4 頁。
(35) 河村厚他『グローバル世界と倫理』ナカニシヤ出版、2008 年、90-95 頁。
(36) 同上書、93 頁。仲正昌樹『集中講義！アメリカ現代思想』日本放送出版協会、2008 年、240-241 頁。
(37) 以下、岩田靖夫『いま哲学とはなにか』岩波書店、2008 年、175-197 頁を参照。
(38) 『聖書　新共同訳　旧約聖書続編つき』日本聖書教会、1987 年、マタイによる福音書 20 章。この部分の通常の解釈は、幼児洗礼を受けた者も大人や晩年になって洗礼を受けた者も、同じように神の国に行けるということである。橋爪大三郎、大澤真幸『ふしぎなキリスト教』講談社、2011 年、221-222 頁。
(39) 仲正、前掲書、133 頁。
(40) 菊池理夫『日本をよみがえらせる政治思想　現代コミュニタリアニズム入門』講談社、2007 年、24、37、49、85 頁。
(41) 岩田、前掲書、196-197 頁。
(42) 柄谷行人『世界共和国へ─資本＝ネーション＝国家を超えて』岩波書店、2006 年、15、222、225 頁。柄谷行人編著『NAM　原理』太田出版、2000 年、15 頁。
(43) 小林正弥編『戦争批判の公共哲学』勁草書房、2003 年、まえがき。
(44) 遠藤、前掲論文、49-50 頁。

第Ⅳ部　Area　地域——アジアとイスラーム

# 第13章　日本問題としての「沖縄問題」──沖縄の歴史・基地・現在

**はじめに**

しばしば「沖縄問題」という言葉を耳にする。沖縄の近代史、沖縄戦、沖縄の基地問題等の総称として「沖縄問題」と言われるが、本当に沖縄が問題なのであろうか。本章でも何点か論じるが、多くは日本（ヤマト）の問題であり、また場合によっては米国の問題である。日本や米国が、問題の多くを沖縄に押し付けている。したがって「沖縄問題」を解決するためには、日本がどう主体的に解決するのかが重要であり、すなわち「沖縄問題」とは、私たち自身の問題なのである。

かつての琉球王国と同じような境遇におかれたのがハワイ王国であった。しかし現在、米国では1993年の法案により、ハワイ王国を米政府、米軍隊が転覆させたことへの違法性を認め、米国議会として謝罪をし、ビル・クリントン大統領もハワイを訪れ、謝罪の言葉を述べた。それに対して日本政府は現在まで「琉球処分」に対して謝罪も賠償も行っていない。また国連の人種差別撤廃委員会が2010年3月に、沖縄における基地の不均衡な集中による差別的状況をなくすよう勧告している。このように日本は歴史的問題にも現在の基地問題にも負の遺産を持っている[1]。

ここでは日本問題としての「沖縄問題」という観点から、沖縄の歴史・基地・現在を概観するのが本章の目的である。第1節では、琉球処分後の皇民化政策について述べる。第2節では非常に激烈となった沖縄戦の概略と要因を考察し、強制集団死である「集団自決」の問題について論じる。第3節では、基地問題を取りあげ、米軍基地の誕生と代理署名問題等を考察する。第4節では、沖縄の現状と課題、さらに将来の可能性について論じ、これまでの歴史を転換する方途を模索していく。

## 1. 沖縄の歴史

　歴史的にみれば、琉球は14世紀以来、琉球王国として自立した歴史を持っている。歴代の琉球国王は、中国から冊封（王位の認証）を受けて、進貢貿易を続けてきた。琉球は17世紀初めまで、日本の領域には含まれていなかった。琉球と先住民族アイヌの住む北海道（アイヌモシリ＝アイヌの大地）は、古代国家日本の版図（勢力圏）の外にあった。このうちアイヌモシリにはついに独自の国家が形成されることはなかったけれども、琉球には独自の国家の形成が見られた。(2)

　琉球は幕藩体制の成立する時期である1609年に薩摩藩によって征服された。琉球王国のうち奄美諸島は薩摩藩の直轄領とされ、沖縄諸島以南の地域には琉球王国の存立が許された。薩摩の支配者たちは、沖縄の人々を「琉球人（リキジン）」と言って見下し、沖縄では、薩摩藩のことを「ヤマト」と言って、ヤマト対ウチナー（沖縄）といったような対立もこの間に醸成された。薩摩藩から見れば、沖縄の存在は重要であり、幕末の藩政改革を薩摩藩がリードできたのは、奄美や琉球の砂糖から莫大な利益をあげたことによるものである。(3)

　その後、1872年に琉球王国を廃止して、琉球藩を設置し、琉球国王は琉球藩王となった。1874年には、北京議定書が締結され、琉球住民を「日本国属民」と表記することによって、琉球が日本の版図であることを日清両国が承認するかたちとなった。1879年に、琉球藩を廃止して沖縄県が設置され、軍隊と警官隊を率いて、沖縄県設置の布告がなされた。このような、琉球王国を日本国に強制的に組み込んでいった一連の政策を「琉球処分」と言っている。軍事的な要衝として、南の国境を確定した歴史的な意義は日本国にとって重要であろう。

　その象徴として、卒業式の歌として知られている「蛍の光」（原曲はスコットランド民謡）がある。この歌に、沖縄が登場するのが沖縄県設置の2年後の1881年である。その第4節に、「千島のおくも、おきなわも、やしまのうちの、まもりなり。いたらんくにに、いさをしく、つとめよわが

せ、つつがなく」とある。千島樺太交換条約によって北の国境を画定し、琉球処分によって南の国境である沖縄県が設置されたことを広く国民に知らせようとしたのであろう。沖縄は置県当初から国権拡張のために「皇土防衛の前縁」と認識されていた。大正・昭和期になると「千島のおくも、おきなわも」の歌詞は「台湾のはても、カラフトも」と変えて歌われるようになったという。日清戦争（台湾領有）、日露戦争（北緯50度以南のカラフト領有）を経て、限りなく対外膨張を志向していった時代思潮を反映したものであろう(4)。

　近代国民国家において「共通語」の普及は重要な課題であり、沖縄ではそれが極端なかたちで強行され、皇民化政策がなされていった。標準語励行の強制手段として沖縄各地の学校で用いられた「方言札」という罰則がある。方言を使った生徒に「方言札」と書かれた木札を渡し、これをもらった生徒は、さらに方言を話している生徒を見つけて渡す決まりであった。お互いに監視させ、方言使用を生徒自身が互いに糾弾するという巧妙なものであり、「方言札」にひもを通して首にさげさせるという屈辱的な方法もとられた。自分の生まれた故郷の文化を誇りに思うことができないから、子どもたちの心をゆがめ、批判精神を失い、中央志向・事大主義の気風が培われていった。

　1898年には沖縄県にも徴兵令が施行されたが、各地で徴兵忌避事件が頻発し、帝国軍人となることを沖縄の人々は嫌った。移民県沖縄では、徴兵忌避のために海外に出た者も多数おり、移民は合法的な徴兵逃れの側面も有する。また沖縄における皇民化政策は、台湾や朝鮮、南洋諸島などの植民地政策の先例ともなった。窮乏の沖縄から押し出された移民たちは、日本の南進国策の先兵として皇民化の先頭に立たされ、「東亜自給圏確立」のための人的資源となった。南進政策は、孤島沖縄の宿命を打ち破って、沖縄が生きる道だとして、指導者層の一部に受け入れられた。教育者や歴史家の一部も熱狂的に南進論をあおりたて、国策への協力を全面的に打ち出し、侵略戦争を正当化した(5)。

## 2．沖縄戦

**(1) 沖縄戦の概略**　アジア太平洋戦争において、日本国内で「唯一の地上戦」が行われたのが沖縄であった。米国軍の従軍記者をして「考えられる限りの地獄を一ヵ所に集めたような戦争」と言わしめたのが沖縄戦であり、その極限的現れとも言えるのが「集団自決」であった(6)。仲里効は沖縄戦の特異性として次のように述べている(7)。国家と国家の総力戦の無惨な帰結であったこと、そしてそのことがまた「本土決戦」を引き延ばすための「捨石作戦」でもあったということによって、多くの住民を巻き込み、住民の4人に1人の死者を出すことになった。そして何よりも日本軍の沖縄住民観の中に刷り込まれた植民地主義的な眼差しによって引き起こされた、スパイ容疑による住民虐殺や加虐と被虐がねじり合わされた「集団自決」は、沖縄戦の「特異性」を刻み込んでいった。

　沖縄戦での両軍の規模は、米軍の地上戦闘部隊が18万人あまりで、後方支援部隊を含めると約54万人にも達した。それに対して、日本軍は約10万人（そのうち約3分の1は沖縄現地徴集の補助兵力）であった。嘉数高地から首里までは激戦地であり、米軍は10キロを突破するのに約50日を要し、日本軍はここで約7割の兵力を失った。犠牲者の数は、本土出身の兵隊約6万5千人、沖縄の即製の兵隊約3万人、民間人9万4千人、朝鮮半島から軍夫や従軍「慰安婦」として強制連行されてきた約1万人であるとされているが、未だに明らかにされていない(8)。

　サイパンから硫黄島へと続き、そして沖縄に極まった常軌を逸した抵抗は、たしかに米軍に大きな被害を出させ、多くの心的外傷後ストレス障害（PTSD）を引き起こすほどの恐怖を与えることになった。そのため米軍は、味方の被害を軽減するため、上陸前に激しい空爆や砲撃を加えるだけでなく、上陸してからは、敵兵の潜む場所ごと（畑や壕）焼き払う火炎放射器を使うようになる。米軍上陸後の主戦場となった沖縄本島の中南部では、1平方メートルに1発の割合で砲弾が撃ち込まれ、砲弾が大地をうがち、地形が変形し、まさに「鉄の暴風」であった(9)。

沖縄戦は1945年6月23日に32軍司令官牛島満中将が自決し、組織的抵抗が終わったとされている。しかし正式に沖縄戦が終わったのは敗戦後の9月7日で、降伏文書が調印され、名実ともに終戦となった。牛島司令官は自決に先立ち、最後の軍司令官命令を出している。その中で「爾後各部隊ハ各局地ニオケル生存者中ノ上級者コレヲ指揮シ最後マデ敢闘シ悠久ノ大義ニ生クベシ」と述べ、皆殺しになるまで戦闘を続けることを命令している。

　牛島司令官の孫である牛島貞満は、牛島司令官が住民に多大な犠牲を強いた主な原因として、首里から南部への撤退命令とこの最後の軍司令官命令をあげている。前者について、司令部は南部撤退を決め、5月末には軍を南部に移動させた。そのため南部一帯は、軍隊と住民の混在する戦場となり、壕からの追い出し、住民虐殺、それと表裏一体の関係にある「集団自決」である強制集団死が起きた。後者については、戦闘を終了させることの出来る司令官が、最後の一兵まで戦えと言って「自決」してしまったため、沖縄戦は終わりなき戦争となってしまった。終戦の8月15日以降も32軍による切り込み攻撃が行われて戦死者が出ていたことを米軍資料が記録している。当時の日本軍の規律では、上部からの武装解除の命令がない限り、投降は「敵前逃亡」にあたるとされた。正式には9月7日の嘉手納での南西諸島司令官による調印によって沖縄戦が終了した。

　しかし沖縄戦の責任を司令官ただ一人に帰すのは問題があろう。牛島司令官は陸軍士官学校の校長も務め、国際法規にも通じていたと言われている。しかし大本営からの命令である本土決戦のための時間稼ぎをやり、出来るだけ持久戦に持ち込むことは、既定事実であり、それに反することはありえなかったのであろう。したがって、牛島司令官にも責任はあるが、軍上層部や政治家さらには昭和天皇にも沖縄戦の責任はあろう。1945年2月近衛文麿首相が天皇に対し、「もはや日本の敗戦は必至だから、和平の決断をすべきだ」と進言したのに対して、天皇が、「それはもう一度戦果をあげてからでなければ、難しいのではないか」としてこれを退け、その後沖縄戦に突入したのであり、沖縄戦やその後の原爆等に対する昭和天皇の責任はないとは言えないであろう。

## (2) 強制集団死（「集団自決」）の問題

強制集団死、いわゆる「集団自決」の問題は、沖縄戦を象徴するものである。しかし2007年3月の文部科学省の検定意見により、「集団自決」を強制されたとの記述が削除・修正され、それを受けて9月29日に宜野湾海浜公園で11万人もの人が抗議集会を開いた。[13]「集団自決」の問題は多くの裁判にもなっており、論争が闘わされている。その中でも特に注目されるのは、2005年に大江健三郎と岩波書店が訴えられた裁判である。目取真はその裁判について次のように述べている。[14]大江の『沖縄ノート』を読んだ読者ならすぐ気づくだろうが、同書の中で慶良間諸島の「集団自決」の問題が扱われているのは、9章ある中の最終章の一部であり、渡嘉敷島や座間味島守備隊長の名前も記されていない。しかも座間味島で起こったことに関しては、同書で具体的に触れられていなくて、座間味島の元守備隊長・梅澤裕が原告の一人となっていること自体が疑問だった。渡嘉敷島の守備隊長だった赤松嘉次もすでに亡くなっており、初版から35年も経て、弟が裁判に訴えるというのも異様であるとしている。

座間味島の隊長であった梅澤は大江の『沖縄ノート』を訴えているが、訴えた後にその本を読んだのであった。さらに被告側の弁護士が「あなたはなぜ今まで訴えなかったのですか」と聞いたら、資金がなかったから、訴えなかったと言った。では今回の裁判は誰がお金を出したのかということにもなるわけである。つまり梅澤や赤松の弟が裁判を起こそうと思ってやったのではなく、その裏には靖国支持グループや自由主義史観研究会や新しい歴史教科書をつくる会などの存在があったのである。[15]

裁判では「集団自決」が軍命ではなく、自主的にお国のために死んだとされる点の不自然さを指摘している。持ち場を離れた兵を処刑した軍律の厳しい渡嘉敷島の赤松隊において、兵隊が私的に武器を住民に渡すことを許すとは考えられない。装備劣悪であった赤松隊にとって手榴弾は貴重な武器であった。その手榴弾を住民が入手するには軍が配る以外にありえない。[16]

また原告側は座間味島の梅澤隊長は自決するなと言ったと証言し、責任は助役で兵事主任の宮里盛秀にあると主張している。本当に梅澤が自決を

するなと言ったのであれば、宮里が自分の子ども3名を殺したのかということである。自分の家族に手をかけるだけではなくして、村人を集めて玉砕させるようなことを一人の助役が決断できたのであろうか。当時の島の最高指揮官は梅澤で、隊長の命令に逆らってまでできたのか疑問である。実際に、梅澤は裁判での被告代理人である近藤弁護士の反対尋問において、手榴弾などの重要な武器が「最高指揮官である梅澤氏の許可なくして住民に渡ることはあるか」と言う質問に「ありません」と明確に答えている[17]。2011年4月の最高裁は、原告の元戦隊長側の上告を退け、当然のことながら「集団自決」に軍の深い関与を認めた[18]。

　多くの証言や資料によれば、「集団自決」は軍命により行われたのであろう。また非常時による偶発的事件でもない。「集団自決」は沖縄戦の最初期に起きているのであり、「集団自決」は沖縄戦の中で偶発的に起きた事件ではなく、沖縄戦の矛盾が集約されたシンボリックな死なのだと言えるであろう。「集団自決」の犠牲者のうち、83％が女性や子どもであった。若い女性ほど皇民化教育を受けていて、貞節を守る日本婦人として「自決」しなければならないという強迫観念に囚われていた[19]。また米軍上陸前から、生き残ることがいかに恐ろしいことになるかを洗脳させられており、女性は米兵による強姦恐怖を、男性は去勢恐怖を植え付けられていた。「生きて虜囚の辱を受けず」という戦陣訓のタブーを内面化・身体化するために、恐怖は男のものと女のものに振り分けられた。沖縄住民を「集団自決」という極地へと追い込んだのは、このような恐怖であった。このように「苦しみながら死ぬ」くらいなら「一緒に喜んで死んだ方がよい」との心性を共有するようになった[20]。

　日本軍は沖縄戦直前まで沖縄住民に対し、最高の軍事機密である「陣地構築」を強いた。したがって、日本軍は兵士同様住民に対しても「絶対に投降を許さない」という「軍官民共生共死の一体化」の方針をとってきた。「鬼畜米英」に対する究極の恐怖心を植え付けて、あたかも「自発的に死んだ」かのように見せかけるべく、お互い死ぬことを強制・誘導・説得・命令してきた[21]。

　そもそも「集団自決」という用語には問題があろう。「集団自決」とい

う用語は『鉄の暴風』を執筆した際に、太田良博が創り出した造語である。その後、集団自決という語が一人歩きをして、住民が自発的に死んでいき、自発的に肉親を殺害したかのような誤解を生んだことへの悔恨の思いを太田は吐露している。「自決」というのはふつう軍人が責任をとって死ぬことだから、この場合には「集団死」とも言われるが、それではあまりに事態が曖昧になる。そこで事情をもっと明示的に示す「強制集団死」という言い方が提案された。(22) このように最近では「集団自決」という用語と共に、強制集団死という用語も使われるようになってきている。

軍隊は日本人を守ると考えられてきたが、沖縄ではそうでなかった。沖縄が差別を受け続ける存在であったということもあるが、そもそも軍隊が住民を守るということは主要な任務ではない。第32軍司令部で航空参謀を務めた神直道は、「軍の役割は敵の殲滅にあり、住民を守ることではない」と明確に述べている。(23) 家永三郎は、1927年の第一次山東出兵と1932年の第一次上海事変の時の政府や軍の見解をあげ、「外国居住の日本人の生命を守ることは軍の任務であるけれど、本土居住の日本人の生命を守るのは軍の任務ではない、というのは逆立ちした議論ではなかろうか」と述べ、「本土」である沖縄を捨て石にして、外国の日本人を「守る」という軍隊の建前と欺瞞を指摘している。(24)

**(3) 援護法の問題と歴史の書き換え**　「集団自決」の問題は現在にも大きな影響を及ぼし、沖縄の人々の分断と歴史の書き換えにも発展している。その一つの焦点になるのが、「戦傷病者戦没者遺族等援護法」、いわゆる援護法であり、これにより沖縄戦体験を語る上でのダブルスタンダードや分断状況が生まれた。

援護法は対日平和条約の発効とともに制定されたものであり、軍人・軍属、言い換えれば国と雇用関係のあった戦闘従事者あるいは戦闘協力者とその遺族を対象として年金や弔慰金を支給しようというものであり、戦争犠牲者を援護しようというものではない。この法律は制定された翌年の1953年から沖縄にも適用されている。しかし地上戦の行われた沖縄では、軍関係者以外にも弾丸運びや看護などに駆り出された民間人が多数い

るので、援護法の適用範囲は段階的に拡大され、沖縄戦時に6歳以上であれば戦闘協力者として扱われ、最終的には1981年に政府は6歳未満にも適用を拡大した。これにより、住民が日本軍の戦闘・作戦に「協力」ないし「参加」して死亡したということが認められれば、ゼロ歳児でも「遺族年金」等が支給されることになった。その結果、乳飲み子ですら「戦闘協力者」に仕立て上げられ「遺族年金」の申請が行われていった。この法律の歪んだ性格により、沖縄戦の真実は結果的に変容させられ、「沖縄戦体験記録のダブルスタンダード」が生まれていくことになった。

　援護法適用を申請した人々の戦闘協力の内容は、ほとんどが「壕の提供」と「食料と水の提供」であった。ありていに言えば、日本軍によって避難壕を追い出され、食糧や水を取り上げられたことが「戦闘協力」なのである。ある人は、6歳未満の2人の息子が援護法により、「日本軍への戦闘協力」として認められ、過去5年間分だけでも、1230万円の遺族年金を受け取ることとなった。援護法は、日本軍の戦闘・作戦への協力・参加を前提にしたものであり、適用されればゼロ歳児でも「戦闘参加者」として「準軍属」扱いされる。息子を亡くした精神的苦痛の上に、聞き取りによる『県史』での記述と異なる援護法への申請記述によって遺族年金の支給を受け、「戦争協力をした」ということを認める二重の精神的苦悩を背負うことになった。援護法の申立書には現認証明書など署名捺印された証拠書類も揃っているので、日本政府にとっては『県史』の記述よりも、沖縄戦体験者が旧厚生省へ「自主的に」に申請した「沖縄戦体験記録」の方が「一級資料」なのである。このようなことにより、軍事優先のため「自国の軍隊でも住民を守らないどころか虐殺を行う」という『県史』が記録してきた沖縄戦の真実を「幻化」させ、沖縄戦を軍民一体の戦闘だったという歴史の書き換えが行われている。

　歴史の書き換えは他にも存在する。波照間島には陸軍中野学校出身の山下虎雄（特務教員としての偽名）が波照間青年学校教員として潜入した。地上戦闘に突入する直前、島民に身分を明かして、全住民に悪性マラリア発生地の西表島へ強制退去命令を下した。しかし軍の退去命令によって多大な戦争マラリアの犠牲が生じたという沖縄戦の真実・島の歴史が島人の

共通認識になっていない。それは、島で住民を指揮していた唯一の日本軍人だった山下元軍曹の現認証明書があれば容易に「援護法」の適用を受けることができたからである。すなわち島人の中には、山下元軍曹に「恩義」を感じている人たちがおり、その人たちを中心に「中野学校出身者」の訪問を「歓迎」するグループが形成されていった。つまり援護法によって、島の4分の1の犠牲が生まれたという沖縄戦の真実を共通認識することが妨げられている[28]のである。

## 3．基地問題

**(1) 米軍基地の誕生**　日本国憲法9条は、戦争の惨禍から生まれ、非戦の思想の昇華であろう。しかし9条と天皇制と沖縄の基地の関係は密接であり、沖縄の犠牲の上に9条がもたらされたということも忘れてはならないであろう。戦争放棄の規定は、太平洋地域で米国と覇を競った日本帝国主義の牙を抜き、東アジア支配戦略のパートナーとして親米的中国を想定していた戦後初期の米国の世界戦略からくるものであった。同時に天皇制の存続を軍事的脅威と捉える国々の不安を除去しようとするものであった。その意味において天皇制の維持と日本の非武装化は、密接な関係があった。ダグラス・マッカーサーが、沖縄を米軍が支配し、空軍の要塞化をすれば、非武装国家日本が軍事的真空地帯になることはない、という考えを明確に述べたのは、1947年6月末、東京を訪問していた米国人記者団との懇談の際のことであった[29]。仲地博によれば、天皇制、非武装、沖縄基地の三者の関係を要約すれば、天皇制の維持のため、非武装国家とする、非武装では侵略に対し不安があるので、日本の安全保障のため沖縄に基地をおく、ということである[30]。さらに1947年9月、GHQに伝えられたのが、いわゆる沖縄に関する天皇メッセージである。天皇は、側近の寺崎英成を通してGHQに「米国が、日本に主権を残し租借する形式で、25年ないし50年、あるいはそれ以上、沖縄を支配することは米国の利益なるのみならず日本の利益にもなる」というメッセージを伝えた[31]。昭和天皇が米国におもねり、沖縄を「売る」形で、自らの地位を安定化させた側面も

ある。

　さらに平和憲法は本土平和主義であり、沖縄には「戦後」の「平和」はなかった。平和憲法は誕生したが、単に沖縄の基地化と引き換えだったというのではなく、そもそも沖縄に憲法は適用されなかった。まさに一国平和主義ならぬ、「本土が平和であればよい」という本土平和主義であった。[32] 日本人の多数にとって、「戦後」とは、「平和」という日常が当然のように享受されることと同義であった。しかし日本の「戦後」を沖縄との関係史を媒介に歴史的にみれば、その相貌は異なったものに変わる。まず、「戦後」の復興は、米国による沖縄への軍事的占領の継続と同時進行だった。また55年体制による「戦後」の保革対立やその後に続く「高度経済成長」は、日本各地から沖縄への米軍基地の移設が着々と進められたことと同時進行であった。通常言われる「戦後」の「平和」とは、日米安全保障条約に基づく米国基地を沖縄に偏在化させ、沖縄を事実上の戦争状態に置くことによってかろうじて支えられてきた。[33]

　沖縄が日本固有の領土だという認識に立つならば、1972年5月15日に沖縄の施政権が米国から日本に返還されるまで、日本は分断国家だったということにもなる。[34]

　軍政下の沖縄は、米国にとっても都合の良いものであった。米国の排他的支配下におかれた沖縄の基地は、政権交代も想定される日本や他のアジアの主権国家との条約に根拠をおく基地に比べて、はるかに安定度が高いと考えられた。さらに"銃剣とブルドーザー"による米軍用地の強制接収も行われた。米軍はハーグ陸戦法規に基づき、日本の独立までは戦争状態が継続していると主張して土地の使用料すら支払わなかった。やがて米軍は、そこに恒久的な軍事基地の建設を始めた。対日平和条約が発効した後の1952年11月に軍用地賃貸借契約のための布令91号を出したが、20年間という契約期限の長さや、一坪の年間賃料が「コーラ一本の代金にもならない」ため、軍用地主に受け入れられなかった。9割以上の軍用地主が契約拒否するという事態に直面した米民政府は、53年12月布告26号を公布して、「長期にわたる使用の事実によって"黙約"（暗黙の契約）が成立している」と見なすことにした。[35]

(2) **代理署名問題**　1995年、大田昌秀沖縄県知事は、駐留軍用地特措法による強制使用の期限切れを翌年に控え、代理署名拒否をしようとしていた。沖縄における米軍基地から派生する事件事故等の負担は相変わらず重く、復帰以来、国の米軍基地対策はあまり改善されてこなかったからである。その年の9月4日に米兵3人による少女暴行事件が発生した。9月28日には大田知事は県議会で代理署名拒否を表明した。10月21日の少女暴行事件に抗議する県民総決起大会には、8万5千人もの人々が集まった。

　ところで代理署名とは次のような手続きをとって行われる。沖縄の米軍基地は国有地、公有地、民有地がほぼ3分の1ずつの割合になっている。その民有地の一部が、米軍基地に自分の土地を使用させるべきでないという信念から、契約を拒否している反戦地主の土地となっている。こうして沖縄県においては地主の土地を強制的に取り上げる駐留軍用地特措法が適用されるわけである。地主が拒否した場合には、市町村長が署名を代行し、彼らも拒否した場合には、知事が代行することになっており、これがいわゆる代理署名と呼ばれるものである。(36)

　代理署名拒否に対して、12月7日に、村山富市首相が大田県知事を相手取って、いわゆる「代理署名訴訟」を福岡高裁那覇支部に提起した。沖縄県側弁護団の代理署名訴訟での主な主張として次の6つがあげられる。(37)①駐留軍用地特措法は、国が「在日米軍の用に供する」という軍事目的のために、国民の土地を強制的に使用する内容のものであるから、憲法の基本原理である平和主義に根本的に反する。②沖縄の軍事基地は、これまで多くの事件事故を発生させ、沖縄県民の憲法前文の「恐怖と欠乏から免れ、平和のうちに生存する権利」、いわゆる平和的生存権を侵害している。③狭い沖縄では、住民の大切な財産である土地を、明確な公共の福祉といえない米軍基地の維持のため、強制的に使用することは憲法29条で保証する財産権を侵害する。④国土面積のわずか0.6％にすぎない沖縄に日本全国の米軍基地の75％が集中して設置されている状況は、法の下の平等原則に違反する。⑤駐留軍用地特措法に基づく土地物件調書の作成の過程において、地主本人の承諾もなく、署名や捺印がされていたことなど憲法

31条の保証する適正手続き違反がある。⑥憲法は92条で地方自治の本旨を保障しており、知事は国から委任された事務の執行により、住民の人権を侵害する場合や住民の福祉などを阻害する場合には、正当に事務の執行を拒否できるのであり、そのような事務執行を命令することは地方自治のあり方が問われる。

1996年3月25日には、第一審の福岡高裁那覇支部では、沖縄県民にのしかかる基地の重圧と苦難の歴史に理解を示したものの、国側の勝訴となる判決を下した。最高裁判所へ上告したが、1996年8月28日に上告棄却の判決を出した。

その後地方自治法の大改定によって、駐留軍用地特措法による土地の強制使用のための事務管轄は地方事務とは関係なく、国家事務とされた。これによって、総理大臣を主務大臣とする内閣府の一機関である防衛施設局が使用認定を申請し、総理大臣が使用認定し、地主が反対しても、すぐに総理大臣が署名代行をすることになった。簡単にいえば、自分が使いたいといって、自分で認定して、自分で署名するということになり、民主的な手続きという点で大きな問題があると言えるであろう。[38]

(3) **ヘリ墜落事件** 2004年8月13日午後2時18分に、米軍ヘリCH53Dが普天間基地に隣接した沖縄国際大学に墜落炎上した。それにより劣化ウランより毒性が強い放射性物質のストロンチウム90が焼失した。墜落後約500人の米兵が事実上大学構内の一角を占拠し、学長の立ち入りさえ拒否し、写真撮影をした学生を学内で追いかけるという異常事態が発生した。沖縄県警察による証拠物件の押収はおろか、現場検証さえ拒否されるという全くの治外法権状況が現出した。

しかし沖国大構内建物への米軍ヘリ墜落と全く同じような事件が、慶應義塾大学、東京大学、皇居、首相官邸、国会議事堂などで発生したら同じ対応ができるであろうか。小泉純一郎首相は夏休みで映画を見たりしていたが、今回の事件と同様に全く墜落事件を無視したであろうか。またマスコミや国民もそれには意に介さない態度をとったであろうか。[39] 野村浩也はこの事件について、次のように主張している。[40] 日本の警察の行動もまた、

米軍と同じく、植民者としての当然の行動であったといえよう。まず、日本警察が現場検証を行わなかったことは、沖縄が植民地であり、沖縄人が被植民者でしかないことを明示している。なぜなら、日本で発生した米軍機の墜落事件では、当然のこととして日本警察の現場検証が実施されてきたからである。

　復帰以後、沖縄では毎年1機以上の軍事演習中の軍用機が墜落している。基地の島である沖縄、また普天間基地に隣接した沖国大で墜落事件が起こることは、当然の成り行きであろう。普天間基地を上空から視察したドナルド・ラムズフェルド米国防長官も「危険基地」と指摘した。このような危険な基地である普天間基地を返還し、名護市辺野古のキャンプシュワブ水域への新基地建設が進められようとしている。しかしこの辺野古新基地も問題が多いのである。自然科学や空港の専門家によると、外洋に面したこのような場所に海上空港を造った前例はなく、事業者である那覇防衛施設局長ですら「非常にチャレンジング（困難）」と告白している。[41]

　このような墜落事件と共に、2007年には20件の演習に伴う原野火災、36件の航空機関連の事故、環境汚染などが起こったが、さらに米兵等による犯罪も多発している。米軍構成員等による犯罪検挙状況における殺人・強盗・強姦などの凶悪犯の推移は、2003年7、2004年1、2005年2、2006年3、2007年6となっていて、2004年は減少傾向にあったが、それ以降は増加している。刑法犯罪は2004年59、2005年66、2006年57、2007年63となっており、これも減少傾向にはない状況である。[42]

**(4) 米軍兵士の問題**　そもそも米軍兵士とは米国の国家公務員である。日米地位協定による特権に守られた国家公務員が、同時に犯罪者であるという日常が沖縄には存在する。本来、政府の命令で派遣された国家公務員が派遣先で犯罪をはたらけば、深刻な外交問題に発展してもおかしくはないし、1件起きただけでも致命的である。にもかかわらず、日本国政府が外交問題として対処する気配はないのである。つまり沖縄の人々の生命や人権よりも、米軍の方が優先されているといっても過言でない。[43]

　米兵犯罪が頻発する要因として次のようなことが考えられる。まず沖縄

は特別な地域で、いわば米軍の側にも植民地意識があるということである。沖縄の米軍基地とそれ以外の海外米軍基地との違いがあり、米軍が第二次大戦で攻撃して、軍事行動で勝ち取って、そのまま自分のものにしたのは沖縄だけである、と米軍が思い込んでいる。これを示す一例として、元米兵は、「グアムでは犯罪者は厳罰に処すという強い指導があるが、沖縄では管理も緩い」という証言をしている。[44]

沖縄には海兵隊の割合が多く、在日米軍全体の割合では42％であるが、沖縄では59％となっている。[45]また沖縄で事件を引き起こす7割から9割が海兵隊であり、海兵隊の割合が6割としても、その犯罪率は多い。インディアナポリスの研究員は、海兵隊員について「彼らはレッドネック（肉体労働者）になるか、刑務所に行くか、海兵隊に行くしか道がない連中」と差別的に述べている。このように海兵隊員の質の問題を米国民自身が問題視している。彼らは軍に入り、初めて支配者の側に立つ。新しく入隊した志願者の多くは定職に就いておらず、就く希望もあまりないティーンエージャーである。海外の軍事基地への派兵は、彼らにとって、一生で「唯一」人々を威圧する、あるいは支配者側に立つ経験をする時だと言われている。[46]

犯罪が多発する問題は、沖縄独自の問題や海兵隊の質以外にも、軍そのものの問題もあろう。兵隊さんがお利口さんになっては困るのであり、深く考えずに上官の命令を聞くのが義務である。遵法精神や基本的人権を尊重するような兵士は、戦場では役に立たない。また軍には民主主義がない。米兵は18歳なら参政権はあるが、選挙運動への参加は禁止されており、また当然、司令官等の上官を選挙で選ぶことは考えられない。[47]軍は本来殺人と破壊の専門家であり、暴力文化の中に浸っている。大義のない戦争に駆り出され、非常に強いストレスの中で戦わなければならない。人権や民主主義とはほど遠い環境に慣らされている若い米兵が犯罪に走るのもある程度根拠がある。

そもそも軍には、基本的人権の尊重や民主的手続きはほとんど存在しない。対話や議論は軽視され、相手の痛みを考えることは戦場で役に立たず、反射的に暴力に訴えなくてはいけない。日常的に暴力の文化の中で生

活しているので、人間らしさが失われ、精神的バランスを崩したり、犯罪に走ったりする者が後を絶たない。このように今後、軍や基地、さらには戦争の存在意義そのものを問わなくてはならないであろう。

　(5)　**普天間基地問題**　　現在、沖縄における基地問題で中心的な問題は普天間基地問題であろう(48)。外国軍の一組織である海兵隊のそのまた一施設の代替地が見つからず、日本国の総理大臣である鳩山由紀夫首相が2010年6月に辞任した。日本には代替地がないということが民意であるし、2009年の衆院選でそのことを示したはずであった。代替地がないということを率直に米国に言うべきであり、それが国民の考えを代弁する総理の使命である。日米関係も忌憚のない意見交換から真の信頼関係が生まれるはずである。

　普天間基地の問題はあまりにも軍の論理が突出していた。軍つまりは戦争のためには沖縄の基地が必要であり、住民の負担はやむを得ないとの主張である。しかし政治的決定に軍が従うのは当然で、それがシビリアンコントロールである。政治が軍に振りまわされると、どのようになるのかは歴史を見れば明らかであろう。

　さらに言えば、軍の論理からみても、沖縄に過大な基地負担を強いるのは不自然である。米軍司令官は「日本が提供してくれるのなら、基地はどこでもいい」と言う。世界規模で展開するので、北海道でも本州でもさほどの差はないのである。そもそも沖縄の基地は、軍事地政学的理由で配備されていたのではなく、本州での負担を軽減するための政治的配慮で移駐された。冷戦下で仮想敵国であるソ連を見据えれば、北海道に大規模に米軍基地を展開しても良かった。沖縄は中国や北朝鮮を視野に入れた「地理的優位性」にあるとの説明は後からとってつけた論理であろう。

　米軍再編構想によると、大軍を外国に貼り付ける戦争は古い型であり、今後は迅速に軍を移動させ、迅速に戦闘に勝ち、その後はすぐに引き上げ、次の戦争に準備するという方向を目指すという。これにより、在外駐留兵員の削減、海外基地の縮小、米国内基地からの即応体制の整備が行われる。したがって沖縄における新たな海兵隊基地建設は、このような論理

に不適合である。沖縄が中国に近すぎるという理由からもグアムへの新基地建設が進められるのであり、辺野古の新基地は、この目的にもそぐわない。
(49)

　さらに沖縄に展開する海兵隊は、日本のためアジアのために本当に有効であるのかを問わなくてはならない。海兵隊の任務はアジアを越え、中東・アフリカ地域にまで展開しており、沖縄に駐留する意味は減少している。2009年には、海兵隊は訓練で外国に行く機会が多く、沖縄にいたのは半年足らずであった。これで本当に「抑止」が保てるのであろうか。

　また海兵隊員、ヘリコプター、水陸両用戦車や武器などを運ぶ米海軍の強襲揚陸艦は長崎県の佐世保にある。その軍艦が沖縄に来なければ兵士や武器、弾薬を運べないから、海兵隊を沖縄におく根拠は崩壊する。海兵隊員が九州のどこかに駐留していてもあまり不都合はないのである。
(50)

　基地の存在は沖縄の経済にも圧迫を与えている。いわゆる思いやり予算は、2010年の予算段階では1881億円で、それに加え固定資産税から電気、ガス、水道に至るまで全部ただである。米国防総省によると、2003年度の日本の思いやり予算の米兵1人あたりの額は年間約12万ドルであり、韓国は約2万ドル、ドイツは1万ドルあまりである。このような状態は世界でも異常であり、以前フィリピンに米軍基地があったときは、米国が逆に使用料を払っていた。イタリアでは昼休みの時間帯には、米軍飛行場の戦闘機のエンジンを切っており、事故があるとイタリア警察が事故機を差し押さえる。

　米国が世界に展開している大規模海外基地の上位5つのうち4つも（横須賀、嘉手納、三沢、横田）が日本に存在している。戦後65年以上たち、冷戦崩壊後20年以上経過しているが、未だに米軍兵力約4万人、家族等約5万人が駐留しているのは独立国として異常である。

　冷戦時代の思考様式を引きずり、まだ「抑止力」、「同盟」などという言葉が使われている。冷戦思考を脱し、さらに軍そのものの存在意義を問わなくてはならないだろう。米国は第二次大戦後から今まで、強大な軍事力を持ちながら、どの戦争にも勝てていない。あれほどの軍を要しても勝てず、さらに9・11事件を防げず、軍の存在は米国内の経済に大きな負担

を強いている。

　私たちは、沖縄の過度の負担、日本における米軍基地、さらには軍や基地、暴力の文化そのものにも疑問の目を投げかけるべきであろう。

## 4．沖縄の現在と可能性

**(1)　沖縄におけるゆがみと分断**　　今まで見てきたように沖縄には、琉球処分、沖縄戦、米軍支配、過大な基地負担等によりゆがみが生じている。現実に、高い自殺率・失業率・離婚率、所得の低さ、教育水準の低さが見受けられ、アルコール中毒者の割合なども高い。沖縄経済を支える収入として、3Kといわれる基地収入、公共工事収入、観光収入がある。すなわち年間2000億円を超える「公共事業」などの財政投資、広大な米軍基地がもたらす軍用地借地料や基地で働く従業員（約9000人）の給与などの2000億円を超す「基地収入」、観光産業が稼ぎ出す年間4227億円の「観光収入」である。また最近では、新3Kといわれる健康食品、環境ビジネス、金融ビジネスが台頭してきている[51]。

　このように大きなゆがみが生じているが、沖縄住民は経済をめぐって分断されている。基地維持に協力する側には、莫大な軍用地料、あるいは民生安定事業などがもたらされてきた。日本政府が肩代わりしている軍用地料は沖縄だけでも、年間約800億円である。基地に依存して働かなくても生活できる人がおり、そういう親の姿を見た子どもが、働かなくても基地があれば生きていけると思い、基地を内面化し勤労意識が薄れていく。ちなみに1999年の調査では、軍用地主の中で無職は49.7％もおり、そのうち働き盛りの30〜40代が40％をも占めている[52]。

　それに対して、反対する側には、様々な制裁的な措置がずっととられてきた。基地反対の声、世論を政府が振興策や予算で封じ込めるような手法は、原子力発電所の建設や産業廃棄物処理施設、そして軍事基地建設など「迷惑施設」建設の際、日本国内において頻繁に使われる手法である。また沖縄新興開発計画によって投下された多額の公共事業は、沖縄に蓄積されることはなく、そのまま大企業を経由して多くは本土に環流していっ

た。基地をなくせなかった主要な要因は、米国が強大な力で沖縄を重要基地として維持してきたからであり、米国に日本が莫大な財政支援をして維持してきている沖縄の基地は、米国と日本という強い国家的な力によって支えられている(53)。

　少し古い資料であるが、1978年NHKの全国県民意識調査によると、「暴力を肯定するか否か」の項目では、その否定が沖縄は全国一低かった。2002年の警察犯罪統計書によると、沖縄県の殺人発生率は全国一高い。米軍基地内では、新兵たちは暴力性を身につけることを強いられてきた。この「殺人人間製造器」ともいうべき米軍基地との共存が「命どぅ宝」を願いながら、暴力肯定の要素を合わせ持つ矛盾社会を形成している一要因とも言えよう。また貧富の格差が大きいのも沖縄の特徴と日銀那覇支店は分析している。背景には年間約800億円の軍用地料のような不労所得の存在が指摘できる(54)。2006年度の国税庁の統計によると、沖縄において年収1000万円以上の納税者の割合は、10.2％と高水準である。これらの多くは軍用地主であり、約3万8200人いる軍用地主の1人当たりの借地料の平均支給額は約200万円で、1000万円以上を支給されている人も数百人にのぼり、中には年間18億円を得ている大地主もいる(55)。

　(2)　**基地問題と経済**　このように沖縄には多くのゆがみ、矛盾、分断が存在する。その最も大きな元凶は、やはり基地の存在であろう。基地依存社会であり、基地関連の収入がないと沖縄経済は維持できないとよく言われるが、それは真実であるのか。基地存続を願う勢力がそのようなことを喧伝している側面もある。

　米軍等への財・サービスの提供、軍用地料、軍雇用者所得などを全て含んだ米軍基地関係収入は、復帰時の1972年には県民総所得の15.5％を占め、2005年には金額は2.6倍の2006億円になったが、県民総所得に対する割合は5.2％に低下している。ちなみに観光収入は1972年から2005年の間に、8.2％から10.5％に増加している(56)。

　現在の沖縄経済に占める基地の比重は比較的小さいのであり、「基地を撤去すれば沖縄経済は破綻する」という見方は、今日では「神話」になり

つつある。基地が返還され、跡地の活用が進みさえすれば、その経済効果は計り知れないほど大きい。基地としての使用が、土地活用方法としての効率は非常に悪い。2003年現在、浦添市の基地で生み出す収入は1ヘクタール当たり7303万円にすぎないが、同市の基地以外の土地からの収入は1ヘクタール当たり1億5497万円である。基地の外で富を生み出す能力は、基地内の2.12倍に達することになる。基地の内と外では風景ばかりでなく、経済効果の面でも対照的なのである。(57)

オープンしたばかりの県立博物館・美術館や県内最大の小売店などが並ぶ那覇新都心地区は、「牧港住宅地区」という基地の跡地である。1975年から返還が開始され、1998年に利用が始まった。返還当時の基地関連収入は年間51億5000万円、これから波及した二次的な効果を表す生産誘発額は年54億8000万円であった。一方、区画整理事業が始まった年から今までの年平均直接経済効果は735億4000万円で、返還前の14.3倍に達する。基地返還は雇用効果も大きく、基地だった時の最盛期と比べても、14.5倍に達する。現在の沖縄における最大の課題は全国一高い失業率の改善である。様々な例から見てわかるように、軒並み数十倍から数百倍にも達する雇用効果を考えると、基地の撤去と跡地利用は雇用の面でも効果のある政策であろう。(58)

基地返還の効果を考える際、「跡地での新たな商業集積が既存商店街の顧客を奪っている」との指摘がよくなされる。誰かが得をすると、同じ分だけ別の誰かが損をするという、いわゆるゼロサム・ゲームとの指摘である。しかし北谷町を例にとると、1988年から2002年までの隣接する沖縄市の小売り・卸売業の年間販売額は、1590億円から1411億円へと約180億円減少している。これに対し、北谷町のそれは、162億円から501億円へと約340億円増加した。差し引き340億－180億＝160億円の黒字となっている。北谷町は単に沖縄市の顧客を奪ったのではなく、沖縄市以外の県内の客や観光客も引きつけており、新規需要を掘り起こしたプラスサムだった。

このように基地返還の経済効果は大きいが、当事者の地主には返還を望まない人も多い。跡地利用までに時間がかかるというのが大きな理由の一

つである。賃貸料を失った後にも地主には固定資産税がかかるため、利用できないままの状態が長く続くのは経済的に苦しいという事情がある。しかし跡地利用の経済効果は莫大であるので、基地内立ち入りによる返還前の現場確認や十分な準備期間をおくこと、開発計画を早めに提示して地主の合意を促すことなど、開発期間を出来るだけ短くする努力が行政に求められている。[59]

(3) 沖縄の可能性　様々な問題が山積している沖縄であるが、現在それを克服しつつあり、「命どぅ宝」に象徴されるように、新しい可能性も存在する。その中でも今までの植民地化された歴史により醸成された批判精神は注目に値する。

知念ウシは、沖縄は軍事基地をおくのに最適な地理条件であると言われているが、かつてソ連が仮想敵国だった時には、北海道になぜ基地を集中させなかったのだろうか、と疑問を提示する。さらに日本と沖縄の歴史を全く逆転させて想定したならば日本人はどのように考えるかということを次のように述べ、逆の立場の発想を促す。まず基地を60年持ち回りで0.6％の面積に75％の負担という比率で日本全国の都道府県にやってもらう。さらに「琉球処分」ではなく、「日本処分」からやる必要があるとしている。同化を強制され、日本語を話したら「方言札」を吊るされ、服装も「沖縄本土」の真似をし、政治や経済も文化や教育も「沖縄本土」の人が牛耳る。第二次大戦では唯一の地上戦である「日本戦」が戦われ、人口の4分の1が亡くなり、守ってくれるとされた友軍からも日本語を使ったらスパイ容疑で殺害される。「日本戦」によって時間稼ぎをして決戦を避けた「沖縄本土」同胞は、日本占領と軍事基地化を条件に、敵だった占領者と講和条約を結んで自分たちだけ独立する。日本人は、銃剣とブルドーザーで土地を奪われ、占領者の基地がたくさん建設される。最近では、日本文化はエキゾチックだともてはやされる。若者が日本語ができないと、日本人なのになぜ日本語が出来ないのかと言われる。また自然環境のいいところに豪邸を建てて移り住む「沖縄本土」の人も多い。このようなことをイメージするだけでも見えてくるものがあると知念は主張する。[60]

このような批判精神ばかりでなく、自己相対化の視点も有していることは刮目されるであろう。沖縄の相対化と共に世界化を志向していて、さらに自己認識の深化を目指している。その一つが「沖縄戦は日本における唯一の地上戦」との表現である。沖縄戦は多数の住民を巻き込んだ日本における「唯一の地上戦」だと称される。たしかに、日本という国家の枠組みを前提とするとそのように捉えられるが、日本国家を越えたアジアという地域では地上戦の体験の方がより一般的である。逆にアジアでは、地上戦を体験していない日本本土の方が、むしろ例外といえる。その意味で、地上戦である沖縄戦の体験や記憶は、アジアの戦争の体験や記憶へとつながっているとも考えられる。むろん、沖縄の人々も日本帝国臣民としてアジアの国々へ侵略した歴史があり、その加害の事実を決して忘れてはならない。その意味で、沖縄のパトリオティズムの思想も批判的に検討されなければならないであろう。(61)

　このように単なる被害者意識ではなく、加害者性にも言及している。ベトナム戦争を契機に、現実に戦争に使われている基地の存在を黙認することは、ベトナム民衆に対して加害者的役割を果たしていることになるのではないか、という考え方が芽生え、急速に拡がっていった。復帰運動のスローガンも、「平和憲法下への復帰」から「反戦復帰」へと転換していった。最近のイラク戦争においても、沖縄に配備されていた米軍海兵隊は、ファルージャにおける殺戮の当事者であり、沖縄もそれに荷担していたのではないかとの指摘もある。さらに基地のグアム移転の問題についても議論されている。グアム、ハワイは、もともとそれぞれの先住民の島であって、米国固有の土地ではない。米国領だから米軍をおいてもいいのなら、日本領だから沖縄においてもいいことになる。それでは本土の人と沖縄の人の利益のために、グアム、ハワイの先住民を犠牲にし、日米による米軍再編に荷担し、それを促進することになってしまう。(62)

　また知念は次のように本土という言い方にも言及している。私は日本のことを「本土」と呼ぶことはない。どの土地も住んでいる人にとっては本土、本当の土地である。他の土地を自分の土地に対する「本土」と呼ぶことは〝卑屈〟ではないだろうか。だから私は沖縄島も「沖縄本島」とは呼

ばない。<sup>(63)</sup>

　沖縄には非暴力・非戦の思想も存在する。近世琉球の時代には異国船が寄港したり、漂着・難破したりする事件が増えてきたが、当時から武器をそれほど備えず、近隣友好の精神で礼節をもって対応してきたので、1853年のペリー艦隊の来航、1855年のフランスのゲラン艦隊来航など一部を除いて特に憂うべき事態に立ち至ったことはないということが、軍隊の配備を拒む理由であった。また沖縄戦の時に渡名喜島の人々は模擬の飛行機を造って戦力として見せようということをしなかったので、米軍からは爆撃されなかった。これは、武力を持つからこそやられるという良い教訓となった。19世紀の沖縄は、対外的に非暴力により生き延びた。また、20世紀において、沖縄戦という巨大な暴力を避けることはできなかったが、戦後の米軍支配に対する抵抗は非暴力に支えられていた。<sup>(64)</sup>

　さらにポスト・国家的ネットワークの志向も沖縄には存在する。新川明は日本への復帰運動が高まる中、次のように述べている。反復帰とはすなわち個の位相で国家への合一化を、あくまで拒否しつづける精神志向と言いかえて差しつかえはない。さらに言葉をかえていえば、反復帰すなわち反国家であり、反国民志向である。反復帰論は独立論とは異質であり、むしろ国家という形態、国民という単位、権力的なものへの批判意識を基礎にした自立の思想を追求するものである。<sup>(65)</sup>

### おわりに

　本章ではまず、沖縄の近代史における琉球処分後の強圧的な皇民化政策が台湾や朝鮮などの植民地政策の先例となったことを指摘した。

　1609年には薩摩藩は武力をもって琉球を侵略し支配した。明治天皇はそれを引き継ぎ、植民地として琉球を獲得するために、1879年に警察・軍隊により首里城を包囲・攻略し、琉球王を東京に拉致・軟禁し、日本の沖縄県とした。その後の歴史も同様であり、天皇のために戦うことを乳児も含めた沖縄住民に強要し、山野を焼き尽くし、命を奪った。

　沖縄戦において沖縄住民の4分の1が亡くなるなど非常に激烈な戦場となった。軍の南部への撤退による軍民混在状況と、最後まで戦わせた軍の

命令により、住民は多大の犠牲を強いられたのであり、軍上層部や政治家、昭和天皇の責任はないとは言えないであろう。戦後も、昭和天皇は自分の地位と引き替えに沖縄を米軍に差し出したと言われている。[66]

強制集団死としての「集団自決」の問題は、現在でも大きな問題であり、多くの証言や資料によると軍命であったとするのが妥当であり、2011年4月に最高裁で軍の関与が確定した。しかし「自主的にお国のために死んだ」としなければ遺族年金等は受給できないとされたため、歴史の書き換えも進んでいる。

そもそも天皇制の存続と憲法9条の存在と沖縄の基地は密接な関係があり、沖縄には「戦後の平和」は存在しなかった。

沖縄は日本全体の面積の0.6％にしかすぎないのに、全国の米軍基地の75％が集中し、大きな問題を引き起こしている。兵士による犯罪、墜落事故、環境汚染、原野火災などが多発している。その要因として、沖縄に対する日本と米国の植民地意識、海兵隊の問題、軍や戦争そのものの問題がある。

最後に、沖縄の現在の問題を取りあげ、ゆがみや矛盾、分断が存在し、基地がその要因となっていることを指摘した。その一方で、基地が存在しないと経済は維持できないという考えに批判を加え、むしろ基地としての収入よりも民間に返還した方が経済効果や雇用効果は高いことを示した。このように基地がないと沖縄経済が破綻するという説は神話になりつつある。

沖縄は問題も多いが可能性も高い。「命どぅ宝」の伝統もあり、批判精神も強い。また自己の相対化も試みられており、ベトナム戦争やイラク戦争での沖縄の加害者性も論じられている。さらに非暴力・非戦の伝統を有し、ポスト・国家のネットワーク志向は、今後の世界で先駆けの思想となるであろう。

沖縄には現在も様々な問題が山積しており、決して楽観はできない。沖縄は今まで、日本や米国の政策に左右され、多くの犠牲を被った。しかし最も辛酸をなめた者こそ、他者の痛みに敏感になり、下からの虐げられた者からの新しい志向様式が誕生するであろう。しかも命の尊厳や非暴力・

非国家への志向も水脈のように底流に流れているのであり、次代を先導する役割を果たすであろう。

**注**

(1) 松島泰勝「沖縄は日本の植民地である―沖縄問題の根源とその解決―」藤原書店編集部編『「沖縄問題」とは何か 「琉球処分」から基地問題まで』藤原書店、2011年、35-36頁。照屋みどり「日米の軍事基地はヤマトへ」同上書、256頁。

(2) 安仁屋政昭「皇軍と沖縄」『沖縄戦と「集団自決」 何が起きたか、何を伝えるか』岩波書店、2008年、14頁。新崎盛暉他著『観光コースでない沖縄 第三版』高文研、1997年、23頁。

(3) 安仁屋、前掲論文、14-15頁。前泊博盛『岩波ブックレット No.723 もっと知りたい本当の沖縄』岩波書店、2008年、18-19頁。

(4) 安仁屋、前掲論文、15-16頁。

(5) 同上論文、16-19頁。

(6) 仲里効「ひと房の〈共出現〉―あとがきにかえて」西谷修他編『沖縄／暴力論』未來社、2008年、263頁。

(7) 同上論文、264頁。

(8) 新崎盛暉『沖縄現代史 新版』岩波書店、2005年、2-3頁。

(9) 西谷修「沖縄戦 玉砕と原爆のはざまで」前掲『沖縄戦と「集団自決」 何が起きたか、何を伝えるか』222頁。安仁屋、前掲論文、19頁。

(10) 前泊、前掲書、6頁。安仁屋、前掲論文、23頁。

(11) 牛島貞満「なぜ祖父はその道を選ばなかったのか」前掲『沖縄戦と「集団自決」 何が起きたか、何を伝えるか』、238-239頁。

(12) 細川護貞『細川日記』中央公論社、1978年、353、354頁。新崎、前掲『沖縄現代史 新版』100頁。

(13) 『沖縄のうねり 「集団自決」軍命削除の教科書検定抗議』琉球新報社、2007年。

(14) 目取真俊「梅澤氏・大江氏は何を語ったか 11月9日公判傍聴記」前掲『沖縄戦と「集団自決」 何が起きたか、何を伝えるか』165頁。

(15) 西谷、前掲『沖縄／暴力論』57、93頁。
(16) 渡名喜守太「有事法制下の沖縄戦書きかえ」石原昌家他編『オキナワを平和学する！』法律文化社、2005年、169-170頁。
(17) 西谷、前掲『沖縄／暴力論』58頁。目取真、前掲論文、167頁。
(18) 『朝日新聞』2011年4月23日。
(19) 西谷、前掲『沖縄／暴力論』64-67頁。
(20) 北村毅「〈強姦〉と〈去勢〉をめぐる恐怖の系譜 『集団自決』と戦後の接点」前掲『沖縄戦と「集団自決」 何が起きたか、何を伝えるか』32-34頁。
(21) 石原昌家「沖縄戦体験のジレンマ―沖縄戦体験記録のダブルスタンダード―」石原、前掲『オキナワを平和学する！』147頁。
(22) 太田良博『太田良博著作集③ 戦争への反省』ボーダーインク、2005年、250頁。渡名喜、前掲論文、171頁。西谷、前掲『沖縄／暴力論』42-43頁。
(23) 前泊、前掲書、19頁。
(24) 家永三郎『戦争責任』岩波書店、1985年、236頁。渡名喜、前掲論文、173頁。
(25) 石原、前掲論文、134頁。新崎、前掲『沖縄現代史 新版』86-88頁。沖縄平和ネットワーク編『新 歩く・みる・考える沖縄』沖縄時事出版、1997年、23、68頁。
(26) 新崎、前掲『沖縄現代史 新版』88頁。
(27) 石原、前掲論文、135-136頁。
(28) 同上論文、137-139頁。
(29) 新崎、前掲『沖縄現代史 新版』5頁。
(30) 仲地博「平和国家を問う沖縄」石原、前掲書、51-52頁。
(31) 沖縄県公文書館、資料コード 0000017550、http://www.archives.pref.okinawa.jp/collection/2008/03/post-21.html（2011年7月11日）。新崎、前掲『沖縄現代史 新版』5-6頁。
(32) 仲地、前掲論文、53頁。
(33) 藤澤健一「はじめに 反復帰と反国家―『お国は？』」藤澤健一編『沖

縄・問いをたてる6　反復帰と反国家―「お国は？」』社会評論社、2008年、14頁。

(34)　石原昌家「沖縄住民と軍事基地」岡本三夫他編『平和学の現在』法律文化社、1999年、142頁。

(35)　新崎、前掲『沖縄現代史　新版』7、12-13頁。

(36)　高良鉄美「代理署名訴訟―平和を訴えた裁判」石原、前掲『オキナワを平和学する！』89-91頁。

(37)　同上論文、90-92頁。

(38)　同上論文、101頁。

(39)　石原昌家「沖縄国際大学構内米軍ヘリ墜落事件」石原、前掲『オキナワを平和学する！』1-4頁。宮城康博「普天間基地移設と辺野古新基地問題」同上書、116頁。

(40)　野村浩也『無意識の植民地主義　日本人の米軍基地と沖縄人』御茶の水書房、2005年、228-229頁。

(41)　石原、前掲「沖縄国際大学構内米軍ヘリ墜落事件」9-12頁。前泊、前掲書、71頁。宮城、前掲論文、116頁。『沖縄タイムス』2004年10月10日。

(42)　沖縄県知事公室基地対策課編『沖縄の米軍及び自衛隊基地（統計資料集）』2008年、86頁。沖縄県知事公室基地対策課編『沖縄の米軍基地』2008年。沖縄県知事公室基地対策課編「沖縄の米軍基地の現状と課題」資料。

(43)　野村、前掲書、225頁。

(44)　ダグラス・ラミス「米軍（基地）の社会と植民性」石原、前掲『オキナワを平和学する！』109頁。前泊、前掲書、78頁。

(45)　沖縄県知事公室基地対策課編「沖縄の米軍基地の現状と課題」資料。

(46)　ラミス、前掲論文、113頁。

(47)　前泊、前掲書、78頁。ラミス、前掲論文、107頁。

(48)　普天間基地問題に関しては以下を参照。『世界』2、6号、岩波書店、2010年。『朝日新聞』夕刊、2010年3月25日、2010年5月23日。『沖縄タイムス』2010年5月30日。

(49)　佐藤学「米軍再編と沖縄」宮本憲一他編『沖縄論―平和・環境・自治

の島へ—』岩波書店、2010年、44-49頁。
(50) 真喜志好一「『新・沖縄密約』を情報公開せよ—普天間は『移設』ではなく『閉鎖』を—」藤原書店編集部編、前掲書、197頁。
(51) 石原、前掲『オキナワを平和学する！』240頁。前泊、前掲書、45頁。
(52) 宮本憲一「『沖縄政策』の評価と展望」宮本、前掲書、27頁。
(53) 前泊、前掲書、24、35頁。石原、前掲『オキナワを平和学する！』246頁。新崎、前掲『沖縄現代史　新版』52頁。
(54) 石原昌家「沖縄のかかえる矛盾」石原、前掲『オキナワを平和学する！』88頁。前泊、前掲書、55頁。
(55) 仲村清司「もうひとつの沖縄クライシス—多重債務がもたらす負の連鎖」下川裕治他編著『新書　沖縄読本』講談社、2011年、62-63頁。
(56) 沖縄県知事公室基地対策課編『沖縄の米軍基地』130頁。沖縄県知事公室基地対策課編「沖縄の米軍基地の現状と課題」資料。
(57) 普久原均「『基地撤去亡"県"論』という神話」前掲『沖縄戦と「集団自決」　何が起きたか、何を伝えるか』149-150頁。
(58) 同上論文、150-153頁。
(59) 同上論文、153-154頁。
(60) 知念ウシ他著『あなたは戦争で死ねますか』日本放送出版協会、2007年、71、93-94頁。
(61) 屋嘉比収「友軍とガマ—沖縄戦の記憶」屋嘉比収他編『沖縄・問いをたてる1　沖縄に向き合う　まなざしと方法』社会評論社、2008年、97頁。実は当時日本領だった硫黄島や北方の島々では地上戦が行われていたので、沖縄が唯一の地上戦があった場所というのは正確ではない。しかし民間人も含んだ大規模な戦闘があったのは沖縄のみであるので、唯一の地上戦という言い方がされるのであろう。
(62) 新崎、前掲『沖縄現代史　新版』24頁。野村、前掲書、230頁。知念、前掲書、82頁。
(63) 同上書、107頁。
(64) 石原、前掲「沖縄住民と軍事基地」139頁。喜納昌吉他著『反戦平和の手帖—あなたしかできない新しいこと』集英社、2006年、202頁。安良城

米子「琉球・沖縄の平和思想―『非暴力』の視点から」石原、前掲『オキナワを平和学する！』39頁。

（65）　新川明『反国家の兇区―沖縄・自立への視点』社会評論社、1996年、305頁。屋嘉比、前掲書、105-106頁。

（66）　島袋マカト陽子「沖縄は日本ではない」藤原書店編集部編、前掲書、64頁。

## 第14章　日本と朝鮮の課題と将来

**はじめに**

現在、領土問題等で日本とアジア諸国の関係が悪化している。ここでは日本に内在する諸問題及び日本と朝鮮民主主義人民共和国（以下、朝鮮）との関係に絞って問題点を指摘し、展望していく。

大韓民国（以下、韓国）への日本人の渡航が年間約250万人であるのに対して、朝鮮への渡航は約1000人弱であった。朝鮮による核実験後に日本政府が渡航自粛を呼びかけており、2009年の訪朝者は、わずか70人ほどとなった。[1]この違いは非常に大きいものがあろう。実際に見て対話をし、知ることが重要であり、まず知らなければ評価できないのは当然である。

朝鮮半島を中心とした東アジアの平和を考える際に、自分たちの問題として捉える必要がある。前章の沖縄も同様であったが、歴史的に日本がもたらした影響は大きく、現在でもその負の遺産を引きずっている。日本人には当事者意識が希薄で、朝鮮半島の問題を他人事のように見ている傾向がある。歴史的にも現在においても、日本の動向がこの地域の平和を大きく規定している。

本章の目的は、まず日本自体の問題点を指摘した上で、日朝関係や周辺諸国の課題を考察し、朝鮮を中心とした東アジアの平和と安定を目指すものである。

このような観点からここでは第1節と第2節で日本の有事体制や靖国問題をまず論じ、それらの問題が東アジアの平和への大きな障害になっていることを指摘する。第3節では、東アジアの地域枠組み形成が困難である要因を見ていき、南北に分断された朝鮮半島と日本との対称性を考察する。第4節では、冷戦崩壊以後の朝鮮の歩みを一瞥し、日本と朝鮮におけ

る拉致問題の解決の方途を探る。第5節では、六ヵ国協議の問題点と今後の朝鮮半島の平和への課題を考察する。

## 1. 日本の有事体制の問題

　現在の東アジアの平和と安定を考える上で、朝鮮半島問題と共に重要なのが、日本の有事体制強化と歴史認識問題の象徴としての靖国問題、それに伴うナショナリズムの台頭であろう。朝鮮半島の平和や東アジアの安定を損ねている原因の一つが、これらの日本の問題である。つまり日本の動向が東アジアの平和に大きな影響を与えているのであり、日本のこの流れを止めることが東アジアに平和と安定をもたらす上で第一歩となる。

　近年、日本において有事体制の整備が進んでいる。[2]有事とは戦時であり、有事法制の整備とは戦争のできる国作りのことである。戦時体制下において、国民の安全・自由を守るのではなく、むしろ制限し、自衛隊と米軍を円滑に運用し、戦いやすい状況を作り出す。日本国憲法における武力行使の放棄や平和主義に反するのはもちろんのこと、基本的人権の尊重や国民主権にも大きな制約を加えるものである。

　そもそも有事法制が本当に必要なのかを問わなくてはならないであろう。日本が武力攻撃を受けるような事態は、外交の失敗を意味し、あってはならないことである。「有事法制を整えておくことは法治国家として当然のことだ」との議論があるが、それではなぜ今までほっておいたのか。当然の義務を怠った政治の責任は重く、今になってその論法を振りかざすのは自己欺瞞に満ちている。「冷戦崩壊後はテロの多発などで状況が変わった」という言い方もされるが、いつの時代でも脅威は喧伝されていたのであり、状況はさほど関係ないのである。

　2003年6月に成立した有事関連三法は冷戦崩壊後の状況に対応しておらず、時代錯誤ですらある。陣地を築いて防御するということは地上戦を戦うということであり、これがどのようなことを意味しているのかは、沖縄での地上戦の犠牲を見れば明らかであろう。日本は人口密度が高く、資源に乏しく、多くの原子炉を抱える国である。到底戦争を前提にしては存

在できる国ではない。

「有事法制は自衛隊が勝手に行動することを防ぐためのものである」との主張は、つまり現行の自衛隊法では自衛隊は何をするかわからないということである。そのようなシビリアンコントロールされていない軍隊は非常に危険であろう。

有事法制が軍の超法規的行動を防ぐということも疑問である。有事法制が整備された戦前の日本の行きついた先は、焼け野原と多大な民衆の犠牲であった。現在でも強力な有事法制を持つ国が民主的である例は少ない。個人や企業、地方公共団体の権利や自由を奪うのがこの有事法制である。軍隊に超法規的行動をとらせないために、国民に対して超法規的措置を強要するのは大きな矛盾である。

「公共の福祉のために、自由は制限される」との議論はすり替えである。「戦争は公共の福祉であり、従って自由や権利は制限され、戦争協力の義務を押しつけ、逆らえば投獄される。」この論理は真に国民の生命と財産を守るものではない。武力行使を放棄した日本国憲法において、公共の福祉の中には戦争は当然含まれていない。

「もし敵が攻めてきたら」との言説そのものが、自己中心的発想である。日本が攻めてくると想定しているのは、東アジアの諸国である。しかしかつて日本はそこを侵略した。むしろ東アジア諸国の方が、日本が米国と協力して再び介入してくるのではないかと危惧するのは当然であろう。冷戦崩壊後の日本では、周辺事態法、新ガイドライン関連法、テロ対策特措法等が作られ、戦時体制の整備が進められてきた。さらに歴史認識問題、靖国公式参拝、国旗国歌法制定、自衛隊の海外派兵や領土問題など国家主義的傾向が強まっている。東アジア諸国が日本に対して不信感を抱くのも不思議ではない。

また自民党政権下の政府答弁ですら、外国軍が日本に対して侵略することは想定できないとしている。不審船は海上保安庁が行う国境警備問題であり、拉致は外務省と警察が対応すべきであり、「テロ」は警察が行うべき治安維持の問題である。このような問題と軍事組織が対応すべき有事とを混同すべきではない。

未だに「戸締まり論」や「もし誰々が攻めてきたら」ということが言われるが、多くは具体的な状況判断を前提としていない空論が多い。そもそも家庭における戸締まりとのアナロジーは、国家におけるパスポートコントロールや税関である。家庭において外敵からの攻撃を防ぐためにピストルや刀を日本では持たないのと同様に、国家においても対外的に友好関係を築いていけば、過度な武力は不必要である。
　以前に小泉純一郎首相が言っていた「備えあれば憂いなし」との陳腐なスローガンは、暴力を基準にした考えである。備えが充実していれば安全であるとは言えない。世界第一の軍事力を持った米国でさえ、9・11事件において経済と軍事のシンボルが破壊され、多くの人が亡くなった。合理的な理由もなく軍事的な備えをすれば、むしろ周辺の警戒や不信が高まり、憂いを招くこともある。憂いを招かないためには、軍事的備えを制限し、様々な平和的備えが必要なのである。
　有事法制は対米支援のための基盤整備でもある。これができれば、米国の単独主義的な先制攻撃に日本も巻き込まれ、自衛隊だけでなく自治体や企業、国民も総動員される。まさに自衛隊と米軍に超法規的特権を与えると共に、米国の戦争に協力させるために国民の権利を制限し、罰則つきで戦争協力を強制するものである。さらに自衛隊の海外での武力行使を合法化し、集団的自衛権まで踏み込む可能性があり、大きな問題点を抱えている。

## 2．靖国神社の問題と解決

　前項で考察した日本の有事体制の強化や自衛隊の海外派兵、ナショナリズムの台頭、さらにこれから述べる靖国問題に象徴される歴史認識問題が、アジア諸国に大きな負の影響を与えている。ここでは靖国神社に焦点を当て、問題点を指摘する。
　2006年8月15日の敗戦の日、東アジアから見れば勝利の日に、小泉首相は靖国神社を参拝した。中華人民共和国（以下、中国）、韓国、朝鮮などの東アジア諸国で強い批判の声が政府及び民間からあがった。小泉首相

の靖国参拝は東アジアの平和に大きな打撃を与えるものとなった。また毎年、保守派の政治家が集団で参拝して問題となり、内外から批判されている。

これらの批判に対して、一部の論者たちには「外圧に屈するな」などという反批判の論調がある。これらの論調の間違っている点は第一に、単に外圧なのではなく、日本国憲法に違反しているということである。2005年9月30日の大阪高等裁判所の判決は、訴訟内容とは直接関係のない実質的傍論という形ではあるが、首相の靖国参拝は違憲であるという見解を出し、「国が靖国神社を特別に支援している印象を与え、特定宗教を助長している」と述べた。

第二は、仮に外圧であっても、他人の意見には耳を傾ける、ましてや正論はそれを受け容れるという姿勢が重要である。誰が言うのかよりも、言っている内容によって判断することが当然であろう。外国人が言っているからその言論を取り入れず、日本人というだけで取り入れるというのは現在の国際社会では通用しない。そもそも、外交問題のあらゆる案件は、駆け引きや圧力などを駆使して行われるのは当然であり、靖国問題だけ外圧だと言うのは何か他に意図があると思われても仕方がないであろう。また外圧に屈するなとの主張をする保守の政治家らは米国の外圧にはいとも簡単に屈してしまうことが多い。

そもそも靖国神社の歴史的経緯やその目指しているものをきちんと考察しなくては、単なる外圧とそれに対する外交戦略の問題にすり替わってしまうであろう。靖国神社問題は日本の近代史や天皇制の問題とも密接に関連し、過去と現在の東アジアの平和を考える上で非常に重要である。

靖国神社は、大日本帝国の軍国主義の支柱であり、悲しみや痛みの共有といった追悼施設ではなく、戦死を賞賛し美化し功績とし、後に続く模範とする顕彰施設である。(3)このような問題を抱える靖国神社であるが、さらに重大な論争となったのが1978年にA級戦犯14名が合祀されたいわゆるA級戦犯合祀問題である。

そこで最近議論されているのが、A級戦犯を分祀し、さらに靖国神社とは別の無宗教の国立追悼施設を建設するということである。これは問題

解決の一つの方法であり、多少ともアジアの人々の印象も変わる可能性がある。

しかし分祀されA級戦犯のいなくなった靖国神社に、堂々と首相や天皇まで参拝することになる危険性がある。A級戦犯に戦争責任を負わせスケープゴートにすることによって、昭和天皇の責任を免責し多数の国民も自らの戦争責任を不問に付した東京裁判と同じ構図が誕生する。

したがって単なる分祀問題や別の追悼施設を作るといったことではなく、靖国神社そのものの問題点を考察しなければ、根本的問題解決にはならない。

靖国神社は1869年に作られた東京招魂社が前身で、普通の神社とは異なり、単なる死者ではなく特殊な戦死者のみを祀る施設である。特殊な戦死者とは、敵の戦死者は言うまでもなく、味方の民間人も対象外で、さらには日本人の軍人の戦死者でも官軍でなければ対象とはならない。つまり天皇の軍隊についた戦死者のみ祀られた。

また靖国神社に合祀されたくない人も強制的に合祀されている。旧植民地出身の遺族やクリスチャンから合祀取り下げ要求が出ているが拒否されている。その理由として、靖国神社の池田良八権宮司は「天皇の意志により戦死者の合祀は行われたのであり、遺族の意志にかかわりなく行われたから抹消することはできない」と言う。つまり合祀はもっぱら天皇の意志によって行われたから、何者であろうと合祀取り下げは出来ないということである。

さらに靖国神社の歴史観は現在においても、戦前の皇国史観から完全には抜け出していない。『靖国神社忠魂史』にはアジア太平洋戦争などの戦争の歴史が「聖戦」の立場から記述されている。また靖国神社の展示施設である遊就館には、アジア太平洋戦争を「自存自衛のための戦争」として過去を正当化している(4)。

これらの靖国神社の言説や歴史観は戦前のものではなく現在のものであるということが驚かされる点である。そのような神社に行くということ自体、ましてや一国の首相や国会議員が大挙して行くということは大きな問題であろう。

このまま日本と東アジア諸国の関係が悪化すると、両方の国家主義が沸き立ち、どちら側にもいる穏健派の言論が抹殺されかねない。むしろ保守の論者らは国家主義を台頭させ、軍事力を増強させ、再び東アジアでの覇権を目指しているのかもしれない。
　靖国神社や日本の近代史をきちんと見つめながら、顕彰施設でなく、敵も民間人も含めた追悼施設を作ると共に、日本国憲法に書かれた戦争放棄や軍事力の廃棄を目指すことがこの問題の解決になり、東アジアの平和に寄与することにもなるであろう。

### 3．東アジアの地域枠組みと南北朝鮮の歴史

　東アジアでは朝鮮半島が未だに分断されており、まだ冷戦の遺産として残っている。また過去1世紀の間、東アジアにおいては安定した共同体や安全保障の枠組みは存在しなかった。日本や韓国は第二次大戦後、覇権国家である米国との二国間同盟によって、自国の安全を保障しようとした。この二国間関係は不均衡ないわばハブとスポークの関係であり、東アジア全体の地域安全保障体制には発展しなかった。
　なぜ東アジアにはこの地域を包括する枠組みが存在しえなかったのか。原因の第一は、域内の国家単位間の大きさの著しい格差と不均衡のゆえに、水平的な地域協力の発想と制度が生まれにくい構造である。ヨーロッパの比較的均質な政治単位同士の水平的関係としての対等性を原理とする地域秩序とは対照的である。東アジアに歴史的に存在した秩序は、中華秩序や西欧列強の植民地支配、そして日本の大東亜共栄圏など上から押しつけられた地域主義であった。
　原因の第二は、歴史による対立の遺産である。長年の帝国的な秩序に加え、近代以降の植民地支配と戦争の歴史を背景に、域内各国に相互不信と対立が根強く存在しているからである。このため東アジアの国際関係は、バランサーとしての米国に代表される域外諸国との二国間関係を中心とする勢力均衡の原理が強く働いている(5)。したがって東アジアの新しい地域枠組みを構築するには、歴史の対立を克服し、米国との二国間関係のみでは

なく、多様な地域の特徴を生かした下からの平等な共同体を構想することが重要である。

　この東アジアの中心に位置するのが南北朝鮮であり、この地域の安定と繁栄が東アジアの平和に直結し、日本の安全保障の前提ともなる。日本は、第二次大戦前にはこの地域の覇権を目指し、戦後は冷戦の枠内で米国との二国間関係を基軸にして、朝鮮戦争特需という経済的利益の観点で南北朝鮮を見る傾向にあった。まさに日本は「脱亜」と「奪亜」により、朝鮮半島を踏み台にして、自国の権益を守ってきた。

　和田春樹によれば、歴史を遡るとこの朝鮮半島において4度の朝鮮戦争が行われた。第一次朝鮮戦争は豊臣秀吉の戦争である。日本が朝鮮に攻め込み、北上して平壌を占領した後、明国軍が出てきて、日明戦争になった。第二次朝鮮戦争は日清戦争である。日本軍がソウルを占領して国王、王妃を捕え、その後平壌で清国軍と戦った。第三次朝鮮戦争は日露戦争である。日本が朝鮮を占領して韓国皇帝を屈服させ、保護国化に向かう議定書に調印させた。ここまでは朝鮮戦争だったが、その後満州に入り日露戦争になった。1950年に起こった朝鮮戦争は、第四次朝鮮戦争であり、朝鮮内部で起こった戦争であり、それぞれ援軍を求めた結果、米中戦争になった。このようにいずれも朝鮮での戦争は近隣国を巻き込む戦争になった。

　この地域の近代史において、19世紀末から20世紀初頭にかけての東アジアにおける列強間の争いは、基本的には朝鮮半島の覇権を獲得することであった。日本は戦前の日英同盟、戦後の日米安保と、常に覇権国家と共同歩調をとり、東アジアでの権益を拡大するスタンスを取ってきた。アジアに日本の友人がいないので、常に西側諸国の覇権国家とのパートナーシップを模索してきたとも言える。

　この点に関し、坂本義和は以下のように問題提起をする。なぜ日本は近代史において、韓国・朝鮮や中国と連携して、東アジア共同のナショナリズムを形成し、欧米のアジア侵略に対抗しなかったのであろうか。もし20世紀の初め頃から三国の国民が協力して、東アジア共同ナショナリズムを創り出していたならば、東アジアの歴史は今日のものとは全く違った

姿になっていたであろうし、今あらためて東アジア共同体を一から始める必要もなかったであろう。この可能性を閉じてしまったのは、何よりも日本の国家主義や軍国主義であり、日本が東アジアを戦場にしてしまったからである。[9]

　第二次大戦後の朝鮮半島解放は、国内の地下組織や海外の独立運動団体の武装抗争によるものではなく、連合国の勝利による「不意の解放」であった。その突発性が、解放後の朝鮮半島の歴史に大きな影を落とすことになった。また日本の敗戦が 8 月 15 日まで延びたために、南北朝鮮は米ソ両国によって分割占領された。敗戦国でないにもかかわらず南北朝鮮が分断されるという悲劇に見舞われた。仮に日本本土の占領にソ連軍が参加していれば、日本も分断の可能性があったであろう。しかし実際は、敗戦国日本と解放国である南北朝鮮の明暗は逆転した。[10]このように、ここ 100 年を朝鮮半島から見れば、日本による植民地化、朝鮮戦争、南北分断、権威主義的政治体制など苦難の歴史の連続だったと言っても過言でないだろう。

## 4．朝鮮の現状と日朝関係の課題

　戦後の朝鮮は建国当初から中国とソ連の大規模な援助の供与を継続的に受けて国家建設を行っており、被援助大国とも言える状態であった。[11]しかし冷戦崩壊後、社会主義陣営から支援を受けられなくなった朝鮮は深刻な経済的打撃を受けた。社会主義陣営の路線変更は、朝鮮の食糧とエネルギーをはじめとする経済システム全般に影響を与え、さらに追い打ちをかけるように 1993 年の冷害や 1994 年の降雹によって食糧危機の被害が増大した。[12]このような状況の下で、朝鮮は対外関係の正常化による体制存続の保障を確保しつつ、南北間の経済協力の拡大と日朝国交正常化交渉による経済「補償」を、突破口にしようとしていた。そのため朝鮮は 1990 年代のはじめに、南北高位級会議を重ね、さらに 1991 年に国連に南北同時加盟すると共に、「南北間の和解と不可侵および交流・協定に関する合意書」を 1991 年に、「朝鮮半島の非核化に関する共同宣言」を 1992 年に調印し

た。<sup>(13)</sup>

　日朝間には植民地支配の精算、敵対関係の解消とその間の不当行為の精算、核ミサイル問題の解決という三つの課題があり、これを解決する道が国交回復交渉、国交樹立であった。国交回復交渉は1991年、日本が植民地支配に対する反省とお詫びを表明したことで開始された。しかし日本が拉致問題と核問題を提起すると、朝鮮側は交渉を拒否し、1992年には決裂した。決定的な転機は2002年9月17日の小泉純一郎首相の訪朝、日朝平壌宣言によってもたらされた。<sup>(14)</sup>だがその後大きな進展は見られず、現在に至っているのである。

　日本は日朝間の三つの課題のうち、特に拉致問題解決のみを強く主張している。この拉致とは主に1977年から1983年までに行われたものである。その目的は、対韓工作のための特殊機関での日本語教師、工作員が日本人に偽装するための日本の生活習慣の習得、日本関係の翻訳の仕事、さらに朝鮮工作員の身分隠蔽のための旅券を手に入れることであった。<sup>(15)</sup>

　このような拉致問題に関して、日本政府の一部や拉致被害者の会は朝鮮に対して、強く非難している。それに応酬するかのように、朝鮮は第二次大戦中の日本による朝鮮人の強制連行の問題等を持ち出し批判している。どちらも自分たちの意見を主張するのみで、相手の歴史や状況を理解しようとせず、議論は硬直状況に陥っている。

　強制連行と拉致事件は固有の悲劇であり、交換することも相殺することもできないものである。また歴史的側面や規模の面でも等価なものではないであろう。しかし日本社会にあふれているのは、拉致の責任については朝鮮を徹底的に追及するが、強制連行については無視をするという考え方である。しかもそれを被害者や家族個人が行うのではなく日本社会全体が行っている。拉致被害者とその家族は、自分たちが被った悲劇を社会に訴え、生存者の帰国・死者の遺骨の返還・責任者の処罰・補償などを朝鮮政府に要求している。だが実は自分たちの国が、60年以上経った今なお、植民地化した朝鮮の人々に対してきちんとした責任も果たしていないことを忘れている。<sup>(16)</sup>

　強制連行も拉致も国家が政策として行った国家犯罪であり、日本政府も

朝鮮政府もきちんとした対応をすべきである。日本政府は強制連行や「慰安婦」問題等の歴史を解明し、しかるべき補償をすべきであるし、朝鮮政府は拉致問題の真相を解明し、被害者の引き裂かれた状態を解決することが重要であろう。

　一部に、拉致事件と日本の過去の責任を相殺しようと図り、またかつての日本の朝鮮支配は、「帝国主義の時代」のことであり、それに対して日本人拉致は「平和の時代」のことで、全く別の問題だという議論もある。しかし朝鮮の立場からすると、植民地時代、朝鮮戦争、日米韓軍事同盟体制による包囲、社会主義陣営の崩壊とそれによる援助停止、冷害や洪水等、「平和な時代」はほとんどなく、まさにずっと準戦時体制であった。「平和な時代」に行われた拉致被害のみを主張して、日本の朝鮮侵略、植民地支配を等閑視することは偏りがあろう[17]。

　また拉致問題が起こったのは、日朝の不正常な関係がもたらしたという側面も指摘できよう。拉致問題を解決するためにも国交を正常化することが重要であり、国交が回復した後の方がむしろ拉致問題の捜査や引き渡しが容易に実現するのではないだろうか。

　朝鮮の側から見れば、金正日総書記が直接自国の非を認めることは、相当な決断であったに違いない。礒﨑敦仁によれば、日朝国交正常化に伴う資金援助が目的だったようであるが、最高指導者が謝罪までしているのに、決着しないということに不満を持っているのであろう[18]。

　このような観点から、対朝鮮政策で参考になるのが韓国の取った方法であろう。朝鮮戦争で双方400万人の死者を出し、現在も1000万人の離散家族を抱えているのは南北朝鮮の人々である。半世紀にわたって、南北分断に苦しみ、膨大な犠牲を払った韓国国民が甘い認識で朝鮮に接近しようとしているのではない。分断を逃れ、朝鮮戦争で潤った日本が韓国の政策を批判できるのだろうか。むき出しの朝鮮に対する憎悪は、以前は日本より韓国の方が比べものにならないほど強かった。しかし、脱冷戦に向けて、太陽政策に乗り出し、南北共存を模索してきた[19]。このような韓国にもならい、硬直した対応を朝鮮にさせないためにも、日朝国交正常化がまたれる。

日本政府の拉致問題のみに執着する態度に対して以下のような議論も出てきている。「日本は北朝鮮の核・ミサイル開発を口実にして軍事大国化を指向するために、日本人拉致問題を取り上げて朝日国交正常化交渉を遅らせているのかもしれない。ゆえに日本は、米国が北朝鮮の核問題を解決する時まで、朝日関係の改善を遅延させる可能性が高い。」このような議論が出てくるのも理由がないわけではない。有事法制を整え、ミサイル危機を過度に煽ったり、軍事演習を行ったり、さらには靖国参拝や歴史教科書問題などを考慮すると、朝鮮側の危惧もある程度納得がいくであろう。

　このような危機意識を生じさせないためにも、また国交正常化のためにも、2002年9月17日の日朝平壌宣言にもう一度立ち返る必要があろう。この宣言が1965年の日韓条約に比べて画期的な部分は2点ある。第一は過去の植民地支配に対するお詫びの気持ちがはっきり表明されていることである。第二は東アジア地域の平和と安定のために、関係諸国の多国間的な信頼醸成の枠組みと協議体制を整備し、事実上、冷戦終結後の朝鮮半島と東アジアの新しい地域秩序形成への展望を示したことである。日本はアジア不在の日米二国間主義のみではなく、この宣言に重点を移すことが東アジアの平和構築のためにも重要であろう。

## 5．朝鮮半島の平和への課題

　現在では停滞しているが、六ヵ国協議などを通じて、朝鮮半島を中心とする東アジアの平和と安定の問題が話し合われる必要がある。この中で日本のスタンスは国内世論への配慮から拉致問題解決が最優先事項であり、他の国とはかなり異なっている。米国の非核・軍縮問題優先策や韓国の南北和解優先姿勢と比べれば、日本の政策の相違は明らかである。あまりにも日本が拉致問題優先を強く主張し続けると、自国の利害のみを優先し、東アジア全体の平和を軽視しているとも受け取られかねない。

　拉致問題が解決しなければ国交正常化交渉をしないとの態度は、外交戦略としても問題があろう。過去の歴史においてもまた日本の近代史においても民主主義が平和を生むというよりも、平和が民主主義を生み出すとい

うことが多くある。その意味で拉致問題に象徴される朝鮮の体制の変化には平和が必要なのである(23)。

　朝鮮に平和がもたらされれば、いわゆる先軍政治も変化せざるをえないであろう。先軍政治という言葉は、1998年頃からよく使われるようになった。1989年には天安門事件と東欧革命が起こり、1991年には後ろ盾であったソ連も崩壊する中、金正日総書記は教訓をこれらの事件から引き出した。民衆の不満がデモという形で噴出した場合、軍がどう動くかが重要であり、そのためにも軍を自分の側につけ、体制維持のために先軍政治を掲げたのであろう(24)。

　先軍政治とは体制を維持するために朝鮮指導部が名づけた危機管理体制という性格が強い。対外的な危機への対応であると同時に、国内的な安定と経済難の克服のメカニズムとして、先軍と呼ばれている。だが先軍政治は朝鮮体制の発展に相当に否定的な影響を及ぼしている。軍隊に優先的な資源配分がなされることによって、経済部門はいっそう困難に陥っている。体制全般が非常戒厳体制のような軍隊式システムへと急激に再編される中で社会の疲労現象も深刻になっている(25)。

　国交正常化により朝鮮の安全を保障し、平和がもたらされると朝鮮の準戦時体制も変化し、平和による民主化の道も開かれる可能性がある。

　また日本政府は、過去の国交正常化交渉にも学ぶべきである。1956年の日ソ国交正常化は、領土問題の最終的決着を棚上げして実現した。1972年の日中国交正常化は、歴史問題・台湾問題・日米安全保障問題・尖閣列島問題などに曖昧さを残したまま外交関係の樹立を最優先させた(26)。日朝国交正常化もこのような大局に立った外交こそが両国の国益に資する。

　六ヵ国協議の主要な議題は朝鮮半島の非核化である。2005年9月19日の共同声明において、朝鮮は全ての核兵器と今ある核計画を放棄し、核不拡散条約（NPT）に復帰し、国際原子力機関（IAEA）の査察受け入れを約束し、大きな前進をした。朝鮮半島の非核化とは単に朝鮮が核兵器を持たないということではなく、核兵器に関して南北朝鮮が非保有を、米中ロが不使用を誓うことである。そもそも朝鮮半島の核問題は、米国による朝鮮半島への核兵器配備によって発生し、その本質は、米国からの核の脅威

を取り除く問題である。また米国の朝鮮停戦協定やNPTなどの国際法を無視した状況を解消する問題でもある。(27)このように非核化問題はむしろ米国などの大国の核問題とも言えよう。また朝鮮の核の平和利用の問題もさらなる論議が必要であろう。

　朝鮮半島の平和と安定が崩れれば、朝鮮、韓国共に国家存亡の危機に陥り、東アジア全体に難民が押し寄せ、日本にも大きな影響が出よう。また東アジア全体が経済的にも大打撃を受け、しばらくは立ち直れない事態が生ずる。最も切実にこのような問題に直面しているのが韓国であり、このような事態を回避すべく努力をしている。それは米国への対応にも見て取れ、韓国と日本ではかなり異なっている。例えばイラク戦争において、日韓両国は米国を支持したが、その動機は全く逆であった。韓国は米国の朝鮮攻撃を絶対に阻止するために、米国に対する発言力を留保しなければならなかった。それに対して日本は、朝鮮半島での戦争の可能性を前提に米国の保護を受ける必要があるという立場であり、問題のある発想であろう。(28)日本のように戦争を前提にすると、不信と軍拡の負の連鎖に陥り、東アジアの平和を大きく損ねるであろう。

　現在、朝鮮では三代目への継承作業が行われており、本来の社会主義にはめずらしい世襲王朝化が進められている。先軍政治を掲げ、強権的体制を世襲化する朝鮮において、当該地域の民衆は苦しい生活を強いられている。

　このようなことから、金総書記について、「無能な二世」とのイメージが広がっているが、礒﨑敦仁によれば、(29)金日成死去の時点で、ほとんど破綻国家だった朝鮮を現在まで一つの国家として維持しただけでも並大抵の手腕ではない。特に、金総書記の外交手腕を見ていると、したたかな交渉者、巧みな演出者としての側面も見てとれよう。また社会主義国では例のない世襲による権力継承が選択されたのは、朝鮮の後ろ盾であったソ連と中国という社会主義陣営における二大国での出来事が強く影響していると言われている。1956年にはスターリン批判が行われ、1971年には林彪による毛沢東暗殺事件である林彪事件が起きた。これらのことから、権力継承を身内に委ね、批判をかわそうとしたのであろう。ただ身内といって

も、叔父や異母弟らが有力な後継候補と見られた時期もあり、金総書記はライバルを蹴落として権力を握るなど、したたかな政治家でもあった。

### おわりに

日本は冷戦崩壊後、新ガイドライン関連法・周辺事態法・テロ対策特措法・有事関連三法・イラク措置法など次々と戦争に備える法律を作り、国旗国歌法・靖国公式参拝・歴史認識問題・領土問題など国家主義的傾向を強めている。

米国も冷戦崩壊後、湾岸・コソボ・アフガニスタン・イラクなどに次々と侵攻し、包括的核実験禁止条約・弾道弾迎撃ミサイル制限条約・生物兵器禁止条約・京都議定書などの国際機構から脱退し単独主義を強めている。

朝鮮半島を中心とする東アジアの平和において、日本と米国の動向が重要である。日本と米国のこのような動きが朝鮮半島の平和に阻害要因として介在している。

平和への阻害要因を促進要因に変えるためには、本章で議論をしたように以下のようなことが考えられよう。日本の有事法制の問題点を指摘し、軍事力の増強を止めなくてはならない。また靖国神社の本質を見据え、新たな追悼施設も検討されよう。このように日本がまず東アジア諸国からの信頼を得ることが重要であろう。その上で、早期の国交正常化により日朝間の様々な問題点を解決し、南北朝鮮の統一を促進すべきであろう。朝鮮半島の非核化を実現し、東アジアの新たな共同体形成も志向されよう。

今後の東アジアの進むべき道は非戦と非武装の方向であろう。したがって日本国憲法こそ東アジア平和構築の一つの理念となるであろう。その上で具体的にどのようにして東アジアに平和を作ればよいのだろうか。政治レベルでは、日米安保条約のような二国間関係だけではなく、多国間関係が望まれる。安保を即時廃棄すると日米関係は悪化し周辺諸国も刺激してしまう恐れもある。安保固持でもなく即時廃棄でもなく、日米関係を対等な関係にしつつ、安保条約を多極的な東アジアの地域安全保障に再編することが必要である。そこでは東アジアの非核化、朝鮮半島問題の解決、経

済格差の是正、相互交流の伸展が図られよう。日本は過去の侵略から目を背けるのでもなく、冷戦期の同盟戦略にこだわるのでもなく、新たに東アジアの平和のための地域構想を考えなくてはならない。

　民間レベルでは、憎悪と分断から和解と共存へ向かわせるために様々の交流が大事になる。暴力の応酬をくり返してきたイスラエルとパレスチナに、「イスラエル・パレスチナ遺族の会」がある。双方から身内を殺された遺族による会である。最愛の人を殺された当初は復讐を誓ったが、それは新たな復讐を生むだけで何の解決にもならないことに気づくのである。平和がないから殺されたのであり、交渉を続けることこそが憎しみを止める唯一の道であると言う。このような会を民間レベルの一例として、日本と朝鮮半島の人々で作ってはどうだろうか。日本により強制連行された朝鮮半島の被害者と、朝鮮による拉致被害者が「強制連行と拉致被害者の会」を作り、交流をする中で歴史認識などを議論し、相互の理解と共存を目指してはどうだろうか。この二つの問題は政治的にも歴史的にも等価ではないが、戦争と平和の問題、国家犯罪という観点では要因を一にしている。

　このように政治レベルでも民間レベルでも、東アジアの平和とそこに住む人々の幸福を目指す必要がある。日本はこのような平和的備えにこそ、人も金も知恵も使うべきであり、東アジアの平和問題で強いリーダーシップを発揮すべきであろう。

注

(1)　礒崎敦仁他著『LIVE講義　北朝鮮入門』東洋経済新報社、2010年、69頁。なお本章では、朝鮮問題を中心に扱っているので、「朝鮮半島」「南北朝鮮」等の表現を使っている。

(2)　有事体制及び靖国問題については、憲法再生フォーラム編『有事法制批判』岩波書店、2003年、山内敏弘編『有事法制を検証する　「9・11以後」を平和憲法の視座から問い直す』法律文化社、2002年を参照。また適宜、『朝日新聞』『毎日新聞』『読売新聞』等の新聞や『世界』『論座』等の雑誌及びこれらのホームページの記事を参照。

(3) 靖国問題に関しては、高橋哲哉『靖国問題』筑摩書房、2005年を参照。高橋は、多くの論者がA級戦犯合祀を問題にしているのに対して、それのみでは問題の矮小化だとして、靖国神社そのものの存在自体を問うている。
(4) 檜山幸夫監修『靖国神社忠魂史』ゆまに書房、2006年は、1933年から1935年にかけて、靖国神社が編纂発行した『靖国神社忠魂史』(全5巻)を復刻出版したものであり、原著の記述はそのままで、訂正等は行っていない。なお靖国神社編『靖国神社　遊就館図録』増補改訂版、2008年、59頁には以下のような記述がある。「我が国は日露の戦勝で満州に権益を有していたが、中国のナショナリズムは現行条約にかかわらず外国権益の回収を求め、在留邦人の生命財産を脅かした。このため関東軍は武力を行使し、その結果、満州国が樹立された。」
(5) 李鍾元「序論　東アジアの地域論の現状と課題」日本国際政治学会編『国際政治』135号、2004年、3頁。
(6) 『世界　別冊　新冷戦ではなく、共存共生の東アジアを』No.816、岩波書店、2011年、234頁。
(7) 和田春樹『これだけは知っておきたい　日本と朝鮮の100年史』平凡社、2010年、206-207頁。
(8) 姜尚中『東北アジア共同の家をめざして』平凡社、2001年、24、217頁。
(9) 坂本義和「東アジア共生社会の条件　21世紀に国家を超えて」前掲『世界　別冊　新冷戦ではなく、共存共生の東アジアを』、164頁。
(10) 姜尚中『日朝関係の克服―なぜ国交正常化交渉が必要なのか』集英社、2003年、33-42頁。
(11) 今村弘子『北朝鮮「虚構の経済」』集英社、2005年、49頁。
(12) 金敬黙「北朝鮮食糧危機をめぐるNGOの活動とそのジレンマ」前掲『国際政治』、116頁。
(13) 姜、前掲『日朝関係の克服』136頁。
(14) 和田春樹「日朝交渉―方針転換のとき」『世界』No. 744、岩波書店、2005年10月、123頁。
(15) 金賛汀『拉致―国家犯罪の構図』筑摩書房、2005年、19頁。
(16) 太田昌国『「拉致」異論』太田出版、2003年、121-130頁。

(17) 康成銀「朝日間の歴史的精算から見たピョンヤン共同宣言」武者小路公秀監修『東北アジア時代への提言 戦争の危機から平和構築へ』平凡社、2003年、98-99頁。

(18) 礒﨑、前掲書、76-80頁。

(19) 姜、前掲『日朝関係の克服』30-31、160-161頁。なお2000年8月14日中央日報に掲載された世論調査結果は非常に興味深いものであった。「統一後の望ましい社会体制」を聞いたところ、「韓国の体制」が17.8％にすぎず、「南北の折衷形態」が53.6％にのぼり、「一国二制度」24.1％、「北朝鮮の体制」1.4％であった。つまり8割近くが、朝鮮の体制を何らかの形で認めている。森千春『朝鮮半島は統一できるのか』中央公論新社、2003年、169頁。なお、現在も太陽政策が一貫して続いているわけではないことは、言うまでもない。

(20) 高有煥「金正日体制の現状をどうみるか 大妥協か体制危機の継続か」前掲『世界』No. 744、139頁。

(21) 姜、前掲『日朝関係の克服』168-169頁。

(22) 金熙徳「日朝交渉と日本の選択―東北アジア平和構築における日本の役割」武者小路、前掲書、80頁。

(23) 姜尚中『在日 ふたつの「祖国」への思い』講談社、2005年、168頁。

(24) 礒﨑、前掲書、182-186頁。

(25) 高、前掲論文、132頁。

(26) 金熙徳、前掲論文、84頁。

(27) 太錫新「北朝鮮は何を主張しているか 朝鮮半島非核化・原子力政策をめぐって」前掲『世界』No. 744、143、146頁。

(28) 徐勝「『平和国家』日本が東北アジア時代をひらく」武者小路、前掲書、12頁。

(29) 礒﨑、前掲書、18、26-28頁。

## 第15章　現在の国際情勢における中東イスラーム世界と米国

**はじめに**

　現在、世界各地において紛争が多発している。その中でも特に中東イスラーム世界(1)は戦火に包まれていると言っても過言ではないだろう。イラク、アフガニスタン、パレスチナ等枚挙にいとまがないほどである。

　このような現在の紛争には大きく分けて三つの特徴がある。第一は冷戦崩壊後、特に9・11事件以後、中東イスラーム世界で大きな紛争が多発していることである。第二は米国の国益によって重要な戦争とは何かが決められ、介入も米国によって決定されていることである。第三は2001年に始まったアフガニスタン戦争も2003年に始まったイラク戦争も終結宣言が出された後も戦闘状態が続いており、またイスラエル・パレスチナ問題(2)もいつ終わるのか見通しが立っていないことである。20世紀終わりから21世紀初めの国際関係において、イスラーム教徒の不満や怒りは非常に高まっている(3)。このように現在の国際関係は中東イスラーム世界を軸に回っていると言ってもよい状況であり、この地域の安定は世界の平和に不可欠であろう。

　これらのことを基本的問題関心として、本章では最近の国際関係における中東イスラーム世界の紛争要因と米国等の対応の問題点や今後の平和の行方について概観し、現状分析を試みるものである。

　第1節では、現在の中東イスラーム世界での最大の問題であるイスラエル・パレスチナ問題を取り上げ、歴史的要因にふれた後で、西欧キリスト教世界の構築とユダヤ人差別問題の関係性を指摘し、さらに中東イスラーム内部の問題についても論究する。

　第2節では、9・11事件以後の米国の対応の問題点を指摘し、世界各地で起こっている米国の政策への反対要因を見ていき、米国の行っている

戦争の特徴を考察する。

第3節では、米国による報復戦争の違法性を主に国際法の観点から論じ、国際社会を無視し、単独主義を強める米国の対応を批判する。

第4節では、現在のいわゆるテロリズムについて国家テロにもふれ、近代主権国家の交戦権や領域性の問題を指摘し、近代主権国家システムの限界が露呈しつつある現在、イスラームの開放性や脱領域性が代替の一つとなりうる可能性を指摘する。

## 1．イスラエル・パレスチナ問題と西欧キリスト教世界

(1) **イスラエルの建国と植民**　冷戦崩壊以後、湾岸戦争、旧ユーゴスラヴィア戦争、アフガニスタン戦争、イラク戦争など中東イスラーム世界では戦禍が続いている。それらの戦争とも密接に関連し、現在の中東における象徴的な最大の問題はイスラエル・パレスチナ問題であろう。イスラエルとパレスチナは過剰なまでの非対称性を有し、米国のイスラエルへの支援により非対称性がますます助長されている。[4]

ここではまずこの地域の第一次大戦以後の歴史を概観し、この問題の歴史的淵源を簡単に考察する。

第一次大戦中の1916年にサイクス・ピコ協定により、中東地域の線引きが西欧によって行われ、1920年には新たな植民地形態である英国による委任統治が成立した。

その後、1948年にはイスラエル建国をめぐり第一次中東戦争が起こった。1948年10月15日には、未耕作地開拓のための緊急条項が施行された。それによれば、ある地域を「安全地域」なり「閉鎖地域」と宣言して、出入りを禁止すると、そこが未耕作地となる。その後に、この法律を適用して土地を没収し、耕す意志のある者、つまり近くのユダヤ人入植者に渡すわけである。[5]このようにして次第にユダヤ人入植地が拡大することになった。

1956年にエジプトのスエズ運河国有化に伴う第二次中東戦争が起こり、世界の覇権が英仏から米ソへと移行し、その後の中東情勢が東西冷戦の文

脈に組み込まれることになった。1967年に第三次中東戦争、1973年に第四次中東戦争が行われ、現在においてもイスラエルとパレスチナの間では恒久的な和平には至っていない。

　中田考によれば、そもそもイスラエルとはヨーロッパ人がパレスチナに作った植民地であり、住民を征服、虐殺、奴隷化し、植民地化していったヨーロッパ人の移民の最後の波であり、中東におけるヨーロッパの最後の橋頭堡であった。つまりユダヤ人とは、西欧の矛盾であり、西欧の生み出した負の遺産とも言える。

　このようにイスラエル・パレスチナ問題に象徴される現在の中東諸国体制の成立は、西欧キリスト教世界との関係なしには語りえないであろう。イスラエル・パレスチナ問題は西欧での矛盾の中東イスラーム世界への移植であり、冷戦崩壊後の諸紛争も、西欧の近代化とそれに対する中東イスラーム世界の応戦という側面もある。

(2)　**西欧キリスト教世界の成立**　それでは西欧キリスト教世界は何を外部化することによって自らを作り上げたのであろうか。その一側面を、中堂幸政の議論を参考に考察することにする。

　西欧キリスト教世界の原型はローマ帝国の末期に作られたと言われている。帝国の再統合のためにキリスト教徒の財力や組織力を利用し、キリスト教のヨーロッパ化（脱ユダヤ化）をはかった。イエス・キリストを殺害したのがユダという名の一個人ではなくユダ＝ユダヤ教徒全体であるとすることによって、ヨーロッパ＝キリスト教世界を創設し、合わせて外部を代表するものとして、政治的にユダヤ人の枠組みを創設した。ヨーロッパ世界はこうして、非ヨーロッパ世界（オリエント、東方、アジア）の象徴としてのユダヤ人の枠組みを創造した上で、さらに内部で排斥・差別することによって、「キリスト教徒の政治的共同体」としてここに成立した。

　中堂によれば、預言者イエスを神として、先行するユダヤ教や後続のイスラームとの共存と和解の道を自ら閉ざし、ヨーロッパ世界の絶対化をはかる西欧キリスト教世界は、貧しい自然との生態学的共存を拒み、内なる自然と外なる非ヨーロッパ世界の改造と支配に執着しており、現在におい

てもそれは続いている。[10]

またイスラエル・パレスチナ問題は、シオニズムを生み出したプロテスタント的信仰に基づく「ユダヤ人復興」の考え方に支えられながら、西欧キリスト教世界の矛盾であるユダヤ人問題の解決を押し付けた所産であるとも言える。パレスチナ問題の向こう岸にはイスラエル問題があり、イスラエル問題の背後には反ユダヤ主義と親ユダヤ主義が野合したキリスト教徒シオニズムをも生み出したキリスト教的世界がある。[11]

(3) イスラエル・パレスチナ問題　またイスラエル・パレスチナ問題を考える時に、ホロコーストの問題が直接イスラエル建国につなげられていくという歴史認識があるが、それはかなり単純化されたものであろう。後の労働党につながっていくマパイのシオニストたちの中では、ホロコーストで死んでいった人たちはシオニズムの大義を信じずにヨーロッパに残ったのだからナチスのホロコーストの犠牲になったのは仕方がなかったという冷淡な見方もあった。[12]

しかしイスラエル・パレスチナ問題は、単に欧米に押し付けられた外在的要因のみによって現在は進行していない。中東イスラーム世界での国内体制の矛盾、石油や水などの資源の不均等な分配、国際社会の恣意的な介入などがイスラエル・パレスチナ問題に大きく関与し、さらに問題を複雑にしている。

現在の中東イスラーム世界の多くの国は、王制・共和制にかかわらず、多くは構造的に腐敗した軍事独裁政権であり、言論の自由はそれほど存在せず、マスコミや出版は政府の厳しい統制下にあり、独裁者に対する批判者は物理的に抹殺され、闇から闇へと葬り去られることもある。このような国において、パレスチナ人を将棋の駒にし、王家や封建体制の利益や駆け引きのために、何千万の人間の生殺与奪の権利を行使していた。また政権側がユダヤ陰謀史観を広めたのは、自らの失政を外部の勢力に転嫁するためでもあった。かつてホスニー・ムバラク大統領らが、幾度もアフガニスタンでの民衆の犠牲とラマダン中の攻撃を批判したのは、ようやく過激なイスラーム組織によるテロ活動を抑止している今、再び政権に反抗する

集団が台頭することへの懸念があったからである。現在、その矛盾がアラブの民主化運動として台頭している。

ロシアのチェチェン、中国のウイグル、インドのイスラーム教徒、欧米のイスラーム移民など、大国は多くのイスラーム教徒を抱え、彼らに「イスラームテロリスト」との烙印を押し、抑圧を強めている。このように中東イスラーム世界の権威主義体制と米国をはじめとする欧米の利害が一致し、イスラエル・パレスチナ問題において共犯関係をなしており、当該地域の民衆を抑圧している。

## 2．21世紀の紛争における中東イスラームと米国

近現代における中東イスラーム世界は、西欧の侵食を受け、それに対して応戦をし、異議申し立てをしており、それが現在にまで続いている。最近の紛争に対して、イスラーム教徒は世界中で抑圧され虐殺されているとの意識がある。2001年の9・11事件以後、アフガニスタン攻撃、イラク攻撃など中東イスラーム世界のみならず、世界秩序をも根本から壊す世界戦争が続いている。また米国が帝国に転じるきっかけを与えたのが、この9・11事件だった。これは世界の悲劇でありながら、単に米国が被った苦難と受け止められている。

9・11事件について、米国は未曾有の国家的危機と捉えており、神のもとに一致団結し、愛国心と宗教心が結び付いている。民族という「共通の過去」による統合が不可能な米国にとって、「見えざる国教」による統合が必要になる。米国民の9割がユダヤ・キリスト教的伝統の宗教を信じており、米国の「見えざる国教」がキリスト教に酷似したものとなるのはこのためである。

また興味深いことに、米国もイスラエルもどちらも先住民を排除した移住植民国家なのである。多くの国家において先住民排除の歴史はあるが、両国は非常に大規模に行った。だが両国は領土拡大や介入主義を行ったことにより、皮肉なことに自国の安全を損うことになった。イスラエルの精神的権威でもあったユダヤ教のヤシャフー・レーボヴィツは、1967年の

第三次中東戦争におけるイスラエルの領土拡大で「イスラエルはユダヤ人にとって世界中で最も危険な土地になった」と嘆いたと言われている。同様にジョージ・W・ブッシュのアフガニスタンやイラク攻撃によって、もはや米国人及びその支援国の人々の安全はなくなったとも言える[(16)]。

　このような米国への敵意の理由として、イスラエル・パレスチナ問題でイスラエル支持の姿勢をとり続けたこと、自国の利害が絡む紛争のみに正義を掲げて圧倒的な軍事力で介入してきたこと、聖地メッカを有するサウジアラビアに軍隊を駐留させていることなどが考えられる。

　しかしその逆の観点である米国による「反テロ」包囲網形成を助けた要因として、以下の５点も指摘しなければならないだろう。それは９・11事件の印象があまりに強烈だったこと。それぞれイスラーム絡みの国内問題を抱える中国、ロシア、インド、EUも、米国が提起した反テロリズムの立場に反対しにくいこと。国内に鬱屈した憤懣や対政府、対米国批判の気運を抱えるイスラーム諸国も米国の覇権の前にひるんでいること。米国によって動かされる基盤弱体の政権であるがゆえに米国に逆らえないこと。テロ支援国の烙印を回避するためや湾岸戦争の経験などから各国とも対米パフォーマンスに注意を払ったことなどが考えられよう[(17)]。

　この９・11事件から世界は大きく変わったといわれるが、変わらなかった点も指摘する必要があろう。米国自身が戦争の文明を築いてきて、これまでベトナム、中南米、バグダードやベオグラードでは罪もない人々が大量に犠牲になってきた。それがついに米国内に跳ね返ってきた。９・11事件の「新しさ」というのはそれだけのことだとの指摘もある。また国家の法と秩序を体現する軍と警察が、非合法の見えない組織に対しあらゆる手段（諜報、密告、破壊工作、拉致、拷問、即時処刑等々）で戦うというのは、ほかでもないかつての植民地における戦争と同じである。

　さらに、この戦争には講和はないとされている。当事者に、当事者能力を認めないのがこの戦争の特徴であり、テロリストを指定するのも、それが撲滅されたと判定するのも、一方的に米国の側である。テロリストと疑われた人間を、犯罪者としても捕虜としても扱わず、つまり民間人とも兵士とも扱わず、一切の権利も有しないモンスターとして扱われ、虐待され

ているのが現状である。[18]

## 3．米国等による報復戦争の問題

**(1) アフガニスタン戦争の問題**　米国等による「反テロ」戦争は国際法無視の報復戦争であった。[19]そもそもテロは戦争ではない。戦争は保険の免責事項であり、9・11事件では保険が支払われたので国内法上も戦争扱いされていない。国際法上の武力行使は専ら国家間関係を意味する。一国内の内戦において政府が反乱側を交戦団体として認めれば、国際法が適用される。アルカイダは米国における内戦の当事者ではなく、民族解放団体でもないので、国際法上の地位を認められない。

またテロは国内法上の犯罪行為である。テロの被疑者を武力でもって攻撃するもしくは暗殺を謀るということは、国際法、国内法でも了承できないことである。

テロに対する自衛権の行使は、テロ集団が国際法主体でないので、認められない。ただし、被害国は警察行動として、自国領域内及び公海上は追跡権の行使として、武力行使ができる。ただしこれは国内法上の犯罪に対する国内法上の対応である。

テロリストをかくまう国に対する自衛権の行使は、テロ集団が事実において当該国の命令・支配のもとに行動する場合、テロ集団の行為を当該国が認知し採用した場合、テロ集団の行為に国が実質的関与を行う場合には認められる。今回のアフガニスタンやイラクでの問題はいずれにもあたらないので自衛権の行使は出来ない。

さらに自衛権の発動として武力行使をする前に、それ以外の代替的な措置をとる努力を最大限にやらねばならない。また自衛権の発動が可能なのは、武力行使が発生した場合である。国連の集団安全保障体制のもとでは、違法な武力攻撃に対処するのは集団的措置によるのが原則であり、自衛権の行使はそうした集団的措置がとられるまで例外的に認められる暫定的なものである。自衛権の行使としてとることができる措置は、侵略者を押し戻して、犠牲国の領土保全と政治的独立を回復するところまでに限定

されている。

(2) **イラク戦争の問題**　このように国際法上の様々な点からしても、アフガニスタン攻撃は違法なのであった。イラク攻撃はさらに違法性が高いものであった。

2003年の米英によるイラク攻撃は、国連憲章第7章違反であった。国連憲章が認める武力行使は、先ほど指摘したように、安保理が必要な措置をとるまでの間、国家に認められる個別的または集団的な自衛権の行使と、安保理が決定する行動の二つだけである。前者について、自衛権の発動の要件であるイラクによる武力攻撃は発生していない。後者についても、安保理は決定していない。安保理決議1441は武力行使に同意を与えたものではない。だからこそ米英は武力行使の新決議を求めていた。また現在の主権国家体制では、内政干渉、国家指導者のすげ替え、国家転覆は国際法上難しいのである。国際法的観点において、英米のイラク侵略は、許されるものではない。

国連決議を履行していないと言われているイラクに対して、国連決議なしの米英による攻撃は説得力がなかった。「まず、イラクに非がある」との説明も、ある一面しか見ていない議論である。法を犯したものに対しては何をやっても良いのであろうか。相手に非があったからといって、その相手に対して脱法行為、人殺し、侵略をしても良いことにはならない。

そもそもイラクには本当に差し迫った重大な脅威は存在しなかった。1998年までに大量破壊兵器の90％から95％は検証可能な形で廃棄されたと元国連兵器査察官であるスコット・リッターは指摘している。さらにリッターは、炭そ菌問題について、イラクが製造した炭そ菌は貯蔵寿命3年の液体炭そであり、ハンス・ブリクス国連査察委員会委員長はイラクの工場から出荷された最後の炭そ菌が1991年産であることに言及していないと非難する[20]。つまり炭そ菌はすでに寿命を越えており、無力化されていたとの主張である。またそのブリクス委員長ですら、あと数ヵ月の査察延長を要求し、次第にイラクも譲歩してきていた矢先のイラク攻撃であった。

その後、2004年9月13日にコリン・パウエル国務長官は、イラク戦争開戦の主要な根拠に掲げた大量破壊兵器備蓄の発見を断念したことを認め、さらに旧サダム・フセイン政権とアルカイダとの協力関係についても証拠はないとした。ジョージ・W・ブッシュ大統領ですら、2005年12月14日には、イラク開戦の根拠とした情報の多くが間違いだったことを認めた。[21] ここにおいて、開戦の大義は根底から覆った。

　非民主的で、非人道的で、大量破壊兵器を持ち、国際法を遵守していないのはイラクだけではない。なぜイラクなのか。最も恐るべきことは、米国が今後恣意的に「新しい脅威」をでっち上げ、全世界に今回の事例を適用することである。さらに今回のような攻撃はテロにさらなる口実や正当性を与えてしまった。米国及びその同盟国は新たなテロの恐怖にさらされることになった。それがスペインやイギリス、トルコ、インドネシアなど世界各地で起こっているテロ活動なのである。

**(3) 米国の問題**　9・11事件以後、米国はイラクに関して、アルカイダとの関係、テロ支援国家、大量破壊兵器廃棄、国家転覆と次々に政策をずらしていった。今まで見てきたように、確たる証拠がないので、ずらさざるをえなかった。米国の対中東イスラーム政策はあまりにも場当たり的で、長期的ビジョンに欠けている。敵の敵は味方とばかり、以前はアフガニスタンのイスラーム戦士やイラクを軍事的にも大きく支援していた。湾岸戦争後ですら、イラク政府がクルド人やシーア派に攻撃を加えているのを米国は座視していた。フセイン体制存続を理由にサウジアラビアでの米軍の長期駐留をはかることが目的であったとも言われている。

　そもそも現在の不安定な中東諸国体制は、すでに述べたように、第一次大戦後に欧米によって作り出されたものである。ヨーロッパにおけるユダヤ問題を、中東に転嫁してイスラエル・パレスチナ問題が発生した。冷戦崩壊後、湾岸、旧ユーゴスラヴィア、チェチェン、パレスチナ等で紛争が続いている。現在の中東諸国の権威主義体制、石油利権、米国等の大国の三者は、共犯関係にあり、当該地域の民衆を苦しめている。2011年から始まったアラブの民主化運動は、それへのアンチテーゼであろう。

また冷戦後の米国は狭隘な単独主義に陥っている。コソボやアフガニスタン、イラクでも安保理決議なしに戦争をし、包括的核実験禁止条約、弾道弾迎撃ミサイル制限条約、生物兵器禁止条約、国際刑事裁判所設立条約、温暖化防止に関する京都議定書等の様々な機構から脱退した。国際社会を無視し、圧倒的な大量破壊兵器を有した米国の政権こそ重大な脅威を持った国であろう。

　米国内で、「新しいアメリカの世紀のためのプロジェクト　PNAC (Project for New American Century)」が1997年より活動を開始した。これは軍事予算を3割カットしたビル・クリントン政権に不満を抱く、共和党タカ派、民主党ネオ・コンサバティブ派、軍産複合体関係者らによって作られたものである。これには、ディック・チェイニー、ドナルド・ラムズフェルド、ポール・ウォルフォウィッツ、ジョン・ボルトン、リチャード・アーミテージ、エリオット・エイブラムズらが中心人物として名を連ねている。彼らの主張は2000年9月の報告書に集約されるが、その中身は「軍事力を背景に市場経済と人権と民主主義という価値を世界に定着させる」という米国至上主義に特徴づけられる[22]。これらの人々が米国政権の中枢にいて、ブッシュ政権において独断的政策を担った。つまり現在の世界において、平和構築のための脅威となっている国家は米国でもある。

## 4．テロの克服と近代主権国家システムからの脱却

(1)　**テロ問題**　21世紀初頭の現在、米国もイスラーム過激派も先鋭化し、どちらの側にも二元論的世界観が蔓延している。善／悪の二項対立的思考が友／敵関係として対立した時、それは互いに神／獣関係となる可能性もある[23]。いずれも二元論的世界観が共通しているが、それと共にさらにイスラーム過激派と米国の強圧的軍事路線が互いに共謀関係を持っているとの論もある。それがベンジャミン・バーバーによる「ジハード」と「マックワールド」の共謀関係である。この両者は、互いに激しく対立しながらも互いを必要としている側面もある[24]。

一部のイスラーム教徒にとって、現在の国際情勢はイスラーム以前の暗黒時代ジャヒリーヤの象徴である米国に対する「イスラームの家」を守るジハードとして映っている。なかには現在のイスラーム世界は欧米の植民地主義の結果であるとして、攻撃的ジハードをも行うべきであるとする議論も一部ではあるが存在する[25]。

　米国の側も攻撃対象をテロリストとレイベリングし、恣意的に抑圧し、侵攻している。しかし一般的にはテロリズムの主体には国家は入っていない[26]。近代化の過程で国家が暴力を独占する中で非国家主体の暴力が廃絶され、それを行使するものはテロリストとされた。国家による暴力の行使や威嚇をテロリズムから除外して議論しようとする理由は、戦争や内戦という国家によって発動される最高の暴力をテロリズムとは別の社会現象として区別して論じるためである[27]。

　しかし原理的にテロリズムという概念から国家テロを排除する理由は見当たらず、歴史的に見ても国家テロはテロリズムという概念の起源であり、さらに様々な集団よりも国家によるテロの方が大規模である[28]。このように非国家主体の暴力と共に国家のテロリズムも問わなくてはならない。テロリズムは覇権国を中心とする国際社会にとって脅威であると同時に、国家体制が崩れつつある現在に未だに超領域的な形で暴力を独占し続けようとしている覇権国のあり方そのものをも問わなくてはならない。また戦争を国境の外の現象として外部化し、国内では限定的な暴力の行使によって秩序を維持してきた近代世界秩序が破綻しつつあるのであり、グローバル化という新たな状況に対応する仕組みを作らなければ、暴力の低減化は難しい[29]。

**(2) 近代主権国家システムを超えて**　このような暴力の独占主体としての近代主権国家は交戦権を有するとされている。もし、私たちが国家に排他的な暴力行使権を許すならば、国家はわれわれを守るためにこれを使用する。国家はわれわれを外国から守るために交戦権を行使し、私たちをお互いから守るために警察権力と司法権力を行使する。これこそが近代国家を生み出した社会契約である[30]。主権は単一の政治体を打ち立て、構成

員全体に属するとされている。近代主権国家は一都市、一民族、一国家の生殺の権利ばかりか人類存亡の鍵を握るまでに巨大化した。主権の主体は君主から人民に移ったが、主権国家という統治原則に変化はない。このような境界線によって世界を安定化させようとするやり方、すなわち近代主権国家システムこそが、常に新たな難民や異端、被差別者を生産し続けてきた。また安全保障と国家テロの共犯関係は、主権と国民国家という近代国家の二つの原理の中で寄り添いながら機能してきた[31]。

　ウェストファリア的世界秩序においては、権力機構、経済的基盤、政治共同体、市民社会などの社会の多様な側面がいずれも国家という領域的単位に凝集して構造化された。戦争を行う正当な権利を持つ暴力行使主体として相互承認しているもの同士が、主権国家として国際秩序の構成主体となった。戦争は、敵味方がはっきりしていなければできない。敵か味方かはっきりさせ、境界線を明確にしなければならない。逆に敵味方や境界線を明確にするために戦争をする場合もある。国家はすでに、軍事力によって安全が確保できないほどに巨大な武器を発明し、抱え込みすぎた。なぜテロが生まれるのか、なぜ米国が標的になるのかをもう一度根本的に考える必要がある[32]。

　このような国家概念はイスラーム的観点からも大いに疑問を投げかけられており、さらには近代主権国家システムを前提にした既存の国際政治学によってこの地域を語ることの困難さも指摘されている[33]。

　近代主権国家システムの見直しについて、代替の一つを提供するのがイスラームであろう。眞田芳憲によれば、イスラームのメッセージは伝統的な部族的・人種的境界線を突き破る政治共同体を樹立すること、換言すれば人種的あるいは地理的に閉ざされた民族・国家至上の国家主義を排除して、共通の理念に従う開かれた国際的共同体を建設することがイスラームの志向するものである[34]。イスラームは都市や商業的環境を基盤にし、領域や部族を越えるコスモポリタンな雰囲気を持っていた。多宗教共存システムを構築し、開放的経済圏を形成しながら国際商業ネットワークを広げ、前近代におけるグローバリゼーションの担い手であった。またイスラーム国際体制はイスラームの家、戦争の家、共存の家という複合的構造を持

ち、他者の存在が前提となっていた。西欧で生まれた近代主権国家システムの対象は文化を同じくする西欧キリスト教圏に限定されており、排他的な構造を持っていた。それに対してイスラーム国際体制は比較的寛容であり、開放的で脱領域的な性格を持っていた。<sup>(35)</sup>

## おわりに

これまで述べたように、地中海をはさんで長らくヨーロッパ世界と対峙してきた中東イスラーム世界での伝統的な統治システムは、イスラームという宗教を核とし、統治単位として宗教・宗派を重視する、基本的には人に対する支配であり、領土という一定領域における排他的な支配権を行使する政治単位を想定しなかった。属地主義ではない属人主義をとるイスラームの領域を超える思考は、今後の世界秩序を考える上で大いに参考になろう。

米国もグローバリゼーションにより、イスラームもその運動により、近代主権国家を乗り越えようとしている。米国とイスラームとの衝突は、世界のグローバル化を主張する二つの勢力が、共に乗り越える対象である近代主権国家の理念的遺産をめぐって争っていると言えるかもしれない。<sup>(36)</sup>

今まで見てきたように、中東イスラーム世界における紛争の焦点であるイスラエル・パレスチナ問題は、単なる宗教紛争ではなく、領土問題や聖地管轄権の問題でもある。西欧キリスト教世界は、ユダヤ教を外部化することにより自集団の凝集力を高めて成立した。ヨーロッパにおけるユダヤ問題を中東イスラーム世界に移植することによりこの問題が生じた。そもそもユダヤ問題とは実はヨーロッパ問題であり、中東イスラーム世界にはユダヤ問題はほとんど存在しなかった。またイスラエル・パレスチナ問題とは西欧によって作られた外在的問題であると共に、国内体制の矛盾や石油・水資源の不平等な配分などと関連した中東イスラーム世界の内在的問題でもある。

9・11事件は本来人類の悲劇であったはずだが、米国は自国の危機と捉え、愛国心に還元し、それを錦の御旗として世界各地に介入している。この9・11事件は確かに時代を画するものであるが、かつての植民地戦

争にも似ており、今までと変わらない側面も有する。

　米国を中心とした軍事的介入は、今まで築いてきた国際社会の一定の共存を破壊するものであった。大義のなくなった戦争を継続することにより、双方に多数の死傷者を出し、根本的問題解決には至っていない。米国は狭隘な単独主義から脱し、国際世論に目を向けるべきであろう。

　テロの克服のために、政治や経済の格差を是正して、いずれの側も善悪二元論を超克することが望まれる。さらに西欧によって作られた歪んだ中東イスラーム世界を解きほぐしながら、排他的主権概念や戦争を行う権利である交戦権を再考する必要がある。

　このような近代主権国家システムの再編と共に暴力の克服も喫緊の課題である。暴力に訴えるのでなく、話し合いのメカニズム構築が重要であろう。そのためには中立的立場による国連の関与が必要になる。

　中東イスラーム世界の近現代は、大国の関与、近代主権国家への再編の失敗、資源の不公正な配分、権威主義体制の弊害、ナショナリズム・イスラーム・近代主義の相克の歴史であった。中東イスラーム世界の将来は、当該地域の人々の民主的な手続きによって担われるべきものであり、少なくとも中立的な立場からの国連の関与によって、諸問題を解決すべきであろう。

　中東イスラーム世界は西欧近代を相対化する視点も投げかけている。当該地域での寛容な共存システムの歴史を学び、文明の衝突から文明の対話、そして地球の安定と平安へと進むことが望まれる。

注
(1)　中東＝イスラームではないのは当然である。中東地域にはイスラーム以外の宗教も多数存在し、歴史的に比較的共存してきたので、現在でも「宗教の博物館」と言われ、各種の宗教が存在する。また中東以外の東南アジアや中央アジア、アフリカなどにも多数のイスラーム教徒が存在する。このような観点から中東とイスラームを単純に結び付けることは危険であろう。ここでいう中東イスラーム世界とはとりあえず、中東地域及びイスラーム教徒が多数存在しイスラーム文化が社会の中で強い要素を持ってい

る地域といったゆるやかな定義とする。なお後に出てくる西欧キリスト教世界も同様とする。

(2) 一般には「パレスチナ問題」と言われているが、パレスチナの存在そのものが問題なのではなく、むしろイスラエルをめぐる建国の歴史やその後の戦争、他国の関与の方がより問題であるので、イスラエルを先に表記し、これら一連の問題を「イスラエル・パレスチナ問題」とする。

(3) 中西久枝他著『はじめて出会う平和学』有斐閣、2004年、209頁。Simon W. Murden, *Islam, the Middle East, and the New Global Hegemony*, Lynne Rienner Publishers, 2002, pp. 185-186.

(4) Raymond Hinnebusch, *The International Politics of the Middle East*, Manchester University Press, 2003, pp. 237-238. なお2006年までに米国がイスラエルに行った軍事援助は658億ドル、経済援助は324億ドルであり、2008年の米国際開発庁の援助実績では、イスラエル向け援助は238億ドルで、米国の対外援助の一割強を占め、2位エジプト171億ドル、3位アフガニスタン112億ドルを引き放して断然トップである。酒井啓子『〈中東〉の考え方』講談社、2010年、121頁。

(5) 広河隆一『パレスチナ 新版』岩波書店、2002年、50頁。

(6) 内藤陽介『なぜイスラムはアメリカを憎むのか』ダイヤモンド社、2001年、63頁。

(7) 中田考『イスラームのロジック』講談社、2001年、45頁。

(8) 中堂幸政「三大一神教とヨーロッパキリスト教世界」『イスラームとは何か』藤原書店、2002年、85頁。

(9) アルプス・ピレネー以北のヨーロッパは、最後の氷河を被った地域で、そのため生態条件が悪いのである。トルコ一国とロシアまで含めたヨーロッパで同定された植物は1万2千種類くらいでどちらもほぼ同じ数である。したがって植物性の食材が極めて少なく、16世紀頃新大陸からジャガイモなどが導入されるまでは、貧しい食生活を強いられ、相対的に肉食度が高いのである。その後の歴史におけるヨーロッパの文明で内外共に戦争をルールとするような攻撃性は、この貧しさから出てきたのかもしれない。したがって貧しいヨーロッパ世界にとって、世界の十字路である中東・東

地中海世界の管理権を手中にすることによる東西交易の支配は重要であった。『イスラームとは何か』藤原書店、2002年、4-5頁。
(10) 中堂、前掲論文、85-89頁。
(11) 臼杵陽「パレスチナ問題」板垣雄三編『「対テロ戦争」とイスラム世界』岩波書店、2002年、129頁。
(12) 臼杵陽『イスラムの近代を読みなおす』毎日新聞社、2001年、115-116頁。
(13) 中田、前掲書、16頁。広河、前掲書、223頁。池内恵『現代アラブの社会思想』講談社、2002年、226頁。内藤正典『なぜ、イスラームと衝突するのか』明石書店、2002年、78頁。
(14) 岩木秀樹「イスラームのグローバリゼーション―イスラームの誕生・近代・最近の情勢―」『ソシオロジカ』第30巻第1号、創価大学社会学会、2005年、122-123頁。
(15) 森孝一「God Bless America- 愛国心の宗教的次元」松原正毅他編『岐路に立つ世界を語る』平凡社、2002年、121-124頁。
(16) 西谷修『「テロとの戦争」とは何か』以文社、2002年、29、57頁。
(17) 内藤正典、前掲書、33頁。板垣、前掲書、vi頁。
(18) 西谷、前掲書、はしがき、31、38、78頁。
(19) 以下、松井芳郎のアフガニスタン攻撃における国際法上の違法性の議論を参照。松井芳郎『テロ、戦争、自衛 米国等のアフガニスタン攻撃を考える』東信堂、2002年。なおアフガニスタン戦争やイラク戦争に関して、『朝日新聞』『毎日新聞』『読売新聞』や『世界』『論座』等の論説やインターネット上の記事等も参照。
(20) スコット・リッター「ブッシュ政権は『体制転覆』を優先している」『世界』No. 712、岩波書店、2003年4月号、76頁。
(21) 『朝日新聞』2004年9月15日。『毎日新聞』夕刊、2005年12月15日。
(22) 寺島実郎「『不必要な戦争』を拒否する勇気と構想」『世界』No. 712、岩波書店、2003年4月号、68頁。
(23) 土佐弘之「『テロリズム』の語られ方」『現代思想 特集テロとは何か』31巻3号、青土社、2003年、88頁。Bruce Lincoln, *Holy Terrors:*

　　　　*Thinking about Religion after September 11,* University of Chicago Press, 2003, pp. 19-50.
(24)　　Benjamin R. Barber, *Jihad vs. McWorld,* Corgi Adult, 2003.
(25)　　John L. Esposito, *Unholy War: Terror in the Name of Islam,* Oxford University Press, 2002, pp. 64-68.
(26)　　米国国務省のテロリズムの定義は以下の通りである。テロリズムとは非国家集団（subnational groups）ないしは秘密情報部員が、非戦闘員を標的として入念に計画した政治的動機を持った暴力で、通常は視聴者に影響を及ぼすことを意図したもの。United States Department of State, *Patterns of Global Terrorism,* May 2002, xvi. 土佐、前掲論文、82頁。
(27)　　小林誠「システムとしてのグローバル・テロリズム　柔らかい恐怖について」前掲『現代思想　特集テロとは何か』101-102頁。
(28)　　松葉祥一「国家テロリズムあるいはアメリカについて」前掲『現代思想　特集テロとは何か』68-73頁。松葉は米国こそテロ国家であることを以下のように指摘している。1986年に国際司法裁判所は米国のニカラグアに対する不法な武力行使を非難したように、米国が世界法廷によってテロリズムの罪で非難された唯一の国である。またテロリストを育成するための教育としてフォート・ベニングにあるスクール・オブ・ジ・アメリカズで6万人近い軍人諜報員らにテロリズムの技術を教えている。1993年、国連が、エルサルバドルで残虐行為を犯した軍人の名前を公表したら、3分の2がこの学校の出身であった。さらに米国内でもマスコミや教育など国家のイデオロギー装置によって意図的に恐怖を作り出している。松葉、前掲論文、74-75頁。「テロ」に関しては、Mark Jurgensmeyer, *Terror in the Mind of God: The Global Rise of Religious Violence,* University of California Press, 2000, Craig Calhoun, Paul Price, and Ashley Timmer eds., *Understanding September 11,* The New Press, 2002 を参照。
(29)　　土佐、前掲論文、82頁。小林、前掲論文、110頁。
(30)　　ダグラス・ラミス『憲法と戦争』晶文社、2000年、174頁。
(31)　　近代主権国家については、Richard W. Mansbach and Franke Wilmer, "War, Violence, and the Westphalian State System as a Moral Community,"

Mathias Albert eds., *Identities, Borders, Orders: Rethinking International Relations Theory,* University of Minnesota Press, 2001, 加藤尚武『戦争倫理学』筑摩書房、2003 年、杉田敦「二分法の暴力―ウォルツァー聖戦論をめぐって―」『思想』945 号、岩波書店、2003 年、遠藤乾「ポスト主権の政治思想」同上書、松葉、前掲論文を参照。

(32) 遠藤誠治「ポスト・ウェストファリアの世界秩序へのアプローチ」小林誠他編『グローバル・ポリティックス』有信堂、2000 年、36、38 頁。杉田敦「市民」佐々木毅他編『公共哲学 5 国家と人間と公共性』東京大学出版会、2002 年、61 頁。西谷、前掲書、59-60 頁。

(33) Fred Halliday, *The Middle East in International Relations: Power, Politics and Ideology,* Cambridge University Press, 2005, pp. 303-304.

(34) 眞田芳憲『イスラーム法の精神』改訂増補版、中央大学出版部、2000 年、286 頁。

(35) 古賀幸久「イスラームの国際法―イスラームの国際関係のあり方」湯川武編『講座イスラム世界 5 イスラム国家の理念と現実』栄光教育文化研究所、1995 年、237-238 頁。イスラームのグローバリゼーションについては、Birgit Schaebler ed., *Globalization and the Muslim World: Culture, Religion, and Modernity,* Syracuse University Press, 2004, 及び岩木、前掲論文を参照。

(36) 加藤博『イスラム世界論 トリックスターとしての神』東京大学出版会、2002 年、57、64 頁。

第Ⅴ部　Future　展望——地球宇宙と思想

# 第16章　私たちはどこから来てどこへ行くのか
## ——宇宙地球史と20世紀の特徴

### はじめに

　私たちはどこから来てどこへ行くのか。これは人類の長きにわたる問いであり、永遠の課題であろう。現在、なぜこのような問題が存在しているのか、どうすれば解決するのか。このような問いに対して、まずは歴史をひもとくのが、問題解決への最も有効な方法の一つであろう。

　現在、人工衛星が宇宙に飛び交い、宇宙空間が戦争に利用される恐れが出てきている。様々な意味で宇宙時代に入っており、物事を宇宙的視野で考えねばならなくなってきている。さらに地球外生命との遭遇・共存も考慮に入れた方が良いであろう。ハリウッド映画のように敵対的で好戦的な宇宙人像は私たちの未知なるものに対する恐れの投影であろう。また好戦的なのは私たち地球人であるかもしれない。このような宇宙と地球史の中の私たちはいかなる存在で、いかなる歴史を有しているのかという問題についてここでは考察していく。

　本章では、宇宙地球史と20世紀の歴史、いわば最も長いスパンと最も短い歴史の二つの観点から過去を眺め、現在に横たわる諸問題の淵源に多少なりとも迫ってみたい。

　第1節では、宇宙と地球の誕生を概説しながら、その奇跡性や希少性に言及し、科学的立場と宗教的立場を架橋する人間原理を紹介する。さらに生命や人類の誕生と進化を見ていき、新しい困難な環境に適応するために様々な進化を遂げ、従来の類人猿とは異なる道を歩むようになったヒトが、二足歩行をし、脳を発達させ、社会性を強化し、言語を用い、抽象的思考をするようになるまでを概説する。

　宇宙史・地球史・人類史の帰結が20世紀の歴史であり、それは手放しで喜べるものではなかった。第2節では20世紀の特徴を幾つかに分け、

時期区分を試みた。20世紀の特徴を、戦争、近代終焉、米国、ナショナリズム、科学技術、社会主義の時代に分けて論者の比較などをしながら分析し、それらを横断する視点として20世紀を民衆の時代として規定する。さらに20世紀の時期区分の問題を分析し、世界的には2001年9月11日を境に新しい時代に入ったが、アジアにおいてはいわゆるヤルタ・ポツダム体制が崩壊していないことから、20世紀秩序が未だに持続しているとの立場で論究していく。

## 1．宇宙地球史の中の私たち

**(1) 宇宙と地球の誕生と歴史**　宇宙の「宇」は空間を、「宙」は時間を意味している。宇宙論とは、空間や時間の始まりや果てがどうなっているのかを考える学問である[(1)]。

人類は古来より星々を眺めながら、宇宙の果てや成り立ち、そして終わりに思いを馳せ、自分のルーツを想像した。宇宙の創生を物語る神話は、『聖書』『リグ・ヴェーダ』『古事記』など世界中に多く存在する。このような創生神話は、最新の宇宙論が語っている宇宙の始原と似た面を持っている。エネルギーや物質はもちろん、空間や時間さえ存在しない「無」から宇宙は始まったとしている。「無」の状態は、「真空」が単なるカラッポの状態ではなかったのと同じように、ダイナミックでエキサイティングな状態であろう[(2)]。

このような「無」の状態から約140億年前に、宇宙が超高温、超高密度状態から爆発的に始まったとされるのがビッグバンモデルであり、現代宇宙論の大枠となっている[(3)]。

そして宇宙にも寿命があり、約1兆年と言われている。私たちが住む現在の宇宙の年齢は約140億年であるので、まだごく初期であると言っても過言ではないだろう[(4)]。

太陽系及び地球は今から約46億年前に誕生し、その材料は宇宙空間に漂うガスとチリである。地球は水惑星と言われており、表面の3分の2が海で覆われていて、水による影響は地球全体に及んでいる。太陽系内でこ

れほど大量の液体の水が表面に存在する惑星は他にない。そもそも液体状態は極めて限られた温度・圧力の範囲でだけ存在でき、水に限らず、表面に液体が存在する天体自体が珍しい。水が地球環境を特徴づける物質であることは確かである。

　生命や人類の誕生にとって水の存在は重要である。水ばかりでなく、他の条件も奇跡のようなバランスによって、生命が誕生できた。例えば地球が太陽系の第3惑星として形成される際、公転軌道が少し内側あるいは外側であったり、質量が現在と少し違っていたりしたら、太陽放射や大気の組成が大きく異なり、ひいては温室効果の状態も異なってくるので地球上の温度や環境は現状と大きく違い、生命の誕生や進化はもちろん、水惑星でありえたか否かは極めて疑わしい。太陽放射や宇宙放射、地球上の地殻活動が、生命の誕生と進化に関わる偶然や確率的要素を大きく支配したことは疑いない。水惑星としての地球、そこで進化した人類は、宇宙進化の極めて微妙なバランスと偶然が重なる中での存在であり、奇跡と言う他はないかもしれない(5)。

　さらに遡って、宇宙や天体の存在自体も奇跡的な「ファイン・チューニング（微調整）」によって成り立っていると言われている。宇宙最初期のインフレーション速度が少しでも違っていたら、一切の物質は希釈されるか凝縮してしまい、形ある物質は形成されず、星が生まれる余地はなくなってしまう。星が生まれても重力と電磁気作用の値の微妙なバランスが保たれていなければ、すぐに冷えきって燃え尽きてしまうであろう。さらに星が燃え続けても、その内部で水素原子とヘリウム原子以外の元素が形成されるためには、原子核をまとめる強い相互作用が適切な値をとっていなければならない。星の中で水素やヘリウム以外の元素が生まれたとしても、せいぜいそこから生じるのは炭素や鉄までであって、さらに生命が生まれるためには、鉄より大きい元素が作られなければならない(6)。

　(2)　**奇跡と人間原理**　このような奇跡とも言える宇宙の生成について、今まで二通りの可能性が考えられてきた。第一は、無数の宇宙が実際に並行して存在しているか、あるいは生成と消滅のサイクルを無限に繰り

返しており、全くたまたま、私たちのような知性を持った生命が誕生し、私たちの宇宙を観察しているという可能性である。第二は、宇宙の「創造者」がいて、この宇宙がこうした特異なものであることを「意図した」という可能性である。この宇宙が常識に反する特異性を持つとすれば、それはまさに超自然的な「創造者」のデザインによるという考えである。前者は科学的立場、後者は宗教的立場が比較的強く出されているが、現在この両者を架橋する試みが出されている。

　生命を育むような宇宙が生成する確率は10のマイナス1230乗と試算されているように、宇宙に人類が現れたのは奇跡的な偶然である。この偶然を説明するために持ち出された仮説が、人間の存在から宇宙を説明する人間原理（Anthropic Principle）である。人間原理が1970年代にケンブリッジ大学出身者であるスティーヴン・ホーキングやブランドン・カーター、マーティン・リースなどによって唱えられた。人間原理は人間の存在から宇宙を説明するものである。ビッグバンから人間の存在を導こうとすると、奇跡の連続になってしまうが、人間の存在から宇宙の現状を導こうとすると説明に必然性が出てくる。このように人間原理とは結果から原因を説明するものである。

　究極の強い人間原理の主張は、次のようなものである。宇宙の存在は人間のような知的生命の認識にかかっており、もし宇宙に知的生命がなかったとすると、その宇宙の存在は認識されないのだから、存在しないも同然であると主張する。ここまで極端な説明の仕方はしないが、他の人間原理によれば、私たちの宇宙は私たちの生命の存在にとって、非常に精巧なやり方で微調整されているように「見える」。人間原理は、この微調整という事実を、宇宙が何らかの意味でそもそも私たちのような生命にとって生息可能になっている「はずだ」ということを示すことによって、その驚異的偶然を納得させるように、説明を試みるものである。

　従来までの、宇宙の創造者としての神概念よりは、人間原理はより洗練され、一定の科学的方法にも配慮されたものであろう。科学はあくまでも論理的・合理的に行われなければならないのは当然であるが、超越的観念論を非科学であると断定するのも慎重であらねばならない。

また人間原理を強調することによる極端な人間中心主義に陥ってしまうことにも注意を向ける必要があろう。この広大な宇宙には他の知的生命の存在可能性があり、その知的生命から見た宇宙観もありえるであろう。しかし人間原理は今までの宗教と科学、思弁と論理、観念論と実在論を架橋する一つの試みでもある。

　　(3)　**生命と人類の誕生と進化**　　約40億年前、地球に海が誕生した後、最初の生命は約38億年前に誕生した。原始大気で生成した有機物や、彗星などによって持ち込まれた有機物が海底熱水噴出孔のような高温・高圧の原始海洋に溶け込み、そこでさらに化学進化が進み、生命が誕生した。

　地球の生命は、タンパク質と核酸を使って代謝と自己複製を行い、細胞という袋によって外界と区別されている。したがって外界から区別される代謝と自己複製をする分子の集団として生命は定義出来る(9)。

　約32億年前になると、シアノバクテリアと呼ばれる光合成を行う細菌が誕生する。この細菌は光を利用してエネルギーを作り出すことができるようになった生物で、それまでは生命を傷つける存在だった光をエネルギーとして使い、周りに無尽蔵にある二酸化炭素と反応させることにより、効率的にエネルギーを得ることができるようになった。

　このような細菌が次第に数を増していき、大量の酸素を放出するようになり、27〜20億年前には、海洋中の酸素濃度が次第に上昇した。それまでの生物は、酸素のない環境でしか生きられない嫌気性の生物がほとんどだったのに、生命体の融合や進化によって、酸素の多い環境に適応できる好気性の生物が増えていった。

　約20億年前に、本格的な真核生物が誕生し、約10億年前になると、小さな単細胞として誕生した生命体から、多細胞で一個体を作る多細胞生物が誕生するようになった。これらの中から、光合成の能力をさらに発達させて、後に植物へと枝分かれすることになる生物が現れた。一方、光合成の能力を持たない生物は、積極的に栄養を取り込む必要があるため、運動能力を発達させ、後に動物へと枝分かれしていった。

約5億5千万年前になると、それまで数十種しかなかった生物が、突如1万種にまで爆発的に増加するというカンブリア紀の大爆発が起こった。約5億年前には、コケ植物やシダ植物が陸上に進出し、土の上でも暮らせるようになった。約3億6千万年前には魚類の一部から新たに両生類が誕生し、脊椎動物として初めて陸上に進出し、後に爬虫類、鳥類、哺乳類へと進化する。哺乳類の最大の特徴は、代謝機能が向上して、体温を調節する機能を持っていることである。哺乳類は夜行性に適応することで、恐竜時代を生き抜いた。

　1億年から7千万年前には、最初の霊長類が現れ、約4千万年になると、類人亜目が分かれた。約1700万年前には、より大型のサルであるヒト科が現れた。現存するヒト以外のヒト科の生物には、ゴリラやチンパンジー、オランウータンがいる。

　約1千万年前にアフリカにおいて乾燥化が進み、これらのヒト科の類人猿が生息場所としてきた熱帯雨林が縮小し始めた。ゴリラやチンパンジーは森林に留まって生活を続け、一方狭くなった森林からサバンナへと進出を決意した類人猿のグループがいた。これが後の人類である。樹上では猛獣から身を守ることができるが、サバンナのような開けた大地では常に危険にさらされるので、道具を使って身を守る工夫をするようになった。サバンナでは森林ほど食べ物は豊富にないので小型動物も補食し、また猛獣の襲来を早く察知する必要もあり、そのためもあって、開けた大地を歩き回る直立二足歩行が完成した。[10]

　直立二足歩行により、前足である手が自由に使えるようになり、道具を生み出し、その影響で脳が発達する。臨機応変な採食行動を獲得し、他の動物が手を出せない食物を手に入れるために、大きな脳が役に立つようになった。肉食動物を出し抜いて獲物をさらったり、石器で骨を割って骨髄を取り出したり、棒で固い地面を掘って根茎類やシロアリなどを掘り起こしたりといった経験を通して、記憶力、洞察力、応用力が必要になった。[11]さらに、狩りにおいて、大勢で協力しながらでないと効果はあげられないので、互いの意志の伝達や社会構成など複雑な事柄を理解する必要が出てきた。そこで有能なリーダーを中心にした社会が構成されるようになっ

た。200万年前にはアウストラロピテクスなどの猿人、50万年前には北京原人などの原人、10数万年前にはネアンデルタール人などの旧人、数万年前にはクロマニョン人などの新人が発見されている。原人の段階では身振り手振りで意思を伝達していたが、旧人の段階では言葉によって意志を伝えていたと考えられている。[12]

このように人類は、新たな新天地を求めサバンナに出て直立二足歩行に挑戦し、家族や仲間と協力し社会性を強化し、コミュニケーションを密にするため言語を用い、脳が発達し、従来の類人猿とは違う歴史を歩むようになった。

## 2．20世紀の特徴と時期区分

今まで、宇宙や地球、人類の歴史を長いスパンで見てきたが、ここでは私たちにとって最も身近かつ最も重要な歴史である20世紀の歴史を考察していく。猪口孝によれば、20世紀は以下の3点において、重要な世紀であった。第一は、人口の驚異的な増加が記録されたことであり、1900年頃の人口は16億人であったが、2000年には約60億人に膨れ上がった。第二は、技術水準が前例のない高みに到達したことであり、高速・大規模・長距離通信が非常に利用しやすくなった。第三は、知識量が飛躍的に増大した点であり、ラジオ・テレビ・新聞・雑誌、とりわけコンピュータが情報社会を構築した。[13]中村雄二郎によれば、20世紀の特徴的な事象であり、21世紀の人類の動向に大きな影響を与えた事象として以下の三つをあげている。第一は、科学・技術、特に情報科学とそのテクノロジーの急速な発達である。第二は、ソ連を中心とする世界的規模での社会主義の壮大な実験の帰趨である。第三は、第三世界特にアジア、アフリカ諸国の新たなる人類史への登場である。[14]

宇宙や人類の歴史に比べれば、20世紀の100年はほんの一瞬であろう。しかしこの100年は、歴史上の大変動期であり、政治・社会に留まらず、人間観、世界観の転換期でもあった。私たちの生きてきた20世紀は完全に過去のものではなく、21世紀にも様々な問題が継続している。したがっ

て20世紀とはいかなる時代であったのかを知ることは、21世紀を展望する上で重要な問題なのである。

(1) **戦争の時代**　20世紀は戦争の時代であった。20世紀の新しい政治用語である総力戦（total war）や全体主義（totalitarianism）といった言葉は20世紀の切実な現実を認識する用語であり、戦争の世紀と切っても切り離せない関係にある。[15]

武器の殺傷力とその向上の度合いについては、単発銃から戦略核兵器までの巨大な変化が1世紀の短期間で見られた。戦死者も急増し、古代から1900年までの戦死者数は、20世紀の全戦死者数よりはるかに少ない。第一次大戦と第二次大戦の戦死者の合計は5000万人にのぼる。20世紀は安全な世紀ではなく、暴力の100年でもあった。[16]

20世紀前半には、人類は二つの大きな戦争を経験してきた。20世紀の世界戦争は総力戦として、交戦国の軍事力はもとより政治、経済、文化、精神の力の総体を厳しい試験にかけるものであった。

総力戦の性格からして、戦争に勝つためには相手の体制の弱点をつき、体制の崩壊を促すことが有効になる。一般に戦争目的の宣伝が重要であるだけでなく、相手の国内の社会運動、革命運動を支援すること、相手の帝国内のナショナリズム矛盾を刺激し、ナショナリズムを支援することが合目的的になる。世界戦争の時代は、国家が極度に強化される時代、科学技術が飛躍的に発展する時代、民衆の動向が決定的な影響を持つ時代であると言ってよい。[17]

総力戦は社会全体を戦争遂行の組織として動員する行為であり、単なる前線での戦闘行為ではなく、社会全体を戦争遂行に向けて動員する能力こそが、国民国家の要として意識されるようになった。そこでは国民国家に所属しながら戦争遂行に反対することは難しかった。

このような反面、国内の階級対立を和らげ、諸利害の対立を統合する社会政策が積極的に採用されることとなった。前線に送られて戦闘に従事している兵士が戦死したり負傷した場合、それに対する補償が行われなければ家族は直ちに生活できなくなる。農民兵士が前線で戦っている時、故郷

では地主が農地を取り上げようとしているとすれば、戦意など湧いてくるはずもない。第二次大戦後、先進諸国では手厚い福祉政策が提供されるようになったが、そうした福祉国家体制は、戦後の平和な時代になって初めて開始されたのではない。それは多くの場合、総力戦体制に起源を持つ。[18] 日本においても、終身雇用などの共同体としての生産組織、金融行政の護送船団方式などの競争否定、中央集権的な官僚システムなどは、総力戦時代の1940年頃に作られたと指摘する論者もいる。[19]

20世紀前半のいわゆる第一次大戦と第二次大戦を、世界戦争もしくは20世紀の30年戦争と捉える見方は、両大戦が質と量の面で今までになかった戦争であるという観点や両大戦の連続性という側面を指摘したものであり、新しい歴史認識をもたらしてくれよう。

これまでの歴史、特にヨーロッパ諸国の歴史に限れば、世界戦争と通常の戦争との分水嶺は明確である。前者に数えられるものは30年戦争、ナポレオン戦争、第一次大戦、第二次大戦を数えるにすぎない。

このような世界戦争の後には、世界秩序の構想が描かれた。世界戦争の戦禍はそれまでの戦争とは比較できない地理的範囲に及び、戦闘員のみならず非戦闘員も死傷し、戦勝国・戦敗国を問わず国民経済が極度に疲弊した。そのような文字通りの壊滅を前にしては、これまでの戦争のように、ただ戦争当事者が新しい国境画定に合意するだけでは何の解決にもならない。国境を画定する前に、そのような政府が政府として認められるのか、誰が政治権力を手にする資格があるのか、という問題に答えなければならなかった。

このように、戦争が世界戦争として戦われたこと自体が、戦争に対する認識を変え、そして戦争に対する認識の変化が、国際政治の刷新と世界秩序の構想を生み出した。[20]

また藤原帰一によれば、冷戦は、対象となった地理的領域を見ても、それに動員された軍事力の規模を見ても、今世紀前半の二つの戦争をはるかに上回る、まさに世界的規模における軍事的対立であった。中西治は朝鮮戦争、ベトナム戦争、アフガニスタン戦争の三つを20世紀における第三次大戦と規定し、第一次大戦、第二次大戦と共にこの第三次大戦も、国際[21]

社会の構造を根本的に変える役割を果たしたとしている。[22]

　藤原は第二次大戦後の戦争を冷戦と、中西は第三次大戦と規定している点は異なるが、この第二次大戦後の戦争が世界秩序を変える大きな影響力を持った戦争であったという点は共通している。

　その後、冷戦終結後から新しい戦争の時代に入ったと言われている。新しい戦争の出現は、冷戦終結、グローバル化、民主化など、主として1990年代以後に表面化した一連のマクロな歴史的文脈で説明される。古い戦争が国家形成と結び付いていたとすれば、新しい戦争は国家体制の解体の原因でもあり、結果でもある。国家の揺らぎが戦争や暴力の拡散に帰結する構造を出現させた。[23]

**(2) 近代終焉の時代**　　20世紀はいわば近代的なものが崩壊しつつある時代でもあった。近代思想は、すべての人間に対する信頼を表明したルネ・デカルトに象徴されるように、人間の理性への信頼をその出発点にしていた。近代以降の哲学は、人間の理性や知性を一方では美しく謳いあげ、他方ではそれに不信を抱きながら、その間で揺れ動いてきた。この揺らぎの中から20世紀に入ると現象学や存在論、実存哲学などが生まれてくる。哲学は、理性、知性、意識、身体、生命、認識、行為、主体といったものを、一つずつ検証しなおさなければならなくなった。[24]

　20世紀の思想には大きな二つの流れがある。第一はエルンスト・マッハやフェルディナン・ド・ソシュールに代表される実体論から関係論へという視座の転換であり、第二はジークムント・フロイト、カール・ユングらが発見した無意識の復権である。そのいずれもが言葉と人間存在をめぐる思索から出発し、生命論、宇宙論の根底に迫りながら、近代以降の知の対極にあった宗教と科学の対話を促している。[25]

　このように、20世紀には人間観の動揺と解体があった。進歩の観念が動揺し、理性は後退をし続け、自己という主体やアイデンティティは喪失し、さらには大量虐殺を見聞した20世紀人は人間の価値にそれほどの信頼を置けなくなってしまった。20世紀は、あらゆる側面から見て、まさしく変動や解体の時代であった。確実な原理の崩壊、主体としての人間の

浮遊、現実にも移動や遍歴が常態となった。これと符合するかのように、主体と客体のはざまに介在する中間領域が増幅して、これまで理解されてきた世界の構造に激烈な変化が起こった。[26]

このような近代の動揺の中で、様々な観点から議論がされ始めた。1980年代の思想界及び社会科学の世界には「大きな物語の終焉」なる標語が流行した。この言葉は、フランスの哲学者ジャン・リオタールが1979年に著した『ポスト・モダンの条件』に端を発し、急速に広まった。この書でリオタールは、高度に発展した先進社会における知の状況を、大きな物語に対する不信が広まっている時代と規定し、それを「ポスト・モダン」と名づけた。哲学や社会科学は、「大きな物語」を語ることを断念し、多様で差異に満ちた言語ゲームである「小さい物語」の分析に専念すべきであるとした。[27]

このようなリオタールの論に対して、包括的な社会哲学の構築を目指す山脇直司は、「我々は、現代という歴史的状況を、リオタールとは反対に、否が応でも大きな物語を語らねばならない時代と規定したい」と述べる。[28]

山脇の「大きな物語」の必要性、特に思想や学問の枠組みでの「大きな物語」は今後より重要になってくるであろう。もちろん、このような「大きな物語」とは、一元的価値が支配することではないし、学問の単純な回帰やロマン主義であってはならないだろう。「大きな物語」とは、環境問題や貧困、紛争、ナショナリズム問題などに対して既成の学問の一つのディシプリンでは解決困難な問題に何らかの処方箋を与えるものである。またあまりに専門化し細分化しすぎたタコツボ的学問の脱領域的総合化を志向するものである。

近代社会は、人類史上まれにみる機能優先の社会をこの世に実現させた。確かにこの社会は、機能の側面から見れば人間を有効活用してきた。しかし、効率と合理性を第一目的としたため、人間を浪費するシステム作りをしてきたといっても過言ではない。このために、近代社会では、成果を効率よく達成するコントロール思想が優位するようになり、効率化と合理化が主要な関心事となった。[29]

このような近代の負の側面に対して、リオタールなどのポスト・モダン

の論者達は、様々な近代批判をした。だがポスト・モダン批判も多くなされてきたことも事実である。

　ポスト・モダンについては、このように支持をする者や反対に批判をする者も存在している。最近ではすでにポスト・モダンという用語はほとんど聞かれなくなってきた。しかし、近代の思想や歴史を踏まえ、それを批判的に継承することは、近代、特に20世紀の世界を検証するためには非常に重要であろう。

　このように近代の批判的継承は今後より重要度を増すであろう。近代の全面否定ではなく、近代において培われてきた普遍主義や本質主義また西欧中心、男性中心の思考法を見直さなくてはならない。現在ではポスト・モダンという用語ではなしに、関係主義、オリエンタリズム、ジェンダーといった言葉で、近代の批判的再構築がなされている。その上で、諸問題を解決するために、もう一度「大きな物語」を創り出す必要があろう。

**(3)　米国・ナショナリズム・科学技術・社会主義の時代**　20世紀はその他にも様々な時代として語られている。例えばその経済力、軍事力、政治力から米国の時代とも言われることがあるが、20世紀全般が米国の時代だったわけではない。せいぜい1950年代から60年代が米国全盛の時代だった。また米国の時代は地球全体にわたり均質に経験されてきた時代ではなかった。むしろ、膨張的ファシズム、国際共産主義、新興国家のナショナリズム、イスラーム主義や冷戦後の地域的な自民族中心主義などといった対抗的諸潮流の存在が、合衆国の国際戦略を大きく規定してきたと見ることすらできる。もし仮に米国の時代と規定するにしても、米国の場合、「米国の世界化」が「世界の米国化」に常に先行してきたのであり、つまり米国は世界に広くその影響力を及ぼす以前にすでにそれ自体「世界」であったという点も忘れてはならない。

　20世紀はナショナリズムの時代でもあった。20世紀初頭には二つのタイプの帝国が存在していた。英国、ドイツ、日本のようなタイプとオーストリア＝ハンガリー、ロシア、オスマン、清など第一次大戦で消滅した帝国のようなタイプである。後者の帝国は、近代に入っても容易に国民国

家への転換を遂げられず、広大な版図の中に多民族を包摂する帝国として20世紀を迎えた。しかしいずれの帝国も20世紀の前半までに体制は崩壊した。

　第一次大戦の折、米国のウッドロウ・ウィルソン大統領は、民主主義と民族自決の原則に依拠した諸国民が相寄って国際的な力のコミュニティを形成するという、全く新たな世界秩序のプランをかかげて、米国を参戦させた。これによって、ヨーロッパの国際政治の中に、ナポレオン・ボナパルト以来約1世紀にわたって忘れられていたイデオロギー的要素が投げ込まれた。しかし、ウィルソンの原則は、ナショナリズムが最も慎重な抑制を必要としたはずの地域において、かえってナショナリズムをいっそう煽り立てる効果を持ってしまった。このように見てくれば、20世紀の悲劇の大きな部分が、20世紀初頭まで多民族帝国としてのオーストリア゠ハンガリー帝国やオスマン帝国が存在した地域に、ウィルソンの民族自決の原則を適用しようとしたことに起因していることがわかる。[33]

　現在の世界においても、ナショナリズムの力は衰えていない。ナショナリズムを無視して国際政治を語ることはできない。ナショナリズムを無条件に良きものとして信じて疑わない態度が問題であるのは言うまでもないが、逆にナショナリズムを全く悪しきものとして否定する民族ニヒリズムも現実の政治にはなじまないであろう。[34]今後は民族自決が常に正義かということを問いながら、共存のシステム作り、特に民族紛争の原因とされる政治的、経済的格差の是正が重要になろう。

　20世紀は科学技術の時代でもあった。科学技術の発展によって、運命共同体としての人類社会が実現した。その直接の原動力は、交通（輸送）と通信（情報）の技術の加速された発展であった。それは19世紀の終わりから20世紀の初めにかけて内燃機関と蒸気タービン、電気・通信と飛行機の発明に始まり、20世紀の半ばに至って、電子計算機とエレクトロニクス、ロケットとジェット推進の技術の出現と共に、ほとんど垂直的とも見える急角度の上昇曲線を描いた。[35]

　しかし現在、科学技術の発展に伴う多くの問題が噴出し始めている。環境破壊、核兵器や原子力発電所の問題、機械やコンピュータに使われる人

間疎外など喫緊の課題が存在する。私たちは自然を人間の外に存在するものとして認識し、改良を加えてきた。近代科学はこのような超越的な立場に立ち、自然と人間を分けてきたが、今後は自然の中の人間、地球に住む人間という視点から科学技術の発展を考察しなければならない時代に入ってきている。

　20世紀は社会主義の時代であり、またそれが世紀末に終焉したと言われている。確かにソ連型の社会主義国家体制は崩壊したが、このような議論は社会主義思想、運動、体制さらには社会主義の影響を受けた思想、制度などをきちんと分けて考えていない議論であろう。和田春樹によれば、国家社会主義体制は終わったが19世紀の社会主義から始まる運動としての社会民主主義は残っている。今日の社会民主主義は伝統的な産業民主主義と社会福祉の問題に加えて、環境問題やエスニシティとの共生問題、フェミニズム問題などに取り組んでいる。したがって社会民主主義は世界経済の時代に資本主義経済をさらに抑制し、改革を加えていくのに重要な役割を果たしている[36]。

　国家体制や宣伝イデオロギーとしての社会主義が弱体化する中、今後は社会主義について客観的に研究できる場が大きくなっていくであろう。また資本主義にも環境問題や貧富の格差等グローバルな問題を抱えている現在、平等や公正の観点から、社会主義が資本主義にオルタナティブな側面を与えることになるであろう。それは何も社会主義という名ではなく、多くの諸思想、運動との協働により新しい名称を持つ可能性がある。

(4)　**民衆の時代**　これまで20世紀の特徴や性格を見てきたわけであるが、様々な20世紀像が見えてきた。20世紀は単純に一言で言い表すことは出来ず、もしそうすれば、過度の単純化による多様なものの見方の排除につながり、歴史を見誤ってしまう恐れもある。だがあえて20世紀の性格を一言で表すなら、筆者は民衆の時代であると考えている。今まで歴史の中で埋もれていた人々、女性、子ども、第三世界の人々、様々のマイノリティ集団が台頭し、湧き上がってきた時代が20世紀であった。世界の多くの地域で民衆が主権者になり、歴史の主体者になった。

民衆という観点は、これまで述べてきた20世紀の特徴である戦争、近代終焉、米国、ナショナリズム、科学技術、社会主義の時代の全てに大きく関与し、それらを横断する視点である。戦争の時代であった20世紀は総力戦であり、民衆動員がその鍵であり、被害も多くは民衆に及び、平和希求への運動を始めた。近代の終焉は一見民衆が関与していないようであるが、今までの近代の思想や学問は実は西洋、男性、大人のイデオロギーを色濃く体現したものであり、そのことが暴露され始め、今まで忘れられていた民衆の観点から糾弾された。米国の時代を作り出したのは、大衆車に象徴される大量生産、大量消費の社会であり、生産・消費に民衆動向が大きく反映した。ナショナリズムの時代では、一部の政治家や貴族だけではなく、まさに民衆がその運動の担い手となり、もしくは担い手となるように教育され、ナショナリズムを起こしていった。科学技術ではより多くの民衆の利便を目指し開発が行われたが、現在では様々な問題が噴出し、それが民衆の生活環境に跳ね返っている。多くの民衆の参加によって成し遂げられた社会主義革命による国家は現在では少なくなりつつある。だが民衆の平等や公正に関する貢献を今後社会主義は期待されている。

　このように20世紀は良い意味でも悪い意味でも民衆の時代であり、私達の世紀であった。今まで無視され、抑圧されてきた人々も含んだ全人類としての民衆である。したがって21世紀の運命も私たちの手の中にあるのである。

(5)　**時期区分の問題**　　20世紀はいかなる時代であったのかを分析する際、20世紀の特徴の考察と同時に20世紀の時期区分の考察は重要である。この両者は密接な関係を持ち、どのような時代であったのかを規定することにより、自ずと時期区分も定まってくる。

　エリック・ホブズボウムは、第一次大戦勃発からソ連邦崩壊までを短い20世紀と捉えている。さらに20世紀を三つに分け、1914年から第二次大戦までを破局の時代、その後の25年から30年間を黄金の時代、1970年代初期から1991年までを危機の二十数年としている。(37)

　樺山紘一も、20世紀を三つに分け、第一を第一次大戦から第二次大戦

までの時期、第二を第二次大戦終結から1970年代まで、第三を1980年代以降としている。第一はヨーロッパが未曾有の戦乱に巻き込まれ、19世紀までに蓄積した近代文化の成果に疑念が生じた時期である。第二は、熱い戦争から冷たい戦争への転換の時期である。第三は、経済成長は限界を迎え、エネルギー資源や自然環境とのせめぎ合いが課題となり、またグローバリゼーションが進みつつある時代である。<sup>(38)</sup>

19世紀は1789年のフランス革命から始まり、20世紀の1914年に終わったとする長い19世紀であったと言われている。山内昌之によれば、20世紀の始まりは、日本人であれば日露戦争開始の1904年、米国人であれば第一次大戦開始の1914年、ロシア人であればロシア革命の1917年を起点とするのかもしれない。また20世紀の終わりはベルリンの壁崩壊の1989年もしくはソ連邦解体の1991年とするのが大勢を占める。<sup>(39)</sup>

ここでは20世紀は1914年に始まり、未だアジアにおいては完全には終わっていないという立場をとることとする。まず第一次大戦を画期とする理由を幾つかあげてみる。第一は、多くの帝国が消滅し世界の趨勢が君主制から共和制へと転換したこと。第二は、国民はもとより植民地の民衆まで戦争に動員されたことにより、王朝戦争、秘密外交の時代が過ぎ去ったこと。第三は、国際連盟や国際労働機関のように、国家間の紛争を調停によって解決したり、社会的不平等を国際的な協力で是正したりする試みが制度化された点である。第四は、ソ連邦が社会主義国家を建設したこと。第五は、イタリア、ドイツなどファシズムと呼ばれる新しい型の排外主義が台頭した点。第六は、米国が英国に代わって国際経済の面で強力な存在になったことである。<sup>(40)</sup>

このように20世紀の始まりを1914年とすることは、それほど疑義はないであろう。1917年のロシア革命にしても、第一次大戦による民衆の疲弊と体制への不満が革命の大きな要因であった。だが20世紀の終わりを1989年や1991年ではなく、未だ終わっていないとした理由は以下の通りである。1989年や1991年を強調する論者は、その時期をもっていわゆる冷戦が終わったとしている。しかし、アジアではまだ終わっておらず、南北朝鮮は統一への過程にあり、未だ分断されたままであり、台湾の問題も

存在する。冷戦は終わったとの言説は、ヨーロッパ中心の見方と言っても言い過ぎではないであろう。アジアでのヤルタ・ポツダム体制の持続という観点より見れば、20世紀は終わっていないとも考えられよう。しかし9・11事件の影響力の大きさや新しい戦争の時代への突入を考え合わせると、世界的には2001年9月11日を境に新しい時代に入ったが、アジアにおいては20世紀秩序が未だに残っていると考えられる。

### おわりに

　広い宇宙や長い宇宙史から見れば、私たちはちっぽけな存在であろう。20世紀の歴史もほんの一瞬の挿話にすぎない。しかし一人ひとりがかけがえのない存在として、その時代時代を生きているのも事実である。
　私たちに最も近い歴史が20世紀史である。宇宙や地球が誕生し、生命が生まれ、他の類人猿とは異なる道を歩んだ知的生命を持つ人類史の帰結が20世紀の歴史である。
　20世紀は激動の時代であり、様々な観点からその特徴は指摘できよう。ここでは、いくつかの観点を通底し横断する視点として、20世紀を民衆の時代と規定した。
　20世紀の時期区分として、始まりは1914年で、終わりは世界的視点として2001年9月11日であり、アジア的視点では未だ20世紀は終わらずとした。20世紀の終わりを1989年や1991年に求める研究者が多い中で、9・11事件の影響力の大きさとアジアでは冷戦体制が崩壊していないという観点により、このようにした。
　20世紀は様々なものが進歩した偉大な歴史であった。宇宙のチリや単細胞生物から進化したとは考えられないようなものを作り出した。それと共に、20世紀は愚かで悲惨な暴力に満ちた世紀となってしまった。
　これまでの長い歴史を踏まえながら、21世紀を展望しなければならないであろう。私たちは長く広い視野で物事を見る必要があろう。狭い枠組みにこだわらず広い宇宙的・銀河的視点で見れば、様々な戦争は仲間同士・兄弟同士の争いでしかない。人間同士の関係のみではなく、人間と有機物、さらには無機物も全て仲間である。いずれも宇宙のチリやガスから

創られたものである。
　今の自分は時間的にも空間的にも宇宙が凝縮している存在である。私こそ宇宙であり、宇宙こそ私である。人類は宇宙の構成要素であり、全宇宙を包含して思考する存在でもある。奇跡の中で生まれ進化した人類は、平和と幸福と繁栄をもたらす使命がある。そのためにこの広い宇宙に生まれたのであろう。

## 注

（1）　池内了「現代宇宙論までの道のり」岡村定矩他編『シリーズ現代の天文学Ⅰ　人類の住む宇宙』日本評論社、2007年、11頁。

（2）　佐藤勝彦『宇宙137億年の歴史　佐藤勝彦最終講義』角川学芸出版、2010年、20-25頁。

（3）　佐藤勝彦「宇宙論入門」佐藤勝彦他編『シリーズ現代の天文学2　宇宙論Ⅰ宇宙の始まり』日本評論社、2008年、1頁。

（4）　小尾信彌「人間の現代的な理解—人間は宇宙のどんな存在か」総合人間学会編『総合人間学1　人間はどこへいくのか』学文社、2007年、86頁。

（5）　小久保英一郎「太陽系の誕生」嶺重慎他編著『宇宙と生命の起源　ビッグバンから人類誕生まで』岩波書店、2004年、128頁。阿部豊「地球と人間」岡村、前掲書、212頁。小尾、前掲論文、95頁。

（6）　伊藤邦武『偶然の宇宙』岩波書店、2002年、15-16頁。

（7）　同上書、18頁。

（8）　永井俊哉のウェブページ、http://www.systemicsarchive.com/ja/a/anthropic_principle.html（2011年5月6日）を参照。伊藤、前掲書、144-145頁。

（9）　帯刀益夫『われわれはどこから来たのか、われわれは何者か、われわれはどこへ行くのか—生物としての人間の歴史』早川書房、2010年、29頁。小林憲正「生命の起源」嶺重、前掲書、185、192頁。

（10）　帯刀、前掲書、29-33頁。瀬戸口烈司「人類までの道のり」嶺重、前掲書、196-215頁。

（11）　山極寿一『暴力はどこから来たか　人間性の起源を探る』日本放送出

版協会、2007年、195頁。
(12) 瀬戸口、前掲論文、217-218頁。
(13) 猪口孝『国際関係論の系譜』東京大学出版会、2007年、31頁。
(14) 中村雄二郎『21世紀問題群』岩波書店、1995年、35-36頁。
(15) 佐々木毅「両大戦の意味と無意味について」樺山紘一他編『20世紀の定義1　20世紀への問い』岩波書店、2000年、191頁。
(16) 猪口、前掲書、31-32頁。アシス・ナンディ「暴力の20世紀―象徴としての強制収容所」加藤哲郎他編『一橋大学国際シンポジウム　20世紀の夢と現実―戦争・文明・福祉』彩流社、2002年、38頁。
(17) 和田春樹『歴史としての社会主義』岩波書店、1992年、65-66頁。
(18) 山之内靖「戦争テクノロジーの20世紀」樺山編、前掲書、154-155頁。
(19) 野口悠紀雄「未来から戦後評価を」『中央公論』1321号、中央公論社、1995年3月。
(20) 藤原帰一「世界戦争と世界秩序―20世紀国際政治への接近」東京大学社会科学研究所編『20世紀システム1　構想と形成』東京大学出版会、1998年、44-46頁。
(21) 同上論文、43頁。
(22) 中西治『新国際関係論』南窓社、1999年、195、202頁。中西治『ロシア革命・中国革命・9.11―宇宙地球史の中の20―21世紀』南窓社、2011年、42頁。なお中西は、湾岸戦争、コソボ戦争、9・11事件、アフガン戦争、イラク戦争を第四次大戦として位置づけている。中西治「20世紀の再検討―人間・科学技術・戦争・革命―」特定非営利活動法人地球宇宙平和研究所、合同研究会報告、2008年12月7日。
(23) 李鍾元「はじめに―戦争・国家・政治学の変容―」日本政治学会編『年報政治学2007―Ⅰ　戦争と政治学』2007年、3-4頁。
(24) 内山節「合理的思想の動揺」『岩波講座　世界歴史28』岩波書店、2000年、153-154頁。
(25) 丸山圭三郎「コトバ・関係・深層意識」『岩波講座　現代思想1　思想としての20世紀』岩波書店、1993年、45-46頁。
(26) 樺山紘一「普遍と個別―20世紀文化へ向けて―」前掲『岩波講座　世

界歴史 28』15-17、33 頁。
(27) J. Lyotard, *La condition postmoderne*, Paris, 1979、リオタール、小林康夫訳『ポスト・モダンの条件』書律風の薔薇、1986 年。
(28) 山脇直司「現代の歴史的・学問的状況と哲学概念の革新」日本哲学会編『哲学』法政大学出版局、1993 年、33 頁。
(29) 今田高俊「自己組織性の社会理論」厚東洋輔他編『社会理論の新領域』東京大学出版会、1993 年、8-9 頁。
(30) Michael Pusey, *Jürgen Habermas*, Ellis Horwood Limited, 1987、マイケル・ピュージ、山本啓訳『ユルゲン・ハーバマス』岩波書店、1993 年、訳者解説、244-245 頁。
(31) 古矢旬「『アメリカの世紀』の終わり?」『岩波講座 世界歴史 27』岩波書店、2000 年、163-164 頁。
(32) 同上論文、176 頁。
(33) 野田宣雄『20 世紀をどう見るか』文芸春秋社、1998 年、12-13、21、38 頁。
(34) 中井和夫「民族問題の過去と現在——旧ソ連地域の経験から——」前掲『岩波講座 世界歴史 27』200 頁。
(35) 山田慶児「ホモ・ファベルの文明史と 20 世紀」前掲『20 世紀の定義』34 頁。
(36) 和田、前掲書、219 頁。
(37) Eric Hobsbawm, *Age of Extremes: The Short Twentieth Century 1914-1991*, Michael Joseph, 1994, エリック・ホブズボーム、河合秀和訳『20 世紀の歴史』上、三省堂、1996 年、9-18 頁。
(38) 樺山、前掲論文、4-6 頁。
(39) 山内昌之「はしがき」前掲『岩波講座 世界歴史 27』v 頁。
(40) 西川正雄『現代史の読みかた』平凡社、1997 年、62-63 頁。

# 第17章　文明の衝突から文明の対話へ
　　　　——宗教の現在と宗教間対話の意義

**はじめに**

　冷戦崩壊以後、世界各地で戦争が続発し、文明の衝突と言われて久しい。宗教の相違が直接戦争の原因とはならないであろうが、一般に「宗教戦争」と言われ、戦争当事者同士もその認識を植え付けられ、戦っているのが現状である。このような状況だからこそ、宗教とは何か、宗教と暴力の関係、宗教の寛容性、宗教間対話の重要性が問われなくてはならないだろう。そして今こそ、文明の衝突から文明の対話への努力が必要であろう。

　本章では、文明の衝突を低減化するために、現在の宗教の問題や可能性に触れ、その上で宗教間対話の意義や課題を考察する。第一節では、宗教の定義から始まり、宗教に内在する平和と暴力について論じ、宗教の成立や現代の課題について述べる。第二節では、宗教間対話の前提となる寛容性について整理し、その後、宗教間対話の意義や今後の可能性について模索する。

## 1．宗教の現在と課題

　**(1)　宗教とは何か**　　いわゆる「宗教戦争」や宗教間対話の問題を考察するにあたり、宗教とは何かということをまず問わなくてはならないであろう。もちろん宗教の定義は多岐にわたり、それのみでも膨大な論考が必要であろう。ここでは簡単に宗教概念についてまとめ、ある程度の定義付けをして、今後の議論への橋渡しをしておく。

　宗教の定義には以下のようなものがある。「宗教とは霊的存在への信仰である。(エドワード・タイラー)」、「宗教とは、聖なる事物つまり隔離さ

れ禁じられたものに関する信仰と儀礼・慣行の統合的体系である。これら信仰と儀礼・慣行は教会と呼ばれる同一の道徳的集団へこれらを遵守する人々全員を統合する。(エミール・デュルケーム)」、「宗教はこの世のものとは全然別な聖なるものに関すること、それは非合理的な、驚嘆し戦りつさえするほどの秘儀である。(ルドルフ・オットー)」、「宗教とは、いずれの文化にももれなく観察される『永遠回帰の神話』に象徴されるような、人類の完全な原初の世界に立ち戻ろうとする欲求の表現である。(ミルチャ・エリアーデ)」、「宗教とは、人間生活の究極的な意味を明らかにし、人間の問題の究極的な解決にかかわりをもつと、人々によって信じられている営みを中心とした文化現象である。(岸本英夫)」、「宗教は、《崇敬》や《畏敬》の念を生じさせる一群の《象徴》をともない、《信徒》集団のおこなう(教会での礼拝のような)儀礼や儀式と一体化している。(アンソニー・ギデンズ)」[1]

宗教を一義的に定義はできないのは当然であり、ユダヤ教・キリスト教・イスラームなどの一神教、仏教、ヒンドゥー教、儒教、道教、さらに様々のアニミズムや新宗教などを包含した宗教概念はほとんど不可能であろう。しかし大別すると三つの類型が考えられる。第一は神の観念、第二は聖なるもの、第三は究極的価値である。[2] ここでは大きく包括的な枠組みでとりあえずの定義として以下のように規定しておくこととする。宗教とは、聖や霊、神や仏などの日常を超越するものと人間を結び付け、人間や世界・宇宙の究極の意味を明らかにし、その意味が信じられている体系であり、儀礼や儀式を伴った文化現象である。

次は宗教という用語について見ていきたい。宗教の「宗」の字は神を祭る建物の意味であり、さらには仏教の根本真理を把握することによって到達する究極的な境地である。「教」は相手に応じて様々の角度から述べられた言説である。したがって宗教とは「宗と教」もしくは「宗の教」であり、長らく日本では仏教のことであった。また宗教の語は、宗門や宗旨と同一の意味で使用されていた。今日使用されている宗教の語は、明治以降になってヨーロッパのレリジョン(religion)の訳語として広く使用されるようになった。レリジョンの語はラテン語のレリギオに語源があると言

われており、その意味は人間と神を再び結合するというものである。しかし他の説もあり、何か不思議なものに接した時の畏怖や不安の感情を指したとされ、後にこのような感情を起こす対象や対象に対する儀礼を意味するようになった。やがて2世紀頃には当時のローマに見られたいくつかの宗教の諸系統を指すに至った。[3]

(2) **宗教と暴力** 近年の様々な紛争を「文明の衝突」と名づけ、「宗教戦争」が世界各地で行われているかのように報道されている。しかし宗教そのものが直接戦争の原因になっているのではなく、政治・経済格差等が原因の根幹にある。宗教はむしろ利用され、動員の道具になっている。しかし対立を助長する政治指導者や一部の宗教者により、「宗教対立」が喧伝・教育されると対立当事者達はあたかも宗教の違いが戦争原因だと思い込んでしまう。このようなことを回避するためにも、少なくとも戦争原因と戦争の表出形態を区別する必要があろう。

しかし宗教と戦争が全く無関係だとは言えないだろう。宗教そのものの暴力性や非寛容性も問わなくてはならない。今までは宗教批判は教会批判や儀礼・組織批判であり、宗教やその教義そのものへの批判はそれほどされてこなかった。[4] ここでは宗教に内在する暴力性や戦争と平和の問題を見ていくことにする。

宗教には原理上も事実上も、矛盾し対立する側面がある。それは平和主義と暴力主義という背反する原理である。宗教は平和それ自体の意味を人間性と世界や宇宙の根元に遡って思念し、それを体系的な平和の思想にまで高めてきた長い伝統を持つ。宗教の有力な起源の一つは、成員内の暴力による共同体の破壊を回避するための秩序原理として発生したと考えられてきた。個人レベルでも心の安寧・愛・救済・無我・慈悲といった精神的平和を説き、集団レベルでも秩序・統合による平和を追求してきた。

さらに宗教儀礼によって、暴力を違った形で昇華させる役割も宗教は果たした。敵意と暴力性が共同体内部で暴発しないように、宗教的意味を付与された象徴的暴力の儀式によって、この敵意と暴力性は違う形で置き換えられた。宗教はこのように共同体内の敵意と暴力が有するエネルギーを

取り除いて、共同体を形成・維持することに寄与する社会的役割を持つとされる(5)。

　このような宗教の平和主義の側面と共に、暴力主義の面にも目を向けなければならないであろう。人間の暴力性が本能的か習得的かの議論はここでは行わないが、暴力と闘争が常に人間の歴史に付随してきたことは事実であろう。暴力が社会的関係の中で生まれ、かつ暴力が社会を形成してゆく機能を持っている。宗教が社会形成の主要な動因であるとすれば、暴力と宗教は根底において深く結び付いている。事実、暴力は宗教に対して常に親しい関係にあったし、破壊と死のイメージは宗教の最も一般的なイメージの一つであり、宗教戦争により歴史を通しておびただしい血が流されてきた。

　中野実によれば、ユダヤ教・キリスト教・イスラームの唯一神教は、排除としての暴力に見られる宗教的非寛容性と選民観、聖戦としての暴力に見られる敵対性・攻撃性が見られる。その原因は、唯一創造型宗教の聖典・教義や物語に共通する「再生・救済」へと一直線に向けられた千年王国論ないしメシア論的な論理構造の中に発見されるとしている(6)。ただ性急に、一神教は非寛容であり、多神教は寛容であるとの言説は慎まなくてはならないだろうし、「多神教で神の国」である日本の優位性を強調することは非常に危険であろう。また一神教の中の寛容性の度合いを捨象することは単純化のそしりを免れないであろう。

　このように一神教イコール暴力的とのレイベリングは慎重であるべきであろうが、一神教、特にキリスト教に内包する暴力性についてここでは指摘する。中野によれば、暴力的な再生主義を生み出す典型的な思想の一つはユダヤ教やキリスト教に見られる千年王国論とその救済思想に求めることができる。それは、世界が暴力的破壊・終局を通して、ラディカルに完全状態へ移行すると予期する観念であり、もともとユダヤ教の黙示文学に発し、キリスト教に明示的に現れる。その暴力的・破壊的要素は神に選ばれた民が救済に至るプロセスで悪魔と戦わざるをえないという神の命令によって正当化される。千年王国運動は11世紀に入って十字軍として現れた。その選民観と集団暴力による敵の殲滅を目論んだ十字軍の行動は千

年王国論にいうハルマゲドンの戦いとして正当化される一面を有していた[7]。

このように宗教教義の中に存在する暴力性と共に、他の要因によってより暴力性が増幅された側面も考えなくてはならず、むしろその方が重要である。イエス・キリストは暴力の犠牲者であり、初期キリスト教徒は自らをイエスと同様の無実の受難者と見なしており、むしろ平和主義的であった[8]。また初期のキリスト教教父も全ての暴力を否定し、キリスト教徒が戦争に加わることを禁じていた。

しかしその後、アウレリウス・アウグスティヌス（354～430）は、個人レベルでは暴力を用いることはたとえ攻撃を受けている場合でも認められないが、公的な次元では正当な殺人や武力行使はありえるとした[9]。その社会背景として次のようなことが考えられよう。正戦論の問題が浮上してくるのは、キリスト教史の上ではコンスタンティヌス大帝の即位（306年）以降であり、キリスト教の世俗化と軍事化が進行する過程が密接に関与している。しかしアウグスティヌスの思想にしても、後世の十字軍につながるような好戦的なものではなく、行為の動機として愛を要求するより内面的なものであったことは指摘しておく必要がある[10]。このようにヨーロッパのキリスト教世界に正戦という言葉を流布させ、キリスト教徒といえども場合によっては武器を持って戦うことが許される、という思想をその言葉によって根づかせたのはアウグスティヌスが最初であった。

さらにアウグスティヌスの論理を踏まえつつ正戦論を見事に整理し、現代に至る正戦論の原型を作り上げたのはトマス・アクィナス（1225～1274）であった。アクィナスは正戦であるためには、正当な権威、正当な原因、正当な意図の三つが全て必要であるとした。そのうち一つでも欠ければ正戦とはいえず、この三つは抽象的に語ることができ、特に神の意志と関係づける必要はない。この点でアクィナスの正当戦争論は後世に多大な影響を与えた。現代の正戦論者ですら、その理論を展開する際には基本的にこのアクィナスの区分に従っている[11]。

キリスト教の暴力性は教義内在的な問題と共に、世俗化・軍事化・国家化など歴史的社会的背景による。さらにユダヤ教との関係で見れば、ユダ

ヤ教を外部化することにより、自集団の凝集力と純粋度を高め、ヨーロッパにおいてキリスト教共同体を創造した(12)。

(3) **宗教の歴史**　ここではさらに歴史を遡り、宗教の諸段階の歴史と近代化に伴う問題を考察する。宗教の人類史上での着目点として、上田紀行によれば以下の三つが考えられる(13)。第一は、ネアンデルタール人の時代で、宗教の萌芽の時代である。第二は、狩猟採集社会から農耕社会に移行することによる社会構造、意識の大きな相違と、共同体的な祭の発生の時代である。第三は、産業社会が進展し、共同体の崩壊と祭の衰微が進行した時代である。

まず第一について、約6万年前にはネアンデルタール人が死者に花束を捧げて埋葬していた。このことは死の意味を知り、死の儀礼を行っていたということである。つまり原始的な宗教の萌芽とも言えよう。「死」の世界の発生とは「死んでいない世界」と「死の世界」とに分けるという二分法が発生したということに他ならず、それは「生」の世界が同時に発生したということを意味している。もし「死」の観念がなければ、自分が「生」の世界を生きているという観念もないということになる。そして「世界」という観念自体がそこでは成立しない。つまり、「死」の観念の成立は、実は人類にとって、「世界」の発生だったと言える。「死」の発生は、抽象化、シンボル能力の発生でもあり、「世界」の発生でもあった。すなわち「世界」と宗教は同時に発生したということである。「死」の観念を持ち、「死」の儀礼を始めた時、人類は宗教と「世界」を同時に獲得した。

第二について、農耕社会の成立と同時に「聖」なる世界が発生した。貧富の差と階層の分化が生じ、社会的分業が誕生した。人間観やアイデンティティも変化し、「わたしそのもの」よりもそれに付随する「地位」という「レッテル」が優越するようになった。さらに競争と権力争いが生じ、富と権力の増大を求めて、人々は争うようになった。農耕社会は戦争という暴力を開始した時代であり、強いストレスを持った厳しい社会であった。農耕社会はその社会システムの中に社会自体を破壊するような力

を内包した社会であり、その破壊的な力に何らかの形で対処しなければ社会の存続は難しい。したがって、そこで農耕社会が採った戦略が「祭-儀礼」であった。祭とは共時的にも通時的にも差異化の傾向を持つ農耕社会における日常世界に、成員の一体感と全的な実在感を取り戻す装置であった。

　第三について、産業社会は、農耕社会の地域共同体、聖なる世界を喪失しつつある世界であった。その意味では、聖と俗の往復運動によって共同性を確保し、生きる実感を回復してきた人間にとって、大変厳しい社会だと言わなければならない。現代人の疎外状況、空しさの構造は、人類史的なモデルからすれば、この聖と俗の往復運動が失われたこと、共同性の契機が社会構造の中に見出せないことにある。それらを取り戻すために、祭りを復活することで、人々のつながりを取り戻し、地域共同体を再創造すると共に、共同性の場を復活させようという試みが見られる。

　一般に、宗教は近代化に伴って後景に退き、「世俗的」なナショナリズムとは相容れないものであると言われてきた。宗教社会学の一般的仮説でも、近代化の過程で社会は機能的構造的に分化し、宗教は個人化され私事化されて、私的領域の一部と見なされるようになった。宗教は個人の内面の問題であるから、良心の自由と尊重という原理と共に「信教の自由」が尊重され、自由主義社会の基本原理とまで言われるようになった[14]。しかし世界中で宗教復興が見られ、国民国家やナショナリズムの世俗性を疑わせる事例が増えてきている[15]。ナショナリズムは宗教を主要なメルクマールとして成立していることも多い。ナショナリズムに溶け込んでいる宗教が政治性を帯びて復活し、しばしば暴力的な紛争を生むという事態は、単なる近代国家形成の例外的失敗ではない[16]。

　私たちは近代社会における宗教の役割をもう一度考えなくてはならないであろう。さらに宗教が、生きる意味や生き甲斐をもたらすとともに、共同性や人をまとめる原理にもなり、それが暴力や戦争などに関与することも念頭におく必要があろう。

　　(4)　**日本人の宗教観**　　世界的に宗教が復興している中、日本人は宗

教に関心が薄いと一般に言われている。その理由として、宗教がもっぱら教団宗教のイメージで捉えられていることもあげられよう。キリスト教や新宗教の信者が、宗教を信じている人の典型と考えられており、氏子や檀家であることは必ずしも神道や仏教の信者であるとは理解されていない。また初詣、葬式、墓参り、地鎮祭、七五三などは、習俗であり社会的慣習であるから行うのであり、信仰心ゆえに行っているという自覚は乏しい。[17]日本における宗教の周縁化は、このような自覚的な信仰心に結び付いていなかったことがあげられよう。さらにオウム真理教事件以降、宗教がいわゆるカルトや宗教色を持ったテロリズムと結び付けられ、狂信や暴力と容易に連想されるようになったことも影響している。[18]

また日本においては強い信仰心を持つ人を忌避する傾向がある。しかしその一方で「教団嫌いの神秘好き」と言われ、神秘的なものや占い、スピリチュアリティ、癒しなどに惹かれている。[19]

このような教団宗教や創唱宗教は恐ろしいとする宗教観はなぜ作られたのだろうか。阿満利麿によれば以下のようなことがいわゆる「無宗教」が作られた背景である[20]という。第一は、儒教が専門家の間を超えて広がり始めたことが「無宗教」、つまり特定の宗派に無関心となる歴史の始まりである。第二に、それを助長したのが近世の浮き世意識である。第三に、葬式仏教が自然宗教との妥協の産物として生み出されたことである。第四に、明治維新以後、強力な中央集権国家を作る必要から、統合のシンボルとして天皇や神話を国家原理として採用したことである。第五に、宗教という用語がこの頃登場し、この宗教にはキリスト教、仏教などの制度宗教、つまり創唱宗教が含まれ、神道は含まれなかったことである。こうして国民は習俗である神道に包み込まれることになった。

このように「無宗教」の歴史は近世や近代以降に作られたものであり、明治以降の統合の象徴である天皇制も利用され、大きく改変され創り出されていく。現実には、天皇は近代国家の君主としての訓練は、それほど身に付けてはいなかった。また民衆も天皇の存在にはほとんど気がついておらず、無関心そのものであった。そのような天皇を、まとめる原理として作り上げるために、天皇は歴史上一度として参拝したこともない伊勢神宮

に、初めて参拝するようになり、宮中からは一切の仏教色が閉め出されて、新たに神々が招かれ、天皇がその祭祀にいそしむようになる。

　**(5)　現代の宗教の課題**　　これからの宗教のあり方として、上田は以下の３点を掲げている。[21]第一は、信者の囲い込みとしての宗教から、より開かれた宗教への転換である。宗教教団が、自己の宗教の教義を尊重しながらも、「メタ宗教」の視点を持つことを強く求めるものである。つまり、宗教が人々を囲い込むことで、人々をいかに対立させるか、過度な布教を行うことでむしろどんな弊害が生まれているかといった、宗教自体を客観的に捉える視点を保持しながら、宗教の行方を模索することである。

　第二は、世界を敵として見たり、霊的世界にも差異化の原理を持ち込んだりすることからの脱皮である。つまり他の教団と比べて、数が多い方が優れていると考えてしまうような傾向である。多数の権力を自明視するようなものの見方は、何ら日常世界の差異化の構造と変わらない。もし宗教が日常意識のシステムを越えられないのだとすれば、それはむしろ全身全霊を使い切って差別や排除を行うという、日常社会よりもさらに激しい暴力的な装置になることだろう。そして、現実に様々なところで起こっている宗教をめぐる紛争や暴力はそのことを立証している。外側に敵を作り、それに勝とうとすること自体が、それだけで宗教の限界を露呈している。本当の勝利は勝ち負けを超越し、互いに深い次元で認め合うことなのである。

　第三は、一つの解答を与える宗教から、人間存在の奥深さ、多様性を探求する場としての宗教への転換である。宗教がただ一つの解答を与え、一つの世界観を与えるものから、むしろ探求し尽くすことのできない世界の奥深さを開示するものへと転換するべきであろう。宗教が、他者との深いつながりを実感しながら自分自身と世界の探求をのびのびと行える場であったら、それはどんなに魅力的な宗教になるであろうか。集団に閉じていくのではなく、宗教という回路から世界に向けて開かれていくならば、それは本来の意味での現代社会における救いとなるはずである。

　宗教教団がシステム社会化することによって、一見、宗教は栄えてい

るように見えるかもしれないが、それは教団が発展しているのであって、世界の神秘を感じ、それを喜びをもって探求するという、本来の意味での「宗教性」は限りなく後退している。それは、会社や学校といった組織が発展し、一見豊かになっているように見えながら、個人個人は豊かさと存在感を喪失しつつある日常社会の構造とパラレルである。現在必要なのは、宗教の内部と外部の両面における、宗教意識のレベルアップであろう。それは宗教教育の必要を示唆するが、宗教教育とは、宗教の賛美ではないし、宗教の否定でもない。宗教とはいかなるものかを、ありのままに捉え、自分がそれといかなる関係を持つべきかの基礎を提示するものである。それは、「食わず嫌い」か「のめり込み」かの二分法ではなく、一人ひとりの個人が主体的に宗教と向かい合っていくことを可能にすることなのである。

　今後、一宗一派の興隆を目指す狭隘な宗派性より、宗教を自己目的化せず、人間を手段化しないより開かれた宗教性が重要になるであろう。また宗教間の相違よりも共通性に着目し、世界の諸問題に対処する必要があろう。このことに関して、マハトマ・ガンディーやジョン・デューイなどを引きながら池田大作は以下のように述べている[22]。

　ガンディーは自らの宗教観について、「宗教とは、宗派主義を意味しない。宇宙の秩序正しい道徳的支配への信仰を意味する」と述べています。デューイは「誰でもの信仰」を唱え、特定の宗教よりも「宗教的なもの」の緊要性を訴えました。なぜなら、宗教がともすれば独善や狂信に陥りがちなのに対し、「宗教的なもの」は「人間の関心とエネルギーを統一」し、「行動を導き、感情に熱を加え、知性に光を加える」からです。

　さらに宗教の共通性への重視や人間のための宗教についても以下のように主張している[23]。

　それぞれの宗教が、創始者の精神にいまいちど立ち返って、自らの姿を見つめ直す作業が欠かせないのではないでしょうか。そこにはさまざまな宗教の「独自性」以前に、あらゆる人間に共通する現実の苦悩への同苦があるはずです。そこにこそ、一切の宗教の出発点がある。これまで、世界の伝統的宗教は、いずれも民族や文化、階級や身分など、さまざまな差異

を超えて、人々に共通する「普遍的な価値」を探求しました。「殺すなかれ」、「盗むなかれ」、「欺くなかれ」など、伝統宗教が教える黄金律も、その基礎となるものです。仏教でも他者に対する「慈悲」の心を重視してきました。そうした「普遍的な価値」を、私たちの共有の財産として改めて確認し、ともに分かち合うことが重要ではないでしょうか。ほとんどの宗教が陥ってきたのは、制度的な側面が硬直化することによって、制度が人間を拘束し、宗教本来の純粋な信仰心が失われてくるという本末転倒であります。制度や儀礼などの外発的な力が、信仰心という内発的な力を押さえ込んでしまうわけであります。

このように今後は宗教性や共通性に着目し、人間を手段化しない宗教、戦争に動員されない宗教のあり方を考える必要があろう。また宗教間対話により、具体的な世界の問題を話し合わなくてはならず、さらに宗教自体の問題も論議すべきであろう。

## 2．宗教間対話の可能性

(1) **宗教間対話の問題**　　今後、宗教間対話は世界の諸問題を解決するためには非常に重要になってくるであろう。特に「宗教戦争」や「宗教テロリズム」と言われている「宗教的暴力」の問題を追究・解決する際に宗教間対話は有効であろう。しかし「宗教的暴力」の問題に直面して、宗教者もまたそうでないものも当事者意識に欠け、無関係を装うことがある。

このことについて、山中弘は、誰もが特定の状況に追い込まれた時はテロリストになりうるのであり、テロリストだからテロリズムを行うという説明はあまりにも怠慢な説明であると述べている。テロリストは特異な感情を抱く特殊な人々と規定することは、宗教者にとっても、そうでない人々にとってもみずからの安全地帯を確保する上で都合がいい。前者の立場からすれば、テロリストを例外的な人物だとすることで、宗教全般を擁護することができ、後者の立場からすれば、宗教そのものの胡散臭さと、そうしたものに関わっていない自分たちの健全性を確認する論理となる。[24]

さらに宗教間対話の現場は洗練されすぎているとの意見もある。シンポジウムで行われる宗教間対話での洗練された議論と、紛争やテロの止むことのない世界の現実とのずれに違和感がある。洗練された議論と民衆の素朴な信仰との間をつなぐことはどのようにしたらできるのだろうか。また宗教間対話において宗教の普遍的で平和的な要素が強調されがちであり、戦争や紛争をもたらしたり煽ったりという宗教の要因も分析するべきである[25]。今後の宗教間対話はこれらの点も含めて論じられなければならない。

(2) **宗教における寛容性**　宗教間対話を試みる際、宗教の寛容性は前提になるものであろう。自己の宗教の思考体系から身を離し、他者の宗教の立脚点に立ってみることが必要である。その時、自己の立場からでは理解できない事柄が、了解されてくる。それぞれの宗教が他者の立場に身をおく時、宗教間の「共通性」と「相違性」が確認されてくるであろう[26]。

宗教の寛容性に関して三つの立場が存在する。第一は、排他主義であり、宗教的救済が自己の宗教においてのみ可能であることを主張し、他の宗教の存在を認めない立場である。第二は、包括主義であり、他宗教を自宗教の準備段階として部分的に承認する立場である。第三は、多元主義であり、自宗教と同じ価値を他宗教にも認める立場である。

菅野博史によれば、多元主義の仮説は、無信仰、無宗教の人には、諸宗教の関係を理解する便利な図式を提供してくれるものではあるが、実際に何らかの宗教を強く信仰している人には受け入れることがなかなか難しいのではないかという。またその一方で、宗教間の争いを抑止する包括主義の可能性を模索することも、現実的な一つの方法であろう[27]。確かに多元主義は熱心な宗教実践者にはなかなか受け入れられないであろう。しかし究極の「存在」、この世界や生命を作った「何か」、宇宙に存在する「法則」を、それぞれの教団の宗教用語ではなく、「究極的実在　The Ultimate Reality」などと言い直すと、ある程度の共通理解が可能かもしれない[28]。包括主義は、戦争や環境問題、精神の貧困等の現実の様々な問題を解決し、多くの宗教が協力するためには一定の有効性があろう。

さらに排他主義も一概に否定すべきではないのかもしれない。これまで

排他主義と言われてきたのは exclusivism という英語の翻訳語であった。排他主義を専心主義と呼ぶ方が適切だとの論も存在する。宗教が持つ排他主義を専一的に自分の宗教にコミットする専心主義と読み替えて、これに積極的な価値づけをすることも可能である。すなわち、自分が一つの宗教に専心・帰依することを肯定的に捉えるのはもちろんのこと、それと同時に、他宗教の信者がその宗教に専心・帰依することも積極的に肯定するという態度を、宗教を信じる者の倫理として確立することが可能である(29)。

多元主義をめぐっても、いくつかの議論がある(30)。世界に展開する様々な宗教伝統の上位に究極的実在という超越概念を設定し、諸宗教の多元性はこの究極的実在を感得する人間の側の経験的応答の違いによるとする説もある(31)。この立場は、確かに宗教間対話の可能性を広げることができ、遠い将来への展望を見据えているが、やや極端であり、現時点での宗教の差異を軽視することにもなりかねない。これについて、塩尻和子は次のように疑問を呈している。現在の世界で見られる多様で具体的な宗教伝統がやがては全て「究極的実在」と人間との遭遇という一つの枠組みに収斂されてしまい、それぞれの宗教が持つ独自性が話題になることなどなくなる可能性がある。宗教多元主義を文字通りに解釈すれば、世界には多くの異なった宗教が存在するということを認める立場ではなかったであろうか(32)。今後は宗教の相違や独自性を認めた上で、現実の諸問題に対処するために、宗教間対話を促進すべきであろう。

(3) **宗教間対話の意義**　　宗教間対話の意義として次の四つが考えられる(33)。第一に、宗教が絡む戦争の抑止や早期終結など諸宗教が協力して様々な貢献ができる。第二に、他宗教を知ることで、自宗教を、他宗教の視点を通してさらに深く理解できる。第三に、宗教には時間と共に自己硬直化する傾向があるが、他宗教との対話を通して硬直しがちな自宗教にダイナミズムや生命力を与えることができる。グローバル時代の現代においては、積極的に他宗教の信者と対話しながら、自宗教を見直すことは賢明なことであろう。第四に、多種多様な宗教が対話することで、人類はこれまでになかった新時代の新たな「宗教」を生み出すことになるかもしれな

い。実際の宗教史でも多くの、シンクレティズム（宗教混交）が見られ、今後も見られる現象であろう。したがって宗教間対話によりグローバル時代の新たな「宗教」が誕生する可能性も否定できない。

　宗教間対話の意義として、第一の様々の問題に対して諸宗教が協力して貢献することは重要であろう。その上であまり知られていない意義として、第二の自宗教理解の深化のための宗教間対話がある。宗教者も他宗教の存在への敬意とその学習との中で自宗教への帰依の意味をさらに深化させていくことができる。

　このような宗教間対話をする際の態度として重要なことは次のようなことであろう。第一に、自分の宗教伝統をしっかりと保持した上で、他宗教との対話に入ることであり、自分の宗教的伝統に確信を持つことが重要である。第二に、自分の宗教の枠組みから一歩も外に出ないというのではなく、他宗教に一歩踏み込む姿勢を合わせ持つこと、言いかえれば他宗教から何事かを学ぶ可能性に心を開いておくことである。第三に、教義について明確な相違があることを相互に認め合いながら、「自分たちは大きな一つの共同体に属している」という意識を持つことが望ましい。そうすれば対話はやりやすくなり、建設的な議論がなされる機会も増えるであろう。

　このような宗教間対話として、具体的な事例を見ていきたい。世界宗教者平和会議は宗教間対話組織の中でも最大規模のものであり、1970年の京都会議で誕生し、国連NGOとして一般諮問機関の地位に認定されている。主な参加者としてローマ教皇、ギリシア正教総主教、世界イスラーム連盟事務総長などがいる。5年に1度世界会議が開催され、六つの常設委員会が設けられ、様々な支援活動が試みられている。

　京都で行われた第一回世界会議での第一回世界大会宣言文には、次のような特徴があった。第一に、「内面性の真実と霊の力」、「個人とその良心の尊さを知ること」、「善がついには支配するという深い望み」、「人類家族としての人類の根本的一致」など諸宗教の一致の強調や共通性をイメージさせる表現が多く使われていた。第二に、批判対象を宗教ではなく宗教者としている。第三に、通常兵器、核兵器、生物化学兵器を問わず完全非武装を主張した。第四に、国連への明確な支持である。このように第一回で

は、諸宗教の一致、宗教者の責任、完全非武装、国連支持が四つの柱であった。[36]

その後、1999年のアンマンで開かれた第七回大会では、宣言文にかなりの変容があった。諸宗教の一致は文化の多様性に、宗教者の責任は宗教自体の責任に、完全非武装は共通の安全保障になった。冷戦構造が崩壊し、多くの宗教共同体による紛争が表面化された結果、このような変容があったのであろう。[37]

(4) **宗教間対話の可能性** 宗教や文化の複数性の中で、宗教や無宗教、その他の文化の多様性に配慮しながら、インターレリジアス・エクスピアリアンス（以下、IREと略）の概念を用い、「複数宗教からの思考形式」という共存が試みられている。[38] インターレリジアスという言葉にはそれぞれの宗教の間の、相互の、という意に加え、それぞれの宗教を前提としつつもこれを超えるという意味が含まれている。IREとは無宗教を含む複数の宗教、文化に関係する独特の経験であり、自らの宗教、文化性、無宗教性に根ざしながら、必然的に他の宗教、文化、無宗教に関わり、その過程で互いの限界を乗り越える可能性をもたらす、継続的営みの経験総合である。さらにIREとは、各宗教の上にメタレベルの宗教を想定し、そのメタレベルの宗教に関わる経験を考えることではない。内在的には、どこまでも自身の宗教、文化、無宗教の経験でありながら、それに留まらないといえる経験なのである。[39]

次に具体的に個人におけるIREを見ていく。マハトマ・ガンディーは福音書のイエス・キリストの言葉に魅了され、断食と祈りを軸としたムハンマドの政治行動に強い関心を寄せたが、終生ヒンドゥー教徒であることを公言してはばからなかった。インドとパキスタンの対立があり、彼の非暴力にとって、ヒンドゥー教とイスラームの融和が決定的に重要であった。さらに彼は、生命について次のように述べている。ヒンドゥー教の主要な価値は全ての生命は一つである、言い換えると、全ての生命は唯一の普遍的根源から生じているということである。さらに、寛容という言葉には、自分自身の信仰に比べると他の信仰は劣っているという根拠のな

い前提を内に含んでいる可能性がある。それに対して、アヒンサー（不殺生・非暴力）という言葉は、自分自身の宗教的信仰を守りつつ、他の人々の信仰に対しても同様に敬意を抱くこと、したがって自分の不完全性を認める、ということを我々に教える(40)。このような総合的な深い思索と実践を行った例として、ガンディーの「非暴力」の他、アルベルト・シュバイツァーの「生命への畏敬」、内村鑑三の「無教会」などが指摘できる。いずれも、一つの宗教、一つの思想のみでは捉えきれない射程を持った実践知と見るべきであろう。

またマザー・テレサも宗教を横断するIREを試み、次のように述べている。

カトリックであろうと仏教徒であろうと、ヒンドゥー教徒であろうと、イスラーム教徒であろうと、みな、心の中で、殺してはいけないということを知っています。ですから、みなさまが、たとえ、どんな宗教を持っていらっしゃったとしても、生命が存在しているということを、みなお互いに知っています(41)。

現在、世界中で戦禍が絶えず、米国とイラクの戦争は完全には終わっていない。ジョージ・W・ブッシュの信仰とサダム・フセインの信仰は一見、互いに敵対しているが、それぞれが自己を閉じていることにおいて同じ構造をしていた。これに対してマザー・テレサの信仰は、開かれた構造を有している。二人の信仰はマザー・テレサの信仰とこそ対立している(42)。

さらには現在、お金がお金を生む弱肉強食の市場経済が世界を支配している。このような市場経済にまつわる幻想である「市場宗教」こそが世界の諸宗教の競争相手であるかもしれない(43)。このような経済至上主義から宗教的精神性に軸足を移すべきだろう。

また宗教指導者は二言語併用者であり、個々の宗教共同体の言葉と公的知識人の立場で世界市民の言葉との両方に堪能であるべきである。宗教指導者は世界市民として地球共同体に語りかけることが出来なくてはならない。特定の領域における個々の宗教の卓越性のみを主張するのではなく、人類の繁栄に不可欠な共有される精神性の見通しを明確に論ずることが望まれている(44)。

第17章　文明の衝突から文明の対話へ　333

### おわりに

　宗教が戦争の原因になっており、現在の状況は文明の衝突だと説明されることが多い。しかし宗教の違いが直接戦争に結び付くと考えることは性急であろう。宗教が利用され動員の道具となっている。また宗教に問題があったとしても、宗教の教義そのものより、儀礼化・組織化・国家化の過程で非寛容性が加わったと考えられる。しかし宗教が戦争と全く無関係ではなく、教義の中に平和も暴力も内包していた。

　近代化に伴い宗教は私事化すると言われてきたが、世界中で宗教復興が見られ、ナショナリズムとの関係も密接になってきている。近代社会における宗教の機能をもう一度考えなくてはならないだろう。今後、宗教を自己目的化したり、人間を手段化したりするのではなく、狭隘な宗派性から開かれた宗教性がより重要となろう。

　諸宗教の共通性に着目し、戦争に荷担せず、具体的な世界の諸問題を解決するために、宗教間対話が必要になってくるであろう。宗教間対話の意義として、宗教が協力して問題を解決できるのと同時に、他宗教を知ることにより自宗教理解の深化にも寄与できるのである。

　ブッシュとフセインの宗教観は一見対立しているように見えるが、狭隘で閉じた体系であることにおいては同じ構造である。また貨幣が貨幣を生む弱肉強食の経済至上主義を体現した「市場宗教」こそ、諸宗教の競争相手であるかもしれない。

　貨幣にしても狭隘な宗派性にしても、自分で作ったものに支配されているフェティシズム、偶像崇拝の最たるものであろう。ある錦の御旗のもとに、敵愾心を植え付けられ、戦わざるを得ない状況も、人間を手段化する偶像支配構造かもしれない。

　世界には問題が山積している。こうしている間にも多くの尊い命が失われている。今こそ諸宗教は互いの違いはある程度認めながらも協力し、宇宙に共に存在しているという意識や生命への畏敬の念を持ち、人類に共通する苦悩への同苦を共有し、開かれた宗教性によって協力しなければならないであろう。

## 注

(1) 井上順孝「宗教社会学は何を研究するか」井上順孝編『現代日本の宗教社会学』世界思想社、1994年、15-17頁。Anthony Giddens, *Sociology*, Polity Press, 1989, アンソニー・ギデンズ、松尾精文他訳『社会学』而立書房、1992年、433頁。大梶俊夫他著『社会学のプロフィール』八千代出版、1995年。

(2) 芹川博通『改訂版　現代人と宗教世界』北樹出版、2003年、16頁。

(3) 同上書、10-13頁。中村元「『宗教』という訳語」『日本学士院紀要』46巻2号、1992年。

(4) 深澤英隆「『宗教』の生誕―近代宗教概念の生成と呪縛」池上良正他編『岩波講座宗教1　宗教とはなにか』岩波書店、2003年、36頁。

(5) 中野実『宗教と政治』新評論、1998年、68、76、247-248頁。

(6) 同上書、94-95頁。

(7) 同上書、96-99頁。

(8) 同上書、96頁。

(9) 山内進「異教徒に権利はあるか―中世ヨーロッパの正戦論―」山内進編『「正しい戦争」という思想』勁草書房、2006年、53-54頁。

(10) 荻野弘之「キリスト教の正戦論―アウグスティヌスの聖書解釈と自然法―」同上書、111、116頁。

(11) 山内進「聖戦・正戦・合法戦争―『正しい戦争』とは何か―」同上書、20-22頁。

(12) 第15章を参照。岩木秀樹「現在の国際情勢における中東イスラーム世界と米国―紛争要因と平和構築への方途―」『ソシオロジカ』第32号第1・2号、創価大学社会学会、2008年。

(13) 以下、宗教の成立については、上田紀行『宗教クライシス』岩波書店、1995年、第2章　宗教の人類史的モデルを参照。

(14) 中野毅『宗教の復権　グローバリゼーション・カルト論争・ナショナリズム』東京堂出版、2002年、227-228頁。

(15) 中野毅は宗教復権の特徴を以下の三つにまとめている。第一に、聖典の無謬性と文字通りの受容を至上のものとして主張し、合理主義をある意

味では否定して社会全体を宗教的倫理で律しようとする原理主義が顕著になったこと。第二に、国境を超えて各地で展開している新宗教の多くが近代文明を支えた、絶対神への信仰を背景にした禁欲的プロテスタンティズム的なものではなく、人間や自然に内在する神秘的な力や霊性を強調する宗教運動であること。第三に、ナショナリズムの台頭と深く結び付いている点である。宗教が再びナショナリズムの源泉として利用され、その結果として、社会の主流派宗教伝統と異なる新宗教運動が抑圧・排斥される事態も顕著に見られるようになった。中野毅、前掲書、25-26頁。

(16) 小杉泰「宗教と政治―宗教復興とイスラーム政治の地平から」池上、前掲書、265、267頁。

(17) 井上、前掲書、ⅱ頁。

(18) 渡辺学「宗教の危機をめぐって―オウム真理教事件と9・11事件以降の宗教意識」島薗進他監修『スピリチュアリティといのちの未来 危機の時代における科学と宗教』人文書院、2007年、328頁。

(19) 同上論文、333-334頁。

(20) 阿満利麿『日本人はなぜ無宗教なのか』筑摩書房、1996年。

(21) 上田、前掲書、193-209頁。

(22) マジッド・テヘラニアン、池田大作『二一世紀への選択』潮出版社、2000年、343頁。池田大作『21世紀文明と大乗仏教』聖教新聞社、1996年、26頁。

(23) ヌール・ヤーマン、池田大作『今日の世界 明日の文明』河出書房新社、2007年、242頁。ハービー・コックス、池田大作『二十一世紀の平和と宗教を語る』潮出版社、2008年、88-89頁。池田、前掲『21世紀文明と大乗仏教』38頁。

(24) 山中弘「全体会議Ⅰ『戦争と平和、宗教的要因』報告」『宗教研究』79巻2号、345号、日本宗教学会、2005年、40頁。

(25) 鎌田繁「公開シンポジウム『宗教と文明間の対話』」同上書、12-14頁。

(26) 川田洋一「創価学会インターナショナルの宗教間対話」『東洋学術研究』第43巻第2号、東洋哲学研究所、2004年、103頁。

(27) 菅野博史「『法華経』の包括主義と宗教的寛容」同上書、122頁。

(28) 西谷幸介『宗教間対話と原理主義の克服　宗際倫理的討論のために』新教出版社、2004年、43、63頁。John Hick, "Religious Pluralism and Absolutu Claims," L. S. Rouner ed., *Religious Pluralism*, University of Notre Dame Press, 1984.
(29) 梅津光弘「倫理学的に見た宗教多元主義」間瀬啓允他編『宗教多元主義の考察―ジョン・ヒック考』大明堂、1995年、116頁。星川啓慈『対話する宗教―戦争から平和へ―』大正大学出版会、2006年、89頁。
(30) 宗教多元主義について、多くの議論を載せたものに、間瀬啓充編『宗教多元主義を学ぶ人のために』世界思想社、2008年がある。そこでは、主体的信仰の特殊性・排他性と他者に対して開かれていることの相克を、そのどちらも殺すことなく止揚する途への探求こそが、宗教多元主義としている。保呂篤彦「現代の要請としての宗教多元主義」同上書、17頁。なお宗教多元主義について、批判的考察を行ったものに、小原克博「宗教多元主義モデルに対する批判的考察―『排他主義』と『包括主義』の再考―」『基督教研究』第69巻、第2号、同志社大学、2007年がある。
(31) 坂井祐円「仏教哲学に基づく宗教多元主義の考察と宗教対話論」『宗教研究』78巻3号、日本宗教学会、2004年、6頁。
(32) 塩尻和子「宗教多元主義とイスラーム」『宗教研究』75巻2号、329号、日本宗教学会、2001年、249、267頁。
(33) 宗教間対話の意義については、星川、前掲書、35-36頁を参照。
(34) 西谷、前掲書、39頁。
(35) 星川、前掲書、174-175、54頁。
(36) 濱田陽『共存の哲学　複数宗教からの思考様式』弘文堂、2005年、58-59頁。
(37) 同上書、65-66頁。
(38) インターレリジアス・エクスピアリアンスについては、濱田、前掲書を参照。
(39) 同上書、125、128頁。
(40) ガンディー、竹内啓二他訳『私にとっての宗教』新評論、1991年、277、46頁。

（41）マザー・テレサ、カトリック広報室訳・監修『生命あるすべてのものに』講談社、1982 年、100 頁。
（42）濱田、前掲書、184 頁。
（43）コックス、池田、前掲書、69 頁。
（44）鎌田、前掲論文、10-11 頁。

## 第18章　地球宇宙平和学を求めて——公共哲学と仏教の役割と課題

### はじめに

現在、国家機能の肥大化と共に、その対極として極端な個人主義が進んでいる。また学問においても、国家主義的公意識を強化しようとする動きと共に、個人を単なる利己的次元で捉えようとする傾向がある。このような流れに対抗するため、国家と個人の間に存在する様々な市民社会は、公共性という観点から非常に重要なものと見られている。また公私の乖離をつなぎ止め、中間集団を強化していく使命を持っている。国家や官という意味での公でもなく、利益のみを追求する市場の論理でもない新しい公共性を創っていく必要がある。

このような中で、公共性や公共哲学、また市民社会の概念が学界でも論壇でも最近大きな議論となり、注目されてきている。新たな公共世界や公共哲学が模索され、それを現実のものとする努力が続けられている。

またこれからの国際関係学は、公共哲学の議論を包摂しながら、大きな時間的・空間的スパンと哲学や宗教も視野に入れた平和を志向する地球宇宙平和学が必要とされるであろう。

本章は、新しい公共哲学の構築を目指したものであり、最近の議論を考察し、宇宙的視野と仏教的観点からの試論である。第1節では、公共性と市民社会の概念をまとめ、これらの概念の有効性を示す。第2節では、公共哲学の議論をまとめた上で、人間と宇宙を追究した公共哲学を提示する。第3節では、宗教的次元まで踏み込み、公共哲学としての仏教の課題や可能性を模索する。

## 1．公共性と市民社会の概念

**(1) 公共性概念**　現在の公共性や市民社会をめぐる議論において、「公＝官（国家）／私＝民（市場）」という従来の二元図式が崩壊しつつも、未だに日本社会における公共性が定まっていないという状況がある[1]。「滅私奉公から滅公奉私へ」と呼ばれた国民意識のあり方が極限にまで達したのではないかという研究者らの問題意識がある。その一方で、日本における「公」を担い続けてきた「官」の威光や主張がそのまま「公共性」を体現するものであった時代がようやく終焉に向かい始めた。この二つを結合させて考えた場合、現在の日本では、「官」による「公共性」は大きく揺らぎ始めたものの、これを市民の立場から補完、改革、とって替わるべき下からの市民的公共性がなお未成熟であるという状況がある[2]。

現実の社会において、「滅私奉公から滅公奉私へ」の流れを憂い、「奉公」の対象として新しい形のナショナリズムが存在する。また自分や家庭を犠牲にしてまで会社に尽くす者は公の対象が戦前の国家から会社に代わっただけで、滅私奉公のメンタリティは変わっていない。この滅私奉公と滅公奉私という考え方は対極にあるように見えながら、どちらも個人の尊厳や他者感覚と切り離せない公共性の次元を欠いている点で、共通している。滅私奉公ライフスタイルをとっていた人間がその無意味さを感じて、急にエゴイスティックな滅公奉私的行動に走ることや、逆に滅公奉私的人間が急に国家や組織に自己の公意識を投影して、滅私奉公に走ることはそれほど珍しくない[3]。

このような状況の中で、公共性は各方面で時代を映し、先導する概念として多用されている。この公共性の主要な意味として、土場学は、次の三つをあげている。①国家に関係する公的な（official）ものという意味、②特定の誰かにではなく、全ての人々に関係する共通の（common）ものという意味、③誰に対しても開かれている（open）という意味、である[4]。また堀越芳昭は多くの論者の公共性の定義を比較しながら、共通した要素として、①社会的共通性（common）と②公開制（open）を抽出してい

る。

　さらに山口定は政治的な正当性規準としての公共性を次のように、八つあげている。①社会的有用性もしくは社会的必要性、②社会的共同性、③公開制、④普遍的人権、⑤国際社会で形成されつつある文化横断的諸価値、⑥集合的アイデンティティの特定レベル、⑦新しい公共争点への開かれたスタンス、⑧手続きにおける民主性、である。

　ここではとりあえずこれからの議論も鑑みて、公共性の定義として、国家・個人・市場等に単純に還元できない、他との関係性の中から立ち現れる、宇宙的視野を包含した共通性と開放性を有する概念、としておく。

**(2)　市民社会概念**　市民社会への関心が増大している背景には、経済のグローバリゼーションに伴う負の側面への人々の不安感と、これに有効に対処できない国家に対する反発がある。市民社会の概念は、国家とも市場とも異なる領域、多様な中間集団、アソシエーション・ネットワークにより構成されると言われている。

　市民社会とは、civil society の訳語であり、市民革命期に成立し多用されたこの概念は、19世紀後半以降の現代社会化の中で、新しい時代に適合しない古びた概念として、西欧社会ではほとんど忘れられた。そこには、ゲオルク・ヘーゲルやカール・マルクスによる市民社会批判が大きな影響を及ぼした。日本においてマルクス主義の影響の強かった第二次大戦前・戦後の知識人の間では、市民社会という言葉は、直ちにブルジョア社会と言い換えられ、否定的な概念として理解されるのが一般的であった。また日常語としての市民という言葉が、日本語として明治維新以後導入された官製の言葉であったことがさらに問題を難しくしている。市民は、通常、行政的に村や町と区分されて市と定められた地域の住民だけを指す。英語で American citizen というのと同じように日本語で「日本市民」ということはまだ一般的ではない。

　1998年の市民活動促進法案の審議において、市民活動とは反政府的な活動を意味するという自民党側からの批判にあって、名称を特定非営利活動促進法案（通称、NPO 法案）と変更させられたことは、市民や市民社

会という言葉が、未だに日本において市民権を得ていないことを物語っている(9)。

　このように市民社会という用語は、未だに完全に市民権を得ているとは限らないが、かなり浸透しつつある用語であり、これまでの伝統的な用語法に対し、1989年東欧革命の前後から、非国家かつ非市場的な公共領域としての新しい市民社会モデルが提起されている(10)。国家・市場・市民社会の三領域モデルは、多くの論者によって定式化されている。ユルゲン・ハーバーマスによれば、市民社会はシステム化された国家領域や市場経済領域とは異なる生活世界に属するコミュニケーション的ネットワークによって構成される公的領域であり、生活世界を植民地化しようとするシステムに対抗する社会領域と想定されている。彼の市民社会概念は、権力に媒介された行政システムとも、貨幣に媒介された資本主義市場経済とも区別するという意味で、非国家的・非経済的な領域とされる(11)。マイケル・ウォルツァーによれば、市民社会という言葉は、非強制的な人間のアソシエーション空間の命名であり、その空間は様々な組合、協会、政党、運動、生活協同組合、近隣、学派、さらにあれこれを促進させ、また防止する諸々のアソシエーションにより構成される(12)。

　現在の国家やグローバル権力の肥大化、弱肉強食のマネーゲームによる貧困の増大を考えると、概念としても運動としても市民社会を国家や市場と一定程度区別することは必要であろう。

　市民社会論は戦争、貧困、権力などの問題にオルタナティブを与える。理論としても実践的運動としてもさらには思想としても大きな可能性を有している。今後の市民社会の問題領域を具体的に整理するならば、以下の領域が考えられよう(13)。第一に、能動的な市民が協働していく自律的社会領域としてのボランティア・NPOなどの市民活動領域である。第二に、コミュニティを基盤とする犯罪の防止、民主的な家族の確立を目指す社会的連帯の領域である。第三に、環境、フェミニズム、地域の自立などアイデンティティに深く関わる争点を、生活の場で表現するための「ポスト・物質主義」的な価値を追求する「新しい社会運動」である。第四に、国際的に活動する非政府組織（NGO）などのアクターが作り出すグローバル・

ネットワークの領域である。

## 2．公共哲学の試み

**(1) 公共哲学とは何か**　次に公共性や市民社会の哲学的側面である公共哲学について論じていきたい。

公共哲学の特色として、次の三つがあげられている[14]。第一は、公開性・公益性（社会内公共性）であり、社会内私事化に抗して、政治、経済、社会における新しい公共性の実現を目的とする。第二は、実践性（対社会的公共性）であり、学問の対社会的私事化に抗して、学問の社会的公共性を目指す。第三は、包括性（学問内公共性）であり、過度の専門化による学問内私事化に抗して、学問内部における学際的・包括的な公共性の回復を目指すものである。「個人の尊厳・発展」と「公共性」とを、どこまでも補完的に捉える公共哲学は、一方で個人を利己的次元でのみ捉えようとする社会科学（特に経済学）パラダイムに反対する。他方、個人と公共性を対立的に捉えたあげく、「日本人のアイデンティティ」といった国民主義的なイデオロギーを導入して、国家主義的な公意識を強化しようとする現在の動きにも、強く反対せざるをえない[15]。

現在、公共哲学が注目される要因として、次のようなことが考えられよう[16]。①お上の公と違う意味での公共性が注目されている。政府＝公と考えるかつての国家哲学とは違い、また同時に私益を追求する人々の活動の場たる市場の論理に全てを委ねるのでもない、民（人々）を担い手とする公共という観点が重視されている。②公共性が従来の公私二元論では捉えきれない広がりを持つ。私的領域に区分される経済においても、食品問題、リコール問題など公共的ルールや公益が問題とされる。③広がりを持つ公共性を論じることが、専門分化した個々の学問分野では不可能である。④公共性と個人という問題を提起している。戦前の日本のような滅私奉公でもなく、他者感覚を喪失した滅公奉私でもない、活私開公を目指す。⑤思想と政策をリンクさせる公共哲学の役割は大きい。冷戦が崩壊し、旧来のイデオロギーが魅力を失う中で、安直な流行思想でも、思想なき実証主義

でもない、現実と理念を統合しつつ現下のグローバルな問題群を論じうる新しいビジョンが必要とされている。

このような公共哲学と対極に位置するのが、公共悪である。小林正弥によれば、侵略戦争、軍国主義、核戦争は公共悪であり、公共悪を否定する平和主義が切望されている。また核兵器は絶対的公共悪であり、反・核兵器こそ平和主義の中核である[17]。このように戦争は最大の反公共性を示すものであり、それに強く抗わなくてはならないであろう。

(2) 新しい公共哲学を求めて　今後の公共哲学を目指して、様々な論が展開されている。山脇直司は「自己－他者－公共世界」観を打ち立てる必要性があるとして、次のように述べる[18]。多次元的な「自己－他者－公共世界」観とは、自己が全地球と結び付いているという「コスモポリタン的自己」、国民的責任を担っているという「国民的自己」、地域社会、企業、NGO、NPO、教会、学校、家族などに所属するメンバーとしての責任を担う「負荷ある自己」等々にわたる自己の多次元性を認識・了解すると共に、「他者」の多次元性をも認識・了解し、さらに「公共世界」も、地球市民、国家、地域社会、NGO、NPO、学校、宗教等々の多次元的な観点で捉えていく世界観である。

小林正弥は平和の観点から、平和運動の場で決定的に欠けているのは、総体的な理想のビジョンであると主張する[19]。そのビジョンとは、「愛（キリスト教）・慈悲（仏教）・仁（儒教）・同胞愛（イスラーム）」などの観念であり、社会思想という観点からそれらは「友愛」と名づけられ、この友愛と平和、公共を合わせて「友愛平和公共世界」を主張している。また総体性、全体性を重視し、原子論的発想における「原子の総和」を超えた何らかの意味での全体性が存在すると規定し、究極的な公理として「全ては一体である」という考え方を取る思想である。さらに平和についても、「外なる平和」を実現するためには「内なる平和」が必要であり、「内なる平和」は「外なる平和」を実現するために行動へと向かわなければならないとしている。小林正弥は非戦平和ネットワークの構築も呼びかけている[20]。非戦平和ネットワークは、①平和を目的とするために、脱物質主義的

価値観を重視していて、宗教性・芸術性などの精神性に立脚し、②一人ひとりが、ネットワークが提供する具体的実践メニューないし案内を見て自分の関与（コミットメント）の方法を選択するのだから自発的・内発的であり、③目的のみならず運動方法としても非暴力的・平和主義的である。

　今田高俊はアルベルト・メルッチを引用しながら、ポスト・物質社会の到来を次のように予見している。所有（having）は物質社会の関心事で、存在（being）はポスト・物質社会のそれである。権利についても「平等への権利」から「差異への権利」へ移行している。所有と平等がメインであった物質社会から、いかに生きるかという存在と差異をメインとするポスト・物質社会への転換が起きている。さらに今田は、このような新しい社会において、行為概念として「支援」の重要性を指摘する。管理に代わる社会編成原理としての支援という発想が、新しい時代の公共性構築を左右する。阪神・淡路大震災の救援活動をきっかけに、「支援」は神の使命として行うボランティアではなく、身構えて行うのでもなく、普通に行う活動として定着してきた。これらの行為が長続きするためには、支援行為が自己実現につながることが重要である。

(3)　**人間と宇宙の公共哲学**　今後の公共哲学は社会的側面のみならず、人間そのものや宇宙にまで視野を伸ばさなくてはならないだろう。小林直樹は総合人間学を提示し、次のように述べている。

　必要な人間知は、複雑な社会に生きるための実用知だけではない。むしろそれをはるかに超えて、人間を含む全世界、大宇宙にまで視野を広げ、その中で私たちがどのように発展し、どんな問題に直面し、それらとどう取り組み、その生活にどのような意味を見出しているか等を探る英知（wisdom, Weisheit）を持たなければならない。これまでも人間についての研究は人類学や哲学的人間学が扱ってきた。人類学は、人間の身体と文化の側面の研究で多くの成果をあげてきたが、他の実証的諸科学や哲学の成果の取り入れに乏しく、総合性に欠けていた。哲学的人間学は、総合研究の志向では先駆者と言えるが、思弁に傾き、科学への関心が希薄であったため、実際の成果は総合的研究の名に値するまでには達していない。さ

らにこの両者は総じて宇宙論的視野に欠け、また新しい生物学的知見の摂取も少なく、その射程距離はかなり狭かった。

　人間への視野を深め、宇宙へと視野を伸ばす中に、新しい公共哲学が萌芽するであろう。また宇宙的視野から人間を見つめると、その奇蹟に驚かされるであろう。今ここに生きている私たちは38億年の生命の流れを一度も途切れることなく受け継いできた唯一無二の存在であり、全ての存在が「万世一系」である。小林直樹は次のような「天の声」を聞くと、自分たちの存在の奇蹟性に身震いすると述べている[23]。

　①「あなたは、ご両親の子として、この時代に・この国土の・この民族の・この家族の一員として生まれ育てられたが、その両親も時処もあなたが選んだことではなく、すべて因縁をもたらした運命というほかはない。つまり、どんな人も、個々人の意志や欲求を越えた因縁を背に負って存在している。」

　②「あなたの生命はあなたの父母の性的交わりに始まるが、ある時の、ある条件下で、一〜二億の精子の一、二個がたまたまその時の卵子と結合したことは、おそらく何十億分の一の確率の偶然である。しかも同じような事態は祖先のカップルのすべてにあったことだから、それが何万世代にもわたると計算不能の超偶然の結果、つまり奇蹟ということになる。」

　③「あなたの祖先のまた祖先たちは皆、自然災害や天敵の来襲や病気や闘争や戦争などによる死の危険に、おそらく何回となく当面させられながら、それを免れて、三十数億年もの間、一人も欠けずに子孫を生んで、あなたに生命を伝えてきた。これも驚嘆すべき奇蹟である。」

　④「そもそも、あなたが生活している地球という惑星も、その出来上がりからして奇跡的な天体である。太陽からの適当な距離のために、生命を育む水を持ち、適当な温度を保ち、そのおかげであなたも他の生物も生かされている。」

　⑤「さらに宇宙そのものだって、ビッグバンの時に、物質と等量の反物質が作られていたら、両者の衝突によって無に帰したろうから、物質界の存立もやはり偶然に依存している。地球上の生命の誕生も同様である。」

　このように奇蹟の連続で私たちが現在生きているが、宇宙には始めか

ら、人間という認識者を生み出そうとする意志、つまり宇宙意志があったとする研究者も存在する。この問題は科学的には立証されない憶測に留まるが、次の2点は肯定されるであろう。[24]第一に宇宙は、人間のような高度の認識能力を持つ存在を産み出すように作られているということである。第二に人間は、宇宙の中でその微少な一部分として生まれながら、自らを含む巨大な宇宙を観察し、その有り様を考える点で、宇宙の自己認識者である。ただし人間だけが全宇宙の中の唯一の精神的存在ではないであろう。

　松井孝典も同様に、私たちは宇宙を認識するために生まれてきたと述べている。宇宙は地球を生み、生命を生み、人類を生んだ。そして現生人類が誕生し、宇宙を認識するようになり、この時認識論的には宇宙は存在したことになる。私たちは知の体系を創造しているかのように感じているが、そうではなく、ビッグバン以来の宇宙の歴史、地球の歴史、あるいは生命の歴史を解読した結果を単に知の体系と呼んでいるにすぎない。しかし私たちは生き延びるだけのために生きている存在ではなく、なぜ存在するのか、その存在理由を問うことが非常に重要になってきた。さらに松井は所有について疑問を投げかけ、レンタルの思想を主張する。私たちの存在そのものが実はレンタルであるが、私たちは自分の体を自分の所有物だと思っている。しかしこれは物として地球から借りているにすぎない。死ねば地球に還るだけのことである。[25]私たち人間や他の生物、さらには無機物も含めて、全て宇宙のチリやガスから創られた。そのような様々なものを借り、恩恵を受けて生きている。

## 3．仏教の可能性

**(1)　仏教の意義と特徴**　このように今後の公共哲学を考察する際には、人間と宇宙の問題、いわば哲学的、宗教的問題にも立ち入らなくてはならなくなっている。今まで宗教について、日本においては公共空間で論じられることは少なかった。戦後の社会科学や社会思想は、宗教や神学を避けてきたし、戦後のアカデミックな哲学も、宗教をあまり真面目に取

り扱わずに、文献学とか分析哲学に偏重し、それが現在に至るまで再生産されている。今までの宗教のあり方は、「私(秘)宗教」(基本的に個々人の救済及び霊性の向上をはかる)か「公(認)宗教」(基本的に体制・制度・組織の正当性に対する超越的・内在的根拠付け)への傾向が強かった。しかし、今後の課題は「公共宗教」(基本的に他者(他宗教)・異質(異端・異教)との対話的共働を通して相互の運動変革をはかる)というあり方が時代的・社会的要請であろう。

　宗教は本来、公共哲学や公共性の担い手の一つであろう。イスラームやキリスト教、仏教は、最古のNPOであり、いまなお公共に大きく貢献している教団も存在する。ここでは日本において大きな影響力を持っている仏教に焦点を絞って考察し、課題と可能性について述べてみたい。

　仏教は現代思想においても注目されている。縁起、無我、業、恩、輪廻などの仏教の関係主義的な世界観とそこから導かれる調和の倫理は、近代以降の社会に浸透している適者生存の競争主義や人間中心主義の弊害を克服しうる思想として、知識人たちの関心を集め続けてきた。仏教は関係主義的世界観に基づいて反調和的な欲望追求の風潮に警鐘を鳴らし、人間だけでなく動物への暴力すら罪悪視する「不殺生」の教えによって非暴力・平和運動に多大な影響を与えた。またその非人間中心主義的世界観によって、ディープ・エコロジー運動をはじめとする現代の環境主義運動を鼓舞しているとされている。ここにおいて仏教の倫理思想は、システム化され非倫理化されつつある現代社会に対し、疑問と論争を投げかけている。仏教は、「生老病死」という命に関する根本の苦悩からいかに脱却(解脱)するか、そして生老病死を貫いている「生命」とは何か、を説いてきた。この世界は「実体をもたないもの」であるという認識に基づいた「空」の思想と、全ての事象は関連性の中で生起するという縁起の中にある、という根本的真理が解脱へ向かう方法を支えている。

　町田宗鳳は新たに仏教に息を吹き込み、新しい解釈をしている。仏教は本来、宇宙に遍満するあらゆるいのちを慈しみ、私たちを生き難くするあらゆる束縛から解き放ち、のびのびと今を楽しむ自由な自分を取り戻す道である。死の宗教からいのちの宗教へ転換させ、そのいのちとは死に相対

する生という意味ではなく、宇宙に遍満する永遠の生命のことである。尊いものが自分以外にあると考えるのは間違いであり、誰にも依存する必要はない。本当に拝むべきなのは、自分自身のいのちであり、自分のいのちを敬うことも、愛することも出来ないでいる者が神仏を大切にするふりをしても、無駄であろう。仏教における如来という言葉をいのちという言葉に置き換えてみた方が、現代人には理解しやすいであろう。また仏教には実体的な祈る対象は存在せず、宇宙の中心に大日如来という絶対者が存在するという考え方は一神教に通じるものがあるが、それすらも人間から超絶していない。さらに町田は信仰について踏み込んだ発言として、特定の神仏を信じることだけが信仰ではなく、自分を信じて、この生の大海を渡りきる勇気こそが信仰だと思う、と述べている。

(2) 公共としての仏教　　宗教法人は公益性を有しているので、税においても一定の免除がなされている。しかし宗教法人という公益性を重視すべき法人格を持ちながら、「葬式仏教」を世襲制のもと行い、公益的な行為には目もくれず、法人としての透明性を示す経理公開も行わず、寺の活動や、なぜその活動が行われ、どのような宗教的目的を果たしているのかの説明も行われていない。公益法人は、社会の不特定の人々に利益を与える事業を行うため、葬儀や法事、宗教行事による布施などに税金はかからず、税制上の優遇を受けている。公益法人は公益事業を行って人々の暮らしを豊かにする、あるいは社会に寄与するという事業の執行義務を持ち、それゆえ税金は免除されている。だから本来ならすべての宗教法人が公益性を旨とした仕事をしなければならないはずなのに、そんな宗教法人は少ない。[30]

だが日本における仏教が今まで全く公益的な事業を行っていなかったわけではない。日本の寺は自治的かつ非営利で、NPOの元祖であったとも言われている。日本における原初の寺である四天王寺の機能を見れば、医療施設、救護施設、薬剤提供、学問所など非営利を基にした公益に資すものであった。営利行為を行わずして大伽藍を建築し、巨額な維持費を捻出し、複雑な管理を行っていた。また勧進や普請などは仏教における「喜

捨」の思想と布教を合致させた、私利のない公益的な行為であった。このような勧進や普請という寄付行為が起こった背景には、民衆が支持し、精神的な拠り所とする仏教があった。勧進には発願と募財の呼びかけがあり、その基盤は強固な公益性と無償性に支えられていた。<sup>(31)</sup>

　このような制度やメンタリティをそのまま現在に再生することは難しいであろうが、様々な公益事業を展開する寺が出始めているのも事実である。高橋卓志は、社会に起きている、あるいは起きようとしている様々ないのちに関わる難問（四苦）にアクセスしている。そしてその難問に対して、支えの本性（利他心）を発動させ、四苦に寄り添いながら、課題の解決を図っていく、という役割を担うのが僧侶であり、その拠点として寺があるとして、様々な公益事業を展開している。<sup>(32)</sup>寺子屋的学びの場としての10年間100回継続した尋常浅間学校、神宮寺を拠点としたNPO、NGO活動などを行っている。NPO法人のケアタウン浅間温泉では、いのちの時系列としてある、老、病、そして死にトータルに関わり、それらが持つ「苦」「悲」「痛」を軽減・緩和することを目指しており、まさに仏教の思想を現代に具現しているようであり、自分らしく生き、自分らしく死ぬことを志向している。葬儀においても、故人の生前の意思であるリビング・ウィルを最大限に尊重し、会葬のオリジナル化を実現している。「死の専門家」であるはずの僧侶が死の間際に起こる様々な問題とは直接関係を持たず、死後のセレモニーを専一に執行し、それが「死の専門家」としての仕事であるような錯覚を多くの人々は持っている。これらを打破するためにいろいろな工夫を高橋は行っている。日本には8万を越える寺があり、約4万軒のコンビニや同じく4万校ある学校（小・中・高校）よりもずっと多く、僧侶は20万人にも及んでいる。これを有効活用しない手はないであろう。寺が地域を意識し、課題を把握し、地域に住む人々とそれらの課題を実現、あるいは改善に向ける努力をしたら、地域は良い方向に変わり、日本社会も変わっていくであろう。<sup>(33)</sup>

　(3)　**仏教の課題**　　次に仏教の問題点を指摘しなくては一方的であろうし、課題を認識し改善してこそ、より広範な共感を呼び、公共性の担い

手になりうるであろう。

　末木文美士は、自分自身を批判的に捉えなおすことによってのみ、本当に自らの足で立つ思想を形成できるとし、まず宗教一般について、次のように述べる。宗教はある点では特殊な世界である。宗教的な感性や体験というものがあって、それは全ての人にあるわけではない。わかる人にはわかるが、わからない人にはわからない、というところがある。この宗教理解は教団宗教的なものであり、またかなり特殊日本的な要素もあるであろうが、一般の日本人の宗教観に近いものがあろう。さらに末木は、信仰から入る宗教の立場よりも、疑いから入る哲学の道の方が親しみやすい、それは信仰の篤い方から見れば、いかにも不謹慎で、仏教を冒瀆するようにも見えるかもしれない、しかし信じられないものはどう無理しても信じるわけにはいかない、と率直に心情を吐露している。この心情も多くの日本人には理解できるものであり、宗教や教団の側もこのような心情を抱かせてしまった責任の一端はあろう。

　さらに宗教に関わる人は、あたかも宗教が当然の前提であるかのように考え、自分の信仰を問い直すということをしない。それでは、確かに信者たちのグループ内では話が通ずるかもしれないが、そこから一歩外へ出たらもう通用しないことになってしまう。宗教の側も自己省察をしながら、開放性を持つことによって、さらなる発展を遂げ、公共に資することになるということを考えなければならないだろう。

　ヨハン・ガルトゥングは仏教の問題点として、次の六つを挙げている。①仏教は、その寛容性ゆえに、例えば軍国主義という極めて暴力的な組織をも容認しがちである。②経済政策における構造的暴力も黙認しやすい。③僧伽（サンガ）は、しばしば社会から孤立して自閉的集団と化す。④報酬と見返りをもたらす権力に、時に簡単に迎合する。⑤容易に敗北を受け入れる「宿命論」に陥る傾向がある。⑥時として儀礼的になったり、華美になったり、さらにはけばけばしくなりがちである。確かにこのような傾向は仏教に存在するであろう。生活や民衆から離れ社会性を失い、権力に迎合しつつも自らを宗教権威とし、宿命論を前面に押し出し問題を黙認する傾向がある。

また戦争と平和の問題を考える際、仏教の戦争責任の問題を避けて通ることは出来ないであろう。近代日本にあって、仏教の平和思想は公共の領域には開かれず、私的平安の次元に留まった。世俗への無関心のために、かえって日本仏教は近代の帝国主義に協力することになった。宗教者はひたすら自己の内部に沈潜すべきであり、社会的、政治的な問題に関わるべきではない、との一般的通念が日本人には存在し、戦争協力の道に進んだ。日本仏教の中でも日蓮仏法は、個の主体性を認め、自己肯定的で社会性の強い教団であった。そのこととも関連しているのか、日蓮主義が台頭し国家主義と結び付いたと言われている(38)。

　末木によれば、日蓮の激しい預言者的な性格と、弾圧をものともしない活動性が、時代に危機感を持った超国家主義者たちの共鳴を招いたのであろう。しかし、日蓮主義や法華経信仰はそのような右翼的な方向と結び付いただけではない。妹尾義郎も日蓮信仰者であったが、反ファシズムの立場に立った。宮沢賢治は政治との関わりを持たずに法華経に広大な宇宙観を読み取り、詩や童話を展開した。日蓮といえば国家主義と結び付けるのは短絡的でもあろう(39)。

　松岡幹夫によれば、田中智学、石原莞爾、北一輝の３人に共通するのは、自らの血肉化した尊皇愛国心を日蓮仏教に投影させ、日蓮が説いた宇宙的自己を「日本＝宇宙」的な自己へと特殊主義的に歪曲したことである。好戦的な日蓮主義者を生み出した背景に、日本仏教の状況的追従主義に飲み込まれた日蓮滅後の教団の思想的変質や、近世幕藩体制下の宗教政策があった。近代の日蓮教団は、こうして出来上がった権力追従の体質を継承しつつ、天皇制国家への適応をはかっていった。そんな彼らが、日本の帝国主義戦争に際して、日蓮のごとく立正安国の理念を掲げて、国家権力を諌めるはずもなかった(40)。

　日蓮仏法は、個の主体性、閉鎖的でない社会性、現実重視の志向性を有するがゆえに、近代日本に大きな影響を与えてきた。また仏教系の新宗教である霊友会、立正佼成会、創価学会も日蓮との関係が深い。近現代の日本に大きな影響力を持った日蓮仏法は、今後の公共哲学の構成要素の一つとなりうる可能性を秘めている(41)。

## おわりに

　公共性や市民社会概念は、国家や市場とも異なる領域より構成されている。これらの概念は、戦争、貧困、権力などの問題にオルタナティブを与えるものになりつつある。

　公共性の理念でありミッションでもある公共哲学の構築も重要であろう。公共哲学の特色は、公開性・実践性・包括性であり、友愛・平和・公共もキータームとなっている。人間そのものへの視野を深め、さらに宇宙まで視野を広げることが必要となっている。私たちは宇宙の誕生から一度も途切れることのない命の流れを受け継いでいる奇蹟の結晶なのである。広く長い宇宙の視点で、公共哲学を創り出す必要があろう。

　日本において、公共空間では宗教についてはあまり論じられてこなかったが、人間と宇宙の問題を考察する上で、宗教の問題は避けて通ることは出来ないだろう。宗教の良き伝統は柔軟に取り入れて、公共哲学に組み入れる必要があろう。仏教は暴力を黙認しやすく、社会から孤立しがちであり、宿命論に陥りがちであるといった負の側面は存在する。しかし現在、様々な実践的活動が行われ、活性化されつつあり、仏教が公共哲学の一つとなりうる可能性を秘めている。


注

(1)　土場学「公共性と共同性の間―公共性の社会学の可能性―」『応用社会学研究』No.48、立教大学、2006年、127頁。
(2)　山口定「新しい公共性を求めて―状況・理念・規準―」山口定他編『新しい公共性』有斐閣、2003年、4頁。
(3)　山脇直司『公共哲学とは何か』筑摩書房、2004年、29-31頁。
(4)　土場、前掲論文、128頁。
(5)　堀越芳昭「新しい公共性における協同性―新しい協同組織の意義と課題―」『経営情報学論集』第15号、山梨学院大学、2009年、73-75頁。
(6)　山口、前掲論文、19-26頁。
(7)　毛利聡子「市民社会によるグローバルな公共秩序の構築―社会秩序にもとづく国際秩序の変容を求めて―」日本国際政治学会編『国際政治』第137

号、2004年、139頁。
(8) 土場、前掲論文、128頁。篠原一『市民の政治学―討議デモクラシーとは何か―』岩波書店、2004年、97頁。早川誠「市民社会と新しいデモクラシー論　討議のために」川崎修他編『現代政治理論』有斐閣、2006年、250頁。
(9) 高畠通敏「『市民社会』とは何か　戦後日本の市民社会論」高畠通敏編『現代市民政治論』世織書房、2003年、3-6頁。John Keane, *Civil Society-Old Images, New Visions*, Polity Press, 1998.
(10) 川原彰「市民社会論の新展開と現代政治　民主主義の再定義のために」高畠、前掲書、252頁。
(11) 同上論文、254-255頁。Jürgen Habermas, *Theorie des kommunikativen Handelns*, Bde. 1-2, Suhrkamp Verlag, Ffm. 1981, ユルゲン・ハーバーマス、河上倫逸他訳『コミュニケーション的行為の理論』上・中・下、未來社、1985-87年。Jürgen Habermas, *Strukturwandel der Öffentlichkeit-Untersuchungen zu einer Kategorie der bürgerlichen Gesellschaft*, Neuwied (Luchterhand), 1962, ハーバーマス、細谷貞雄他訳『公共性の構造転換―市民社会の一カテゴリーについての探求（第2版）』未來社、1994年。
(12) Michael Walzer ed., *Toward a Global Civil Society*, Berghahn Books, 1995, マイケル・ウォルツァー編、石田淳他訳『グローバルな市民社会に向かって』日本経済評論社、2001年。土場、前掲論文、128頁。
(13) 川原、前掲論文、256-257頁。岡本仁宏「市民社会論」『NPOニュース』1998年。
(14) 山脇直司他「公共哲学宣言」公共哲学ネットワーク編『地球的平和の公共哲学』東京大学出版会、2003年、303頁。
(15) 同上書、305頁。
(16) 山脇、前掲書、8-12頁。
(17) 小林正弥『非戦の哲学』筑摩書房、2003年、172、180頁。
(18) 山脇直司『グローカル公共哲学　「活私開公」のためのヴィジョンのために』東京大学出版会、2008年、10頁。
(19) 小林正弥「ディープ・ピースと友愛世界主義　南原平和公共哲学の再

構成」千葉眞他編『平和憲法と公共哲学』晃洋書房、2007年、177-193頁。
(20)　小林、前掲『非戦の哲学』206頁。
(21)　今田高俊「社会学の観点から見た公私問題　支援と公共性」佐々木毅他編『公共哲学2　公と私の社会科学』東京大学出版会、2001年、48、52-54頁。Alberto Melucci, *Nomads of the Present: Social Movements and Individual Needs in Contemporary Society*, Hutchinson Radius, 1989, メルッチ、山之内靖他訳『現在に生きる遊牧民―新しい公共空間の創出に向けて』岩波書店、1997年。
(22)　小林直樹「総合人間学の課題と方法」小林直樹編『シリーズ総合人間学1　総合人間学への試み　新しい人間学に向けて』学文社、2006年、14-16頁。
(23)　同上論文、22、24-25頁。
(24)　同上論文、20-21頁。この議論は16章の人間原理にも通じる。
(25)　松井孝典『宇宙人としての生き方―アストロバイオロジーへの招待―』岩波書店、2003年、103、134、180、207頁。
(26)　稲垣久和他編『公共哲学16　宗教から考える公共性』東京大学出版会、2006年、396、449頁。
(27)　松岡幹夫「仏教と公共世界　日蓮思想の場合」同上書、284-285頁。
(28)　高橋卓志『寺よ、変われ』岩波書店、2009年、57-58頁。
(29)　町田宗鳳『前衛仏教論―〈いのち〉の宗教への復活』筑摩書房、2004年、8、13、97、102、214-215頁。
(30)　高橋、前掲書、22、143-144頁。
(31)　同上書、152-155頁。
(32)　同上書、222頁。様々な公益事業については、同書を参照。
(33)　同上書、223頁。また世界的に見ても、仏教を基底にした公益事業は行われている。世界の仏教界では「エンゲージド・ブッディズム」（社会参加型仏教）などがあり、例えばタイやカンボジアで農村開発運動の指導者として活躍している「開発僧」などが、仏教の教義を社会的文脈で読み替え、開発運動の基本にしている。松岡幹夫『現代思想としての日蓮』長崎出版、2008年、263頁。

(34) 末木文美士『仏教 vs. 倫理』筑摩書房、2006 年、8、12 頁。
(35) 同上書、17 頁。
(36) 同上書、209 頁。
(37) 池田大作、ヨハン・ガルトゥング『対談　平和への選択』毎日新聞社、1995 年、198 頁。
(38) 松岡、『現代思想としての日蓮』234、236 頁。
(39) 末木文美士『日本宗教史』岩波書店、2006 年、211 頁。
(40) 松岡、『現代思想としての日蓮』243-244 頁。
(41) 日蓮仏法の特徴である内在性、物神崇拝の排除、民衆主体性、開放的社会性、民衆的平等性、平和志向性は、そのまま現代に適用することは難しい側面もあろうが、これからの公共哲学の大きな柱の一つにはなりうるであろう。詳しくは、岩木秀樹「新しい公共哲学を求めて―NPO と大乗仏教の役割と課題―」『地球宇宙平和研究所所報』第 4 号、地球宇宙平和研究所、2009 年、を参照。

# 終　章

　本書は、戦争や対立の要因、平和や共存の条件、さらに学問自体に内在する権力と知の関係を国際関係学の観点で考察したものである。ここでは各部と各章の概略を述べた後、本書の特徴を五つに分けて説明し、本書のまとめとする。

　第Ⅰ部「History　研究史──歩みと論争」では、主に研究史と論争を述べ、今後の課題を考察した。具体的には、国際関係学と平和学の研究史を概説し、西洋国際関係思想史を見た上で、最近の脱実証主義を中心とする論争を考察し、国際関係学の課題と将来を展望した。
　第1章「国際関係学研究史」では、最近の英語と日本語による主要な成果をもとに動向をまとめ、世界的な変動期の影響を受けて、多様な業績が次々と生み出されていることを示した。米国の国際関係学は今後もこの分野の牽引役を果たすであろうが、政治と学問の癒着、覇権的地位による非自省的現実主義等により、転換を迫られている。日本の国際関係学は良くも悪くも米国の影響をそれほど受けておらず、今後、独自の国際関係学の構築が期待されている。
　第2章「平和学研究史」では、英語と日本語における最近の業績を中心に研究史、時期区分、動向をまとめ、平和学の特徴を分析した。その上で筆者が考える平和学の特徴として、平和価値志向、地球宇宙的視点、学際性、現実的政策的実践の4点をあげた。また平和主義の分類を試み、非暴力や非武装の重要性を指摘した。まさにそのことが憲法9条や被爆国である日本の平和学の独自性を高める可能性がある。さらに思想性や霊性、宇宙の中の生命といった観点も加味した新しいグランドセオリーとしての平和学がまたれている。

第3章「国際関係思想史——グロティウスからモーゲンソーまで」では、従来あまり研究されてこなかった西洋の国際関係思想に焦点を絞って研究史を概説した。フーゴー・グロティウスは戦争を封じ込めようとする現実主義的平和主義者であり、サン・ピエールはヨーロッパ連合のさきがけであり、ジャン・ジャック・ルソーは戦争が人間と人間ではなく、国家と国家の関係から生じるとした。イマヌエル・カント研究は最近注目され始め、彼の説いた永遠平和のための常備軍の撤廃、国家の連合、共和体制の樹立は、現在においても重要な視点である。カントは、戦争において個人が国家の単なる手段となることに警鐘を鳴らした。フレデリック・シューマン、エドワード・カー、ハンス・モーゲンソーはいわゆる保守的現実主義者ではなく、ベトナム戦争に反対するなど現実を冷徹に見据えた真の意味での「現実主義者」であった。

第4章「国際関係学の論争——名称・方法と脱実証主義論争」では、近年の大きな潮流となっている脱実証主義の論争について論じた。まず国際関係学の名称と方法の問題について論じ、今後、よりグローバルな観点での研究が進むと共に、専門化と総合の往復作業が重要となってくることを指摘した。脱実証主義論争は国際関係学のみで議論されている問題ではなく、今や学問全体を包摂している。これまでの研究は「客観・中立」の名の下に行われてきたが、研究主体のイデオロギーや視座が問題にされ、イデオロギーの可視化が進み、権力と知の共犯関係が暴露された。特に既存の米国における現実主義が「米国・男性・白人・豊かな・先進国・人間中心」の国際関係学であったことが示され、所与のものとしてきた国家や権力に批判の目が向けられるようになった。

第5章「国際関係学の課題と将来——脱領域・関係性・多様性」では、まずウェストファリア体制を前提とした国際関係学の限界と米国の社会科学として機能した国際関係学の権力性を指摘した。その上で将来の国際関係学の可能性として次のように4点にわたって考察した。第一は関係性であり、国家や民族などは他者との関係の中で立ち上がるものであり、実体的に時間を超越して本質主義的に存在するのではない。第二は脱領域性であり、線引きをして中央政府が主権を有し、暴力装置を独占するというウェ

ストファリア思考様式は現在多くのひずみが生じている。第三は脱国家であり、現実主義者は国家を所与のものと見過ぎたために冷戦終結を見誤った。国家や権力者ではなく、しいたげられた人や殺される側に立った視点が重要となる。第四は多様性と動態性であり、研究対象を固定化、単純化、実体化、非歴史化するのではなく、多様性と変化の中で物事を見据えることが大事である。

第Ⅱ部「Issue　問題——戦争と非戦」では、戦争の原因と非戦の歴史に焦点を当てた。ここでは、戦争原因を本能・集団・国民国家等の段階に分類して考察し、非戦の歴史や9条の卓越性と自衛権及び主権概念の限界を指摘した。

第6章「暴力の起源——本能と集団」では、戦争の定義を、国家及び政治集団間の武器を用いた組織的暴力とした上で、戦争の原因を攻撃性、本能、集団に分けて分析した。生存のための攻撃行動は動物も行うが、暴力は人間に典型的に見られる文化的行動である。人間の進化に伴う脳の発達、高度な社会性や協同性が、戦争の原因の媒介をしている。戦争原因を本能に求めることは現在ではほぼ否定されており、本能ではなく人間の集団化の過程に戦争の原因が潜んでいる。狩猟採集社会から農耕牧畜社会に移行することに伴い定住化が進み、排他的テリトリー意識が芽生えた。さらに剰余物が生じるようになり、管理・分配をめぐって権力が生まれ、私有の観念や貧富の格差も生じた。このような集団化の過程に伴う諸問題が、戦争の発生に大きく関与している。

第7章「国民国家の暴力と戦争原因論」では、まず国家や国民国家の定義を試みた後、伝統的国家と国民国家の相違を、明確な境界線、強い共属感情、ナショナリズムの台頭の3点にわたって述べた。近代において作られた国民国家は、他の権威とは超絶する主権を有し、暴力を中央政府に集中した。このような境界線という領域志向、ナショナリズム、主権の概念、暴力の集中などが戦争の原因となっている。戦略論的戦争原因論は、戦争のある一面しか見ておらず限界がある。経済的観点からの戦争原因論はユニークであり、第一次大戦までは戦争の利益はコストを上回ったが、

現在では戦争は短期間に一部は潤うことがあっても、基本的には経済成長率が鈍化し、経済的にも荒廃が進む。

　第8章「非戦の歴史——憲法9条と自衛権・主権概念の再検討」では、憲法9条を非戦の歴史の中に位置づけ、この9条が自衛権や主権の概念を超える人類史における先駆的な思想であることを指摘し、今後の平和への課題を考察した。まず人類史における戦争の限定化、違法化の歴史を概観し、国連憲章において武力行使一般が禁止された歴史的意義を述べると共に限界を考察した。その限界を超えるために非戦・非武装を徹底したのが9条であり、制定過程・綴り方・規定内容の観点からも従来の法典とは異なることを分析した。自衛権は天賦のものではなく歴史的概念であり、多くの戦争は「自衛」のために行われた。また近代国家は主権概念・安全保障志向・内と外の線引き、排他的領域志向を基盤にしてきたのであり、これらのはらむ問題点は様々な事象で噴出しており、旧来の国際関係学を相対化する必要がある。

　第Ⅲ部「Perspective　視座——イデオロギーと国際関係」では、国際関係学研究における視座のあり方を分析した。ここでは、まずナショナリズムの研究史をまとめ、ジェンダー、オリエンタリズム、グローバリゼーションの観点から、旧来の国際関係学が有していたイデオロギーの可視化を試みた。

　第9章「ナショナリズムの動向と課題」では、冷戦崩壊後、ナショナリズムが注目されている要因を述べ、他の概念との相違を見た上で次のようにナショナリズムを定義した。前近代のエスニシティをある一定の基盤として、言語・文化・生活様式などが共通であると認識され、近代において創造／想像された政治志向を有する集団を目指す思想・運動と概念規定をした。ナショナリズムをめぐる主要な論点は、近代的な現象であるのかということであった。ここでは、エスニシティが近代以前より存在していたことを全く無視するものではないが、視点としてナショナリズムを近代特有の現象と考えている。創造／想像の産物であるが故に、現在様々な歪みが噴出している。ナショナリズム概念等の人を分かつ基準は恣意的で非合

理的であるので、固定化・単純化をせずに複合・動態の視点から物事を見ていく必要がある。

　第10章「ジェンダーから見た国際関係学」では、家父長制や女性兵士、「慰安婦」問題等を事例として取り上げ、国際関係学自体に内在する男性原理や家父長制の権力と知の関係を考察した。まず既存の主流派国際関係学は男性の支配原理を体現したものであり、そのジェンダーバイアスを明らかにし、ウェストファリア体制と家父長制の相補性を分析した。女性兵士問題も国際関係学研究にとって大きな試金石であり、女性兵士が男性並みになり単なる国民化に陥る危険性を指摘した。従軍「慰安婦」は、広範囲、多数、多民族、暴力の激しさと長さ、軍と政府の関与という点から、世界史上でも特殊な問題である。女性国際戦犯法廷は、多くの問題を不問にした東京裁判の欠落を埋めるものであった。ジェンダー的観点の国際関係学は、戦争や軍隊、さらには暴力装置を内包している近代主権国家そのものへの批判的考察を試みている。

　第11章「オリエンタリズム論議と自他認識」では、オリエンタリズムの論議を検討し、自他認識の問題まで敷衍し、日本や欧米における議論を整理して、問題点や課題を分析した。エドワード・サイードによるオリエンタリズム批判は多くの問題を提起し、これまでの研究がヨーロッパの思考様式の産物であるとの批判は、前章で論じたジェンダー問題と同様に、非常に強烈で多くの学的伝統を覆してきた。研究者や学問それ自体も無色透明でニュートラルではなく、社会的・歴史的コンテクストから自由ではない。オリエンタリズム批判を強めるあまり、それに対抗するオクシデンタリズムを強調するのであれば、東洋と西洋を単に入れ替えただけであり、二項対立構造は何ら変わらない。このような構造そのものを解体し境界を低くした上で、異文化理解、自他認識の問題、観察する側とされる側の問題まで考察する必要があろう。

　第12章「グローバリゼーションの問題と新しいコモン（共同）の可能性」では、まず、グローバリゼーションの定義をし、近代の現象には限定せず通時的な概念として、人・物・金・情報などが地球的規模で移動した結果、相互関係が進化するプロセス、と規定した。グローバリゼーション

により、貧困や格差は増大し、強き者はより強く弱き者はより弱くなっている。先進国でもこの問題は深刻であり、日本も「すべり台社会」と言われ、一度落ちたらはい上がれない構造が出来ている。貨幣や金融が自己目的化し、逆に人間を縛るものになってきている状態に対して、共同（コモン）の観点から様々な批判が試みられている。私有財産の制限、経済搾取の是正、資本や国家を越える思考法、協働的なマルチチュードや共通善を志向するコミュニタリアニズムの可能性、自己能力の共有化などが議論されている。

　第Ⅳ部「Area　地域——アジアとイスラーム」では、アジアとイスラームを事例にして、これらの地域の歴史、問題、将来を展望した。具体的には日本問題として沖縄と朝鮮を取り上げ、その歴史や現状を考察し、今後の共存の可能性を模索した。また現在、国際的に大きな影響を与えているイスラームも取り上げ、紛争要因と米国の対応の問題点、平和の行方を分析した。

　第13章「日本問題としての『沖縄問題』——沖縄の歴史・基地・現在」では、まず沖縄の近代史における強圧的な皇民化政策を見た後、沖縄戦において軍の南部への撤退による軍民混在状況と最後まで戦うよう強いた軍の命令により、住民の約4分の1が亡くなるなど激烈で凄惨な戦場となったことを指摘した。強制集団死としての「集団自決」は、現在でも大きな論争が闘わされ、2011年4月の最高裁判決で軍命であったことが確定した。戦後、天皇制維持のため日本は非武装国家となり、非武装では不安があるので沖縄に基地がおかれたのであり、天皇制・9条・沖縄の基地の間には密接な関係がある。沖縄は日本全体の0.6％の面積しかないのに75％の基地が集中しており、事故、犯罪、環境汚染、原野火災などが多発している。基地問題の要因として、沖縄に対する日本と米国の植民者意識、海兵隊の質の問題、軍や戦争そのものの問題が存在する。基地が存在しないと経済は維持できないとよく言われるが、実は基地を民間に返還した方が経済効果や雇用効果は高い。沖縄には大きな課題が横たわっているが、強い批判精神、加害者としての意識、命の尊厳、非暴力志向が脈々と生き続

けており、将来の可能性も大きい。

　第14章「日本と朝鮮の課題と将来」では、まず日本における有事体制や靖国神社の問題を説明した後、朝鮮の歴史と現状を考察し、今後の日朝関係を展望した。日本において朝鮮半島問題への当事者意識は希薄であるが、歴史的にも現在においても日本の動向がこの地域の平和を大きく規定している。日本は冷戦崩壊後、有事体制の整備、ナショナリズムの台頭、領土問題、靖国問題に象徴される歴史認識問題などにより、国家主義的傾向を強め、朝鮮半島の平和への阻害要因となっている。東アジアにおいて今まで地域共同体の枠組み形成が困難であり、近代史の列強間の争いは基本的に朝鮮半島の覇権を獲得することであり、南北に分断された朝鮮半島と日本は対照的であった。拉致問題に対して日本の一部の人々は強く非難をし、それに応酬するように朝鮮は強制連行の問題を出して批判している。どちらの問題も完全に等価ではないが、国家犯罪であり、両政府共に解明しきちんとした対応をする必要がある。平和をもたらすことにより民主化が進むこともあり、日朝の国交正常化が朝鮮の安全を保障することにつながれば、先軍政治も変化する可能性があろう。2002年の日朝平壌宣言に立ち戻り、6ヵ国協議により大国の核も含めて朝鮮半島の非核化を図る必要がある。

　第15章「現在の国際情勢における中東イスラーム世界と米国」では、中東イスラーム世界の紛争要因や米国の対応の問題点を指摘し、今後の平和の行方について現状分析をした。中東における最大の問題はイスラエル・パレスチナ問題であり、西欧での矛盾を中東イスラーム世界に移植した。ユダヤ人差別と西欧世界の成立はコインの裏と表であり、ユダヤ人を外部化することにより、西欧世界の凝集力を高めた。9・11事件は人類の悲劇であったが、米国は愛国心に還元し世界各地に軍事介入をしている。アフガニスタン戦争やイラク戦争は国際法上でも大いに疑義がある戦争であり、結局、米国の指導者自身が大義のない戦争であったことを認めている。いわゆるテロ克服のために政治や経済の格差を減少させ、どちらの側も善悪二元論を超克する必要がある。イスラームは成立当初から排他的な領域志向を相対化する傾向があり、その開放的寛容性をもう一度見直

すことが大事であろう。

　第Ⅴ部「Future　展望――地球宇宙と思想」では、長く広いスパンで、哲学・宗教も視野に入れながら、地球と宇宙の平和と共存について展望した。具体的には宇宙誕生以来の歴史と20世紀の特徴を見た上で、国際関係学において哲学や宗教の占める位置が重要になることを鑑み、その役割、課題、可能性を論じた。

　第16章「私たちはどこから来てどこへ行くのか――宇宙地球史と20世紀の特徴」では、宇宙と地球の歴史を概説し、その成立の奇蹟性や希少性に言及した。その後、生命や人類の進化を見ていき、新しい困難な環境に適応するため様々な進化を遂げ、ヒトは二足歩行を始め、脳を発達させ、社会性を強化し、言語を用いて抽象的思考をするようになり、偉大な歴史を残した。このような歴史の帰結が20世紀であるが、手放しで喜べるものではなく、激動の時代であった。20世紀の特徴を、戦争・近代終焉・米国・ナショナリズム・科学技術・社会主義の時代に分け論述し、それらを横断するテーマとして20世紀を民衆の時代とした。最後に20世紀の時期区分を試み、始まりは1914年であり、終わりは世界史的観点では2001年9月11日としたが、アジア的観点では未だ朝鮮半島分断と台湾問題があり、ヤルタ・ポツダム体制が崩壊していないことから、まだ20世紀的秩序は持続しているとした。

　第17章「文明の衝突から文明の対話へ――宗教の現在と宗教間対話の意義」では、いわゆる文明の衝突を低減化するために、現在の宗教の問題や可能性を分析し、その上で宗教間対話の意義や課題を考察した。宗教の相違が直接戦争と結び付くと考えることは性急であろうが、全く無関係ではなく、教義にも暴力性が内在している場合もある。しかし宗教の非寛容的暴力は教義そのものよりも、むしろ儀礼化・組織化・国家化の過程で非寛容性が付与された側面が強い。今後、世界の諸問題を解決するため、宗教間対話は重要になってくるであろう。宗教間対話により、協力して問題を解決できるのみならず自宗教理解も深化する。宗教を自己目的化したり、人間を手段化したりするようなフェティシズムを廃して、狭隘な宗派性か

ら開かれた宗教性を基調にすることが重要である。諸宗教の違いは違いとして認めながら、宇宙に共に存在しているという意識や生命への畏敬の念を持ち、協力することは可能であろう。

　第18章「地球宇宙平和学を求めて――公共哲学と仏教の役割と課題」では、公共性や宇宙的視野と仏教的観点から、新しい公共哲学の構築を目指した。公共性や市民社会概念は、国家や市場とも異なる領域から構成され、諸問題にオルタナティブを与える存在になりつつある。現在、公共哲学の議論が盛んであり、戦争という公共悪に対峙する平和的公共哲学が模索されている。さらに宇宙的視点からの公共哲学的考察も試みられており、長い時間の中で宇宙に共に存在するという宇宙的自覚が必要とされている。日本において公共空間では宗教はあまり論じられてこなかったが、人間や宇宙のことを論じるに際しても避けて通ることは出来ない。日本における仏教は、社会からの孤立、宿命論への陥穽といった負の側面はあったが、現在、様々な実践活動がなされている。今後も社会と関わる中で仏教的観点からの公共哲学の可能性が期待されている。

　本書の副題は「地球宇宙平和学入門」である。今後、地球のみならず、宇宙的視点から国際関係学を見ていく必要がある。まだ試論の段階ではあるが、筆者の考える平和学の特徴としての平和価値志向・地球宇宙的視点・学際性・現実的政策の実践や、国際関係学の今後の志向性としての関係性・脱領域性・脱国家・多様性・動態性は、地球宇宙平和学の重要な基調となろう。

　また様々な思想に通底する思考様式も包含していきたい。様々の思想の共通的価値観とは、「殺すなかれ」、「盗むなかれ」であろう。「殺すなかれ」とは無駄な殺生はしないということであり、これは人間や動植物はおろか大地や無機物にまで及ぶかもしれない。「盗むなかれ」とは先進国による搾取などの南北問題や、未来世代の資源を奪う環境問題をも含んでいる。

　さらに「やられてもやり返さない思想」を、これらの価値観に付け加えるべきであろう。言うは易し、行うは難しであるが、地球上の暴力の連鎖

を断ち切るために非常に重要な考えであろう。

　これらの志向を取り入れて、今後さらに精緻化・具体化しながら地球宇宙平和学を構築していきたい。地球のみならず、宇宙をも視野に入れた平和学がまたれている。さらに次に述べる本書の特徴も、地球宇宙平和学の重要な観点となろう。

　筆者が考える本書の特徴の第一は、広く長い枠組みを設定したことである。宇宙空間も人工衛星等で利用されるようになると同時に、戦争が宇宙にも拡大する恐れが出てきている。さらにSFや映画だけの話ではなく、地球外生命との共存も視野に入れなくてはならないだろう。宇宙はまさに無限であり、主権や国家、領域に過度にこだわる私たちは何と小さな存在であろうか。人類をはじめ全ての生物、さらに無機物などの全ての物質も、長い宇宙史の中で創られたものであり、元は宇宙のチリやガスである。広い無限性と長い時間性の観点から見れば、ある意味で私たち全ては兄弟であり、宇宙の一員意識を持つ必要があろう。このような意識を持つだけでも多くの問題を低減化できよう。

　第二は、強い平和志向である。日本には、非戦と非武装の歴史の昇華である憲法9条が存在する。長い間「国家・繁栄・平和」等のために人類は戦争をしてきた。その惨禍から戦争を限定化し、次に禁止し、さらには非武装まで行きついた。問題を暴力ではなく、話し合いで解決する枠組みが必要とされている。本書では戦争と平和の問題を単に外交や戦略の観点のみではなく、ラディカルに考察した。生物学・考古学・心理学・人類学・歴史学等の諸学の成果も参照して戦争の原因を分析した。戦争や対立の原因もしくは媒介となるものを取り除けば、一定の共存ができるのである。

　第三は、平和と共存をより根源的・原理的に考察するために、思想や宗教の成果も取り入れたことである。従来の研究では宗教の問題は避けられがちであったが、戦争と平和の問題を論じるに際して避けて通ることは出来ない。宗教実践者の熱い熱情と共に冷徹な研究者の視点の両方のパースペクティブを理解することが、いわゆる「宗教戦争」の解決に寄与することになる。先ほど述べた「殺すなかれ」、「盗むなかれ」、「やり返すなかれ」は多くの宗教に通底する教えであり、違いは違いとして認めた上で、

人類的諸問題を解決するために、共通点にも目を向けるべきであろう。今後、狭隘な宗派性ではなく開かれた宗教性・霊性により、生命と平和の尊厳を基調とした21世紀の新しいグランドセオリーが生まれてくる可能性がある。

　第四は、視座やイデオロギーを鮮明に表明したことである。研究者や学問それ自身も、社会的・歴史的コンテクストから自由ではなく、何らかの価値観やイデオロギーによって分析・評価している。このような問題を現在最も先鋭に議論しているのが、ジェンダー論とオリエンタリズム論であり、それぞれ一章を割いて考察をした。筆者の基本的視座は、「民衆の側、弱者の側、やられる側」のつもりである。それぞれ定義づけするのは難しく、また本当にその立場に立っているのかは第三者の評価をまたなければならないであろう。もちろん筆者が様々な局面で、加害者で当事者であるということも自覚している。旧来の国際関係学は「治者の側、権力の側、殺す側」の研究が中心であった。このような国家やお上を前提とした国際関係学は、様々な点で限界が露呈している。富める者、強き者はそうでない者を慈しみ、私有財産や自己能力ですらも自分一人のものと考えず、共同（コモン）志向をする必要がある。

　第五は、外在的なものに絶対的価値をおかないということである。言い換えると、内在性・関係性・多様性・動態性を重視することとも言える。ハードからソフトへの転換とも言えよう。従来、国家・権力・主権・安全保障・軍事などに大きな価値が置かれ、不変の存在であると考えられてきた。これらの存在は自己目的化され、本来は人間の幸福のために存在していたものが、人間自身を手段化するようになった。今後、外在的絶対性を相対化し、平和と幸福という目的に合致した手段、制度、枠組み等を創っていかねばならないであろう。

　本書は通常の国際関係学とは異なり、逸脱があるかもしれない。宇宙や思想を持ち出さず、また筆者のイデオロギーを前面に押し出さずに、「冷静」で「学術的」に書くべきだったのかもしれない。しかし「中立」、「客観」の中にこそ、イデオロギー性が存在するのであり、ここに踏み込まな

い姿勢は、既存の権威を追認することにもなる。例えば、現に進行しつつある 2011 年 3 月 11 日に発生した東日本大震災による福島第一原発での原発事故問題がある。これは明らかに、政・官・財・学・マスコミ等の癒着の構造による歴史的人災である。本書では原発問題は論じられなかったが、他の問題において自身の視座・立場を明確に出したつもりである。読者のご批判をまちたいと思う。また時間と能力の関係で、ここでは扱わなかった重要な問題もある。今後の課題としたい。

**初出一覧** （初出は以下の通りであるが、いずれも大幅に加筆修正をしてある。）

＊第1章
「最近の国際関係学の動向と論争」ユニバーサル・ユニバーシティ・インターネット（UUI）地球宇宙平和研究所、2011年。
「国際関係論の最近の動向と論議」『創価大学平和学会会報』16号、1997年。

＊第2章
「最近の平和学の動向と課題－新たなグランドセオリーに向けて－」『ソシオロジカ』35巻1・2号、創価大学社会学会、2011年。

＊第3章
「近現代西洋国際関係思想の歩み－グロティウスからモーゲンソーまで」創価大学平和学会編『グローバル時代の国際関係学』創価大学平和学会、2010年。

＊第4章
「最近の国際関係学の動向と論争」ユニバーサル・ユニバーシティ・インターネット（UUI）地球宇宙平和研究所、2011年。
「国際関係論の最近の動向と論議」『創価大学平和学会会報』16号、1997年。

＊第5章
「国際関係論の現状と将来－脱領域国家・関係性・多様性の国際関係論を目指して－」『創価大学平和学会会報』18号、2003年。

＊第6章
「暴力の起源―本能と集団―」創価大学平和学会編『グローバル時代の国際関係学』創価大学平和学会、2010年。

＊第7章
「国民国家の暴力と戦争原因論」創価大学平和学会編『グローバル時代の国際関係学』創価大学平和学会、2010年。

＊第8章
「地球宇宙平和学の構築をめざして－非戦の歴史における憲法9条と自衛権・主権概念の再検討－」『地球宇宙平和研究所所報』第2号、地球宇宙平和研究所、2007年。

＊第9章
「現在における民族主義研究の動向と課題」ユニバーサル・ユニバーシティ・インターネット（UUI）地球宇宙平和研究所、2010年。

＊第10章
「ジェンダー的視座から見た国際関係論の権力と知－女性兵士と従軍『慰安婦』問題を中心として－」『ソシオロジカ』33巻1・2号、創価大学社会学会、2009年。

＊第11章
「オリエンタリズム論議と自他認識」『ソシオロジカ』34巻1・2号、創価大学社会学会、2010年。

＊第12章
「グローバリゼーションの現状と課題」創価大学平和学会編『グローバル時代の国際関係学』創価大学平和学会、2010年。
「グローバル化による貧困問題と新しい共同（コモン）の可能性」『地球宇宙平和研究所所報』第3号、地球宇宙平和研究所、2008年。

＊第13章
「日本問題としての『沖縄問題』－沖縄の歴史・基地・現在－」『地球宇宙平和研究所所報』第4号、地球宇宙平和研究所、2009年。

＊第14章
「東アジアの平和のために－日本と朝鮮民主主義人民共和国の課題と将来－」『地球宇宙平和研究所所報』創刊号、地球宇宙平和研究所、2006年。

＊第15章
「現在の国際情勢における中東イスラーム世界と米国－紛争要因と平和構築への方途－」『ソシオロジカ』32巻1・2号、創価大学社会学会、2008年。

＊第16章
「私たちはどこから来てどこへ行くのか－宇宙地球史と20世紀の特徴－」『地球宇宙平和研究所所報』第5号、地球宇宙平和研究所、2010年。
「20世紀の特徴及び時期区分と北東アジアの現在」『第17回創価大学インナー・セミナー合同研究大会　中西治ゼミナール報告集』創価大学　中西治ゼミナール、2000年。

＊第 17 章
「文明の衝突から文明の対話へ－宗教の現在と宗教間対話の意義－」『地球宇宙平和研究所所報』第 3 号、地球宇宙平和研究所、2008 年。
＊第 18 章
「新しい公共哲学を求めて－NPO と大乗仏教の役割と課題－」『地球宇宙平和研究所所報』第 4 号、地球宇宙平和研究所、2009 年。
＊終　章
　書き下ろし

あとがき

　私は学生に、「国際関係学は、なかよし学、しあわせ学です」と伝えている。陳腐な表現ではあるが、戦争をできるだけ避け、仲良く暮らし、一人ひとりが自己実現をして幸福に生きられるようにすることが、国際関係学の目的だと考えている。
　私は多くの先学の業績を参照し、本書を書き終えた。今まで随分多くのことを学ばせていただいた。本書を刊行することにより、知の消費者から生産者の末席に加わる感慨を覚える。だが全てを自分で生産したとは思っていない。もちろん本書の責任は私ひとりにあるが、書物は多くの先学との共同作業による成果であると考えている。
　先学への感謝の思いと共に、従来の国際関係学にいくつか不満がある。その最たるものは、自己の価値観をあまり表明しないということである。国際関係学は現に生起している事象に対しても研究者は評価しなくてはならない。またどのような権力者、権威に対しても、自己の価値観や良心に従い、言うべきは言わなくてはならないであろう。具体的な問題である「日本が戦時中に何をしたのか、イラク戦争をどう考えるか」等について、はっきりと書かなくては、やった側・殺した側の行いを容認することにもなりかねない。私は本書で自分の立場・視座・価値観を相当鮮明に表明したつもりである。
　私の指導教授である中西治前理事長（特定非営利活動法人地球宇宙平和研究所前理事長）から以前次のような話を聞いたことがある。創価大学の創立者である池田大作会長（創価学会インターナショナル会長）と中西前理事長が対談した折り、池田会長は中西前理事長に、「あなたの師匠は立派な方ですね、あなたを見ればわかります」と述べたのである。私はこのような「殺し文句」を未だ聞いたことがない。自分と共に師も賞賛されるということほど光栄なことはないであろう。
　私も「地球宇宙の平和と一切衆生の幸福」のために努力するつもりだが、このような言葉をいただけるとは思えない。「出藍の誉れ」とは弟子

の願望もしくは師の励ましなのであろう。
　本来、公刊された書物は公のものであり、そこに個人的なことを書くことは遠慮すべきなのかもしれないが、次のような献辞を書くわがままをお許しいただきたい。
　本書を、苦労をして育ててくれた父　岩木基明、母　美智恵に捧げる。

　　2012年5月3日

　　　　　　　　　　　　　　　　　　　　　　　　　　　　　岩木秀樹

# 索 引

## 【ア】

アーミテージ, リチャード 288
アイクル, フレッド 179
アウグスティヌス, アウレリウス 322
赤松嘉次 237
アクィナス, トマス 322
アシュレー, リチャード 4
アナン, コフィー 38
阿部彩 217
阿満利麿 325
新川明 254
有賀貞 7
アリストテレス 176
アルカー, ヘイワード 11
アンダーソン, ベネディクト 162-163, 167

## 【イ】

イエス・キリスト 223, 281, 322, 332
家永三郎 239
池尾靖志 30
池田大作 327
池田良八 266
石井貫太郎 6
石津朋之 105
石原莞爾 352
礒﨑敦仁 271, 274
猪口孝 12-13, 304
今田高俊 345
今村仁司 107
岩田一政 5
岩田靖夫 222-223

## 【ウ】

ヴィオッティ, ポール 9
ウィットワース, サンドラ 173
ウィルソン, ウッドロウ 56, 310
ヴィンセント, R. J. 12
ウェーバー, オーレ 9
ウェーバー, マックス 71, 119
ウェスト, トーゴ 179
上田紀行 323, 326
ウェッブ, ジェームズ 179
上野千鶴子 87, 182, 187
上野成利 121
ウェベル, チャールズ 29
ウェント, アレクサンダー 54, 72-73
ウォーラステイン, イマヌエル 11
ウォルツ, ケネス 4, 126
ウォルツァー, マイケル 342
ウォルフォウィッツ, ポール 288
牛島貞満 236
牛島満 236
梅澤裕 237-238

## 【エ】

エイブラムズ, エリオット 288
江口朴郎 168
江原由美子 177
エラスムス, デジデリウス 25, 44
エリアーデ, ミルチャ 319
エルシュテイン, ジーン 173
遠藤誠治 6, 73
エンロー, シンシア 173, 178, 180

## 【オ】

大江健三郎 237
大芝亮 30, 85
太田一男 118
大田昌秀 243
太田良博 239
岡部達味 65
岡本三夫 27, 30, 32, 34
オットー, ルドルフ 319

## 【カ】

カー, エドワード 3, 45, 54-56, 58, 358
カーター, ブランドン 301
カイヨウ, ロジェ 107
梶田孝道 6, 158
ガット, アザー 30
加藤朗 30, 35-36, 40
加藤周一 120
加藤博 198-199
樺山紘一 312
カピ, マーク 9
鴨武彦 6-7
柄谷行人 224
ガルトゥング, ヨハン 26-29, 34, 97, 351
カルドー, メアリー 37
川崎哲 149
川田侃 4, 6
姜尚中 157
ガンディー, インディラ 173
ガンディー, マハトマ 53, 327, 332-333
カント, イマヌエル 11, 25, 44-45, 47-54, 58, 127, 224, 358
菅野博史 329

## 【キ】

岸本英夫 319
北一輝 352
キッシンジャー, ヘンリー 85
ギデンズ, アンソニー 10, 210, 319

君島東彦 30
金日成 274
金正日 271, 273-275
木村朗 30
ギル, スティーヴン 4, 10
ギルピン, ロバート 4
キング, マーティン・ルーサー 53

## 【ク】

グージュ, オランプ・ド 186
久野収 107
グラムシ, アントニオ 10, 197
クリントン, ビル 232
グルーム, A. 9
グロティウス, フーゴー 44-47, 58, 134, 358

## 【ケ】

ケーディス, チャールズ 136
ケナン, ジョージ 57, 85
ゲルナー, アーネスト 162-163, 167

## 【コ】

小泉純一郎 244, 264, 270
コーエン, ロビン 49
コーン, ハンス 160-161
児玉克哉 30, 36
コックス, ロバート 4, 10
小泊葉子 30
コナー, ウォーカー 162
近衛文麿 236
小林直樹 345-346
小林誠 6, 66, 89
小林正弥 344
コヘイン, ロバート 4
ゴルバチョフ, ミハイル 27
コロンブス, クリストファー 212
コンスタンティヌス 322
コンネル, ロバート 179

## 【サ】

サーダウィ, ナウル 202
サイード, エドワード 194-200, 204, 361
斉藤孝 66
坂本義和 7, 268
サッチャー, マーガレット 173
眞田芳憲 290
ザレフスキー, マリーシア 8

## 【シ】

ジェームズ, アラン 12
ジェイムソン, フレデリック 210
塩尻和子 330
篠田英朗 84
司馬遷 2
島本慈子 89
シャイバーニー 134
シャピロ, マイケル 9
シューマン, フレデリック 3-4, 45, 56-58, 358
シュバイツァー, アルベルト 333
シュペングラー, オスヴァルト 56
昭和天皇 184, 236, 241, 255, 266
ショー, マーチン 10
ジョージ, ジム 9
神直道 239

## 【ス】

末木文美士 351-352
鈴木基史 30
スティーガー, マンフレッド 211
ストー, アンソニー 99
ストレンジ, スーザン 10
スミス, アンソニー 158-159, 162-163, 167
スミス, スティーブ 8, 70-71

## 【セ】

関下稔 6
妹尾義郎 352

## 【ソ】

ソシュール, フェルディナン・ド 307
ソローキン, ピティリン 25, 29

## 【タ】

タイラー, エドワード 318
高橋卓志 350
高橋哲哉 184
高畠通敏 30
田口富久治 6
竹中千春 89
ダスグプタ 28
田中智学 352
田中利幸 181, 183, 185
田村愛理 163

## 【チ】

チェイニー, ディック 288
知念ウシ 252-253
千葉眞 39
中堂幸政 281

## 【ツ】

ツキディデス 11

## 【テ】

ティックナー, アン 173
デカルト, ルネ 307
デューイ, ジョン 327
デュルケーム, エミール 319
寺崎英成 241
デリアン, ジェームズ・デル 9

## 【ト】

ドイッチュ, カール 161
トインビー, アーノルド 56, 85
トゥルニエ, ポール 104
戸崎純 30
土佐弘之 8, 175, 180

土場学　340
豊臣秀吉　148, 268
トルシェン, メレデス　179
トルストイ, レフ　53

【ナ】

ナイ, ジョセフ　4, 85
中川雅博　51
仲里効　235
中嶋嶺雄　5, 67
中田考　281
仲地博　241
中務真人　100
中西治　5, 212, 306-307
中野毅　212
中野実　321
中村雄二郎　304
中山治　148

【ニ】

日蓮　352
ニューマン, アイバー　9

【ヌ】

ヌスバウム, マーサ　54

【ネ】

ネグリ, アントニオ　220-221

【ノ】

野坂参三　141
野村浩也　244

【ハ】

パーキンソン, フランク　7
バートン　26
バーバー, ベンジャミン　288
ハーバーマス, ユルゲン　342
パウエル, コリン　287
初瀬龍平　5

鳩山由紀夫　247
浜本満　202
林奈津子　174
バラシュ, デヴィド　29
原夫次郎　141
ハリディ, フレッド　71
ハンチントン, サミュエル　85

【ヒ】

ピエール, サン　25, 44, 47, 58, 358
ビム, ジョアン　25-26
ヒルシュ, ヨアヒム　213
廣瀬和子　6
廣松渉　87, 219

【フ】

フーコー, ミシェル　197
ブース, ケン　8
ファイン, ロバート　49
フェイージョセフ　33
フェルディナント二世　81
フォーク, リチャード　82
福井勝義　108
福田歓一　122
藤原修　34, 36, 40
藤原帰一　306-307
フセイン, サダム　333-334
ブッシュ, ジョージ・W　284, 287, 333-334
ブラウン, クリス　9
ブラウン, シーオム　9
フリードリヒ・ヴィルヘルム二世　52
ブリクス, ハンス　286
ブル, ヘドリー　12
ブレジンスキー, ズビグネフ　85
フロイト, ジークムント　104, 307

【ヘ】

ヘイズ, カールトン　161
ヘーゲル, ゲオルク　341
ベットマン, ジャン　173

ベネット，スコット　30
ベルクハーン，フォルカー　128
ヘルド，デヴィッド　10
ヘロドトス　2

【ホ】

ホ・ウォン・ジョン　29
ホーキング，スティーヴン　301
ボールディング，ケネス　25-26
星野昭吉　6, 8, 28, 30-31, 65, 70-71
ボダン，ジャン　83
ホッブズ，トマス　52-53, 119, 125, 197
ボナパルト，ナポレオン　310
ホブズボウム，エリック　162-163, 167, 312
ホフマン，スタンリー　85
堀越芳昭　340
ホリス，マーティン　70
ボルトン，ジョン　288

【マ】

前田幸男　73
マキャベリ，ニッコロ　176, 197
マザー・テレサ　333
マタイ　223
町田宗鳳　348-349
松井孝典　347
松岡幹夫　352
マッカーサー，ダグラス　241
松木武彦　108
マッハ，エルンスト　307
松本博一　7
マニング，C. A. W.　12
マルクス，カール　71, 219, 341
丸山真人　220

【ミ】

ミード，マーガレット　106
御巫由美子　173
ミッテルマン，ジェイムズ　210
南山淳　73

宮里盛秀　237-238
宮沢賢治　352

【ム】

武藤章　137
ムバラク，ホスニー　282
ムハンマド　332
村山富市　243

【メ】

明治天皇　254
目取真　237
メリアム，チャールズ　56
メルッチ，アルベルト　345

【モ】

モア，トマス　25
モーゲンソー，ハンス　3-4, 45, 55, 57-58, 358
百瀬宏　5, 67-68, 87

【ヤ】

山内昌之　6, 55, 313
山影進　5, 65
山極寿一　99, 101-102
山口定　341
山下虎雄　240, 241
山中仁美　55
山中弘　328
山脇直司　308, 344

【ユ】

湯浅誠　217
ユダ　281
ユング，カール　307

【ヨ】

吉田茂　141-142
吉田康彦　30

## 【ラ】

ライト, クインシー　3, 25, 29, 56, 97, 121, 124
ライト, マーゴット　9
ラスウェル, ハロルド　25, 56
ラセット, ブルース　11
ラパポート, アナトール　25
ラミス, ダグラス　119
ラムズフェルド, ドナルド　245, 288
ラムズボサム, オリバー　26, 29

## 【リ】

リアドン, ベティ　177
リース, マーティン　301
リオタール, ジャン　308
リッター, スコット　286
リンクレイター, アンドリュー　10

## 【ル】

ルイス, バーナード　196
ルソー, ジャン・ジャック　25, 44, 47-48, 52, 58, 124-125, 358

## 【レ】

レーガン, ロナルド　179
レーボヴィツ, ヤシャフー　283
レンジャー, N. J.　9

## 【ロ】

ロウズィナウ, ジェームズ　4
ロバートソン, ローランド　210, 212

## 【ワ】

ワイト, マーティン　12
若桑みどり　174
和田春樹　268, 311
ワディー　197

岩木　秀樹（いわき・ひでき）
1968年、兵庫県尼崎市生まれ。
創価大学大学院博士後期課程修了、博士（社会学）。
専門、平和学、国際関係学、中東イスラーム学。
現在、創価大学非常勤講師。

## 戦争と平和の国際関係学
―― 地球宇宙平和学入門

2013年3月15日　初版第1刷印刷
2013年3月16日　初版第1刷発行

著　者　岩木秀樹
発行人　森下紀夫
発行所　論創社
東京都千代田区神田神保町2-23　北井ビル
tel. 03（3264）5254　fax. 03（3264）5232　web. http://www.ronso.co.jp/
振替口座　00160-1-155266
装幀／宗利淳一＋田中奈緒子
印刷・製本／中央精版印刷　組版／フレックスアート
ISBN978-4-8460-1217-5　Ⓒ2013 Iwaki Hideki, printed in Japan
落丁・乱丁本はお取り替えいたします。

## 論 創 社

### 法華経の社会哲学◉松岡幹夫
仏典の中でも特別な地位を与えられ、猶且つ思想書＝文学書でもある『法華経』の精髄を「すべてを生かす力」にあると洞察した著者がその理念を基に、「平和と共生」を模索する！　　　　　　　　　　　　本体2000円

### 社会思想家としてのラスキンとモリス◉大熊信行
福田徳三の指導のもとに作成した卒業論文、「社会思想家としてのカーライル、ラスキンおよびモリス」を再編成し、1927年に刊行された、ラスキン、モリスの先駆的研究論集！　解題・池田元　　　　　　　本体4600円

### 女の平和◉アリストパーネス
2400年の時空を超えて《セックス・ボイコット》の呼びかけ。いま、長い歴史的使命を終えて息もたえだえな男たちに代わって、女の時代がやってきた。豊美な挿絵を伴って待望の新訳刊行！（佐藤雅彦訳）　本体2000円

### マルクス政治学原論◉柴田高好
市民社会バイアス的アプローチと国家バイアス的アプローチを駆使して、丸山眞男、ウェーバー、シュムペーター、プーランザス、廣松渉らの国家理論を解明し、マルクス国家論の構築を展望する。　　　　本体5800円

### 世界大不況と環境危機◉金子晋右
日本再生と百億人の未来　グローバルな規模での経済危機・社会危機・環境危機をもたらした〝新自由主義〟の実態を明らかにし、新自由主義路線からの回避策を示す。日本再生の具体案をも提示する意欲作！　本体2500円

### 文明の衝突と地球環境問題◉金子晋右
グローバル時代と日本文明　古今の文明は環境の劣化によって崩壊してきた。市場原理主義は現在、地球環境を食い潰しながら世界中を巨大な絶滅収容所にしている。地球環境再生の鍵を示す斬新な文明論。　本体2500円

### 植民地主義とは何か◉ユルゲン・オースタハメル
これまで否定的判断のもと、学術的な検討を欠いてきた《植民地主義》。その〈歴史学上〉の概念を抽出し、他の諸概念と関連づけ、〈近代〉に固有な特質を抉り出す。（石井良訳）　　　　　　　　　　本体2600円

### やいづ平和学入門◉加藤一夫
ビキニ事件と第五福竜丸　「3・11」をふまえて、半世紀にわたって封印されてきた「ビキニ事件」（1954年）を検証する。ビキニ事件とゴジラ映画の関係にも触れた、学校では学べない平和教育の教科書。　本体2000円

**好評発売中**